BONUS

Patrick J. Buchanan

Irrweg Einwanderung

Die weiße Welt am Abgrund

BONUS

Aus dem Amerikanischen von Jochen Fürst

Bibliographische Information der Deutschen Bibliothek
Die Deutsche Bibliothek verzeichnet diese Publikation in der Deutschen Nationalbibliographie; detaillierte bibliographische Daten sind im Internet unter http://dnb.ddb.de abrufbar.

ISBN 978-3-935962-08-7

BONUS-Verlag
Postfach 10, D-24236 Selent

Gedruckt in Österreich

Vorwort

Finis Europae

Auffallend sind die Gemeinsamkeiten zwischen der Dritte Welt-Invasion aus Mexiko, die die Vereinigten Staaten von Amerika derzeit erleiden, und der arabisch-islamischen und afrikanischen Invasion nach Europa, aber es gibt auch grundlegende Unterschiede.

Die überwiegende Mehrheit der Hispanos aus Zentral- und Südamerika sowie der Menschen aus karibischen Nationen wie Kuba, der Dominikanischen Republik, Jamaika und Haiti kommt illegal über die amerikanische Grenze. Sie kommen in großer Zahl, doch sie stammen aus Ländern, die einst spanische, französische oder britische Territorien waren. Es handelt sich bei diesen Menschen um Katholiken und Protestanten oder um solche ohne Glaubensbekenntnis. Fast alle sprechen eine europäische Sprache: Spanisch, Französisch, Portugiesisch oder Englisch. Die meisten haben den Glauben des Westens und seine Form von Zivilisation verinnerlicht.

Wie frühere Einwanderergenerationen, die nach Amerika gekommen sind, wollen diese Menschen der Armut entfliehen, suchen ihr Glück und werden von unserer freien Gesellschaft und unserem Wohlstand sowie von den Segnungen und der Sicherheit angezogen, die die westlichen Wohlfahrtsstaaten nun einmal bieten. Sie vertrauen darauf, daß ihre Kinder die US-Staatsbürgerschaft erhalten und zwölf Jahre lang unentgeltliche Bildung genießen können, daß jene, die über keine eigenen Mittel verfügen, eine kostenlose Gesundheitsversorgung in Anspruch nehmen dürfen, daß es Programme gibt, die dafür sorgen, daß niemand ohne Essen oder ohne Wohnung bleibt. Menschen aus der Dritten Welt, die in die USA kommen, können damit rechnen, eine Arbeit zu finden, die fünf-, zehn- oder zwanzigmal so hoch bezahlt wird wie dort, wo sie herkommen.

Viele dieser westlichen Vorzüge locken auch wahre Menschenmassen nach Europa. Allerdings stammen diese Einwanderer aus dem Maghreb, dem Mittleren Osten und anderen islamischen Ländern Afrikas und Asiens. Diese Menschen unterscheiden sich von den angestammten Europäern durch Rasse, Religion, Geschichte, Sprache und

Kultur. Abermillionen von ihnen sind nicht assimiliert und wollen sich auch gar nicht assimilieren. Ihr Glaube ist ein militanter, der blüht und gedeiht und dem 1,3 Milliarden Gläubige weltweit angehören. Es handelt sich um die zweitgrößte Religion überhaupt, deren Anhänger im Bewußtsein einer 1.400jährigen Geschichte aufgewachsen sind, die vom Konflikt mit dem Christentum und mit Europa geprägt ist. Dutzende von Millionen Muslimen sehen sich als Beteiligte in einem religiösen und kulturellen Krieg, in dem es um die Zukunft der Menschheit geht. Für zahlreiche Muslime ist der „Kampf der Kulturen" nicht bloß eine hohle Phrase.

Diese Menschen sind für jegliche westliche Gesellschaft nicht nur weitaus schwieriger zu assimilieren, überdies sind die Nationen Europas, in die sie strömen, geographisch klein und blicken – im Gegensatz zu den USA – auf keine Geschichte zurück, in der Einwanderer willkommen geheißen, absorbiert und assimiliert wurden.

Die zwiefache Gefahr, die den Vereinigten Staaten durch die Invasion aus der Dritten Welt droht, ist zum einen der Verlust des amerikanischen Südwestens an Mexiko, und zwar in ethnischer, sprachlicher und kultureller Hinsicht, ganz so, wie Serbien den Kosovo eingebüßt hat. Bis zum Jahre 2050 werden sich deutlich über 100 Millionen Hispanier in den Vereinigten Staaten befinden und sich im Raume Südkaliforniens und des Südwestens konzentrieren, von dem 58 Prozent aller Mexikaner glauben, daß er ihnen geraubt wurde und rechtmäßig ihr Eigentum sei. Zum anderen sind die USA durch eine Zergliederung gefährdet, durch eine Zersetzung der Nation, deren Bruchlinien jene der Klasse und der Kultur, der Ethnie und der Rasse sind; Amerika läuft Gefahr, sich in das zu verwandeln, was Theodore Roosevelt einen „Flickenteppich aus zerstrittenen Nationalitäten" nannte.

Die Gefahr, die sich über Europa zusammenbraut, ist allerdings noch ernster. Europa wird von einem ethnischen, religiösen und kulturellen Krieg zwischen den angestammten Europäern und einer dynamischen und militanten muslimischen Minderheit bedroht, die sich selbst als Fremdling in Europa begreift und sich als Vorhut ihrer Landsleute in Nordafrika, dem Mittleren und dem Nahen Osten begreift.

Die hispanische Welt im Süden der USA ist kulturell ein Zögling des Westens. Für islamische Immigranten jedoch gilt: Ihre Sprachen sind keine europäischen, ihre Religion ist keine europäische, ihre Völker entstammen nicht den Stämmen Europas, und ihre Geschichte ist ein einziger endloser Kampf gegen Europa. Die Muslime in Europa erinnern sich des islamischen Eroberungsversuches Europas, an Europas damaliges Zurückwerfen der Invasoren, an die Eroberung und Kolonisierung der islamischen Welt durch Europa im zwanzigsten Jahrhundert – und sie können die Revanche im einundzwanzigsten Jahrhundert kaum erwarten.

Falls Europa nicht bald aus seiner gefährlichen Globalisierungs- und Egalitarismusduselei erwacht und sich nicht rasch wieder darauf besinnt, seine eigenständige und einzigartige Identität zurückzugewinnen, dann werden wir noch in diesem Jahrhundert Zeugen des Todes Europas werden. Mit seiner sinkenden Geburtenrate, seiner Hingabe an die Spaßgesellschaft, seiner alternden und sterbenden Bevölkerung – die den Millionen Muslimen Platz macht, die den freiwerdenden Lebensraum einfordern, der Europas Ungeborenen zusteht – kann das Ende dieser Entwicklung unzweifelhaft nur das Finis Europae sein.

Wir werden Zeuge der größten Tragödie der Geschichte, nämlich des Marsches der großartigsten Zivilisation der Welt in ihren Untergang.

Patrick J. Buchanan
McLean / Virginia, im September 2007

Der einzige absolut sichere Weg, den Ruin dieser Nation herbeizuführen und dafür zu sorgen, daß sie nicht länger eine Nation aller sein kann, bestünde darin, zuzulassen, daß sie ein Flickenteppich aus zerstrittenen Nationalitäten wird …

Theodore Roosevelt, vor den Knights of Columbus, 1915

Ihr könnt keine Amerikaner von echtem Schrot und Korn werden, wenn ihr im Gruppendenken verharrt. Amerika besteht nicht aus Gruppen. Wer sich als Angehörigen einer besonderen nationalen Gruppe in Amerika betrachtet, ist noch kein echter Amerikaner.

Woodrow Wilson, Ansprache an Neubürger, 1915

Kapitel 1

Wie Zivilisationen zugrunde gehen

Warum war die Grenzwache so klein? Bemerkten die Römer denn nicht … daß ihre Lebensart für immer verändert wurde?[1]

Thomas Cahill, 1995

Zivilisationen gehen durch Selbstmord und nicht durch Mord zugrunde.[2]

Arnold Toynbee

Zivilisationen entstünden, meinte Arnold Toynbee, wenn „schöpferische Minderheiten“ Lösungen für die große Krise des Zeitalters suchten. Gelänge es ihnen nicht, die Krise zu meistern, gingen sie zugrunde.

Nach dem Zusammenbruch des Römischen Reiches und den Barbareneinfällen habe die katholische Kirche die Grundübel des damaligen Zeitalters – Zwietracht und Chaos – überwunden, spann Toynbee seinen Gedankengang weiter. Hierdurch habe sie eine neue Gesellschaft begründet, der eine neue Zivilisation und Kultur entsprungen sei.

Damit begann die Geschichte des Christentums.

Vom fünfzehnten bis zum zwanzigsten Jahrhundert schrieb das Abendland die Weltgeschichte. Aus den christlichen Ländern Europas kamen die Entdecker, die Missionare, die Eroberer und die Kolonisatoren, die im zwanzigsten Jahrhundert fast die ganze Welt regierten. Allerdings hatte der Niedergang des Abendlandes damals bereits eingesetzt.

Als erstes trat das spanische Weltreich von der Bühne ab, nachdem ihm Amerika anno 1898 den Gnadenstoß versetzt hatte. Doch für die westliche Zivilisation als Ganzes erwiesen sich die Wunden als tödlich, die sie im abendländischen Bürgerkrieg, jenem zweiten dreißigjährigen Krieg von 1914 bis 1945, hinnehmen mußte. 1918 waren das deutsche, das österreichisch-ungarische und das russische Kaiserreich zusammengebrochen. Der Zweite Weltkrieg führte zur Ausblutung und zum Zusammenbruch des britischen und des französischen Imperiums. Einer nach dem anderen fielen die strategischen Außenposten der Kolonialmächte: Suez mitsamt der Kanalzone, Rhodesien, Südafrika, Hongkong. Nach drei Jahrzehnten war der Rückzug Europas aus Asien und Afrika abgeschlossen.

Von 1989 bis 1991 löste sich das Sowjetreich auf, und die UdSSR zerfiel in nicht weniger als fünfzehn Nachfolgestaaten, darunter ein halbes Dutzend islamische Staaten, die nie zuvor existiert hatten. Jene afrikanischen, asiatischen, muslimischen und lateinamerikanischen Völker, über die der Westen einst herrschte, dringen nun in dessen Metropolen ein, um sie neu zu bevölkern.

Laut Arnold Toynbees Konzept von Herausforderung und Reaktion besteht die Krise des Westens in drei unmittelbaren und tödlichen Gefahren: sterbende Bevölkerungen, zerfallende Kulturen und fremde Invasionen, die auf keinen nachhaltigen Widerstand mehr stoßen.

Die Geschichte wiederholt sich. Nachdem die römische Republik von der Stadt am Tiber aus ihren Siegeszug angetreten, zuerst Italien und dann einen großen Teil der damals bekannten Welt von Spanien bis Jerusalem und von Karthago bis zum Hadrianswall unter ihre Herrschaft gebracht hatte, sickerten die unterjochten Völkerschaften ihrerseits in die Hauptstadt des Kaiserreiches ein. Rom wurde zur vielsprachigen Stadt, in der sich sämtliche Religionen und Kulturen des Imperiums ein Stelldichein gaben. Doch diese fremden Völker brachten keine Ehrfurcht vor den römischen Göttern, keine Achtung gegenüber der römischen Tradition und keine Liebe zur römischen Kultur mit. So wie Rom die Barbaren unterworfen hatte, unterwarfen die Barbaren nun Rom. Im fünften Jahrhundert erstürmte und plünderte ein nördlicher Stamm nach dem anderen die Ewige Stadt; den Auftakt dazu bildete die Eroberung durch Alarich und die Westgoten im Jahre 410. Es begannen die dunklen Jahrhunderte.

Wie einst Rom siecht heute der gesamte Westen dahin, infolge derselben Ursachen und unter ganz ähnlichen Umständen. Was die Donau und der Rhein für Rom waren, sind der Rio Grande beziehungsweise das Mittelmeer für Amerika und Europa – die Grenzen einer Zivilisation, die nicht mehr ernsthaft verteidigt wird.

In seinem Werk *How the Irish Saved Civilization* (Wie die Iren die Zivilisation retteten) schreibt Thomas Cahill: „Für die Römer waren die germanischen Stämme nichts weiter als Gesindel; für die Germanen war die römische Seite des Flusses das Land ihrer Träume. Die deutlichste Parallele, die wir hierzu in der Gegenwart finden, ist wohl die Südgrenze der Vereinigten Staaten von Amerika. Dort spielen die Polizisten von der Einwanderungsbehörde die Rolle der römischen Grenzwächter; während die Mexikaner, die Haitianer und andere verarmte Völkerschaften, die illegal über die Grenze wollen, den Horden aus dem Norden entsprechen."[3]

In seiner Studie aus dem Jahre 2005 *The Fall of the Roman Empire: A New History of Rome and the Barbarians* (Der Untergang des römischen Reiches: Eine neue Geschichte Roms und der Barbaren) widerspricht der Oxford-Historiker Peter Heather den Thesen der traditionellen Historiker und erklärt den Untergang des römischen Imperiums mit der Weigerung Roms, einer großen Armee von Flüchtlingen Einhalt zu gebieten, die im letzten Viertel des vierten Jahrhunderts an seine Grenzen pochte: „Im Jahre 376 stieß eine große Schar gotischer Flüchtlinge zur Donaugrenze des Reichs vor und bat um Aufnahme. Man öffnete ihnen ohne jede Einschränkung die Grenzen, was einem völligen Bruch mit der herkömmlichen römischen Politik gleichkam. Sie rebellierten, und innerhalb von zwei Jahren besiegten und töteten sie Kaiser Valens, der sie gastlich aufgenommen hatte, und mit ihm zwei Drittel seines Heeres in der Schlacht von Adrianopel."[4]

Zunächst habe man dieses „jähe Auftauchen einwanderungswilliger Goten" überhaupt nicht als Problem wahrgenommen, schreibt Heather. „Ganz im Gegenteil, Valens gewährte ihnen bereitwillig Aufnahme, weil er diese entwurzelte Menschenflut als große Bereicherung betrachtete."[5] Der römische Geschichtsschreiber Ammianus Marcellinus berichtet, welch warmer Empfang den Goten zuteil wurde: „Die Angelegenheit erweckte mehr Freude als Furcht, und kultivierte Schmeichler priesen das Glück des Fürsten, das ihm unverhofft so viele junge Rekruten vom Ende der Erde beschert habe, mit überschwenglichen Worten …"[6]

Was Valens tat, entsprach zwar christlicher Ethik, nicht jedoch römischer Tradition. Ein modernes Gegenstück zu diesem römischen Kaiser ist George W. Bush. Im Mai 2006 forderten republikanische Senatoren auf Bushs Drängen nämlich gemeinsam mit demokratischen Amtskollegen eine völlige Amnestie für zwölf Millionen illegale Einwanderer und verlangten, amerikanischen Firmen die Genehmigung zur Anwerbung von Gastarbeitern zu gewähren. Daß Millionen von Lateinamerikanern unter mexikanischen Flaggen durch amerikanische Städte marschiert waren, hatte manche dieser Senatoren schockiert. Durch die Legalisierung ihres Status sollten sie nun zu guten Amerikanern werden. Wie einst Kaiser Valens wurde Bush für seine Menschenfreundlichkeit und sein visionäres Handeln gelobt.

So wie damals für Rom die Totenglocken läuteten, so läuten sie heute für das Abendland. Aus Algerien, Tunesien, Marokko, Mauretanien und den ehemaligen französischen Kolonien südlich der Sahara setzen unübersehbare Menschenmassen über das Mittelmeer. Die Mandatsgebiete, die Europa weiland dem Osmanischen Reich abrang, dienen heute als Sprungbrett für eine islamische Invasion, die das Gesicht der Alten Welt verändert, und die Zukunft, die die militanten Imame für Europa planen, entspricht ganz gewiß nicht jener, von der die Bürokraten in Brüssel träumen.

Im Jahre 2005 waren die Zeichen an der Wand nicht mehr zu übersehen. Die Kinder arabischer und afrikanischer Völker, über die Frankreich einst regierte, plünderten die Vororte von Paris sowie von dreihundert weiteren französischen Städten und steckten auf der Straße Autos in Brand. Einsame Rufer in der Wüste hatten vergebens vor dieser Entwicklung gewarnt.

Ebenfalls im Jahre 2005 gab es in Rußland 750.000 weniger Geburten als sonst, wodurch die Bevölkerung Rußlands auf 143 Millionen schrumpfte. Aufgrund extrem niedriger Geburtenraten sowie einer geringen Lebenserwartung wird sie innerhalb eines einzigen Jahrzehnts um weitere zehn Millionen abnehmen. Gleichzeitig überqueren alljährlich Heerscharen chinesischer Arbeiter und Händler den Amur und den Ussuri, um auf russischem Territorium zu arbeiten und zu leben, wobei sie das dem Reich der Mitte einst von den Zaren abgenommene Land und die Heimstatt der letzten großen unerschlossenen Bodenschätze der Erde – Sibirien und den russischen Fernen Osten – allmählich zurückerobern. Im Kaukasus und in Zentralasien greifen Heilige Krieger zu den Waffen, um Mütterchen Rußland dorthin zurückzutreiben, woher die Kosaken vor Jahrhunderten gekommen waren.

Solche Entwicklungen beschränken sich aber nicht auf Europa; sie machen auch vor den Vereinigten Staaten nicht halt. Im achtzehnten Jahrhundert begann Amerika seinen rastlosen und unaufhörlichen Eroberungsfeldzug von der atlantischen Küste über die Berge bis hin zum Colorado. Im Zeitalter der Präsidenten Jackson und Polk entrissen die USA den Spaniern Florida und zwangen das junge Mexiko, ihnen Texas, den Südwesten und Kalifornien abzutreten. Bis zum Ende des neunzehnten Jahrhunderts hatten wir Hawaii, Guam, Puerto Rico und die Philippinen annektiert. Anno 1900 marschierten US-Marines Seite an Seite mit britischen Truppen nach Peking, um den Boxeraufstand niederzuschlagen. In der ersten Hälfte des zwanzigsten Jahrhunderts fielen die Vereinigten Staaten in Mexiko ein, bauten den Panama-Kanal, intervenierten in der Karibik und in Zentralamerika, zertrümmerten das japanische Reich und eroberten den Pazifik sowie Ostasien.

Doch nun schlägt der Wind um. Im Jahre 1960 gab es in den USA vielleicht fünf Millionen Asiaten und Lateinamerikaner. Heute sind es 57 Millionen. Zwischen zehn und zwanzig Prozent aller Mexikaner, Mittelamerikaner und Menschen von den karibischen Inseln leben heutzutage auf dem Territorium der Vereinigten Staaten von Amerika. Ein bis zwei Millionen Menschen wandern jedes Jahr ein und bleiben hier, die

Hälfte davon unter Mißachtung amerikanischer Gesetze und unter Verletzung amerikanischer Grenzen. Niemand weiß, wie hoch die Anzahl der illegalen Immigranten ist. Die Schätzungen reichen von zwölf bis zwanzig Millionen.

Dies ist keine Einwanderung von der Art, die Amerika schon früher gekannt hat, als Männer und Frauen die bewußte Entscheidung trafen, ihren Heimatländern den Rücken zu kehren und den Ozean zu überqueren, um Amerikaner zu werden. Dies ist eine Invasion, die größte Invasion der Geschichte. Nie zuvor ist innerhalb einer so kurzen Zeitspanne eine derart gewaltige Migrationswelle erfolgt. In den USA leben heute 36 Millionen Einwanderer und ihre Kinder – fast ebenso viele Menschen, wie zwischen 1607, als drei Schiffe mit britischen Siedlern an der Küste von Virginia landeten und dort eine Ortschaft namens Jamestown gründeten, und 1960, als John F. Kennedy zum Präsidenten gewählt wurde, nach Amerika gekommen waren. Annähernd 90 Prozent aller Immigranten stammen heutzutage von Kontinenten und aus Ländern, deren Völker sich noch in keinem westlichen Staat wirklich assimiliert haben.

Gegen den Willen der überwältigenden Mehrheit der Amerikaner erfährt unser Land einen radikalen Wandel. Während unsere Eliten nervös wegblicken oder der Invasion gar noch Beifall spenden, sind wir Augenzeugen einer der großen Tragödien der Menschheitsgeschichte. Historiker von Edward Gibbon bis Oswald Spengler, von Arnold Toynbee bis zu Will und Ariel Durant haben die Symptome sterbender Zivilisationen präzise geschildert: Tod des Glaubens, Entartung der Moral, Verachtung für die alten Werte, Zusammenbruch der Kultur, Lähmung des Willens. Doch die beiden sichersten Zeichen, die auf den nahen Tod einer Zivilisation hindeuten, sind ein Schrumpfen der Bevölkerung und Einfälle fremder Völker, gegen die sich niemand mehr zur Wehr setzt.

Europa hat sich dem verschrieben, was Papst Johannes Paul II. eine „Kultur des Todes“ nannte, und schlägt den Weg ein, den Rom vor ihm ging. Und der Tod, den diese Kultur feiert, haucht der Alten Welt seinen verderblichen Kuß zu. Vom muslimischen Albanien abgesehen, weist die alteingesessene Bevölkerung keiner einzigen europäischen Nation noch eine Geburtenrate auf, die es ihr ermöglichen wird, das Jahrhundert in ihrem gegenwärtigen Zustand zu überleben. Seit Jahrzehnten reichen die Geburtenziffern sämtlicher großer europäischer Nationen nicht mehr aus, um ihren Fortbestand zu sichern. In vielen von ihnen wächst die Bevölkerung längst nicht mehr, sondern stirbt langsam, aber unerbittlich aus.

Bei uns in Amerika nehmen die Selbsttäuschung über das, was geschieht, sowie die Lähmung angesichts der Krise beispiellose Ausmaße an. Was soll man von einem Menschen denken, der es Fremden erlaubt, sich in seinem Haus breitzumachen, die zudem von ihm verlangen, daß er sie nähre, kleide, sowie ihnen Unterschlupf und das Erstgeburtsrecht gewähre? Was läßt sich zugunsten einer herrschenden Elite sagen, die zuläßt, daß ihrer Nation solches angetan wird, und es auch noch als Meilenstein des moralischen Fortschritts feiert?

Wir sind Zeugen, wie Nationen untergehen. Der letzte Akt unserer Zivilisation hat begonnen. Die letzte Szene wird die Zerstörung der Nationen sein. Die vorletzte Szene ist bereits in vollem Gange: Sie besteht aus einer Invasion, gegen die sich kein Widerstand mehr regt.

Kapitel 2

Die Invasion

Der amerikanische Südwesten kehrt allem Anschein nach langsam wieder zur mexikanischen Rechtsprechung zurück, ohne daß auch nur ein einziger Schuß abgefeuert wird.[1]
Excelsior *(führende Zeitung Mexikos), 20. Juli 1982*

Demographisch, sozial und kulturell ist die Reconquista des Südwestens der Vereinigten Staaten ... in vollem Gange.[2]
Samuel Huntington, Harvard-Universität, 2004

Am 12. August 2005 verhängte der Gouverneur von Neumexiko, Bill Richardson, an der mexikanischen Grenze den Ausnahmezustand. Er begründete diesen Schritt damit, daß „Menschenhandel, Rauschgiftschmuggel, Entführungen, Mord, die Zerstörung von Eigentum sowie die Vernichtung von Vieh" in jener Gegend „Verwüstungen angerichtet" und eine Atmosphäre des „Terrors" geschaffen hätten.[3]

Drei Tage später tat es ihm Gouverneurin Janet Napolitani von Arizona gleich und rief an der Südgrenze ihres Staates ebenfalls den Ausnahmezustand aus. Im März 2006 ließ sie die Nationalgarde an der Grenze aufmarschieren, beruhigte die Bevölkerung Arizonas jedoch mit der Versicherung: „Wir befinden uns nicht im Krieg mit Mexiko."[4]

Der Ausnahmezustand beschränkt sich durchaus nicht auf den Südwesten, sondern ist nationaler Art. Amerika erleidet derzeit eine Invasion, und wenn dieser nicht Einhalt geboten wird, bedeutet sie das Ende der Vereinigten Staaten.

Der Südwesten wird von illegalen Immigranten überrannt, die die Grenze Tag für Tag in einem endlosen Zug nach Norden überqueren und Amerika neu besiedeln. Der Handel mit Menschen und Drogen ist eine empörende Verletzung der Menschenrechte und eine Schande für unsere Nation. Eine noch größere Schande ist freilich, daß es die Regierung der Vereinigten Staaten unterläßt, unseren Gesetzen Nachdruck zu verleihen und unsere Grenzen, die an manchen Abschnitten zu einer Hölle auf Erden geworden sind, zu schützen. Am 20. September 2004 schilderte die

Zeitschrift *Times*, was sich an der mexikanischen Grenze abspielt: „Wenn die Menschenmengen an den Gütern der Rinderzüchter vorbeiziehen, die längs oder unweit der Grenze liegen, werfen sie Rucksäcke, leere Sportgetränke- und Wasserflaschen sowie verschmutzte Kleider weg. Sie verwandeln das Land in eine riesige Latrine und lassen unappetitliche Hügel persönlichen Abfalls sowie genug überflüssig gewordene Plastiktüten zurück, um ein Warenhaus damit auszustatten. In jeder Nacht durchschneiden sie Zäune, die dazu dienen, Vieh und Pferde am Entlaufen zu hindern. Kühe, die Plastiktüten gefressen haben, müssen oft notgeschlachtet werden, weil sich das Plastik zwischen dem ersten und dem zweiten Magen festsetzt. Die Immigranten stehlen Fahrzeuge und Sättel. Sie vergiften Hunde, um sicherzustellen, daß sie nicht bellen. Der Strom der vorbeiziehenden illegalen Immigranten ist dermaßen massiv, daß manche Farmer wegen des Trubels und des Lärms nachts nur wenig Schlaf finden."[5]

Es spricht Bände über den moralischen Niedergang beider großer amerikanischer Parteien, der Demokraten und der Republikaner, daß ihre Führer aus lauter Angst, als „Chauvinisten", „Fremdenfeinde" oder gar „Rassisten" gebrandmarkt zu werden, ihre Augen vor der krebsartig wuchernden Kriminalität an unserer Südgrenze verschließen.

Wer sind die Eindringlinge?

Am 28. November 2005 gab Präsident Bush bei einer Ansprache in Tucson/Arizona zu, daß in den vergangenen fünf Jahren 4,5 Millionen Ausländer beim Versuch ertappt worden waren, die Grenze der USA illegal zu überqueren. Unter diesen viereinhalb Millionen hätten sich „mehr als dreihundertfünfzigtausend mit einer kriminellen Vergangenheit" befunden, räumte Bush ein.[6] Somit war jeder zwölfte der von den Grenzwächtern festgenommenen illegalen Einwanderer ein Verbrecher.

Mit anderen Worten: Während eines fünfjährigen Zeitraumes hatten alljährlich siebzigtausend Kriminelle, das heißt zweihundert pro Tag, den Versuch unternommen, sich unter Mißachtung unserer Gesetze in unser Land einzuschleichen, um Amerikanerinnen und Amerikaner zu berauben, zu vergewaltigen und zu ermorden. Wie viele unter den Millionen, denen während Bushs Amtszeit der illegale Grenzübertritt gelang, mögen mit solchen Absichten gekommen sein? Wie viele amerikanische Bürgerinnen und Bürger mögen ausgeraubt, überfallen oder meuchlings umgebracht worden sein, weil der Präsident seiner Pflicht zum Schutze der amerikanischen Landesgrenzen nicht nachgekommen ist?

Annähernd acht Millionen Fremde kamen während jener fünf Jahre in unser Land, davon 3,7 Millionen illegal. Wenn jeder zwölfte davon ein Verbrecher war, bedeutet dies, daß während Bushs Amtszeit dreihunderttausend Kriminelle den Sprung über unsere Grenzen geschafft haben. Damit hat der Präsident seine Amtspflichten in einem Ausmaße verletzt, das in der Geschichte seinesgleichen sucht.

Heute leben in den USA 36 Millionen Menschen, die im Ausland geboren sind, fast dreimal mehr als jene 13,5 Millionen, die sich 1910, auf dem Höhepunkt der großen Einwanderungswelle, in unserem Land aufhielten. Unter diesen Dutzenden von Millionen Fremdstämmiger finden die illegalen Immigranten Unterschlupf. Wie James Edwards vom Hudson-Institut schrieb, sind legale und illegale Einwanderung zwei Seiten ein und derselben Medaille. Wenn wir es nicht fertigbringen, die eine zu kontrollieren, können wir auch die andere nicht in den Griff bekommen. Edwards weist darauf hin, daß ein Anstieg der legalen Einwanderung in aller Regel auch ein sprunghaftes Wachstum der illegalen nach sich zieht. Rund 30 Prozent der fremdstämmigen Bewohner der Vereinigten Staaten sind Mexikaner, und mehr als die Hälfte von ihnen weilt unter Verletzung unserer Einwanderungsbestimmungen unter uns. Machten illegale Immigranten noch im Jahre 1980 lediglich 21 Prozent der fremdstämmigen Bevölkerung aus, so stellen sie heute bereits 28 Prozent.[7]

Um uns das ganze Ausmaß dieser Völkerwanderung vor Augen zu führen, wollen wir uns einige Statistiken aus John F. Kennedys Buch *Die Nation der vielen Völker* (dt. 1965) ansehen, das 1958, zwei Jahre vor der Präsidentschaftswahl, erstmals erschien. Das künftige Staatsoberhaupt der USA verlieh seinem Erstaunen über die Anzahl der Menschen Ausdruck, die Amerika aufgenommen hatte: „Die Tore wurden weit aufgestoßen, und in ständig wachsender Zahl strömten Männer und Frauen auf der Suche nach einem neuen Leben an unsere Küsten. In den zwanziger Jahren des neunzehnten Jahrhunderts waren es 150.000, in den vierziger Jahren 1,7 Millionen, in den Siebzigern 2,8 Millionen, in den Achtzigern 5,2 Millionen und in dem ersten Jahrzehnt des zwanzigsten Jahrhunderts gar 8,8 Millionen Menschen … Zwischen 1830 und 1930, der Periode der größten Einwanderung aus Europa in die Vereinigten Staaten, schickte Deutschland sechs Millionen Menschen in die USA – das ist mehr als irgendeine andere Nation. Diese Einwanderung, die nach 1850 anschwoll, überbot die der Iren, welche langsam abklang.

Die Deutschen waren unter den Einwanderergruppen einzigartig … Deutsche Handwerker waren wegen ihres Könnens sehr gefragt und wurden zu einem wichtigen Faktor in der industriellen Entwicklung.

Nahezu jeder Staat der Union profitierte von ihren geistigen und materiellen Beiträgen. Als schwer arbeitende, in Fragen der Agrarwirtschaft gut gebildete Menschen wurden die Deutschen zu Verfechtern der wissenschaftlichen Landwirtschaft, des Fruchtwechsels und der Bodenkonservierung. Gemeinsam mit den Skandinaviern gebührt ihnen das Verdienst, Millionen Hektar Wildnis in produktives Farmland verwandelt zu haben.

Die städtischen Siedler gaben vielen unserer Städte einen typisch deutschen Anstrich. Cincinnati, damals ‚Königin' unter den Städten des Westens, Baltimore, St. Louis, Minneapolis und Milwaukee, sie alle verfügten über einen ansehnlichen deutschen Bevölkerungsanteil. Milwaukee vermochte seinen besonderen deutschen Charakter wohl am längsten zu wahren.

In diesen Städten widmeten sich die Deutschen den Gebieten der Bildung, der Wissenschaft, der Technik und der Künste …

Über fünf Millionen Italiener kamen zwischen 1820 und 1963 in unser Land."[8]

Gestützt auf Kennedys Ziffern, konstatieren wir, daß die Zahl der heute in den USA lebenden illegalen Ausländer so hoch ist wie die sämtlicher Deutschen und Italiener, die während unserer ganzen Geschichte bei uns eingewandert sind, und daß die Anzahl der heute in den USA lebenden, jedoch außerhalb unserer Landesgrenzen geborenen Menschen annähernd jenen 42 Millionen entspricht, die in den dreieinhalb Jahrhunderten von 1607 bis 1965 immigrierten.[9] Monat für Monat nimmt die Grenzwache ebenso viele *illegale* Einwanderer fest, wie in den zwanziger Jahren des neunzehnten Jahrhunderts an legalen Einwanderern kamen. Die heutigen Zahlen lassen wiederum jene bis 1965 weit hinter sich.

Keine Nation hat je den Versuch unternommen, 36 Millionen Fremde innerhalb einer einzigen Generation zu assimilieren. Nichtsdestoweniger überqueren jedes Jahr von neuem anderthalb Millionen Ausländer unsere Grenzen, die Hälfte davon illegal, und 90 Prozent von ihnen stammen aus Dritte Welt-Ländern, deren Bewohner sich bei uns noch nie assimiliert haben. In den Kernzonen von New York und San Francisco machen Immigranten mehr als ein Viertel der Einwohner aus, in den innerhalb des U-Bahnnetzes liegenden Zonen von Los Angeles und Miami-Dade 32 Prozent beziehungsweise 36 Prozent.

In einer Recherche mit dem Titel „Who Left the Door Open?" (Wer ließ die Tür offen?) gelangte die Zeitschrift *Time* zu folgendem Schluß: „Die Schätzung ist realistisch … daß sich die Anzahl der dieses Jahr in die USA strömenden illegalen Einwanderer auf drei Millionen belaufen wird – genug, um 22.000 Flugzeuge des Typs Boeing 737–700 zu füllen, das heißt 60 solcher Flugzeuge an jedem Tag eines Jahres."[10]

Im Januar 2005 wurde in einer Studie die These aufgestellt, die Anzahl der illegalen Immigranten in den USA betrage möglicherweise zwanzig

Millionen.[11] Falls diese Ziffer stimmt, ist sie höher als die sämtlicher Deutschen, Italiener, Iren und Juden, die in der vierhundertjährigen Geschichte der europäischen Besiedlung des nordamerikanischen Kontinents hier eingewandert sind.

In einem Aufsatz mit dem Titel „Border War" (Grenzkrieg) schrieb John Judis im Januar 2006 in der Zeitschrift *New Republic*: „Im Verlaufe eines Jahres werden fast zwei Millionen – manchmal erst nach mehreren Versuchen – den Sprung über unsere Grenzen schaffen und in der Unterwelt der aufenthaltsgenehmigungslosen Migranten untertauchen …"[12]

2006 hielt der Kongreßabgeordnete J.D. Hayworth fest: „Fast 4.500 Menschen – und dies ist das Minimum – dringen *jeden Tag* illegal in Arizona ein, ohne erwischt zu werden."[13] Hayworths Schätzungen zufolge überschreiten alljährlich 1,6 Millionen Menschen illegal die Grenze zu Arizona. Und wie Prof. Glynn Custred, Mitbegründer der Bürgerrechtsorganisation „California Civil Rights Initiative", schreibt, haben sich Verhaltensweise und Charakter der Eindringlinge, die die kalifornische Wüste durchqueren, radikal verändert: „Nach und nach wandelte sich das Verhalten der illegalen Einwanderer. Sie wurden aggressiver, dreister, gefährlicher. In manchen Fällen baten sie gar nicht erst um Essen oder Wasser, sondern traten Türen ein, um es sich zu beschaffen. Sie vergiften Hunde oder schneiden ihnen die Gurgel durch, beschädigen Eigentum, stehlen Waren, entwenden Autos und bedrohen die örtliche Bevölkerung. Eine Dame, die zu ihrer Nachbarin gehen wollte, um sich um deren Haustiere zu kümmern, wurde von illegalen Ausländern überfallen und um ihres Wagens willen ermordet. Im Osten von San Diego County tragen die Menschen jetzt oft Waffen, wenn sie ihre Häuser verlassen, genau wie dies an der Grenze von Arizona bereits gang und gäbe ist."[14]

Im Jahre 2005 wurden 687 Überfälle auf US-Grenzwächter registriert, fast doppelt so viele wie im Vorjahr. In den Bezirken San Diego und Tucson wurden 43 Feuerüberfälle auf Grenzbeamte vermeldet, über zweimal mehr als im Jahr zuvor.[15]

Amerika sieht sich einer existentiellen Krise gegenüber. Wenn wir unsere Grenzen nicht unter Kontrolle bekommen, werden die europäischstämmigen US-Bürger bis zum Jahre 2050 zur Minderheit in jenem Lande werden, das ihre Ahnen geschaffen und aufgebaut haben. Keine Nation hat je einen so radikalen demographischen Wandel überlebt.

Bis 2050 wird sich der aus Lateinamerika stammende Bevölkerungsteil auf 102 Millionen, oder ein Viertel der Bevölkerung, verdreifacht haben. Die meisten dieser Menschen werden mexikanischer Abstammung sein und im Südwesten der Vereinigten Staaten leben – einem Gebiet, von dem mexikanische Kinder in der Schule lernen, daß es ihrem Land vor anderthalb Jahrhunderten von nordamerikanischen Aggressoren geraubt worden sei.

Manchen Schätzungen zufolge werden europäischstämmige Amerikaner in den Gebieten um Miami, Houston, Los Angeles, San Francisco und Washington/D.C. schon im Jahre 2010 zur Minderheit werden. In jenem Teil Washingtons, der innerhalb des U-Bahn-Netzes liegt, wuchs die weiße Bevölkerung zwischen 2000 und 2005 um 2,5 Prozent, die schwarze um 5,3 Prozent, die asiatische hingegen um 21,5 Prozent und die hispanische gar um 28 Prozent.[16]

In Kalifornien und Texas bilden Amerikaner europäischer Herkunft bereits heute eine Minderheit, und ihr Anteil an der Bevölkerung sinkt Jahr für Jahr weiter ab. Hispanos stellen 34 Prozent der Bevölkerung unserer beiden bevölkerungsstärksten Staaten, und ihre Zahl schwillt kontinuierlich an. In den neunziger Jahren des zwanzigsten Jahrhunderts nahm die weiße Einwohnerschaft Kaliforniens erstmals seit dem Beitritt des Staates zu den USA ab, und zwar gleich um zwei Millionen, da immer mehr Weiße ihr Bündel geschnürt haben und nach Nevada, Idaho, Arizona und Colorado gezogen sind, um ihr Erdendasein in einer Umgebung zu beschließen, die mit dem Goldenen Staat, in dem sie aufgewachsen sind, größere Ähnlichkeit aufweist als das Kalifornien der Gegenwart. Die Reconquista Kaliforniens durch Mexiko ist in vollem Gange, und die zentrale Frage lautet mittlerweile: Wird der amerikanische Südwesten zu einem gigantischen Kosovo, der sich durch Sprache, ethnische Abstammung, Geschichte und Kultur vom Rest der Nation unterscheidet? Wird er, zwar nicht *de jure*, aber doch *de facto*, zu Mexiko zurückkehren, dem wir diese Ländereien zur Zeit Jacksons und Polks abgenommen haben? Chicano-Chauvinisten und mexikanische Agenten machen kein Hehl aus ihrer Absicht, durch Demographie und Kultur wiederzugewinnen, was ihre Vorfahren durch Krieg verloren haben.

Wer pocht da an die Tür?

„Der einzige absolut sichere Weg, den Ruin dieser Nation herbeizuführen und dafür zu sorgen, daß sie nicht länger eine Nation aller sein kann, bestünde darin, zuzulassen, daß sie ein Flickenteppich aus zerstrittenen Nationalitäten wird", meinte Theodore Roosevelt einmal. Die Entwicklung, vor der dieser hellsichtige Präsident warnte, ist längst angelaufen: Wir werden zu einem vielsprachigen, vielrassigen, multiethnischen und multikulturellen Turm von Babel. Zum Entzücken antiamerikanischer Kräfte in aller Welt und unter gleichgültigem Wegsehen unserer Eliten nehmen wir eine Entwicklung hin, die zur Balkanisierung und zum Zerfall unserer Nation führen muß.

Die meisten jener 36 Millionen Einwohner unseres Landes, die im Ausland geboren sind, kamen hierher, um an unserem Traum teilzuhaben und Teil unserer nationalen Familie zu werden. Sie sind rechtschaffene Menschen, die dieselben Ziele verfolgen wie einst unsere Ahnen: einen Neubeginn, ein anständigeres Leben, die Chance, unter besseren und freieren Verhältnissen als in ihren Herkunftsländern eine Familie zu gründen. Sie arbeiten hart; viele von ihnen haben in den Bergen und Wüsten unseres Südwestens Kopf und Kragen riskiert, um bei uns zu leben und fünf- bis zehnmal mehr zu verdienen als in der Heimat. Daß unsere Grenzpolizei seit 1998 die Leichen von 2.881 Migranten aufgefunden hat – viele andere Tote wurden nie entdeckt –, zeugt von der Entschlossenheit und der Verzweiflung dieser Menschen. Manche haben in unseren Streitkräften gedient, ihr Blut für unser Land vergossen und lieben es nicht weniger als die Nachkommen der „Mayflower"-Generation. Andere kommen zu uns, um mitsamt ihren Familien in den Genuß jener Vergünstigungen zu gelangen, die Amerika den Mittellosen zuteil werden läßt: freie medizinische Versorgung in Kliniken und Notfallstationen, Schulbildung für ihre Kinder, staatlich subventionierte Lebensmittel und staatliche Mietzuschüsse, Sozialfürsorge sowie Einkommenssteuererleichterungen.

Doch Millionen dieser Menschen empfinden keinerlei Bindungen an die Vereinigten Staaten von Amerika; ihre Loyalität gilt nach wie vor ihren Herkunftsländern. Sie besetzen zwar eine ständig wachsende Anzahl von Räumen in unserem gemeinsamen Haus, bilden aber keinen Teil unser Familie und wünschen dies auch gar nicht. Sie sind und bleiben Fremde – Millionen und Abermillionen Fremde in unserer Mitte.

Manche kamen aus unlauteren Motiven – um sich Banden von Menschen- und Drogenhändlern anzuschließen, um Amerikanerinnen und Amerikaner zu berauben, zu vergewaltigen und zu ermorden, so wie es jene berüchtigte Bande tut, die „Mara Salvatrucha" oder MS-13 genannt wird. Manche kommen mit Haß im Herzen, wie der Jamaikaner Colin Ferguson, der Eisenbahnmörder von Long Island, der in einem rassistischen Feldzug gegen Weiße fünfundzwanzig Menschen niederschoß, oder Angel Resendez, der während dreiundzwanzig Jahren die Grenze immer wieder in beiden Richtungen überquerte und in Eisenbahnzügen neun amerikanische Frauen schändete und ermordete, oder der schwarze Autobahn-Schütze John Lee Malvo, der zum Zeitvertreib ein Dutzend Amerikaner niederschoß, jedoch der Todesstrafe entging, weil er erst siebzehn Jahre alt war, als er mit seiner Karriere als Massenmörder begann.

Wie viele Spione und Saboteure sind als „Schläfer" bei uns eingeschleust worden? Wie viele Angehörige von Al Kaida warten nur auf den Befehl, in Untergrundbahnen und Einkaufszentren Bomben zu zünden oder unsere politischen Führer zu ermorden? Wir wissen es nicht. Auch das Innenministerium weiß es nicht. Die Sicherung der Grenzen ist eine unabdingbare Voraussetzung für unsere innere Sicherheit. Doch Amerika hat die Kontrolle über seine Grenzen verloren, und wie Ronald Reagan zutreffend bemerkte, ist ein Land, das seine Grenzen nicht zu kontrollieren vermag, überhaupt kein richtiges Land mehr.

In seiner bereits erwähnten Ansprache in Tucson machte Präsident Bush ein erstaunliches Eingeständnis. Jahrzehntelang, sagte er, hätten die USA gegenüber Nichtmexikanern, die die dreitausend Kilometer lange Grenze zwischen den Vereinigten Staaten und Mexiko überschritten hätten, eine spezielle Politik verfolgt: „Ungefähr vier Fünftel der nichtmexikanischen illegalen Einwanderer, die wir dingfest machen, werden auf freien Fuß gesetzt und aufgefordert, sich an einem bestimmten Tag vor Gericht einzufinden. Wenn dieser Tag kommt, leisten etwa 75 Prozent von ihnen der Vorladung nicht Folge. Als Ergebnis wurden letztes Jahr [2004] nur 30.000 der 160.000 Nichtmexikaner, die beim Überqueren unserer südwestlichen Grenze ertappt worden waren, in ihre Heimatländer zurückgeschickt ... Dieses Katz- und Mausspiel war jahrzehntelang Regierungspolitik. Es ist eine unweise Politik, und wir werden damit Schluß machen."

Ist dies kein verblüffendes Eingeständnis? Präsident Bush räumte ein, daß im dritten Jahr nach den Geschehnissen des 11. September 2001 160.000 Grenzverletzer aus allen möglichen Ländern des Erdballs bei uns untertauchen durften und daß nur jeder Vierte einer Gerichtsvorladung Folge leistete. Die anderen rund 130.000 leben illegal unter uns. Wie kann der Präsident da behaupten, für unsere innere Sicherheit sei gesorgt?

Doch nicht genug damit: In seiner Ansprache in Tucson machte Bush keinen Hehl daraus, daß unsere Regierung so tut, als habe es den 11. September 2001 nicht gegeben, und daß sie keinen Finger rührt, um die Gesetze den veränderten Bedingungen anzupassen: „Unter den gegenwärtigen Gesetzen ist die Bundesregierung gezwungen, Menschen, die beim illegalen Überqueren unserer Grenzen verhaftet worden sind, freizulassen, wenn ihre Herkunftsländer sie innerhalb einer gewissen Zeitspanne nicht zurücknehmen ... Unter jenen, die wir auf freien Fuß setzen mußten, gab es Mörder, Vergewaltiger, Kinderschänder und andere gewalttätige Kriminelle."

Dies, fuhr der Präsident fort, untergrabe die Sicherheit unserer Grenzen und die Arbeit, die „die guten Leute" von der Grenzpolizei verrichteten.[17]

Wem stünden da nicht die Haare zu Berge! Präsident Bush gab unumwunden zu, daß „Mörder, Vergewaltiger, Kinderschänder und andere gewalttätige Kriminelle“ auf unsere Bevölkerung losgelassen werden, weil „die gegenwärtigen Gesetze“ dies vorschrieben und die Länder, aus denen diese Verbrecher stammen, sie nicht zurückhaben wollten.

Hier drängt sich die Frage auf: Immerhin sind Bush und seine Partei an der Regierung – warum haben sie „die gegenwärtigen Gesetze“ denn nicht geändert? Warum hat sich Präsident Bush nicht ans Telephon gehängt und den Führern der Länder, aus denen diese Kriminellen stammen, klargemacht, daß ihren Staatsangehörigen ab sofort kein einziges Visum mehr ausgestellt wird, bis sie ausnahmslos alle illegal in unser Land eingedrungenen Rechtsbrecher wieder bei sich aufgenommen haben? Was ist mit Präsident Bush los? Und was ist mit uns los?

„Einfallstor für Terroristen“

Die potentiell gefährlichsten illegalen Immigranten, die unsere Südwestgrenze überqueren, sind die „OTMs“. Diese Abkürzung steht für „other than Mexicans“ („andere als Mexikaner“). Manche Terroristen haben öffentlich damit geprahlt, via Mexiko in die USA gelangt zu sein, und eine wachsende Anzahl von Nichtmexikanern, die an unseren Grenzen dingfest gemacht werden, stammt mittlerweile aus dem Nahen Osten.

Im Februar 2006 brachte Senatorin Dianne Feinstein dieses Problem gegenüber Geheimdienstchef John Negroponte zur Sprache. Im Jahre 2004, sagte sie, habe sie Admiral James Loy, den Vorsitzenden des Dezernats für Innere Sicherheit, zu diesem Thema befragt, und seither habe sie erfahren, daß sich die Anzahl der beim illegalen Grenzübertritt gestellten Nichtmexikaner von 2003 bis 2005 mehr als verdreifacht habe und von 49.545 auf 155.000 gestiegen sei: „Letztes Jahr erörterten Admiral Loy und ich die Sicherung unserer Grenzen, insbesondere das zunehmende Problem der Nichtmexikaner, die illegal in unser Land eindringen … Ich teilte ihm damals mit, meiner Ansicht nach sei dies ein wichtiges Einfallstor, durch das Terroristen in die USA kämen … Sind gegenwärtig nachrichtendienstliche Ermittlungen in Gang, um zu verhindern, daß dergleichen geschieht?“

Negroponte erwiderte, daß sich die Zahl der beim illegalen Grenzübertritt festgenommenen Nichtmexikaner verdreifacht habe, sei auch für sein Dezernat ein „Grund zur Besorgnis“. Die US-Regierung, fügte er hinzu, beobachte die Grenze „sehr, sehr aufmerksam“.[18] Charles Allen, Chef der nachrichtendienstlichen Abteilung im Dezernat für Innere Sicherheit, hielt es für notwendig, sich ebenfalls zu Wort zu melden und zu betonen, daß auch seine Abteilung dieser Frage „gebührende Aufmerksamkeit" schenke. Negroponte stritt nicht ab, daß sich die Zahl der beim illegalen Grenzübertritt dingfest gemachten Menschen aus Afrika, Asien und dem Nahen Osten im dritten und vierten Jahr des „Krieges gegen den Terror" verdreifacht hatte.

Wiederholen wir unsere Frage: Wie kann man unter diesen Umständen ernsthaft behaupten, unser Land sei gegen den Terrorismus gewappnet?

Um den Einfällen von Indianern Einhalt zu gebieten, die vom spanischen Florida aus in Südgeorgia eindrangen und dort Amerikaner überfielen, befahl Präsident James Madison im Jahre 1818 Andrew Jackson, diesem Spuk ein Ende zu bereiten. Jackson marschierte in Florida ein, machte mit den Unruhestiftern kurzen Prozeß, ließ überdies zwei britische Spione aufknüpfen, die mit den Indianern zusammengearbeitet hatten, und setzte den spanischen Gouverneur mitsamt seiner Garnison auf ein Schiff nach Havanna. Um unsere Grenzen zu sichern, hatte „Old Hickory" einen Krieg mit zwei führenden Mächten der damaligen Welt riskiert.

Als Pancho Villa anno 1916 die mexikanisch-amerikanische Grenze überschritt, in der Stadt Columbus in Neumexiko plünderte, Feuer legte und amerikanische Bürger ermordete, hieß Präsident Woodrow Wilson General John Joseph Pershing, mit zwölftausend Soldaten fünfhundert Kilometer weit auf mexikanisches Territorium vorzustoßen, um dem Freischärlerhäuptling nachzusetzen.

Als Präsident Dwight D. Eisenhower 1954 erfuhr, daß sich eine Million illegaler Einwanderer aus Mexiko in unserem Land aufhielt, ließ er die unerwünschten Ausländer im Rahmen der Operation „Wetback"* abschieben, ohne sich deswegen bei irgend jemandem zu entschuldigen. Die Illegalen mußten in ihre Heimat zurückkehren. Hätte damals ein mexikanisches Staatsoberhaupt eine Invasion der Vereinigten Staaten aktiv unterstützt, wie es heute Präsident Vicente Fox tut, so hätten Madison, Wilson und Eisenhower dies als Kriegserklärung aufgefaßt und entsprechend reagiert. Wie erklärt sich die heutige Lähmung des Weißen Hauses?

George Bush hat geschworen, dafür zu sorgen, daß die Gesetze der Vereinigten Staaten von Amerika peinlich genau eingehalten werden. Die Einwanderungsgesetze sind klar. Firmen, die illegale Einwanderer anheuern, brechen amerikanisches Gesetz und machen sich strafbar. Doch der Kolumnist John O'Sullivan hält fest: „In den Jahren 1995, 1996 und

* „Wetback" („nasser Rücken") ist der Spitzname für einen illegalen Einwanderer aus Mexiko. Die Bezeichnung rührt daher, daß sich viele dieser Immigranten bei der Durchquerung des Rio Grande den Rücken naß machen. – A. d. Ü.

1997 [unter Präsident Bill Clinton] wurden jährlich zwischen zehn- und achtzehntausend illegale Ausländer am Arbeitsplatz verhaftet. In denselben Jahren wurden rund eintausend Arbeitgeber mit Bußen belegt, weil sie Illegale beschäftigt hatten. Unter der Bush-Regierung wurden 2004 nur noch 159 illegale Ausländer am Arbeitsplatz festgenommen, und die Anzahl der Firmen, die wegen der Beschäftigung Illegaler Bußgeld zu zahlen hatten, sank auf sage und schreibe drei.“

Daß den Einwanderungsgesetzen unter George W. Bush immer weniger Nachdruck verschafft werde, schloß O'Sullivan, liefere eine Erklärung für „die allen Schätzungen zufolge rapide steigende Anzahl illegal in unserem Land lebender und arbeitender Immigranten“.[19]

Kann jemand, der diese Fakten und Ziffern kennt, allen Ernstes geltend machen, Präsident Bush habe sich bemüht, den Einwanderungsgesetzen der USA Geltung zu verschaffen?

Zweimal hat Präsident Bush einen Eid darauf abgelegt, daß er „die Verfassung der Vereinigten Staaten bewahren, schützen und verteidigen“ werde. Artikel IV, Paragraph 4 der Verfassung lautet wie folgt: „Die Vereinigten Staaten gewährleisten jedem Mitgliedsstaat der Union eine republikanische Regierungsform und werden jenen von ihnen gegen eine Invasion schützen.“

Doch in den bisherigen fünfeinhalb Regierungsjahren George Bushs sind schätzungsweise vier Millionen illegale Einwanderer in unser Land eingedrungen, und tagtäglich kommen Tausende mehr über unsere Grenzen. Wer wird da noch ernstlich behaupten, Präsident Bush habe die Mitgliedsstaaten der Union gegen diese Invasion geschützt? In früheren Zeiten hätte eine dermaßen krasse Verletzung der dem Präsidenten durch die Verfassung auferlegten Pflichten unweigerlich zu einem Amtsenthebungsverfahren geführt.

Doch wer sind jene Menschen, die zu Millionen über unsere Grenzen kommen und das Antlitz unseres Landes für immer verändern?

Kapitel 3

Die Folgen der Masseneinwanderung

Was bedeutet es, wenn ihre erste Handlung beim Betreten eines Landes – ihre erste Handlung auf seinem Boden – darin besteht, die Gesetze dieses Landes zu brechen?[1]
Peggy Noonan, 2005

Keine Gesellschaft besitzt eine unbegrenzte Fähigkeit zur Aufnahme von Neuankömmlingen, besonders wenn viele davon arm und ohne Ausbildung sind.[2]
Robert Samuel, Wirtschaftswissenschaftler und Kolumnist der Zeitschrift Newsweek

Eines Nachts läutete bei Jason Jenkins, einem medizinisch ausgebildeten Polizeileutnant, das Telephon. „Schwerverletzter in der Edsall Road aufgefunden", lautete die Meldung. Was Jenkins am Tatort erblickte, bezeichnete er anschließend als den „unmenschlichsten Gewaltakt, den ich je gesehen habe". Der Sechzehnjährige lag auf dem Rücken und reckte seine verstümmelten Hände in die Höhe. Seine Finger waren mit einer Machete abgehackt worden.

Der Überfall ereignete sich im Mai 2004 in Alexandra / Virginia. Das Opfer gehörte zu den „South Side Locos", der zweitgrößten Bande im Norden des Staates, die rund anderthalbtausend Mitglieder zählt.[3] Die Angreifer kamen von der „Mara Salvatrucha" oder MS-13, der größten und gewalttätigsten Gangsterorganisation Nordvirginias, der dort etwa dreieinhalbtausend Leute angehören und deren Missetaten – Verstümmelungen, Morde mit Messer und Feuerwaffe, rituelle Hinrichtungen, Vergewaltigungen – in keiner Weise hinter den Scheußlichkeiten der Mafia auf dem Höhepunkt ihres Terrors zurückstehen. Doch im Gegensatz zur MS-13 konnte die Mafia sich in der Gegend von Washington niemals auf mehr als sechstausend Aktivisten stützen.

Ein Jahr vor dieser viehischen Tat war der Leichnam der achtzehnjährigen Brenda Paz am Ufer des Shenandoah aufgefunden worden; der Kopf war nur noch lose mit dem Rumpf verbunden. Brenda hatte sich bereiterklärt, unter dem Schirm des staatlichen Zeugenschutzprogramms als Belastungszeugin gegen die MS-13 aufzutreten, worauf die Bande, wie es in ihrem Jargon heißt, „grünes Licht für den Abschuß eines Singvogels" gab.

Eine Woche nach der Verstümmelung des Sechzehnjährigen in der Edsall Road wurde ein junger Bursche aus Herndon, Angehöriger einer Bande, die sich „18th Street Gang" nennt, „mit Kugeln von Kaliber .38 vollgepumpt", und seiner fliehenden Freundin wurde in den Rücken geschossen. Laut einem Zeugen wies der Schütze „eine große Tätowierung auf der Stirn auf. Sie bestand aus den Buchstaben MS, was für ‚Mara Salvatrucha' steht".[4] Die Kolumnistin Michelle Malkin, die in der Washingtoner Vorstadt Montgomery County / Maryland wohnte, schrieb im August 2005: „Letztes Jahr warnten Polizeibeamte, die MS-13 plane in Montgomery County … Polizisten bei Einsätzen zu überfallen … Laut nachrichtendienstlichen Meldungen vom [FBI-]Revier Norfolk / Virginia waren in der Gegend von Tidewater / Virginia seitens der Bande ähnliche Pläne geschmiedet worden: ‚Eine verläßliche Quelle in Norfolk vermeldet, Angehörige der MS-13 beabsichtigten in der Gegend von Tidewater wahllos örtliche Polizisten zu überfallen. Bandenmitglieder sprechen davon, daß „grünes Licht" für die Ausführung dieses Vorhabens erteilt worden sei … Laut derselben Quelle sind örtliche MS-13-Mitglieder mit Feuerwaffen und kugelsicheren Westen ausgerüstet.'"[5]

Michelle Malkin berichtete, in ländlichen Einkaufszentren sei eine Reihe von Personen niedergestochen worden, in einem Geschäftshaus seien Bandenangehörige mit Messern aufeinander losgegangen, und 19 Angehörige der MS-13 würden von der Justiz wegen einer Vielzahl krimineller Delikte belangt: Zutodeprügeln eines Opfers auf einem Friedhof; Tötung eines Halbwüchsigen vom fahrenden Auto aus; Entführung zweier Mädchen, von denen eines anschließend ermordet wurde; Stechereien und Schießereien in einer Vorstadthochschule; Erschießung von Angehörigen rivalisierender Banden.

Zu den Gemeinden mit der höchsten Lebensqualität in Amerika gehörten von alters her drei ländliche Vororte von Washington: Arlington und Fairfax im Bundesstaate Virginia sowie Montgomery im Bundesstaate Maryland. Doch an diesen einst friedlichen Orten verbreiten heute die mörderischsten Hispanobanden der Hemisphäre Furcht und Schrecken.

„Mara Salvatrucha"

Was ist die „Mara Salvatrucha"? Was treibt diese Organisation in unserem Land? Wie konnte sie sich überhaupt bei uns einnisten? Wie groß und wie gefährlich ist sie?

„Mara" bedeutet „Bande", „Salvatrucha" ist die Bezeichnung für einen „straßenkampferfahrenen Salvadorianer".[6] In seiner Besprechung von Lisa Lings Dokumentarfilm *The World's Most Dangerous Gang* (Die gefährlichste Bande der Welt), der im Februar 2006 im US-Fernsehen ausgestrahlt worden war, schrieb Ned Martel in der *New York Times*: „Der Name ‚Mara Salvatrucha' … geht auf eine spanische Bezeichnung für Soldatenameisen zurück. Es handelt sich um eine Verbrecherorganisation, die in Los Angeles entstand, laut Frau Lings Schätzung heute jedoch rund einhunderttausend Angehörige in sechs Ländern sowie 33 US-Bundesstaaten zählt."[7] Das Alter der Mitglieder reicht von neun bis 35 Jahren.

Die Ursprünge der MS-13 lassen sich bis zu den zentralamerikanischen Bürgerkriegen in den achtziger Jahren des zwanzigsten Jahrhunderts zurückverfolgen. Damals unterstützte US-Präsident Ronald Reagan die Regierung von El Salvador gegen eine Guerillaorganisation, die sich „Nationale Befreiungsfront Farabundo Marti" (FMLN) nannte und deren Kämpfer von Kuba ausgebildet und von den nicaraguanischen Sandinisten unterstützt wurden. Hunderttausende von Salvadorianern flohen vor dem Bürgerkrieg in die Vereinigten Staaten, wo ihnen Asyl gewährt wurde. Heute leben mehr als 1,1 Millionen von ihnen in unserem Land; der salvadorianische Botschafter Rene Leon schätzt, daß sich allein in Washington und Umgebung 500.000 seiner Landsleute aufhalten, unter denen die MS-13 ihre Mitglieder rekrutiert.[8]

Während die damals in die Vereinigten Staaten emigrierten Nicaraguaner vor der linken sandinistischen Regierung geflüchtet waren, sympathisierten viele der Salvadorianer mit der FMLN. Sie ließen sich in wachsender Zahl im Osten von Los Angeles nieder und gründeten dort die MS-13, um sich vor feindlichen lateinamerikanischen und schwarzen Banden zu schützen.

Nachdem der kriminelle Schwarze Rodney King 1992 in Los Angeles von Polizisten verprügelt worden war – er hatte sich zuvor seiner Verhaftung gewalttätig widersetzt –, kam es infolge einer medialen Ausschlachtung und politischen Instrumentalisierung dieses Ereignisses zu schweren Unruhen. Tausende von Strolchen aus Mexiko und Zentralamerika wurden in der zweitgrößten Stadt unseres Landes beim Rauben und Plündern festgenommen; viele Bandenmitglieder wurden abgeschoben. Doch manche Angehörige der MS-13 wanderten nach Nordvirginia ab, wo sie bald eine führende Rolle beim Drogenhandel spielten.

Auf die 33 US-Bundesstaaten, in denen die MS-13 vertreten ist, entfallen von ihren insgesamt rund hunderttausend Angehörigen laut der Zeitschrift *Newsweek* etwa acht- bis zehntausend. In Fairfax County wird die „Mara Salvatrucha" für neunzig Prozent aller Fälle von Bandenkriminalität verantwortlich gemacht.[9] Obgleich manche ihrer Angehörigen in Amerika geboren und somit US-Bürger sind, rekrutiert sich die Organisation nach Nicholas Zimmerman von *Medill News Service* immer noch „hauptsächlich aus illegalen Immigranten aus El Salvador".[10] Zwar ist die Bande in Nordvirginia stärker vertreten als im Osten, doch treibt sie ihr Unwesen von North Carolina bis Neuengland. Bei einer Versammlung von Schulrektoren aus den Vorstädten von New York bezeichneten 360 von 480 Teilnehmern die MS-13 als die größte Bedrohung für ihre Schulen.[11] In Boston wurden sechs Bandenmitglieder der Massenvergewaltigung zweier tauber Mädchen angeklagt, von denen eines zerebral gelähmt und an den Rollstuhl gefesselt war.

Das ist nicht die *West Side Story*. Es ist eine Geschichte von offenen Grenzen und buchstäblich ungehemmter Einwanderung. Hinter dieser Politik steht ein politisches Establishment, das Amerika als Selbstbedienungsladen betrachtet und sich keinen Deut um die Meinung der Bevölkerungsmehrheit schert.

Refugien

Weshalb ist es für amerikanische Städte so schwer, ja geradezu unmöglich, der durch die illegale Massenimmigration erzeugten Kriminalität Herr zu werden? Weil sich viele Städte unter dem Druck ethnischer Lobbys zu „Refugien" erklärt haben, wo es der Polizei untersagt ist, als illegale Immigranten und Kriminelle bekannte Ausländer zu verhaften. Die Publizistin Heather Mac Donald vom Manhattan-Institut schreibt: „In Los Angeles … sind Dutzende von Angehörigen einer ruchlosen salvadorianischen Bande, die ihre Mitglieder in den Gefängnissen anwirbt, klammheimlich in die Stadt zurückgekehrt, nachdem sie wegen Verbrechen wie Mord, Überfall mit einer tödlichen Waffe oder Rauschgifthandel abgeschoben worden waren. Die Polizei weiß, wo sie sind; sie weiß auch, daß sie allein schon durch ihre Anwesenheit in unserem Land gegen dessen Gesetz verstoßen. Doch sollte ein Polizist ein Bandenmitglied wegen illegaler Wiedereinwanderung festnehmen, würde er selbst wie ein Krimineller behandelt, weil er sich über einen Erlaß des Polizeidezernats von Los Angeles hinweggesetzt hat, der es verbietet, den Einwanderungsgesetzen Nachdruck zu verleihen."[12]

Sondererlaß 40 wurde im Jahre 1979 verabschiedet, als Daryl Gates Chef des Polizeidezernats von Los Angeles war. Er untersagt der Polizei, Angehörige der MS-13 zu verhaften, die sich in Los Angeles aufhalten, obwohl gegen sie ein Abschiebeentscheid vorliegt. New York, Chicago, San Francisco, San Diego, Seattle, Houston und Austin verfolgen durchwegs eine ähnliche Politik: Auch diese Städte verstehen sich als „Refugien", wo es der örtlichen Polizei verboten ist, bei der Bekämpfung der illegalen Einwanderung mit den Bundesbehörden zusammenzuarbeiten. „Wir dürfen noch nicht einmal darüber reden", machte ein verbitterter Polizeihauptmann in Los Angeles gegenüber Heather Mac Donald seinem Herzen Luft. „Die Leute fürchten sich vor einer gewaltsamen Reaktion der Hispanos."

„Wenn ich einen Mann von der ‚Mara Salvatrucha', der früher aus unserem Land ausgewiesen worden ist, die Straße überqueren sehe, weiß ich genau, daß ich ihn nicht anrühren darf", sagte ein anderer Angehöriger des Polizeidezernats. Daß Ausgewiesenen die Wiedereinreise in die USA untersagt ist, kümmert die für diese Praxis Verantwortlichen offenbar keinen Deut.

36 Millionen im Ausland geborene Menschen weilen heute auf dem Territorium unseres Landes, ein rundes Drittel davon illegal. Unter diesen Umständen „bestimmen sie durch ihre schiere Zahl die Politik", wie sich Heather Mac Donald ausdrückt. Sie bezweifelt, daß die Vereinigten Staaten die Kontrolle über ihre Grenzen je wiedererlangen werden. „Das unaufhörliche Wachstum der illegalen Immigration bewirkt einen Wandel der Sprache und des Gesetzes: Der Unterschied zwischen legal und illegal hier lebenden Ausländern verwischt sich allmählich, und in letzter Konsequenz verschwindet damit die Vorstellung nationaler Grenzen."[13]

Ihr Pessimismus ist Realismus. Sie berichtet von der Festnahme eines Honduraners, der nach Ablauf seines Visums illegal in den USA geblieben war und sieben Frauen brutal vergewaltigt hatte. Ein Jahr zuvor war der Mann wegen unsittlicher Belästigung in Gewahrsam genommen worden, doch die Polizei unterließ es, seinen legalen Status zu überprüfen. Hätte sie dies getan, so hätte sich herausgestellt, daß sein Visum abgelaufen war; er wäre abgeschoben worden, und sieben unschuldigen Frauen wäre ein Martyrium erspart geblieben.

Heather Mac Donald zitiert einige Statistiken, aus denen klar hervorgeht, welche Bedrohung kriminelle illegale Einwanderer für unsere Gesellschaft darstellen:

- In Los Angeles sind etwa 95 Prozent der 1.200 bis 1.500 wegen Mordes oder Totschlags gesuchten Kriminellen illegale Einwanderer.
- Bei zwei Dritteln der 17.000 in Los Angeles wegen sonstiger Verbrechen und Vergehen gesuchten Delinquenten handelt es sich ebenfalls um illegale Immigranten.

- Von den rund 20.000 Mitgliedern der „18th Street Gang", die in Südkalifornien ihr Unwesen treiben, halten sich zirka 12.000 illegal in unserem Land auf.[14]

Die „18th Street Gang" arbeitet eng mit der mexikanischen Mafia zusammen, die in den kalifornischen Gefängnissen das Sagen hat. Für den Historiker Roger McGrath ist diese Bande „die blutigste Verbrecherorganisation in Los Angeles"; er schreibt: „In den siebziger und achtziger Jahren des zwanzigsten Jahrhunderts waren schwarze Banden – vor allem die ‚Bloods' und die ‚Crips' samt ihren zahlreichen Abspaltungen – in Los Angeles die Herren der Straße … Wie ich von der Polizei erfahren habe, sind die schwarzen Banden heutzutage in der Defensive."[15] „Crips und Bloods gehören zusammen!" lautet ein Graffiti-Slogan, der für die Einigkeit aller afro-amerikanischen Banden wirbt; in der Tat werden diese von den zahlenmäßig weitaus stärkeren lateinamerikanischen Banden an die Wand gedrückt.

Laut der *Washington Times* halten sich derzeit achtzigtausend „Untergetauchte", das heißt illegale Ausländer, die wegen Verbrechen wie Mord, Notzucht, Rauschgifthandel und Kinderschändung zu Freiheitsstrafen verurteilt und nach Verbüßung ihrer Strafe in ihre Heimatländer abgeschoben wurden, wieder in den USA auf und machen unsere Straßen unsicher.[16]

Eine Studie mit dem Titel *The Color of Crime* (Die Farbe des Verbrechens), die sich auf Statistiken des FBI sowie des Justizministeriums stützte, kam zu dem Ergebnis, Hispanos begingen im Schnitt dreimal mehr schwere, das heißt mit Haftstrafen geahndete Delikte als weiße Amerikaner, *gehörten jedoch durchschnittlich neunzehnmal häufiger kriminellen Straßenbanden an als letztere.*[17] Nichts Gutes verheißt auch folgende Entwicklung: Jugendliche Asiaten begehen zwar im Durchschnitt viermal weniger Verbrechen als weiße US-Bürger, schließen sich aber neunmal häufiger kriminellen Banden an. Die jungen Immigranten integrieren sich also in die Bandensubkultur.

In einer Dokumentation, der sie den Titel „Criminal Aliens" (Kriminelle Ausländer) gab, enthüllt die „Federation for American Immigration Reform" (Vereinigung für amerikanische Einwanderungsreform) den ganzen Umfang der überbordenden Ausländerkriminalität: „1980 saßen in unseren Gefängnissen – den direkt der Bundesregierung in Washington unterstellten sowie den von den einzelnen Staaten verwalteten – weniger als 9.000 kriminelle Ausländer ein. Ende 1999 waren es bereits über 68.000. Heutzutage stellen straffällig gewordene Ausländer mehr als 29 Prozent der Insassen jener Gefängnisse, die dem Bundesamt für Strafanstalten unterstehen; in allen direkt von der Bundesregierung verwalteten Gefängnissen zusammen ist ihr Anteil noch höher. Diese Häftlinge repräsentieren den am raschesten wachsenden Teil der Insassen in den Bundesgefängnissen."[18]

Der Begriff des Refugiums oder Sanktuariums geht auf das Mittelalter zurück. Das Wort „Sanktuarium" kommt vom lateinischen *sanctus*, „heilig"; das Sanktuarium einer Kathedrale war deren heiligste Stelle und bestand aus Altar und Tabernakel. Da es den Männern des Königs verboten war, gewaltsam in eine Kirche einzudringen, wurden die Gotteshäuser zu Zufluchtsorten für jene, die auf der Flucht vor dem königlichen Gesetz waren. In den neunziger Jahren des zwanzigsten Jahrhunderts erklärten sich einige Kirchen zu Sanktuarien für illegale Einwanderer, die vor den Bürgerkriegen in Zentralamerika geflohen waren.

1989 machte Bürgermeister Ed Koch New York zu einem „Refugium", indem er den Angestellten der Stadt mittels Regierungsdekret 124 untersagte, illegale Einwanderer bei der Einwanderungs- und Einbürgerungsbehörde (Immigration and Naturalization Service (INS)) zu melden. Unter Kochs Nachfolgern David Dinkins, Rudy Giuliani und Michael Bloomberg blieb dieses Dekret in Kraft. Am 19. Dezember 2002 mußte eine zweiundvierzigjährige Frau einen hohen Preis für die Politik der vier Bürgermeister zahlen, die Amerikas Einwanderungsgesetze mit Füßen getreten hatten.

Als die Frau in Queens auf einer Parkbank saß, wurde sie von fünf Obdachlosen gepackt und in eine Scheune unweit des Shea-Stadions gezerrt, wonach die Strolche sie fünf Stunden lang vergewaltigten. Ihren Freund hatten sie schon vorher bewußtlos geschlagen. Vier der Männer stammten aus Mexiko, der fünfte aus Ecuador. Vier von ihnen waren bereits früher verhaftet worden, zwei davon aufgrund schwerer Verbrechen. Alle fünf waren illegale Einwanderer. Wäre die INS über ihre früheren Delikte im Bilde gewesen, so hätte er ihre Abschiebung anordnen können, und der Frau wäre dieses gräßliche Erlebnis erspart geblieben. Doch das New Yorker Polizeidezernat hatte die Männer nicht bei der INS angezeigt.

Bill O'Reilly, ein Fernsehjournalist von FOX News, der in der Sendung *Talking Points* auf diesen Akt der Barbarei aufmerksam gemacht hatte, forderte die Bürger auf, Strafanzeigen gegen die Stadtregierungsbeamten einzureichen, die die Politik der „Refugien" decken und die Bevölkerung dadurch zum Freiwild für Tausende von wildgewordenen ausländischen Kriminellen erklären.[19]

Noch traurigeren Ruhm als die fünf Vergewaltiger von New York erwarb ein anderer illegaler Ausländer im Jahre 2002. In der Begleitung seines Ziehvaters John Allen Muhammad schoß der siebzehnjährige Schwarze John Lee Malvo im Oktober 2002 in Washington und Umgebung bei einem dreiundzwanzigtägigen Terrorfeldzug dreizehn Menschen nieder; zehn von ihnen wurden tödlich getroffen. Wie war der „Autobahn-Schütze" in unser Land gekommen? Gemäß den Ermittlungen der Kolumnistin Michelle Malkin hatten sich der aus Jamaika stammende Teenager Malvo und seine Mutter Uma James als blinde Passagiere auf einem Frachtschiff versteckt, das im Juni 2001 in Miami anlegte. Mutter und Sohn zogen zunächst nach Tacoma und dann nach Bellingham / Washington, wo sie bei einem Streit darüber, welchem der beiden geschiedenen Elternteile der Sohn zugesprochen werden sollte, verhaftet wurden. Papiere, aus denen ihre Staatsangehörigkeit hervorgegangen wäre, trugen sie nicht bei sich. Uma James erzählte der Grenzpolizei, sie und Malvo seien als blinde Passagiere mit einem Schiff „voll illegaler Asiaten" (!) gekommen, worauf die Grenzpolizei beantragte, beide abzuschieben.

Die INS nahm Mutter und Sohn einen Monat lang in Gewahrsam und setzte sie dann auf freien Fuß, obschon „illegale Ausländer, die als blinde Passagiere ins Land gekommen sind, ohne Anhörungen festzunehmen und abzuschieben sind".[20] Uma James kam gegen eine Kaution von 1.500 Dollar frei, Malvo ohne Kaution. Gemeinsam mit John Muhammad ließ er sich in Washington nieder, wo die beiden fast so berüchtigt wurden wie John Dillinger, den sie an Mordlust freilich noch übertrafen.

Die Ereignisse des 11. September, die Schandtat der fünf Vergewaltiger von New York und der Massenmord auf den Washingtoner Autobahnen gehen durchwegs auf die Politik einer Regierung zurück, die sich weigert, dem Einwanderungsgesetz Geltung zu verschaffen und Menschen, die nicht hierher gehören, von unserem Land fernzuhalten. Nach der Verhaftung Muhammads berichtete die *Washington Times*: „Gegenwärtig wird ermittelt, ob der als Mordschütze verdächtige John Allen Muhammad seinen nomadischen Lebensstil und seine Terrorfeldzüge dadurch finanzierte, daß er illegale Ausländer aus der Karibik in die Vereinigten Staaten einschmuggelte."[21]

Ausländer stellen 12 Prozent der amerikanischen Bevölkerung, aber 30 Prozent der Insassen in den von der Bundesregierung verwalteten Gefängnissen.[22] Die Masse der legalen Immigranten ist das Meer, in dem Illegale und Kriminelle schwimmen und untertauchen.

Amerikas Führer behaupten, unser Land sei das mächtigste der Welt. Doch seiner Regierung fehlt das moralische Rückgrat, so entschlossen zu handeln wie einst Eisenhower, der illegale Einwanderer ohne viel Federlesens abschieben ließ. Wie viele amerikanische Frauen müssen noch überfallen, wie viele Kinder von Sittenstrolchen belästigt, wie viele Bürger von kriminellen Ausländern und fremden Terroristen ermordet werden, ehe unsere Regierung ihre Pflicht tut?

Wer assimiliert wen?

Dies alles brauche uns keine Sorgen zu bereiten, versichert man uns immer wieder, denn was sich gegenwärtig abspiele, sei in ähnlicher Form auch schon früher geschehen. Genau wie die soziale Pathologie der Iren dank Priestern, Nonnen und katholischen Schulen innerhalb von einer oder zwei Generationen geheilt worden sei, genau wie die als lernunfähig verschrieenen jüdischen Kinder schon bald mittels Quoten von unseren Elite-Universitäten ferngehalten werden mußten, genau wie die wenigen sizilianischen und sonstigen italienischen Gangster ausstarben oder sich gegenseitig den Garaus machten, würden auch die Probleme mit den neuen Einwanderern binnen einer Generation verschwinden; wir müßten bloß ein wenig Geduld aufbringen.

Die Neuankömmlinge würden sich assimilieren, redet man uns ein. So wie die im Zuge der große Einwanderungswelle der Jahre 1890 bis 1920 gekommenen Italiener, Griechen, Juden, Polen, Balten, Tschechen, Slowaken, Schweden, Armenier, Russen sowie anderen Menschen aus Süd- und Osteuropa innerhalb einer oder zweier Generationen amerikanisiert worden seien, würden auch die Dutzenden von Millionen Einwanderer aus Asien, Afrika und Lateinamerika, die bereits unter uns weilten oder noch kommen würden, schon bald im Chor „Wie schön ist mein Amerika" singen und den Treueeid auf die Verfassung ablegen. Der Kolumnist Michael Barone vergleicht die heutige mexikanische Einwanderung mit der italienischen von anno dazumal.

Bei näherer Betrachtung erweist sich freilich, daß dieser Vergleich hinkt. Damals kamen lediglich fünf Millionen Italiener, während viermal mehr Mexikaner bereits hier leben und potentiell Dutzende von Millionen noch hinzukommen könnten. Während die Italiener legal einwanderten, gelangt jeder zweite Mexikaner unter Verletzung unserer Gesetze in unser Land. Während die Italiener Teil unserer Familie sein wollten, sind Millionen von Mexikanern fest entschlossen, ihre Sprache zu bewahren und ihre Loyalität einzig und allein dem Land ihrer Geburt zu schenken. Sie wollen sich nicht assimilieren, und die Nation verlangt dies nicht länger von ihnen.

Noch besorgniserregender ist aber, daß um uns herum ein unerbittlicher Kulturkrieg tobt, bei dem die althergebrachten Werte seit zwei Generationen immer mehr an Boden verlieren. Millionen von Einwanderern, ganz besonders jedoch ihre Kinder, leben heute von der Sozialfürsorge und machen sich die Werte einer Subkultur zu eigen, die von Banden, Verbrechen, Drogen und Gewalt geprägt ist. Die Eltern mögen hart arbeiten, zur Kirche gehen und immer noch jenen konservativen, katholischen Wertvorstellungen huldigen, mit denen sie im Lateinamerika von gestern aufgewachsen sind. Doch unsere vergiftete Kultur erfaßt und verändert ihre Kinder.

Afro-Amerikaner, die nach Abschluß der obligatorischen Schulpflicht das College besuchen, sind besser in unsere Gesellschaft, Wirtschaft und Kultur integriert denn je zuvor. Aber ein ganz unverhältnismäßig hoher Prozentsatz jener Mehrheit der schwarzen US-Bürger, die lediglich die vorgeschriebene Mindestzahl von Schuljahren absolviert oder das College vorzeitig verläßt, wandert hinter Gefängnismauern. Viele dieser Schwarzen sind Bestandteil einer uns vollkommen fremden Kultur, in die sich auch viele junge Hispanos integrieren. Daß sich hispanische Jugendliche statistisch gesehen neunzehnmal öfter einer Bande anschließen als gleichaltrige Weiße, ist ein Zeichen an der Wand.

„Eine Palette von Krankheiten"

Zusätzliche Unkosten entstehen für die amerikanische Bevölkerung daraus, daß die erdrückende Mehrheit der Einwanderer, sowohl der legalen als auch der illegalen, heutzutage aus den ländlichen Gebieten und den Städten der ärmsten Nationen der Hemisphäre stammt, wo die sanitären Verhältnisse oft beklagenswert sind und ein Gesundheitswesen kaum existiert.

Die Immigranten schleppen bei uns früher unbekannte Krankheiten sowie Seuchen ein, die unsere Forscher und Ärzte längst ausgerottet hatten. Malaria, Kinderlähmung, Hepatitis, Tuberkulose sowie tropische Erkrankungen wie das Dengue-Fieber, die Chagas-Krankheit und die Lepra tauchen auch bei uns auf. Der Kolumnist George Putnam von NewsMax.com schreibt, in den an Mexiko grenzenden Staaten sei eine „unaufhörliche, stille, nachhaltige Invasion der Vereinigten Staaten durch eine unbewaffnete Armee" im Gange, die „eine Palette von Krankheiten" in das Herz Amerikas einschleppe.[23]

Wie die Schriftstellerin und Kolumnistin Phyllis Schlafly berichtet, vermeldeten die US-Zentren für Krankheitskontrolle und -prävention für Kalifornien „38.291 Fälle von Tuberkulose; bei manchen davon handelt es sich um eine Variante der Krankheit, die auch gegen eine kombinierte Behandlung mit mehreren Medikamenten resistent ist, in 60 Prozent der Fälle tödlich endet und bei der die Behandlungskosten pro Patient 200.000 bis 1.200.000 Dollar betragen. Illegale Einwanderer schleppen auch Syphilis und Gonorrhöe ein. Zum erstenmal seit fünfzig Jahren erleben die USA eine Invasion von Bettwanzen; diese Parasiten traten kürzlich in 28 Staaten auf".[24]

Im Mai 2006 berichtete die *New York Times*, jeder siebte in New York lebende Einwanderer aus Ostasien – insgesamt rund 100.000 Personen – sei ein Träger von Hepatitis B. Diese Infektionsrate liegt um das Fünfunddreißigfache über dem Bevölkerungsdurchschnitt. Fast alle neuen Fälle von Masern in Amerika wurden ebenfalls von außerhalb unserer Landesgrenzen eingeschleppt.[25]

John W. Whitehead vom Rutherford-Institut zitiert aus einem Bericht des Zentrums für Einwanderungsstudien mit dem Titel „Immigration's Silent Invasion: Deadly Consequences" (Die stille Immigrationsinvasion: Ihre tödlichen Folgen): „Die Invasion illegaler Ausländer, die über die Grenzen der Vereinigten Staaten strömen, nimmt eine ominöse Wendung. Die Immigranten kommen nicht alleine! In ihren Körpern können sie die Erreger von Hepatitis A, B und C, der Tuberkulose, der Lepra und der Chagas-Krankheit tragen. Als ‚Chagas' wird ein widerliches parasitäres Insekt bezeichnet, das in Lateinamerika weit verbreitet ist; 18 Millionen Menschen sind dort davon befallen, und alljährlich sterben 50.000 an den Folgen der Infektion."[26]

In einem Zeitraum von vierzig Jahren waren in den Vereinigten Staaten lediglich 900 Fälle von Lepra registriert worden, doch in den ersten drei Jahren des einundzwanzigsten Jahrhunderts kamen 7.000 neue Fälle hinzu,[27] oftmals sind die Bakterienstämme dieser Tuberkulosekranken mittlerweile multiresistent. Im Jahre 2002 verzeichnete Nordvirginia einen Anstieg der Tuberkuloseerkrankungen um 17 Prozent; in Prince William County betrug die Zuwachsrate schier unglaubliche 188 Prozent. 92 Prozent aller Fälle in Nordvirginia treten bei im Ausland Geborenen auf.[28] Zwei Drittel der an Tuberkulose Erkrankten sind Immigranten aus drei Ländern: Mexiko, Vietnam und den Philippinen.[29]

In einer Studie der New Yorker Akademie der Wissenschaften liest man: „Die Tuberkulosebazillen können ohne weiteres durch die Luft fliegen, beispielsweise wenn ein Tuberkulöser hustet. Schätzungen zufolge steckt jedes Opfer zehn, zwanzig oder noch mehr Menschen an – es ist dies der Effekt einer Zeitbombe."[30] John Whitehead beschließt seinen Kommentar zum Thema der „tödlichen Invasion" mit der Frage: „Was bedeutet dies für Amerika?" Die Antwort gibt er gleich selbst: „Es bedeutet, daß Ihre Kinder ein Risiko eingehen, wenn sie die Schule besuchen oder ins Kino gehen. Es bedeutet, daß sich Ihr Kind mit allen möglichen Krankheiten anstecken kann, wenn ein Klassenkamerad aus einem fremden Land niest oder hustet. Wenn Sie in einem Schnellimbißrestaurant essen, kann eine mit Hepatitis infizierte Person Ihre Mahlzeit zubereiten. Wenn Sie eine Bluttransfusion benötigen, könnte das Blut mit der Chagas-Krankheit verseucht sein."[31]

Bei Einwanderern werden zehnmal mehr Tuberkulosefälle registriert als bei in Amerika Geborenen. Unter Immigrantenkindern ist die Rate gar um das Hundertfache höher.[32] In den achtziger Jahren erschien ein Bericht über das Versagen unseres öffentlichen Schulsystems, der den berühmt gewordenen Titel *A Nation at Risk* (Eine gefährdete Nation) trug. Dieser Formulierung wohnt mittlerweile eine ganz neue, ominöse Bedeutung inne.

Obwohl nur wenige illegale Einwanderer eine Krankenversicherung abschließen, wird niemandem ärztliche Hilfe verweigert. Gemäß dem Gesetz über medizinische Versorgung in dringenden Fällen ist jedes Krankenhaus verpflichtet, ausnahmslos jeden Patienten zu behandeln, der sich in einer „Notlage“ befindet. Dazu gehören auch schwangere Frauen, die eigens in die USA geschleust wurden, um ihre Kinder dort zu gebären. Jedes auf amerikanischem Boden geborene Kind ist nämlich automatisch Bürger der Vereinigten Staaten und hat lebenslangen Anspruch auf jede Form von staatlicher Unterstützung. Im Frühling 2005 schrieb Dr. Madeleine Cosmann im *Journal of American Physicians and Surgeons* (Zeitschrift amerikanischer Ärzte und Chirurgen): „Illegale Immigrantinnen suchen ein Krankenhaus auf, wenn die Geburtswehen einsetzen, und bringen ihre Kinder zur Welt. Für seine illegal im Land weilende Mutter, seinen Vater und seine Geschwister ist ein solches Kind ein Rettungsanker, der ihnen durch das bloße Faktum seiner Geburt innerhalb unserer Grenzen dauerhaftes Aufenthaltsrecht garantiert. Diese Kinder sind amerikanische Bürger und haben als solche automatisch ein Recht auf staatliche Fürsorgegelder. Jahr für Jahr erblicken zwischen 300.000 und 350.000 solcher Neubürger das Licht der Welt.“[33]

Jedes zehnte in den Vereinigten Staaten geborene Kind ist heute ein solcher „Rettungsanker“, der seinen Eltern sofortigen Anspruch auf Unterstützung durch die Bundesregierung, die Staatsregierung und die lokale Regierung verschafft. Gemäß dem Gesetz über medizinische Versorgung in dringenden Fällen können ein Arzt oder ein Krankenhaus, die einem Patienten in einer „Notlage“ die Hilfe verweigern, mit einer Buße in Höhe von 50.000 Dollar bestraft werden. Zwischen 1994 und 2003 mußten 84 kalifornische Krankenhäuser schließen, weil sie die durch die Betreuung illegaler Einwanderer verursachten Kosten nicht mehr zu tragen vermochten.

Die oberste Pflicht einer Regierung besteht darin, ihre Bürger zu schützen. Indem sie duldet, daß sich wenigstens zwölf Millionen illegale Ausländer, die statistisch gesehen weit mehr Verbrechen begehen und weit häufiger an ansteckenden Krankheiten leiden als amerikanische Bürger, auf Dauer in unserem Land aufhalten, verletzt die Regierung der USA ihre oberste Pflicht.

Welchen Nutzen bringt die illegale Einwanderung unserem Land?

Obwohl die Kriminalitätsrate unter den illegalen Immigranten hoch ist und viele von ihnen Krankheiten einschleppen, will man uns weismachen, alles in allem brächten sie uns immensen ökonomischen Nutzen, und wenn sie unser Land mit einem Schlage verlassen würden, bräche die amerikanische Wirtschaft alsbald zusammen.

Illegale Einwanderer verrichteten Arbeiten, „die Amerikaner nicht annehmen wollen", behauptet Präsident Bush, und Geraldo Riviera echot: „In großen Teilen des Landes würde kein Rasen gemäht und kein Teller gewaschen, wenn es keine illegalen Immigranten gäbe."[34]

Dies ist reine Propaganda. Der Mythos vom unentbehrlichen illegalen Einwanderer wird von Ideologen und Vertretern ethnischer Lobbys geschürt, unter denen der mexikanische Präsident Vicente Fox der prominenteste ist. Im Mai 2005 sagte Fox: „Es besteht kein Zweifel daran, daß Mexikaner, die sich durch Würde, Eifer und Tüchtigkeit auszeichnen, bereit sind, Arbeiten zu verrichten, für die sich in den Vereinigten Staaten selbst Schwarze zu schade sind."[35]

Laut John Hostettler und Lamar Smith, Präsident und Vizepräsident des Juristischen Ausschusses des Abgeordnetenhauses für Einwanderung, Grenzsicherheit und finanzielle Ansprüche, steht das Argument, wonach die illegale Einwanderung für die Wirtschaft ein Segen sei, auf schwachen Füßen. Im Dezember 2005 schrieben sie: „Manche Leute behaupten, illegale Immigranten verrichteten Arbeiten, die Amerikaner ablehnten. Doch wenn ein illegaler Einwanderer bei uns eine Stelle annimmt, bedeutet dies noch längst nicht, daß sich kein amerikanischer Bewerber dafür fände. Tatsache ist, daß 79 Prozent aller im Dienstleistungssektor Beschäftigten in unserem Land geboren sind; dasselbe gilt für 68 Prozent jener, welche Arbeiten verrichten, für die ein Mittelschulabschluß ausreicht."[36]

In seiner Studie mit dem Titel *Unauthorized Migrants: Numbers and Characteristics* (Illegale Migranten: Zahlen und Merkmale), die vom Pew Hispanic Center veröffentlicht wurde, vermittelt Jeffrey Passel Aufschluß über den Prozentsatz illegaler ausländischer Arbeitskräfte in verschiedenen amerikanischen Industrie- und Berufszweigen:

Berufszweig	**Prozentsatz der illegal Beschäftigten**
Gipswände- und Überdachinstallateure	**27**
Gärtner	**26**

Dienstmädchen und Hausangestellte	**22**
Dachdecker	**21**
Schlachthausarbeiter	**20**
Gebäudereinigung und -instandhaltung	**17**
Private Haushaltskräfte	**14**
Bauindustriearbeiter	**13**
Lebensmittelproduktion	**13**
Bauarbeiter, Bergleute	**12**
Köche, Dienstleistungsangestellte	**11**
Fabrikarbeiter	**8** [37]

Nur in zweien dieser Gewerbe stellen illegale Arbeiter mehr als ein Viertel der Beschäftigten, in allen anderen ein Fünftel oder weniger. Diese Zahlen legen beredtes Zeugnis davon ab, daß es sehr wohl gebürtige Amerikaner gibt, die bereit sind, solche Arbeiten zu verrichten!

Mark Krikorian vom Zentrum für Einwanderungsstudien hält fest: „Die kalifornischen Tomatenzüchter machten in den sechziger Jahren geltend, der Einsatz von ‚braceros' [mexikanischen Gastarbeitern] sei ‚für das Überleben des Tomatenanbaus absolut unabdingbar'. Doch das Programm zur Beschäftigung legaler Gastarbeiter wurde eingestellt, und es meldeten sich keine Illegalen als Erntehelfer. Die Landwirte folgerten daraus, daß ihre Werbung für die Weiterführung des Programms nicht die gewünschte Wirkung gezeigt hatte, und investierten statt dessen in den Erwerb neuer landwirtschaftlicher Geräte. Als Ergebnis vervierfachte sich die Tomatenernte in den folgenden dreißig Jahren, und der inflationsbereinigte Einzelhandelspreis für Tomatenprodukte sank."[38]

Daß jedes Jahr Millionen neuer Einwanderer in unser Land strömen, darunter schlecht bezahlte Illegale, drückt die Löhne in den USA kontinuierlich nach unten. Eine Studie des Harvard-Ökonomen George Borjas belegt, daß die Löhne ungelernter amerikanischer Arbeiter infolge der Konkurrenz durch Immigranten um 7,4 Prozent gesunken sind.[39] Dies ist eine offenkundige Ungerechtigkeit und ein Dolchstoß in den Rücken der amerikanischen Arbeiterinnen und Arbeiter.

Zwei Kolumnisten, Paul Krugman von der *New York Times* und Robert J. Samuelson von der *Washington Post*, meinen, Präsident Bush führe die Öffentlichkeit bewußt irre, wenn er behauptet, illegale Immigranten bedeuteten insgesamt einen Gewinn für unsere Wirtschaft und verrichteten Arbeiten, von denen US-Bürger nichts wissen wollten. Krugman schreibt: „Viele wirtschaftlich unterprivilegierte gebürtige Amerikaner haben unter der Einwanderung – insbesondere der mexikanischen – zu leiden. Da die mexikanischen Immigranten weit schlechter ausgebildet sind als der durchschnittliche US-Arbeiter, sorgen sie für ein Überangebot an unqualifizierten Arbeitskräften und drücken die Löhne der einkommensschwächsten Amerikaner nach unten."

Mit anderen Worten: Die Masseneinwanderung aus Mexiko ist ein Frontalangriff auf die wirtschaftlich am schlechtesten gestellten Amerikaner. Krugman beruft sich bei seiner Argumentation auf eine maßgebliche Studie der Harvard-Professoren Borjas und Lawrence Katz, aus der hervorgeht, daß amerikanische Mittelschulabbrecher ohne die mexikanische Immigration acht Prozent mehr verdienen würden. Die Duldung der Masseneinwanderung von Habenichtsen aus der Dritten Welt kommt somit einem Verrat an jenen schwarzen, hispanischen und weißen Arbeitern gleich, die keinen Mittelschulabschluß besitzen. Deshalb, folgert Krugman, sei es „unehrlich, wie Präsident Bush zu behaupten, Immigranten verrichteten Arbeiten, für die sich Amerikaner zu schade seien". Er hebt ferner hervor, daß die Millionen mittelloser Einwanderer das soziale Sicherheitsnetz arg strapazieren, besonders in Staaten wie Kalifornien, wo die Behörden bei der Gewährung von Sozialhilfe besonders großzügig sind.[40]

Robert J. Samuelson von der *Washington Post* weist darauf hin, daß unser Unvermögen, der Invasion Einhalt zu gebieten, eine ungeheure Belastung des amerikanischen Sozialfürsorgesystems zur Folge hat: „Seit 1980 ist die Zahl der Hispanos, deren Einkommen sich unterhalb der Armutsgrenze bewegt (diese lag anno 2004 für eine vierköpfige Familie bei zirka 19.300 Dollar), um 162 Prozent gestiegen. Während desselben Zeitraums erhöhte sich die Zahl der nicht-hispanischen Weißen, deren Löhne unter dem Existenzminimum liegen, um 3 Prozent und jene der Schwarzen um 9 Prozent. Der jetzige Zustand – an dem sich auch nichts ändern würde, wenn wir anstelle illegaler Immigranten legale Gastarbeiter ins Land ließen – ist das Ergebnis einer bewußten Politik, die darauf abzielt, in den Vereinigten Staaten Armut zu schaffen und sie in Mexiko zu lindern."[41]

Cui bono? Wem nutzt diese „bewußte Politik" außer den Angestellten des Wohlfahrtsstaates und einer Wirtschaft, die einen endlosen Strom billiger Arbeitskräfte braucht, um die Löhne niedrig zu halten und die Profite zu steigern?

Was tun wir unserer Bevölkerung an? Was tun wir den schwächsten unserer amerikanischen Mitbürger an, jenen neunzehn Millionen, die keinen Mittelschulabschluß besitzen und von denen mehr als die Hälfte schon gar nicht mehr versucht, Arbeit zu finden? Von den sieben Millionen Menschen dieser Kategorie, die immer noch zur arbeitenden Bevölkerung gehören, sind gegenwärtig zehn Prozent ohne Stelle.

Ist es da ein Wunder, daß die Afro-Amerikaner, von denen Millionen mit den Einwanderern um Arbeitsplätze konkurrieren müssen, besonders nachdrücklich fordern, wir müßten die Kontrolle über unsere Grenzen wiedergewinnen und der Invasion einen Riegel vorschieben?

Ein anderes Argument zugunsten offener Grenzen lautet wie folgt: Indem arme und illegale Immigranten für Löhne arbeiten, die dem gesetzlich vorgeschriebenen Minimum entsprechen oder noch darunter liegen, sorgen sie dafür, daß Amerikaner für produktivere Arbeit freigestellt werden, und erweisen sich somit als nützlich. Außerdem halten sie bei uns die Kosten niedrig – sie bringen unsere Ernten ein, mähen unsere Rasen, tanken unsere Autos auf und waschen sie, servieren unsere Mahlzeiten und hüten unsere Kinder, und dies alles für wenig Geld. Somit verfügen wir über mehr Mittel für Konsumwaren.

Doch die Kosten der Masseneinwanderung sind enorm. „Es liegt auf der Hand, daß sich ungezügelte Einwanderung und ein Wohlfahrtsstaat nicht miteinander vereinbaren lassen“, meint der Wirtschaftsnobelpreisträger Milton Friedman.[42] Laut den Berechnungen von Prof. Borjas ist der wirtschaftliche Nutzen, den wir aus der Drittweltimmigration ziehen, gleich Null. Die zusätzlichen Kosten für Schulen, Gesundheitswesen, Sozialfürsorge und Gefängnisse – vielleicht 400 Milliarden Dollar pro Jahr – sowie die zusätzliche Belastung von Boden, Wasser und Energieressourcen sind höher als die Steuerbeträge, die die Einwanderer in die Staatskasse einzahlen. 1995 schätzte das Nationale Amt für Wirtschaftsforschung den Nettopreis der Einwanderung auf 80,4 Milliarden. Gemäß den Berechnungen des Wirtschaftswissenschaftlers Donald Huddle von der Rice-Universität beliefen sich die jährlichen Nettokosten der legalen und illegalen Einwanderung anno 2006 auf 108 Milliarden Dollar.[43] Was für ein Gewinn rechtfertigt da die Risiken, die die Duldung der Masseneinwanderung für die Gesundheit und Sicherheit unserer Bürger sowie für den sozialen Zusammenhalt unseres Landes heraufbeschwört?

Kapitel 4

Wie wird Amerika 2050 aussehen?

Wenn die Vereinigten Staaten zu einem Mischmasch aus zwanzig Rassen werden, von denen keine dominiert, werden sie ihre Einheit einbüßen und – wie Italien in der Vorstellung Metternichs – zu einer rein geographischen Bezeichnung absinken.[1]
Edward Lewis, America – Nation or Confusion? *(1928)*

Diese Bevölkerungsdynamik wird zur „Bräunung" Amerikas führen, zu seiner Hispanisierung. Dieser Prozeß hat bereits begonnen, und er ist unabwendbar.[2]
Henry Cisneros, US-Minister für Wohnungsbau und Städteplanung

Die Migration ist das zentrale Thema unserer Zeit.[3]
Samuel Huntington, 2001

1960 war Amerika eine Nation von 180 Millionen Menschen, von denen 89 Prozent europäischer Abstammung und 10 Prozent Schwarze waren; der Rest bestand aus einer kleinen Minderheit von Hispanos und Asiaten. 97 Prozent von uns sprachen Englisch.

Wohl gehörten wir zwei verschiedenen Rassen an, doch bildeten wir eine einzige Nation. Wir waren alle Amerikaner. Wir beteten zu demselben Gott, studierten dieselbe Literatur und Geschichte, verehrten dieselben Helden, begingen dieselben Feiertage, sahen dieselben Filme, lasen dieselben Zeitungen und Zeitschriften. Gemeinsam hatten wir die Weltwirtschaftskrise und mehrere Kriege überstanden. Obschon im Süden weiterhin Rassentrennung herrschte, waren wir ein einiges Staatsvolk.

Doch wenn sich die heutigen Prognosen der US-Volkszählungsbehörde als richtig erweisen, wird das Amerika, in dem unsere Enkel leben werden, ein anderes Land sein, eine Nation, die unsere Eltern nicht wiedererkannt hätten. Amerika wird dann, wie Italien in der Vorstellung Metternichs, zu einer „rein geographischen Bezeichnung" abgesunken sein.

Heutigen Schätzungen zufolge werden in der Mitte des einundzwanzigsten Jahrhunderts 420 Millionen Menschen in den Vereinigten Staaten leben, also fast zweieinhalbmal mehr als 1960. Die europäischstämmigen US-Bürger werden zur Minderheit geworden sein, wie dies heutzutage in Kalifornien, Texas und Neumexiko bereits der Fall ist. Und diese Minderheit wird vergreisen, schrumpfen und aussterben. Die Zahl der Hispanos wird sich auf 102 Millionen belaufen, so viele, wie es heute Mexikaner in Mexiko gibt. Während die Hispanos 1950 nur 2,6 Prozent, 1980 4,5 Prozent und 1990 immerhin schon 9,0 Prozent unserer Bevölkerung ausmachten, sind es heute, bei einer Gesamteinwohnerzahl von etwa 300 Millionen Menschen, bereits 14,4 Prozent, und im Jahre 2050 werden es 24 Prozent einer Nation von 420 Millionen Menschen sein. Bezüglich der Herkunft seiner Bürger wird Amerika bis zu jenem Zeitpunkt zur Dritten Welt gehören.

Unsere Großstädte werden durchwegs so aussehen wie Los Angeles heute. Los Angeles und die Städte des Südwestens werden dasselbe Bild bieten wie Juarez und Tijuana. Obwohl wir nie nach unserer Meinung zu diesem grundlegenden Wandel gefragt worden sind, nie dafür gestimmt und bei jeder Meinungsumfrage, bei jedem Referendum bekundet haben, daß wir ihn ablehnen, ist dies die Zukunft, die unsere Eliten unseren Kindern zugedacht haben.

Eine rein akademische Frage

Wenn Amerika bis zur Mitte unseres Jahrhunderts zu einer vielsprachigen, vielrassigen und multikulturellen Gesellschaft von 420 Millionen Menschen wird, welche Rangordnung werden dann seine Minderheiten – und alle Amerikaner werden Minderheiten angehören – auf der gesellschaftlichen und wirtschaftlichen Stufenleiter einnehmen?

An der Spitze der Pyramide werden – von Sonderfällen wie Spitzensportlern und Größen der Unterhaltungsindustrie abgesehen – jene Männer und Frauen stehen, denen ihr Wissen Einfluß und Macht vermittelt: Ärzte, Anwälte, Bankiers, Anlageberater, Buchhalter, Professoren, Journalisten, Unternehmer, Führungskräfte, Ingenieure, Wissenschaftler, Richter, Generale, Computerprogrammierer, Schriftsteller und Forscher. Wer dieser Elite angehören will, wird hierzu einen Hochschulabschluß und – wie bereits heute – sehr häufig auch eine Universitätsausbildung mit Promotion oder einem entsprechenden akademischen Grad benötigen. Fachwissen ist die Eintrittskarte zu den vornehmen Klubs der Zukunft. Wir können bereits heute erkennen, wer in diesen Klubs mit seinen Gästen Golf spielen darf und wer mit der Rolle des Kellners vorliebnehmen muß.

Seit der Sputnikkrise von 1957 und der Krise unseres Erziehungssystems in den Reagan-Jahren liest man immer wieder von Jugendlichen, die die Schule vorzeitig abbrechen, von kläglichen Prüfungsergebnissen in den Volksschulen, von amerikanischen Kindern, die weder richtig lesen können, noch die Grundlagen der Mathematik beherrschen, von Schülern und Studenten, die in akademischen Wettkämpfen gegen Gleichaltrige aus Europa und Asien regelmäßig den kürzeren ziehen. Die Realität ist freilich bedeutend komplexer.

Der Wirtschaftsberater Edwin S. Rubenstein, der sich auf der Netzseite VDARE.com regelmäßig zu Einwanderungsfragen äußert, hat die Prüfungsergebnisse amerikanischer und ausländischer Schüler und Studenten miteinander verglichen. Die Ergebnisse seiner Recherche sind einerseits erfreulich, andererseits aufrüttelnd. Laut einem Amt, das die Prüfungsresultate auswertet, liegen die Lese- und Schreibkenntnisse von 45 Prozent der erwachsenen Amerikaner unterhalb des Niveaus, das für einen Mittelschulabschluß verlangt wird, „und fast die Hälfte davon (20 Prozent aller amerikanischen Erwachsenen) können weniger gut lesen und schreiben als Jugendliche, welche die Mittelschule vorzeitig verlassen".[4]

Es sind dies schockierende Tatsachen. Andererseits ermittelte Rubenstein, daß Amerikaner bei einem Vergleich der Schreib- und Lesekenntnisse von Erwachsenen aus zwanzig Ländern um zwei Punkte *über* dem Durchschnitt liegen. Und bei jenen siebzehn Ländern, die bei der Auswertung der Testergebnisse zwischen im Lande Geborenen und Einwanderern unterschieden, übertrafen gebürtige Amerikaner die in ihren jeweiligen Ländern geborenen Erwachsenen der anderen sechzehn Staaten im Schnitt um acht Punkte.

Dies ist der erfreuliche Aspekt der Prüfungsresultate. In höchstem Maße besorgniserregend ist hingegen, daß in die USA Eingewanderte um volle sechzehn Punkte unter den Immigranten der anderen Nationen lagen. Im Klartext: Unsere Einwanderer drücken unsere durchschnittlichen Testergebnisse weit stärker nach unten, als dies in anderen Ländern der Fall ist. Nähmen lediglich gebürtige Amerikaner an diesen Tests teil, so gäbe es keinen Grund, von einer Krise zu reden.

In bezug auf ihre Lese- und Schreibkenntnisse sind die Testergebnisse gebürtiger Amerikaner um volle 35 Prozent höher als jene von Immigranten. Zu einem immer dramatischeren Problem wird dies darum, weil die Tatsache, daß die Zahl neu eingeschulter Kinder in den staatlichen Schulen seit zwei Jahrzehnten Jahr für Jahr steigt, fast ausschließlich eine Folge der Einwanderung ist. Im Jahre 2005 gingen in den USA zehn Millionen Kinder aus Immigrantenfamilien zur Schule.[5]

Rubenstein zitiert Testergebnisse, die noch größeres Unheil erahnen lassen: „Die Einwanderung ist nicht der einzige Faktor, der unsere Ergebnisse bei Schreib- und Lesetests nach unten drückt. Bei gebürtigen US-Bürgern beträgt die Kluft zwischen Weißen und Asiaten einerseits sowie Schwarzen und Hispanos andererseits bei Englischprüfungen 46 Punkte oder 19 Prozent, bei Prüfungen, wo abstraktes Denken oder mathematische Fähigkeiten gefragt sind, 57 Punkte oder 25 Prozent."[6]

Einfacher formuliert bedeutet dies folgendes: Während weiße und asiatische Schüler bei diesen Tests im Durchschnitt neunzig Punkte erzielen und somit der Leistungsklasse A angehören, liegen die Testergebnisse schwarzer und hispanischer Schüler zwischen 67 und 72 Punkten, was den Leistungsklassen C und D entspricht. Wie Rubenstein festhält, veranlaßte dieser enorme Unterschied das Amt, dem die Auswertung der Prüfungsresultate obliegt, sich über die Regeln der politischen Korrektheit hinwegzusetzen und das Offenkundige einzuräumen: „Wenn wir die Durchschnittsergebnisse erwachsener US-Bürger von unter 65 Jahren betrachten, doch dabei sämtliche im Ausland Geborenen sowie die im Lande geborenen Schwarzen und Hispanos unberücksichtigt lassen, liegen die durchschnittlichen Ergebnisse der übriggebliebenen Testpersonen in Englisch und Mathematik (im Lande geborene Weiße und Asiaten) bei 288 Punkten, was bedeutet, daß die Vereinigten Staaten bei Sprachtests gemeinsam mit Finnland und Norwegen den zweiten und bei Mathematiktests den fünften Rang einnehmen … Diese Statistiken weisen klar darauf hin, daß die Lese- und Schreibkenntnisse amerikanischer Erwachsener im internationalen Vergleich nur unter der Bedingung verbessert werden können, daß Schwarze, Hispanos und im Ausland geborene US-Bürger aller rassischen und ethnischen Gruppen hier kräftig zulegen."

Rubenstein fügt hinzu: „Eine andere Möglichkeit bestünde in der Reform unserer Einwanderungspolitik."[7]

Steve Sailer vom Human Biodiversity Institute (Institut zur Erforschung der biologischen Unterschiede zwischen den Menschen) hat sich ebenfalls eingehend mit den Statistiken über schulische Leistungen beschäftigt. Im Jahre 2003 hielt er in einer Besprechung von Stephan und Abigail Thernstroms Buch *No Excuses: Closing the Racial Gap in Learning* (Keine Ausreden: Wie die rassische Kluft beim Lernen überbrückt werden kann) fest, daß die beiden Verfasser „die Tiefe der *rassischen Kluft bei schulischen Leistungen* sowie sämtliche fehlgeschlagenen Versuche, sie zu überbrücken, ausführlich dokumentiert" hätten.[8] Nackte Tatsache sei, daß „Schwarze gegen Ende der Mittelschulausbildung in Lesen und amerikanischer Geschichte unwesentlich schwächer, in Mathematik und Geographie jedoch sehr viel schwächer abschneiden als weiße Schüler der achten Klasse. In den beiden letztgenannten Fächern wissen sie nicht mehr als weiße Schüler der siebten Klasse. Die Ergebnisse der

Hispanos sind nur geringfügig besser als jene der Afro-Amerikaner. In der letzten Mittelschulklasse liegen ihre Prüfungsergebnisse in Lesen und amerikanischer Geschichte um einige Punkte über denjenigen weißer Schüler der achten Klasse, in Mathematik und Geographie um ein paar Punkte tiefer."[9]

Laut den Thernstroms bleiben hispanische und schwarze Schüler ungefähr gleich weit hinter weißen Schülern zurück; die Verfasser machen zwar geltend, wenn man die Ergebnisse von Immigrantenkindern unberücksichtigt lasse, verringerten sich die Unterschiede, doch auch in den USA geborene hispanische Kinder liegen bezüglich ihrer Kenntnisse noch um drei Klassen hinter weißen Schülern. Bei Hispanos der dritten und vierten Generation ist kein Ansteigen der Testergebnisse mehr zu verzeichnen. Nur zehn Prozent von ihnen verfügen über mehr als einen Mittelschulabschluß, und selbst erfolgreiche hispanische Studenten liegen mit ihren akademischen Leistungen gegenüber Weißen eindeutig zurück.

Zwei Berichte des Erziehungsministeriums stützen die Thesen Sailers und Rubensteins. Im Schuljahr 2002/2003 wurden in den Schulen der US-Hauptstadt Washington, wo fast alle Kinder entweder Immigranten oder Afro-Amerikaner sind, im Schnitt 16.344 Dollar pro Schüler ausgegeben, mehr als in allen anderen Bundesstaaten mit Ausnahme Alaskas. Doch lediglich 12 Prozent der Schüler der achten Klasse besaßen im Lesen die auf dieser Stufe vorausgesetzten Fertigkeiten, und gar nur 7 Prozent erbrachten in Mathematik die erwarteten Leistungen. In South Dakota und Iowa – zwei Staaten, die pro Schüler weniger als halb soviel Geld ausgeben wie die Bundeshauptstadt – entsprachen die Leistungen bei mehr als einem Drittel der Schüler der achten Klasse den Anforderungen oder lagen noch darüber.[10]

Der Harvard-Dozent George Borjas, der in Kuba geboren wurde und heutzutage unser führender Fachmann für Einwanderung und Armut ist, sprach von einer Krise des Erziehungssystems: „Mexikaner weisen im allgemeinen eine äußerst niedrige Schulbildung auf. Ein sehr erheblicher Prozentsatz von ihnen ist weniger als acht Jahre lang zur Schule gegangen, viele nur drei oder vier Jahre, und eine gar nicht geringe Zahl überhaupt nie."[11]

Immerhin: Manche Immigrantenkinder glänzen durch vorzügliche Schulleistungen. Obwohl ihr Land ein halbes Jahrhundert lang unter Japan gelitten hat und drei Jahre lang Schauplatz eines der mörderischsten Kriege des zwanzigsten Jahrhunderts war, weisen die Südkoreaner „den zweithöchsten IQ der Welt auf ... Sie haben die weltweit längsten Arbeitswochen. Bei internationalen Vergleichstests gehören südkoreanische Schüler und Studenten regelmäßig zur Spitzenklasse".[12] Die Zahl der in den USA lebenden Südkoreaner beträgt 672.000; von den Erwachsenen sind 28 Prozent beruflich selbständig, weit mehr als bei allen anderen Einwanderergruppen.[13]

Zwei Amerikas: getrennt und ungleich

Was verheißen diese dramatischen Unterschiede für die Zukunft?

In ihrem 2002 erschienenen Buch *World on Fire: How Exporting Free Market Democracy Breeds Ethnic Hatred and Global Instability* (Die Welt in Flammen: Wie der Export von Markwirtschaft und Demokratie ethnischen Haß und globale Instabilität schürt) weist Amy Chua darauf hin, daß es in einer Gesellschaft zu Unruhen und Gewalt kommt, wenn verschiedene rassische und ethnische Gruppen wirtschaftlich unterschiedlich gestellt sind. Da ein absoluter Zusammenhang zwischen Bildungsniveau und gesellschaftlichem Erfolg besteht, läßt es sich nicht vermeiden, daß Amerika in zwei getrennte und ungleiche Nationen zerfällt.

Unsere beiden größten Minderheiten, die Afro-Amerikaner und die Hispanos, die heute insgesamt 79 Millionen oder 27 Prozent der Bevölkerung ausmachen, verlassen die Schule mit Abschlußnoten, die um drei, vier oder fünf Stufen unter denjenigen weißer und asiatischer Schüler liegen. Wir bewegen uns auf eine Gesellschaft und eine Nation zu, die stärker polarisiert sein wird als das Amerika von 1960, als lediglich 11 Prozent der – im Vergleich zu heute weitaus niedrigeren – Bevölkerung aus Minderheiten bestand. Dazu kommt, daß wir damals bereits seit Jahrhunderten durch eine gemeinsame Kultur zusammengeschweißt waren. Dies ist nicht mehr der Fall. Es gibt heute zwei, drei, viele Amerikas, die sich in bezug auf Rasse, Religion und Moral unterscheiden und einen erbitterten Kulturkrieg gegeneinander führen.

Angesichts des gewaltigen, unüberbrückbaren Abgrundes zwischen den schulischen Leistungen der Hispanos und Schwarzen einerseits sowie der Weißen und Asiaten andererseits geht die überwältigende Mehrheit aller Stellen in jenen Berufszweigen, die solides Wissen erfordern und darum gutbezahlt und prestigeträchtig sind, nach wie vor an letztere. Da Arbeitsplätze in der Warenproduktion, die den Immigranten in der Vergangenheit eine Chance zum Aufstieg in die Mittelklasse boten, bei uns auch weiterhin nicht geschaffen, sondern exportiert werden, geraten Schwarze und Hispanos immer mehr ins Hintertreffen. Andererseits werden sie im Jahre 2050 gemeinsam nicht wie heute 27 Prozent, sondern bereits 40 Prozent der Bevölkerung stellen und die politische Macht, die ihnen ihre Zahl verleihen wird, in die Waagschale werfen, um Gleichberechtigung zu verlangen, was nur über rassische und ethnische

Quoten in allen Berufen sowie bevorzugte Behandlung dieser beiden Minderheiten gehen wird. Und genau wie sich die Afro-Amerikaner heute für die untergeordneten Arbeiten, die ihre Eltern weiland verrichteten, zu schade sind, werden vermutlich auch die Hispano-Kinder die „unzumutbaren" Jobs, die ihre Väter und Mütter heute noch annehmen, verächtlich ablehnen.

In jenem Jahrzehnt, als Amerikas Städte brannten, warnte Martin Luther King jun.: „Es gibt nichts Gefährlicheres, als eine Gesellschaft zu errichten, in der ein großer Teil der Bevölkerung das Gefühl hat, dieser Gesellschaft nicht anzugehören und nichts mehr zu verlieren zu haben. Wer an einer Gesellschaft teilhat, schützt diese; wer nicht an ihr teilhat, will sie unbewußt zerstören."[14]

Sind alle Einwanderer gleich?

In einer Studie mit dem Titel *Immigrants at Mid-Decade: A Snapshot of America's Foreign Born Population in 2005* (Immigranten in der Mitte des Jahrzehnts: Eine Übersicht über die im Ausland geborene Bevölkerung Amerikas) wies Steve Camarota vom Zentrum für Immigrationsstudien (CIS) die Nation warnend darauf hin, wie Amerika morgen aussehen wird, wenn wir unseren Einwanderungsgesetzen nicht Nachdruck verschaffen und sie reformieren. Hier einige nackte Statistiken:

- Von den in unserem Land ansässigen erwachsenen Einwanderern haben 31 Prozent die Mittelschule nicht abgeschlossen. Dieser Prozentsatz ist dreieinhalbmal höher als bei gebürtigen Amerikanern.
- Der Prozentsatz an unter der Armutsgrenze lebenden Immigranten liegt um 57 Prozent über demjenigen der im Land Geborenen. Einwanderer und ihre minderjährigen Kinder stellen ein Viertel unserer Armen.
- Von den Einwanderern erhalten 24 Prozent den Einkommensschwachen vorbehaltene staatliche medizinische Hilfe, 29 Prozent beziehen irgendeine Form von Sozialhilfe, 30 Prozent haben Anspruch auf Einkommenssteuervergünstigungen. Alle diese Zahlen liegen doppelt so hoch wie bei gebürtigen US-Bürgern.
- Jeder dritte Immigrant hat keine Krankenversicherung.
- Daß die Zahl der Schulanfänger in den staatlichen Schulen des Landes jedes Jahr steigt, geht fast zu 100 Prozent auf die Einwanderung zurück.
- 19 Prozent aller Schüler in den staatlichen Schulen sind Immigrantenkinder; bei den ein- bis vierjährigen, die diese Schulen in naher Zukunft besuchen werden, sind es 21 Prozent.[15]

Neueinwanderer sind im Schnitt bedeutend ärmer und weniger gut ausgebildet als Amerikaner und beanspruchen die öffentlichen Dienste weitaus massiver. Wirtschaftlich gesehen stellen die Immigranten für die Nation eine Bürde dar. Steve Sailor weist auf eine Studie der Nationalen Akademie der Wissenschaften aus dem Jahre 1997 hin, der zufolge jeder Einwanderer, der nicht zumindest über einen Mittelschulabschluß verfügt, dem Steuerzahler im Laufe seines Lebens Nettokosten in Höhe von 90.000 Dollar aufbürdet. Diejenigen, die die Mittelschule abgeschlossen hatten, kosten den Steuerzahler 30.000 Dollar, während Immigranten mit College- oder Universitätsabschluß dem US-Finanzministerium einen Nettogewinn von 100.000 Dollar einbringen.[16]

Nicht alle Einwanderer nehmen die öffentlichen Dienste gleich stark in Anspruch; nicht alle besitzen eine ungenügende Schulbildung oder sind den Anforderungen unseres Schulsystems nicht gewachsen; nicht alle stehen unten auf der sozialen und wirtschaftlichen Leiter. Dies beweisen folgende Statistiken klipp und klar:

- Mexikaner, Zentralamerikaner und Menschen aus der Karibik beanspruchen mehr als doppelt soviel Sozialhilfe wie gebürtige Amerikaner.
- Koreaner, Philippiner, Japaner, Kanadier, Polen, Briten, Deutsche, Inder und Italiener beanspruchen weniger Sozialhilfe als gebürtige US-Bürger.
- 1995 bezogen fast die Hälfte aller kambodschanischen und laotischen sowie ein Viertel aller vietnamesischen Immigranten Sozialhilfe.[17]
- Mehr als 50 Prozent aller Einwanderer aus Mexiko, Guatemala, El Salvador und Honduras besitzen keinen Mittelschulabschluß.
- Nur 5 Prozent oder weniger der Immigranten aus Südkorea, Kanada, Rußland, Großbritannien, Deutschland, Iran und Japan verfügen über keinen Mittelschulabschluß.
- Die Hälfte aller Einwanderer aus China, den Philippinen, Indien, Südkorea, Rußland, dem Iran und Japan kommt mit College-Diplomen in die USA.

In manchen Fällen sind die Unterschiede zwischen den Immigrantengruppen so kraß, daß sie die Krise, der sich Amerika gegenübersieht, dramatisch veranschaulichen:

- Lediglich 2 Prozent der italienischen Einwanderer sind auf staatliche medizinische Hilfe für Einkommensschwache angewiesen, und weniger als 5 Prozent der Italiener verdienen so wenig, daß sie Einkommenssteuererleichterungen beanspruchen können.
- Andererseits kommen 50 Prozent der unter uns lebenden Menschen aus der Dominikanischen Republik in den Genuß staatlicher medizinischer Hilfe für Einkommensschwache, und 50 Prozent der Mexikaner können Anspruch auf Einkommenssteuererleichterungen erheben.

Was für tiefgreifende Folgen diese Fakten haben, geht schon daraus hervor, daß in unserem Lande doppelt so viele Staatsbürger der Dominikanischen Republik und achtundzwanzigmal mehr Mexikaner als Italiener leben.

Den Kern der Krise bildet Mexiko, weil die Zahl der mexikanischen Immigranten mindestens sechsmal höher ist als die aller anderen Einwanderergruppen zusammen. Aus Mexiko kommen sechzehnmal mehr Menschen zu uns als aus Kanada, unserem anderen NAFTA-Partnerland.*

Anno 2006 gab eine Kommission, der Vertreter sämtlicher 24 an Mexiko angrenzenden Landkreise angehörten, die Ergebnisse einer zweijährigen Studie bekannt. Würden diese 24 Landkreise gemeinsam den 51. Bundesstaat der USA bilden, so stünde dieser aufgrund der hohen Rauschgiftkriminalität und der hohen Zahl festgenommener illegaler Einwanderer bezüglich jener Delikte, die auf Bundesebene verfolgt werden, an erster Stelle; in bezug auf Tuberkuloseerkrankungen nähme er den zweiten, in bezug auf Hepatitisfälle den dritten Rang ein. Wenn man das wohlhabende San Diego in der Statistik nicht berücksichtigt, wäre dieser 51. Staat derjenige mit der zweithöchsten Arbeitslosenquote; hinsichtlich des Pro-Kopf-Einkommens und in punkto Bevölkerungsanteil mit Mittelschulabschluß würde er den 51. und letzten Rang belegen.[18] Die südlichen Grenzregionen der Vereinigten Staaten weisen zunehmend weniger Ähnlichkeit mit Amerika und immer größere Ähnlichkeit mit Mexiko auf.

Was verheißt all dies für unsere Zukunft?

Angesichts der Tatsache, daß die Massenimmigration in erster Linie aus Mexiko, in zweiter Linie aus Zentralamerika und von den karibischen Inseln erfolgt und daß sowohl die Kriminalitäts- als auch die Armutsrate unter diesen Einwanderern viel höher und ihre schulische Ausbildung weit schlechter sind als diejenige gebürtiger Amerikaner, steht uns die Zukunft klar vor Augen, und sie ist ungemein düster. Ein Warnsignal ist der Zustand unserer eigenen afro-amerikanischen Bevölkerung: Mehr junge Schwarze sitzen im Gefängnis, als ein College besuchen, und in manchen Städten hocken 40 Prozent aller männlichen Schwarzen zwischen 18 und 36 Jahren entweder hinter Gefängnisgittern, sind zu Haftstrafen auf Bewährung verurteilt worden oder wurden nach der Verbüßung eines Teils ihrer Strafe unter Auflagen auf freien Fuß gesetzt.

Nun strömen arme Immigranten aus Lateinamerika über unsere Grenzen, füllen alle neuen Schulen und erlegen dem amerikanischen Mittelstand eine ständig wachsende Steuerlast auf. Ihre Kinder werden den

* Dem Nordamerikanischen Freihandelabkommen (NAFTA) gehören Kanada, die USA und Mexiko an. – A. d. Ü.

Durchschnitt der Prüfungsergebnisse an unseren Schulen auch weiterhin nach unten drücken, und unsere Lehrer werden sich bis zur Erschöpfung abrackern, um sie auf das verlangte Niveau zu trimmen – eine Aufgabe, die wir bisher nie gelöst haben und von der niemand zu wissen scheint, wie man sie möglicherweise lösen könnte. Den Funktionären des Erziehungsministeriums wird freilich nichts Besseres einfallen, als Jahr für Jahr besorgt auf die sinkenden durchschnittlichen Prüfungsresultate hinzuweisen und auf den Steuerzahler zu schimpfen, weil er nicht genug Geld in die Staatskassen einzahlt, um die Zahl der Schüler pro Klasse zu verringern und den Lehrern bessere Löhne zu zahlen. Wir stecken in einem Teufelskreis, aus dem wir uns nie befreien werden, solange wir in der Einwanderungspolitik nicht radikal umdenken.

Der einzige Weg, um dem Sinken der schulischen Leistungen Einhalt zu gebieten, ehe wir auf das Niveau eines Drittweltlandes abgesackt sind, besteht darin, der Invasion schleunigst Einhalt zu gebieten. Wir müssen selbst entscheiden, wen wir bei uns im Land wollen und woher die Immigranten kommen sollen. Gemäß diesem Entscheid müssen wir eine neue Einwanderungspolitik formulieren und dann konsequent durchsetzen. Diese Politik muß darauf abzielen, die Bedürfnisse unserer Nation zu befriedigen, und nicht das Sozialamt für den Rest der Welt zu spielen. Immerhin ist Amerika zuerst für die Amerikaner da. Die Einwanderung ist kein Recht, auf das jedermann Anspruch erheben kann, der gerne unter uns leben möchte. Sie ist ein Privilegium, das einzig und allein wir Amerikaner gewähren dürfen.

In Los Angeles leben und sterben

Wer sich ein Bild von der Zukunft Amerikas machen möchte, braucht nur durch Los Angeles zu fahren. Anhand der Volkszählungsdaten des Jahres 2000 schilderten drei Autoren in der *Los Angeles Times* die Verhältnisse in dieser Stadt und ihrer Umgebung. Sie konstatierten, daß diese zu einem vielsprachigen Babylon geworden war, wo zwischen Arm und Reich ein fast schon so riesiger Abgrund klaffte wie in der Dritten Welt.

Während Amerika damals eben zwei der wirtschaftlich erfolgreichsten Jahrzehnte seiner Geschichte hinter sich gebracht hatte, war Los Angeles zu einem Staat im Staate geworden. In den neunziger Jahren blieb die Armut in Los Angeles County nicht etwa auf ihrem früheren Niveau – geschweige denn, daß sie gesunken wäre –, sondern nahm um 28 Prozent zu. Im Jahre 2000 lebten dort 1,6 Millionen Menschen unterhalb der Armutsgrenze. In Orange County, einer einstigen Hochburg des Goldwater-Republikanismus, war die Armut gar um 44 Prozent gestiegen. In San Bernardino und den Riverside Counties bis hin nach Palm Desert war sie gar auf 51 beziehungsweise 63 Prozent hochgeschnellt.

Während der Reagan-Jahre stieg das mittlere Einkommen in Los Angeles County um respektable 21,5 Prozent, doch während der beiden Amtsperioden Clintons sank es um 8 Prozent, von 45.600 auf 42.200 Dollar.[19] In der Stadt Los Angeles selbst war der Einbruch noch drastischer. Und die neue kalifornische Armut spiegelte sich in einem dramatischen demographischen Wandel wider.

In den neunziger Jahren nahm die hispanische Bevölkerung von Los Angeles County um 27 Prozent auf 4,2 Millionen zu, die asiatische stieg um 26 Prozent, aber die weiße schrumpfte um 18 Prozent.[20] Jedes Jahr kehren etwa einhundertausend Weiße Kalifornien den Rücken, und die schwarze Mittelklasse tut es ihnen gleich. Die Kolumnistin Diana West hat diese demographische Revolution dokumentiert: „In den sechziger Jahren bildeten nicht-hispanische Weiße 82 Prozent der Bevölkerung von Los Angeles County. Vierzig Jahre darauf ist sie auf 31 Prozent abgesunken, während die Hispanos 44,6 Prozent der Bevölkerung stellen. Dieser kolossale Zuwachs hat bewirkt, daß in Los Angeles mehr Mexikaner leben als in jeder anderen Stadt außer Mexiko-Stadt."[21]

Drei Millionen Menschen mexikanischer Herkunft bezeichnen Los Angeles County heutzutage als ihre Heimat, und mehr als die Hälfte der Gesamteinwohnerschaft – 54 Prozent – spricht zu Hause eine andere Sprache als Englisch. Wenn in einem so großen Landkreis mehr als jeder zweite zu Hause nicht Englisch spricht, nicht dieselben Rundfunkprogramme hört, nicht dieselben Fernsehprogramme sieht und nicht dieselben Zeitungen, Zeitschriften und Bücher liest, nicht dieselben Helden, dieselbe Geschichte und dieselben Feiertage hat wie der Rest der Bevölkerung, wie kann man dann noch ernstlich behaupten, wir alle seien immer noch eine Nation und ein Staatsvolk?

Mexifornia

Was in Los Angeles geschah, wiederholt sich in ganz Kalifornien. Laut der *Los Angeles Times* wuchs die im Ausland geborene Bevölkerung in den Landkreisen Orange, Riverside, San Bernardino und Ventura um 36 bis 79 Prozent. Mit der „Umvolkung" des Staates klafft auch die Einkommensschere immer weiter auseinander. Während sich die Anzahl der Kalifornier mit einem Jahreseinkommen von mindestens 150.000 Dollar in den neunziger Jahren auf 642.000 verdreifachte, wuchs die Zahl der unterhalb der Armutsgrenze Dahinvegetierenden um 30 Prozent.

Ein Hauptgrund dafür, daß die Löhne der Arbeit stagnieren oder gar sinken, ist das Eingehen von immer mehr Industriebetrieben. In Los Angeles County nahm die Zahl der Arbeitsplätze in der Warenherstellung von 861.000 auf 587.000 ab. Ruth Milkman, Direktorin des der Universität von Kalifornien angegliederten Instituts für Arbeit und Beschäftigung, meint, dieser Landkreis, dessen Einwohnerzahl mit 9,5 Millionen über derjenigen zahlreicher UN-Mitgliedsstaaten liegt, weise „immer größere Ähnlichkeit mit einer Dritte Welt-Gesellschaft auf, wo sich eine gewisse Bevölkerungsschicht nicht aus dem Elend befreien kann".[22]

Von allen anfallenden Arbeitern beziehen die in der Fertigungswirtschaft Tätigen die höchsten Löhne. Sofern keine Revision der US-Handelspolitik erfolgt, wird ihr Anteil an der Gesamtzahl der Beschäftigten, der gegenwärtig 10 Prozent beträgt und somit niedriger liegt als je zuvor seit der Zeit vor dem Bürgerkrieg, noch weiter absinken. Der größte Teil unserer Industrieproduktion wird dann ins Ausland verlagert worden sein. Da der Strom der Immigranten aus Mexiko, die die Staatskasse belasten, nicht versiegt und zugleich die Steuerzahler massenhaft abwandern, schreibt der Staat Kalifornien nur noch rote Zahlen und versinkt buchstäblich in einem Meer von roter Tinte. Seine Aktien werden bald nur noch wertloses Papier sein und weisen die niedrigsten Werte aller fünfzig Staaten auf.

Das Goldene Land gehört der Vergangenheit an. Es hat eine Abwanderung eingesetzt, die sich mit derjenigen aus den von der damaligen Dürre betroffenen südlichen Staaten in den dreißiger Jahren des zwanzigsten Jahrhunderts vergleichen läßt. Zum erstenmal seit dem Eintreffen der Spanier wandern gebürtige Kalifornier ab. Entnervt durch die krebsartig wuchernde Kriminalität sowie die ständig steigenden Steuern, die zur Aufpäppelung illegaler Einwanderer gebraucht werden, brechen sie ihre Zelte ab und wandern nach Arizona, Nevada, Idaho und Colorado ab, während das Kalifornien, in dem sie aufwuchsen und das sie liebten, zu Mexifornia wird.

Die Bevölkerungszählung des Jahres 2000 bestätigte, was viele bereits ahnten: Zum erstenmal seit dem Beitritt des Goldenen Bundesstaates zu den USA im Jahre 1849 waren Amerikaner europäischer Abstammung dort zur Minderheit geworden. Der Soziologe William Frey hat diese Abwanderung sorgsam dokumentiert. In den neunziger Jahren wuchs die Bevölkerung des Staates um drei Millionen, doch die Zahl seiner weißen Einwohner verminderte sich um fast eine halbe Million. Los Angeles County allein verlor vierhundertachtzigtausend weiße Menschen. Die republikanische Bastion Orange County büßte 6 Prozent ihrer weißen Bevölkerung ein.[23]

„Wir können nicht länger so tun, als seien wir ein Staat der weißen Mittelklasse", kommentierte William Fulton vom Zentrum zur Erforschung Südkaliforniens diesen Trend.[24] Der Staatsbibliothekar Kevin Starr betrachtet die Hispanisierung Kaliforniens als natürlich und unvermeidlich: „Die anglo-amerikanische Hegemonie war lediglich eine Zwischenphase im kalifornischen Identitätsbogen; seit dem Eintreffen der Spanier … hat die hispanische Identität Kaliforniens stets weiterexistiert. Zwischen 1880 bis 1960 wurde sie zeitweise überdeckt, doch das war eine Verirrung."[25]

Kalifornien kehrt zu Mexiko zurück. Die nackten Zahlen sprechen eine deutliche Sprache. Jahr für Jahr packen hunderttausend Weiße ihre Koffer; die asiatische Bevölkerung hat sich innerhalb eines Jahrzehnts um 42 Prozent vermehrt; 43 Prozent aller Kalifornier unter achtzehn Jahren sind Hispanos. Kalifornien wird zu einem Drittweltstaat – nein, es ist bereits zu einem geworden!

Niemand weiß, wie sich die Lage entwickeln wird, doch könnte Kalifornien zu einem amerikanischen Quebec werden und eine formelle Anerkennung seiner hispanischen Kultur und Identität fordern, oder es könnte sich in ein riesiges Nordirland verwandeln. So wie die irisch-nationalistische Gruppierung Sinn Féin im britischen Nordirland spezielle Beziehungen zu Dublin verlangte und sich mit dieser Forderung durchsetzte, könnten Mexikaner sowie Amerikaner mexikanischer Abstammung auf spezielle Beziehungen zum Mutterland, offene Grenzen sowie ein Recht auf Vertretung sowohl im mexikanischen Parlament als auch im US-Kongreß pochen. Alle diese Forderungen stehen schon heute auf der Agenda der militanten Chicanos sowie der amerikanischen Eliten. Angesichts der Tatsache, daß Kalifornien bei amerikanischen Präsidentschaftswahlen 20 Prozent der Stimmen stellt und daß die hispanischen Wähler hier die erste Geige spielen, sieht man nicht so recht, welche Partei sich diesen Forderungen noch ernsthaft widersetzen könnte.

Hat Kalifornien für diese Zukunft gestimmt?

Mitnichten! Die Bevölkerung des Staates erkannte, was sich zusammenbraute, und leistete nach Kräften Widerstand. Während zu Beginn der neunziger Jahre alljährlich Hunderttausende illegaler Immigranten über die Grenze strömten und sich die US-Regierung weigerte, dieser Entwicklung einen Riegel vorzuschieben, unterzeichnete eine Million Kalifornier eine Petition, um eine Abstimmung über die Gesetzesvorlage 187 zu erzwingen. Letztere sah vor, Personen, die durch ihren illegalen Grenzübertritt unser Gesetz gebrochen hatten und deshalb nicht in unser Land gehörten, jeglichen Anspruch auf Sozialhilfe zu entziehen. Bei außergewöhnlich hoher Abstimmungsbeteiligung sprachen sich 59 Prozent der kalifornischen Stimmberechtigten für die Gesetzesvorlage

187 aus; Gouverneur Pete Wilson, der sich hinter die Vorlage gestellt hatte, wurde wiedergewählt, und die Republikanische Partei kontrollierte nun beide Kammern des Parlaments.

Die Einwanderungslobby, die sich an den Urnen eine demütigende Abfuhr geholt hatte, gab sich indessen nicht geschlagen. Sie machte einen Bundesrichter ausfindig, der den Entscheid der Wähler umstieß. Wilson legte Berufung ein, doch während sich der Fall dahinzog, wurde Wilson als Gouverneur durch Gray Davis abgelöst, der es ablehnte, die Berufung weiterzuverfolgen, und die illegalen Einwanderer erhielten auch weiterhin Gelder aus der Staatskasse. „Gesetzesvorlage 187 war das letzte Röcheln des weißen Amerika in Kalifornien", meinte Esteban „Art" Torres, Vorsitzender der Demokratischen Partei des Staates.

Dies mag sehr wohl stimmen. Dank der geschlossenen Unterstützung durch die Hispanos wurde Davis 2002 wiedergewählt, und das Loch in der kalifornischen Staatskasse wurde immer größer. Anno 2003, als das Defizit bereits 38 Milliarden betrug, wurde Davis von erbosten Kaliforniern mit Schimpf und Schande aus seinem Amt gejagt, nachdem er einen Gesetzesentwurf unterzeichnet hatte, der illegalen Immigranten das Recht auf den Erwerb eines Führerscheins zubilligte.

Wer hat das Goldene Land verloren? Die Regierung der USA, deren Präsidenten ihrer verfassungsmäßigen Pflicht zur Verteidigung des Staates gegen eine Invasion, deren Ziel die Eroberung Kaliforniens ist, nicht nachgekommen sind.

Kapitel 5

Der Selbstmord der Republikanischen Partei

Dumme Menschen sind im allgemeinen konservativ. Meiner Ansicht nach ist dies eine so offenkundige und allgemein anerkannte Tatsache, daß sie wohl kein Gentleman bestreiten wird.[1]
John Stuart Mill, 1866

Seitdem die Republikanische Partei im Jahre 1964 den Rechtskonservativen Barry Goldwater zum Präsidentschaftskandidaten erkor – er verlor die Wahl dann gegen den Demokraten Lyndon B. Johnson –, kann man sie mit Fug und Recht als Partei der Weißen bezeichnen. Von den 27 Millionen US-Bürgern, die ihre Stimme für Goldwater abgaben, dürften 26 Millionen Weiße gewesen sein. Die Schwarzen, die die „Grand Old Party", also die Republikanische Partei, seit den Tagen Abraham Lincolns unterstützt hatten, kehrten ihr in Scharen den Rücken, als sich Goldwater 1964 gegen das Bürgerrechtsgesetz aussprach, zu dessen Architekten Johnson gehört hatte.

1972 gewann der Republikaner Richard Nixon die Präsidentschaftswahlen mit überwältigender Mehrheit, und 1984 tat es ihm Ronald Reagan gleich. In beiden Fällen kamen vermutlich 96 Prozent der für die Sieger abgegebenen Stimmen von Weißen. 2004 konnte George Bush 58 Prozent der weißen Stimmen auf sich vereinen; bis zu 90 Prozent seiner Wähler gehörten der weißen Bevölkerungsgruppe an.[2]

Wie läßt sich dies erklären? Hier die Fakten: 1960 waren 89 Prozent der amerikanischen Bevölkerung weiß und 10 Prozent schwarz. Da die Wahlbeteiligung der Schwarzen niedriger war und ihnen in den Südstaaten das Wahlrecht vorenthalten wurde, wird man davon ausgehen dürfen, daß sie kaum mehr als 6 Prozent der Gesamtstimmen abgaben. Ab 1964 bevorzugten die schwarzen Bürger bei jeder Wahl (außer jener von 1972) zu fast 90 Prozent die Demokraten, so daß Schwarze, die sich für die Republikaner entschieden, weniger als ein Prozent der Wähler ausmachten.

Die Stimmen der Hispanos und Asiaten betrugen in jenen Jahren lediglich einen Bruchteil jener der Schwarzen.

Während sich die Afro-Amerikaner in ihrer überwältigenden Mehrheit von der Partei Lincolns ab- und der Partei Johnsons zuwandten, vollzog sich in der weißen Bevölkerung ein Wandel in umgekehrter Richtung. Bei den Präsidentschaftswahlen des Jahres 1968 trat George Wallace, Gouverneur von Alabama und Verfechter der Rassentrennung, der der Demokratischen Partei angehörte, als unabhängiger Kandidat an und bekam 13 Prozent der Stimmen (fast 100 Prozent seiner Wähler waren weiß). Bei den folgenden Wahlen gingen die Wallace-Anhänger beinahe geschlossen ins Lager der Republikaner über. Wollten die Demokraten eine ausreichende Anzahl weißer Südstaatler für sich zurückgewinnen, um ins Weiße Haus einzuziehen, gab es für sie künftig nur noch einen Weg: Sie mußten einen Sohn des Südens wie Jimmy Carter oder Bill Clinton auf ihren Schild heben. In der Tat haben die Demokraten seit 1964 lediglich vier von elf Präsidentschaftswahlen gewonnen, und in allen vier Fällen war ihr Kandidat ein Weißer aus einem südlichen Staat (Johnson 1964, Carter 1976, Clinton 1992 und 1996).

Daß die Nixon-Reagan-Formel mittlerweile keine Garantie mehr für den Sieg darstellt, erwies sich freilich anno 2004, als sich Präsident Bush nur hauchdünn gegen einen liberalen Demokraten aus Massachusetts durchsetzen konnte, der sich, seinem Abstimmungsverhalten im Abgeordnetenhaus nach zu urteilen, in seinen politischen Auffassungen nicht von Edward Kennedy unterschied.* Der Grund dafür liegt auf der Hand: Zwar sprach sich eine deutliche Mehrheit der weißen Wähler für Bush aus, aber deren Anteil an der Bevölkerung ist von fast 90 Prozent im Jahre 1960 auf heute 67 Prozent abgesunken und wird bis 2050 auf weniger als 50 Prozent schrumpfen. Die am raschesten wachsenden Bevölkerungsgruppen sind Hispanos, die 14,4 Prozent der Bevölkerung stellen, und Immigranten aus allen Erdteilen, deren Anteil an der Bevölkerung 12 Prozent beträgt (natürlich überschneiden sich diese beiden Gruppen). Wenn sie das Stimmrecht erhalten, unterstützen Hispanos und Einwanderer in ihrer großen Mehrheit die Demokratische Partei.

Somit neigt sich eine Ära, die 1964 mit Barry Goldwater begann und 1984 mit Ronald Reagans triumphaler Wiederwahl ihren Höhepunkt erreichte, ihrem Ende zu. Jener Bevölkerungsteil, der der „Grand Old Party" zur Macht verhalf, wächst nicht annähernd so rasch wie die Einwanderer und Farbigen, die sie für immer in die Opposition verbannen wollen. Das Schrumpfen der weißen Mehrheit Amerikas stürzt die Republikanische Partei in eine Existenzkrise.

* Der demokratische Abgeordnete Edward Kennedy, ein Bruder des 1963 ermordeten US-Präsidenten John F. Kennedy, setzt sich für linksliberale Forderungen – etwa mehr Vorteile für Afro-Amerikaner – ein. – A. d. Ü.

Die Entstehung einer „Neuen Mehrheit“

Von 1972 bis 1992 war die Republikanische Partei fast schon auf das Präsidentenamt abonniert. Richard Nixons „Neue Mehrheit“ sowie die sogenannten „Reagan-Demokraten“, wie man konservativ gesinnte Anhänger der Demokratischen Partei nannte, sorgten dafür, daß die Republikaner bei fünf von sechs Präsidentschaftswahlen obsiegten. Alle vier Jahre mußten die Demokraten wieder ihre Wunden lecken.

Die Siege der Republikanischen Partei erklärten sich dadurch, daß es ihr gelungen war, den Demokraten zwei große Wählerblöcke abspenstig zu machen: weiße Protestanten im Süden und nicht-angelsächsische Katholiken (US-Bürger polnischer, italienischer etc. Herkunft) im Norden. Richard Nixon vermochte diese beiden Blöcke, die seit Roosevelts „New Deal“ in ihrer großen Mehrheit zu den Demokraten tendiert hatten, mit populistischen, patriotischen und sozial-konservativen Parolen für sich zu gewinnen. Als er 1972 in 49 von 50 Bundesstaaten siegte, hatte sich das politische Kräfteverhältnis entscheidend zugunsten der Republikaner verändert, verfügten sie doch fortan über eine solide Mehrheit im Süden, der seit dem Ende des Bürgerkrieges im Jahre 1865 eine Hochburg der Demokratischen Partei gewesen war. 1968 hatte Nixon in Nebraska den höchsten Stimmenanteil erzielt, 1972 in Mississippi.

Zwar gewann der aus dem Süden stammende Demokrat Jimmy Carter 1976 die Präsidentschaftswahl, doch unter Ronald Reagan kehrten die Republikaner wieder an die Macht zurück. Nun schien die „Neue Mehrheit“ schier unbesiegbar. Mochten die Demokraten Mondale im Jahre 1984 und Dukakis im Jahre 1988 auch 90 Prozent der schwarzen Wähler hinter sich scharen – die Republikaner hatten unterm Strich dennoch die Nase vorn, weil damals 90 Prozent der Stimmen von weißen US-Bürgern kamen. 1972 hatten 67 Prozent der Weißen für Nixon gestimmt, 1984 64 Prozent für Reagan.

Die Medien geißelten diese „Südliche Strategie“ als unmoralisch, obgleich die Demokraten ein rundes Jahrhundert lang großenteils eine Politik der Rassentrennung betrieben hatten, ohne daß sich jemand darüber aufgeregt hätte. Sowohl Roosevelt als auch Adlai Stevenson hatten Segregationisten – Anhänger der Rassentrennung – als Vizepräsidentschaftskandidaten gewählt. Außer in Missouri, einem Grenzstaat mit deutlich südlicher Mentalität, vermochte sich Adlai Stevenson 1956 nur in einigen der ehemaligen Südstaaten gegen den Republikaner Eisenhower durchzusetzen, darunter in Alabama und Mississippi, die 1968 an George Wallace fielen.

Weder Nixon noch Reagan waren je Anhänger der Rassentrennung. Nixon hat mehr für die Gleichberechtigung der Schwarzen getan als Johnson.

Hinter den Kulissen setzte er sich dermaßen eifrig für die Verabschiedung des Bürgerrechtsgesetzes von 1957 ein, daß ihn Dr. Martin Luther King in einem persönlichen Brief für seinen „unermüdlichen Einsatz und unbeugsamen Mut bei der Verwirklichung der Bürgerrechte“ lobte.[3]

Abgesehen von Jimmy Carter, einem Mann aus Georgia, der Gerald Ford 1976 in zehn der elf Südstaaten hinter sich zurückließ, vermochten die Demokraten die „Grand Old Party“ nicht aus dem Sattel zu heben, weil diese eine solide Mehrheit der weißen Wähler im Süden hinter sich hatte – bis 1992, als der unabhängige Kandidat Ross Perrot der Demokratischen Partei zur Hilfe kam, indem er 20 Prozent dieser Wählergruppe, die sonst mehrheitlich republikanisch stimmte, für sich gewann. Abgesehen von 1964 haben es die Demokraten in sechs Jahrzehnten kein einziges Mal fertiggebracht, die absolute oder auch nur die relative Mehrheit der weißen Stimmen zu holen.

Doch im Jahre 2005 trat der nationale Vorsitzende der Republikanischen Partei, Ken Mehlmann, ein Spezi des Bush-Beraters Karl Rove, den Gang nach Canossa an. Bei der nationalen Versammlung der linksgerichteten Farbigenorganisation National Association for the Advancement of Colored People (Nationale Vereinigung für die Förderung farbiger Menschen (NAACP)), von der Präsident Bush zuvor mit wüsten Schmähungen überhäuft worden war, entschuldigte sich Mehlmann für die „Südliche Strategie“, die den Republikanern bei fünf von sechs Präsidentschaftswahlen den Sieg beschert hatte: „Ich als Vorsitzender der Republikaner bin heute gekommen, um euch zu sagen, daß wir uns geirrt haben.“[4]

„Wir haben die Südliche Strategie, die wir während der letzten drei Jahrzehnte, seit Richard Nixon, verfolgten, nun aufgegeben und uns für die nächsten drei Jahrzehnte für eine Hispanische Strategie entschieden“, erklärte der republikanische Meinungsforscher Lance Tarrance im Jahre 2000 gegenüber Ralph Hallow von der *Washington Times*.[5] In jenem Jahr gewann Bush zwar eine knappe Mehrheit der Wahlmänner und somit die Wahlen, erhielt jedoch weniger Stimmen als sein demokratischer Rivale Al Gore*.

Eine persönliche Bemerkung: Das eben angeführte Zitat von Lance Tarrance stellt eine Ungerechtigkeit gegenüber Richard Nixon dar, der sich nach seiner Wahl im Jahre 1968 vier Jahre lang verbissen bemühte, die

* Bei US-Präsidentschaftswahlen wählen die Stimmbürger nicht direkt den Präsidenten, sondern Elektoren (Wahlmänner). Je nach dem Anteil der Stimmen, die in einem Staat auf die einzelnen Kandidaten entfallen, stellt der betreffende Staat eine zum Wahlergebnis proportionale Anzahl von Elektoren, die dann nach Vorgabe ihrer Wähler den Präsidenten küren. Die Möglichkeit, daß ein Kandidat zwar die Mehrheit der Elektoren, jedoch nur eine Minderheit der Stimmen gewinnen könnte, galt als rein theoretisch, wurde aber im Jahre 2000 Wirklichkeit: Obwohl George Bush damals weniger Stimmen auf sich vereinte als sein demokratischer Widersacher Al Gore, wurde er dank der größeren Zahl auf ihn verpflichteter Wahlmänner zum Präsidenten gekürt. – A. d. Ü.

1964 zu den Demokraten übergelaufenen Schwarzen ins republikanische Lager zurückzuführen. Einer Umfrage zufolge stimmten 18 Prozent der schwarzen Wähler insgesamt und 25 Prozent der schwarzen Wähler im Süden 1972 für Nixon, doppelt so viele wie später für George Bush. Nixon war ein Anhänger der Bürgerrechte, lehnte jedoch das sogenannte „Bussing" ab, das heißt die per Bus erfolgte Verfrachtung von Schulkindern aus schwarzen Vierteln in weiße Schulen und von solchen aus weißen Vierteln in schwarze Schulen, durch die gewährleistet werden sollte, daß Kinder beider Rassen gemeinsam den Unterricht besuchten. Freilich hat Nixon sämtliche Gerichtsentscheide zugunsten dieser Politik ohne Murren hingenommen und durchgesetzt.

Die Zerstörung der „Neuen Mehrheit"

Die Krise der „Grand Old Party" ist demographischer Natur. Die weiße Wählermehrheit, die der Partei in sechs Wahlen zu fünf Siegen – darunter drei erdrutschartigen – verhalf, schrumpft unerbittlich, während sich die nichtweißen Minderheiten explosionsartig vermehren. Die Masseneinwanderung aus der Dritten Welt zerstört die Machtbasis der Republikaner. Millionen von Immigranten, die in den letzten vier Jahrzehnten in unser Land kamen und weiterhin kommen, erhalten das Wahlrecht und stimmen in ihrer großen Mehrheit demokratisch. Vielleicht werden die Geschichtsbücher der Zukunft vermelden, daß das neue Einwanderungsgesetz von 1965 die „entstehende republikanische Mehrheit" – *The Emerging Republican Majority* (1969) ist der Titel eines bekannten Klassikers von Kevin Phillips – zur Verlierertruppe des einundzwanzigsten Jahrhunderts gemacht hat.

Nachdem sowjetische Panzer im Juni 1953 den Volksaufstand in Ost-Berlin niedergewalzt hatten, tat der kommunistische Dramatiker Bertolt Brecht den berühmt gewordenen sarkastischen Ausspruch: „Wäre es da nicht doch einfacher, die Regierung löste das Volk auf und wählte ein anderes?"[6] Genau dies geschah und geschieht in den USA. Mit dem neuen Einwanderungsgesetz von 1965 begann unsere Nation eine neue Wählerschaft zu importieren. In den neunziger Jahren waren Einwanderer und ihre Kinder für 100 Prozent des Bevölkerungszuwachses in Kalifornien, New York, New Jersey, Illinois und Massachusetts und für 50 Prozent der Bevölkerungszunahme in Florida, Texas, Michigan und Maryland verantwortlich. In sechs dieser neun Staaten stimmt eine deutliche Mehrheit bei Präsidentschaftswahlen für den demokratischen Kandidaten, und in Michigan sowie in Florida zeichnet sich dieselbe Entwicklung ab; nur in Texas vermögen die Republikaner ihre Vormachtstellung vorderhand noch zu behaupten.

Bereits seit Jahrzehnten stellen sich die Eliten der Republikanischen Partei hinter eine Politik der offenen Grenzen, die mit absoluter Sicherheit dazu führen wird, daß die von den besten Köpfen der Partei zusammengezimmerten Koalitionen, die ihr den Weg zur Regierungsmacht ebneten, zusammenbrechen und untergehen. Wie einst Esau verschachert die „Grand Old Party“ ihr Erstgeburtsrecht für ein Linsengericht.

1996 bekamen die Republikaner die Quittung für ihre Selbstlosigkeit. Von den sieben Staaten mit dem höchsten Prozentsatz an außerhalb unserer Landesgrenzen geborenen Wählern – Kalifornien, New York, Illinois, New Jersey, Massachusetts, Florida und Texas – fielen alle außer Texas an Bill Clinton. Vier Jahre später setzte sich Al Gore in fünf dieser Staaten durch, wobei das Ergebnis in Florida auf Messers Schneide stand.

Die neun Staaten mit dem kleinsten Prozentsatz an wahlberechtigten Immigranten – Alabama, Arkansas, Mississippi, Missouri, Montana, North Dakota, South Dakota, West Virginia und Wyoming – gingen sowohl 2000 als auch 2004 ausnahmslos an George W. Bush. Von den fünfzehn Staaten mit dem niedrigsten Anteil an Einwanderern entschieden sich dreizehn – alle außer Maine und Vermont – für Bush. Doch auch in diesen Staaten stehen die Zeichen für die Republikaner auf Sturm. Zwischen 2000 und 2005 stieg die Zahl der Immigranten in Wyoming, Georgia und South Carolina um über 100 Prozent, in Mississippi gar um 149 Prozent. Nach den Streiks und Boykottmaßnahmen im Mai 2006 beleuchtete der Demograph William Frey vom Brookings-Institut den „massiven Zustrom von Immigranten ins amerikanische Kernland sowie die größtenteils ländlichen und agrarischen Staaten“ im Verlaufe der vergangenen anderthalb Jahrzehnte. „Die Zuwachsraten weisen steil nach oben“, konstatierte er und fuhr fort: „Seit 1990 hat sich die im Ausland geborene Bevölkerung in 25 Staaten mehr als verdoppelt, in neun weiteren sogar mehr als verdreifacht. In North Carolina wuchs die im Ausland geborene Bevölkerungsgruppe innerhalb von fünfzehn Jahren um 390 Prozent, die hispanische um 540 Prozent. In Georgia und Colorado stieg die Zahl der jenseits unserer Landesgrenzen Geborenen auf über 200 Prozent.“[7]

Unter den sieben Staaten mit der höchsten Zahl von Einwanderern hält einzig und allein Texas den Republikanern noch die Stange, doch entwikkelt es sich ganz ähnlich wie Kalifornien. In den neunziger Jahren nahm der Staat mit dem einsamen Stern im Wappen 3,2 Millionen Zuwanderer auf, davon 60 Prozent Hispanos, wodurch sich der hispanische Bevölkerungsanteil von 25 auf 33 Prozent erhöhte. Heute beträgt er 34 Prozent, mit steigender Tendenz. In El Paso, Houston, Dallas und San Antonio leben mehr Hispanos als US-Bürger angelsächsischer Herkunft. Waren 1990 noch 60 Prozent der Texaner Weiße, so sank ihr Anteil an der Bevölkerung bis zum Jahre 2000 auf 53 Prozent ab, und heutzutage sind die Weißen erstmals seit der Schlacht von Alamo (1836) in der Minderheit. Genau wie Kalifornien weist Texas zunehmend größere Ähnlichkeit mit Mexiko auf.

Dasselbe gilt für ganz Amerika. Wie bereits hervorgehoben, waren 1960 89 Prozent der US-Bevölkerung weiß, 1990 noch 76 Prozent und heute 67 Prozent. Bis zur Mitte unseres Jahrhunderts werden die weißen Amerikaner, der zuverlässigste Wahlblock der Republikanischen Partei, der ihr 90 Prozent ihrer Stimmen liefert, zu einer Minderheit unter vielen geworden sein – dank einer Einwanderungspolitik, für die Republikaner die Verantwortung tragen. Als John Stuart Mill die britischen Konservativen als „die Dumme Partei" betitelte, hatte er gar nicht so unrecht...[8]

Eine Amnestie für illegale Einwanderer und eine Beschleunigung der Einbürgerungsverfahren mögen der „Grand Old Party" ja Beifall in den Kolumnen der großen Zeitungen einbringen, werden zugleich aber das Ende der republikanischen Führungsrolle in der amerikanischen Politik beschleunigen.

Wie man Wähler der Demokratischen Partei importiert

1982 stellten die Hispanos 6,4 Prozent unserer Bevölkerung, 1990 bereits 9 Prozent und heute 14,4 Prozent. Laut dem bevölkerungsstatistischen Amt wird sich die hispanische Bevölkerung bis 2050 auf 102 Millionen verdreifachen und 24 Prozent der Einwohner unseres Landes ausmachen. Wenn die gegenwärtige geographische Verteilung der verschiedenen ethnischen Gruppen unverändert bleibt, wird es 2050 in Kalifornien und Texas 50 Millionen Hispanos geben; weitere 25 Millionen werden in New York, Florida, Illinois, Arizona und New Jersey leben.

Nicht genug damit, daß die Hispanos heute unsere zahlenstärkste Minderheit sind – ihre Geburtenrate liegt weitaus über derjenigen der Weißen. Wie Steve Sailer hervorhebt, wurden im Jahre 2004 56 Prozent aller Neugeborenen von weißen und 23 Prozent von hispanischen Frauen zur Welt gebracht. Während die Fruchtbarkeitsrate bei weißen Frauen heutzutage bereits unter dem zur Erhaltung des weißen Bevölkerungsbestands notwendigen Schnitt von 2,1 Kindern pro Frau liegt und weiterhin absinkt, verzeichnen die Hispanos eine steigende Geburtenrate. Von den illegal in die USA eingewanderten Mexikanerinnen gebiert jede im Durchschnitt 3,5 Kinder.[9] „Die Fruchtbarkeitsraten der Hispanos bewegen sich auf dem Niveau der Babyboom-Ära der fünfziger Jahre", kommentiert der Demograph Jeffrey Passel diesen Trend.[10]

Jedes zehnte in Amerika geborene Kind hat illegale Immigranten als Eltern. Diese „Anker-Babys" sind nach dem Gesetz US-Bürger und besitzen als solche sofort Anspruch auf sämtliche Vergünstigungen, die amerikanischen Staatsangehörigen zustehen. Dies hatten die Väter des vierzehnten Zusatzes zur US-Verfassung gewiß nicht im Sinn, als sie entschieden: „Alle in den USA geborenen oder zu Staatsbürgern gewordenen und der amerikanischen Gesetzgebung unterstellten Personen sind Bürger der Vereinigten Staaten." Doch genau so wird dieser Zusatz zur Verfassung interpretiert, und unsere Regierung weigert sich, hier korrigierend einzugreifen. Da ist es kein Wunder, daß die Entbindungsheime des Südwestens voll von schwangeren Frauen sind, die die Grenze illegal überquert haben.

Die Hispanos zählen heute 43 Millionen, sechs Millionen mehr als die Afro-Amerikaner, wählen aber längst nicht so geschlossen demokratisch wie letztere. George Bush vermochte im Jahre 2000 lediglich jeden elften und vier Jahre darauf bloß jeden neunten Afro-Amerikaner für sich zu gewinnen, doch stimmten anno 2000 nur zwei Drittel und anno 2004 nur drei Fünftel der Hispanos gegen ihn. Zu seinem Glück waren seine Gegenspieler zwei farblose Figuren, Al Gore und John Kerry, denen das Charisma eines Bill Clinton abging.

1996 hatte Clinton 70 Prozent, George Bush hingegen nur 21 Prozent der hispanischen Wähler für sich gewinnen können (die restlichen 9 Prozent gaben ihre Stimme anderen Kandidaten). Von jenen Hispanos, die zum erstenmal an einer Präsidentschaftswahl teilnahmen, entschieden sich 91 Prozent für Clinton und ganze 6 Prozent für Bush. Clintons Leute waren sich bewußt, daß die Immigranten der Demokratischen Partei einen Daueranspruch auf das Weiße Haus verschaffen konnten, und taten ihr Bestes, um den Einbürgerungsprozeß zu beschleunigen. Im Jahr vor dem 30. September 1996 ließ das Einwanderungs- und Einbürgerungsamt nicht weniger als 1.045.000 frischgebackene US-Bürger den Eid auf die Verfassung der Vereinigten Staaten ablegen; unter den Neubürgern befanden sich 80.000 Vorbestrafte, von denen 6.300 wegen schwerer Delikte verurteilt worden waren.[11] Im Verlaufe der achtziger Jahre verlieh man 5,6 Millionen Immigranten die amerikanische Staatsbürgerschaft, viermal mehr als in den siebziger Jahren. Folgende Statistik vermittelt Aufschluß über die Zahl der Einbürgerungen in den fünf Jahren, die den Präsidentschaftswahlen von 2000 vorangingen:

1996	**1.045.000**
1997	**598.000**
1998	**463.000**
1999	**872.000**
2000	**893.315** [12]

In den Jahren 2000 bis 2005 kamen weitere 7,9 Millionen teils legale, teils illegale Einwanderer ins Land, wobei Mexikaner das größte Kontingent stellten. Dies war ein absoluter Rekord. Wenn die Republikaner allen Ernstes glauben, diese Millionen von Habenichtsen ohne ausreichende Schulbildung und Berufsausbildung würden einer Partei zuströmen, die eine Reduzierung der staatlichen Ausgaben verlangt, braucht die Partei dringend eine Gehirntransplantation.

Jeder dritte Neubürger entfiel auf Kalifornien. Während die Zahl der als Wähler registrierten Weißen dort abnahm, ließen sich Heerscharen von Hispanos neu in die Wählerlisten eintragen, so daß sie zu Beginn des neuen Jahrtausends 16 Prozent der Wähler stellten. Das Ergebnis: Im Jahre 2000 fiel Kalifornien an Al Gore, vier Jahre darauf an John Kerry, wobei George Bush beide Male um mehr als eine Million Stimmen zurücklag.

„Bei den Einbürgerungsfeierlichkeiten geben sich beide Parteien ein Stelldichein, um Neuwähler zu ködern", spottete William Carrick, Berater der Demokratischen Partei, genüßlich. „Es gibt einen demokratischen und einen republikanischen Tisch. Unser Tisch vermag sich des Andrangs kaum zu erwehren. Am anderen läßt sich kein Mensch blicken."[13] Da der Staat Kalifornien, in dem sich Nixon und Reagan jeweils mühelos durchsetzen konnten, 55 Wahlmänner stellt, ist er zum recht eigentlichen Friedhof für republikanische Ambitionen geworden.

Von 1952 bis 1988 setzten sich die Republikaner in Kalifornien bei neun von zehn Präsidentschaftswahlen durch. Doch seit 1988 zogen sie dort bei sämtlichen vier Präsidentschaftswahlen den kürzeren, wobei ihr Rückstand im Vergleich zu den Demokraten jeweils mindestens 10 Prozent betrug.

Die Republikaner phantasieren auch weiterhin unverdrossen, sie könnten schon irgendwie die Mehrheit der Hispanos hinter sich scharen. Tatsache ist jedoch, daß ihre Partei noch bei keiner einzigen Wahl eine Mehrheit der hispanischen Stimmen zu gewinnen vermochte, nicht einmal 1984, als nur 44 Prozent der Hispanos für Ronald Reagan stimmten, obwohl ihm dank seines Charismas und Cowboy-Images die Sympathien dieser Bevölkerungsgruppe eigentlich hätten zufliegen müssen, die Wirtschaft damals anzog und Reagans Gegenspieler Walter Mondale eine recht blasse Gestalt war. Seither sind fast zweieinhalb Jahrzehnte vergangen. Bei allen anschließenden Präsidentschaftswahlen haben zwischen 60 und 75 Prozent der Hispanos demokratisch gewählt. Die Hispanisierung Amerikas geht mit einer Stärkung der Demokratischen Partei Hand in Hand.

Geborene Anhänger der Demokratischen Partei

Im Jahre 1994 demonstrierten zahllose Hispanos unter mexikanischen Flaggen gegen die Gesetzesvorlage 187, die eine Einstellung der Sozialhilfe für illegale Einwanderer vorsah. Als 1996 über die kalifornische

Bürgerrechtsinitiative abgestimmt wurde, trat die überwältigende Mehrheit der Hispanos für die sogenannte „affirmative action" ein, die Angehörigen ethnischer Minderheiten unabhängig von ihrer Qualifikation einen gewissen Prozentsatz von Stellen und Studienplätzen garantiert. 1998 stimmten die Hispanos für die zweisprachige Schulausbildung. Doch die weißen Stimmbürger entschieden sich in ihrer großen Mehrheit für die Gesetzesvorlage 187 und schickten sowohl die „affirmative action" als auch die zweisprachige Schulausbildung wuchtig bachab.

Laut der Zeitschrift *Economist* erteilten 64 Prozent der weißen, 57 Prozent der asiatischen und 56 Prozent der schwarzen, aber nur 31 Prozent der hispanischen Wähler der Gesetzesvorlage 187 ihre Zustimmung. Hingegen hießen jeweils 78 Prozent der Republikaner und der Konservativen die Vorlage gut, was beweist, welchen Stellenwert die Einwanderungsfrage nicht nur beim Fußvolk der „Grand Old Party", sondern über die Parteigrenzen hinweg innehat.[14]

Ron Unz, Vater der Initiative „Englisch für die Kinder", die der Finanzierung der zweisprachigen Schulausbildung den Garaus machte, ist der Ansicht, mit den 1992 in Los Angeles ausgebrochenen Unruhen habe Kalifornien den Rubikon zur Balkanisierung überschritten: „Die von lodernden Gebäuden aufsteigenden Rauchschwaden und die fürchterlichen Fernsehbilder haben bei den Südkaliforniern der Mittelklasse das Gefühl der Sicherheit zutiefst erschüttert. Urplötzlich bot sich das glückliche ‚multikulturelle Kalifornien', das lokalen Propagandisten so teuer ist, als rauhe, gefährliche Dritte Welt-Wildnis dar. Die große Zahl von Lateinamerikanern, die wegen Plünderung verhaftet (und ohne viel Federlesens abgeschoben) wurden, bewog die Weißen dazu, jene Gärtner und Kindermädchen, die nur Wochen zuvor so freundlich und zuverlässig gewirkt hatten, mit Argwohn zu betrachten. Wenn im multikulturellen Los Angeles unversehens das Chaos ausgebrochen war, auf was für eine Sicherheit konnten Weiße als Minderheit in einem zunehmend nichtweißen Kalifornien da noch hoffen?"[15]

Die Militanz der Massenkundgebungen, bei denen vor allem in Los Angeles eine Amnestie für illegale Einwanderer gefordert wurde und bei denen zahlreiche Demonstranten unter mexikanischen Fahnen marschierten, hat die ethnischen Gemeinschaften Kaliforniens noch stärker polarisiert.

Da die Einwanderer meist arm und unzureichend ausgebildet sind, erhalten sie von der Regierung weit mehr an Vergünstigungen – freier Schulunterricht für ihre Kinder, Mietzuschüsse, freie ärztliche Behandlung, Lebensmittelmarken, Sozialhilfe, staatliche Gehaltszulagen, Einkommenssteuererleichterungen –, als sie je an Steuern bezahlen werden. Warum sollten sie die Republikanische Partei unterstützen, die sich für

Steuersenkungen ausspricht, statt die Demokraten, welche die für die Einwanderer existenzwichtigen Sozialprogramme noch erweitern wollen? Wie die Afro-Amerikaner profitieren auch die Hispanos von staatlichen Fürsorgeprogrammen, und sie wählen in Übereinstimmung mit ihren eigenen Interessen.

Nach Ellis Island war die Demokratische Partei traditionell die nächste Anlaufstation für Immigranten. Erst wenn sie eine wirtschaftlich gesicherte Stellung einnehmen und ihren Anteil am Wohlstand haben, pflegen sich Einwanderer der „Grand Old Party" zuzuwenden. Dieser Prozeß kann Generationen dauern. Bei Neubürgern aus der Dritten Welt hat noch nie eine Massenbekehrung zur Republikanischen Partei stattgefunden. Wer es zuläßt, daß Jahr für Jahr zwischen fünfhunderttausend und einer Million Immigranten einen amerikanischen Paß erhalten, mit dem diese ihr Wahlrecht geltend machen können, öffnet den Demokraten das Tor zur Macht und wirft dann den Schlüssel weg. Wenn die Republikaner der Zuwanderung nicht Einhalt gebieten, wird sich die „Grand Old Party" zu einem Seniorenheim für Amerikas neueste Minderheit verwandeln.

Die Masseneinwanderung verschiebt das politische Spektrum nach links. Die wachsende Zahl afro-amerikanischer, hispanischer und asiatischer Wähler hat bereits dazu geführt, daß sich die Republikanische Partei nicht länger gegen die „affirmative action" sträubt und daß ihre Proteste gegen den Ausbau der staatlichen Fürsorgeprogramme kaum mehr hörbar sind. Einst forderten die Republikaner in ihrem Wahlprogramm die Abschaffung des staatlichen Erziehungsministeriums, doch Bush und der Republikanische Kongreß haben ebendieses Ministerium auf das Doppelte seines früheren Bestandes aufgebläht. Da Menschen aus der Dritten Welt einen immer größeren Teil der Bevölkerung bilden, wird die Agenda der Minderheiten zur Agenda Amerikas werden, und diese wird herzlich wenig Ähnlichkeit mit derjenigen der Reagan-Revolution aufweisen.

Falls wir unsere Grenzen nicht sichern, wird der Südwesten schon in absehbarer Zukunft dermaßen hispanisiert sein, daß ein Präsidentschaftskandidat, der sich für die Dichtmachung der Grenzen und die Wahrung der amerikanischen Identität stark macht, in Kalifornien, Arizona, Neumexiko und Texas keinen einzigen Elektoren mehr gewinnen kann. Soweit ist es vorderhand noch nicht, aber wir bewegen uns auf einen Punkt zu, an dem die Waagschale kippen muß. Die ethnischen Lobbyisten sowie die Demokratische Partei werden dann in der Lage sein, eine solche Hexenjagd auf jeden Präsidentschaftskandidaten zu entfachen, der sich für die Schließung der Grenzen ausspricht, daß er nicht den Hauch einer Siegeschance besitzen wird. Schon heute spielt der Faktor der Einschüchterung eine gewichtige Rolle. Im Jahre 2004 stemmten sich alle aus Arizona stammenden republikanischen Kongreßabgeordneten unter der Führung der Senatoren John McCain und Jon Kyl gegen die Gesetzesvorlage 200, die eine Streichung der Sozialhilfe für illegale Immigranten vorsah. Die Bevölkerung Arizonas stimmte der Vorlage jedoch mit großer Mehrheit zu.

Der Mythos von den mehrheitlich republikanisch wählenden Asiaten

Manche Republikaner wähnen, US-Bürger asiatischer Herkunft, die unsere zweitgrößte Immigrantengruppe bilden, seien dank ihrer soliden Familienstrukturen und ihres hohen Arbeitsethos „geborene Republikaner" und würden mit ihren Stimmen ein Gegengewicht gegen andere Einwanderer bilden, die die Demokratische Partei bevorzugen. Dies ist bloße Traumtänzerei. Zwar vermochte George Bush sen. bei den Präsidentschaftswahlen von 1992, als er gegen Bill Clinton antrat, eine knappe Mehrheit der Amerikaner asiatischer Abstammung für sich zu gewinnen, doch allen Meinungsumfragen zufolge stimmte eine deutliche Mehrheit dieser Bevölkerungsgruppe 2004 gegen George Bush jun.; lediglich über das Ausmaß seiner Niederlage waren sich die Meinungsforscher uneinig.

Steve Sailor hat eine Anzahl von Umfragen analysiert, deren umfangreichste von dem liberalen „Asian-American Legal and Education Fund" durchgeführt worden war. Ihr zufolge hatten sich von 11.000 asiatischstämmigen Amerikanern in 23 Städten östlich des Mississippi 74 Prozent für Al Gore und nur 24 Prozent für George Bush jun. entschieden. Laut einer anderen, vom Edison-Mitofsky-Institut durchgeführten Umfrage schnitt Bush in Kalifornien besser ab, aber auch dort stimmten nur 34 Prozent der aus Asien stammenden US-Bürger für ihn, während 66 Prozent, also fast doppelt soviel, John Kerry den Vorzug gaben. Laut der *Los Angeles Times* erhielt Kerry im Landesdurchschnitt zwei Drittel der Stimmen dieser Bevölkerungsgruppe.

Immerhin: Eine unmittelbar nach den Wahlen vom Edison-Mitofsky-Institut durchgeführte Umfrage kam zu dem Ergebnis, Kerry habe bloß 53 Prozent und Bush immerhin 44 Prozent der asiatisch-amerikanischen Stimmen eingeheimst, doch bei einer zweiten Umfrage desselben Instituts sackte Bushs Stimmenanteil dann auf 39 Prozent ab.[16]

Welche dieser Umfragen der Wahrheit am nächsten kam, sei dahingestellt, aber die einzige offene Frage ist die nach dem Ausmaß der Abfuhr, die die asiatischstämmigen Amerikaner dem republikanischen Kandidaten erteilt haben. Sieht man sich die Umfrageergebnisse genauer an, so hat die „Grand Old Party“ noch weniger Grund zum Optimismus. Von Wählern südasiatischer Herkunft (Inder, Bangladeschis, Pakistanis) stimmten sage und schreibe 90 Prozent für Kerry und ganze 9 Prozent für Bush![17] Und genau wie bei den Hispanos identifizieren sich jene US-Bürger asiatischer Herkunft, die erstmals zu den Wahlurnen gehen, am stärksten mit der Demokratischen Partei. Wenn man sich vor Augen hält, daß die Politik der offenen Grenzen heutzutage von einem Präsidenten vorangetrieben wird, für dessen Partei ebendiese offenen Grenzen eine tödliche Bedrohung darstellen, so muß man zwangsläufig folgern, daß sich Bush verhält wie Sidney Carton aus Charles Dickens' großem Roman *Eine Geschichte zweier Städte*: Während ihn die Schergen der Französischen Revolution zur Guillotine schleppen, redet er sich ein, er tue etwas „viel, viel Besseres“, als er „je zuvor getan“ habe. Und dieser moderne Sidney Carton nimmt seine unglücksselige Partei mit in den Tod.

Die Bush-Rove-Strategie

Nach ihrem Erfolg in Texas heckten Bush und sein Chefberater Rove eine neue Strategie aus, um der Republikanischen Partei jenen Anspruch auf das Präsidentenamt, den sie seit Nixon und Reagan zu besitzen glaubt, auf Dauer zu sichern. Da der weiße Wähleranteil, dem die Partei den Löwenanteil ihrer Stimmen verdankt, zusehends dahinschmilzt, während die immer zahlreicheren hispanischen Wähler stark zu den Demokraten neigen, bestand ihre Lösung darin, um die Stimmen der Hispanos zu buhlen. Wer jedoch auch nur oberflächlich mit der politischen Geschichte unseres Landes vertraut ist, dem können die der Bush-Rove-Strategie innewohnenden offensichtlichen Widersprüche nicht entgehen.

Die „Grand Old Party“ tritt seit jeher für eine möglichst geringe Einmischung des Staates in die Angelegenheiten seiner Bürger ein. Stramme Republikaner verabscheuen die Verschwendung von Steuergeldern und schämen sich, wenn ihre eigene Partei diesem greulichen Laster frönt. Doch wenn Präsident Bush, der seiner Sozialpolitik nach ein „weltoffener und liberaler“ Republikaner ist, auf den Spuren des berühmten republikanischen Senators Robert Taft wandeln will, der bei jeder Gelegenheit gegen den „schleichenden Sozialismus“ wetterte und Roosevelts „New Deal“ heftig befehdete, wird er nicht umhin kommen, die Staatsausgaben merklich zu senken. Dies wird ihm automatisch den Vorwurf einbringen, das Budget „zu Lasten der Armen“ sanieren zu wollen. Eine konservative Partei kann ihrem Wesen nach keine Partei der Hispanos sein. Dieser innere Widerspruch muß zwangsläufig zum Scheitern der Bush-Rove-Strategie führen.

Ende 2005 stimmten die Republikaner im Repräsentantenhaus für den Bau eines über eintausend Kilometer langen Zaunes zur Absicherung der mexikanischen Grenze und sprachen sich dafür aus, Firmen, die illegale Einwanderer einstellen, mit saftigen Bußen zu belegen. Nichts bringt die republikanische Wählerbasis, aber auch traditionell demokratisch wählende Angehörige der Arbeiterklasse, stärker in Rage als Amerikas ungeschützte Grenzen und die Überflutung ihrer Städte durch illegale Immigranten.

Doch Bush weigert sich hartnäckig, unsere Grenzen zu sichern. Die „Minutemen", jene Freiwilligen also, die der Grenzpolizei in Arizona als Späher behilflich sind, hat er als „extremistische Eiferer" verunglimpft. Bush und Rove befürchten, ein hartes Vorgehen gegen die illegale Immigration könne für die Republikanische Partei als Ganzes dieselben unerquicklichen Folgen haben wie die Politik Gouverneur Pete Wilsons, der dieser Entwicklung Einhalt gebieten wollte, für deren kalifornische Sektion. Ihre Ängste werden von den Neokonservativen nachhaltig geschürt. Nachdem sich mehrere republikanische Kongreßabgeordnete, darunter Tom Tancredo aus Colorado, Vorsitzender der Kommission des Repräsentantenhauses für eine Reform der Einwanderungsgesetze, gegen eine Vorlage des Senats gewandt hatten, die eine Amnestie für illegale Immigranten vorsah, beschimpfte William Kristol diese Republikaner im April 2006 in *The Weekly Standard* als „Hinterwäldler". Er verwies auf die republikanischen Stimmenverluste in Kalifornien und bezeichnete diese als Beweis dafür, daß ein hartes Durchgreifen gegen die illegale Einwanderung politischer Selbstmord sei. „Wie viele Republikaner werden den Mut haben, sich zu erheben und zu verhüten, daß die Hinterwäldler die Partei über die Klippen treiben?" fragte Kristol scheinheilig.[18]

Präsident Bush, Karl Rove und William Kristol sind allesamt einem Mythos der Medien auf den Leim gegangen. Hier einige Fakten: Pete Wilson war der unpopulärste amtierende Gouverneur von Kalifornien gewesen: Nur noch 20 Prozent der Bürger billigten seine Politik. Doch 1994 wurde er mit 55 Prozent der Stimmen wiedergewählt, erreichte, daß die Republikaner zum erstenmal seit dreißig Jahren in beiden Kammern des Abgeordnetenhauses eine Mehrheit errangen, und brachte es fertig, daß außer ihm selbst vier neue republikanische Abgeordnete in den Kongreß einzogen. Seit Wilson haben sich die Republikaner in Kalifornien nur noch einmal an den Wahlurnen durchgesetzt, und zwar im Jahre 2003, als Arnold Schwarzenegger zum Gouverneur gewählt wurde – vor allem darum, weil er den Amtsinhaber Davis wegen seines Entscheids, illegalen Einwanderern den Erwerb von Führerscheinen zu erlauben, scharf angegriffen hatte. Sämtliche Kandidaten bei Senatoren-, Gouverneurs- oder Präsidentenwahlen, die von strikten Maßnahmen gegen die illegale Immigration absehen wollten, wurden von den kalifornischen Wählern in die Wüste geschickt. Der Grund dafür ist zweifacher Art: Erstens ist die illegale Einwanderung regelmäßig das heißeste Wahlkampfthema, und zweitens ist ihre Bekämpfung ebenso wie die Ablehnung rassischer Quoten und der zweisprachigen Schulbildung eines jener Themen, mit denen die Republikaner demokratische Wähler auf ihre Seite ziehen können.

Die Demokraten selbst haben die Sprengkraft dieser Frage mittlerweile erkannt. Nachdem Bush die Minutemen als „extremistische Eiferer" betitelt hatte, pries Bill Richardson, der demokratische Gouverneur von Neumexiko, sie als Patrioten. Zwar ist Richardson selbst teilweise hispanischer Abstammung und bei den Hispanos ungemein populär, doch begreift er, welche Bedrohung von der ungezügelten Masseneinwanderung ausgeht, und hat als erster Gouverneur an der mexikanischen Grenze den Notstand ausgerufen. Hillary Clinton hat, wenn auch nur sporadisch, Töne von sich gegeben, die von Tom Tancredo stammen könnten. Da die Demokratische Partei jedoch die Partei der Minderheiten ist und es sich nicht leisten kann, ihre hispanische Basis zu verprellen, wird keine von ihnen geführte Regierung die Grenze sichern. Sie mögen mit markigen patriotischen Parolen hausieren, um Bush Stimmen abzujagen, doch dies ist nichts weiter als Dummenfang.

Als der Senat im März 2006 hitzig über die Einwanderungsfrage debattierte, stand Bush vor einem unlösbaren Dilemma. Die „Grand Old Party" kann ganz unmöglich zugleich die Partei die Hispanos sein und Sanktionen gegen Arbeitgeber verhängen, die – meist hispanische – illegale Einwanderer anheuern. Wenn er sich für die Taube auf dem Dach, die hispanischen Stimmen, entscheidet, läuft er Gefahr, den Spatz in der Hand zu verlieren, weil ihm die weiße Arbeiterschaft und die weiße Mittelklasse dann erbost davonlaufen und in politische Apathie verfallen.

Hätte Bushs Vater die Grenze gesichert und mit der Abschiebung der illegalen Einwanderer begonnen, so wäre er vermutlich wiedergewählt worden, und seinem Sohn sowie Karl Rove wäre das Dilemma erspart geblieben, dem sie sich heute gegenübersehen. Doch kein Entscheid ist auch ein Entscheid. Entweder macht Bush die Grenze jetzt dicht, oder die Republikanische Partei landet wie die einst so mächtigen britischen Liberalen im politischen Orkus.

Die letzte Chance der „Grand Old Party"

Die Republikanische Partei hat eine letzte Chance. Wenn sich der Präsident zum Handeln aufrafft, kann er dadurch möglicherweise eine ausreichend hohe Anzahl konservativer Demokraten für seine Partei gewinnen, um die durch den Verlust hispanischer Wähler erlittenen Stimmeneinbußen wettzumachen. Für diese These sprechen folgende Zahlen: Die Hispanos bilden heute 14,4 Prozent der Bevölkerung, doch da ein erheblicher Teil von ihnen illegal in unserem Lande weilt und von den legal hier ansässigen viele nicht zu den Wahlurnen gehen, stellten sie 2006 lediglich 6 Prozent der Wähler. 80 Prozent der Wählerschaft ist heute immer noch weiß,[19] so daß auf jeden hispanischen Wähler dreizehn weiße entfallen. Wer auch nur ein Prozent der weißen Stimmbürger hinter sich zu scharen vermag, gewinnt also ebenso viele Stimmen wie jemand, der die Unterstützung von 13 Prozent der Hispanos erringt.

Anders gesagt: Ein Zuwachs von nur 2 Prozent der weißen Stimmen bringt der „Grand Old Party" einen größeren Gesamtzuwachs als eine Zunahme der hispanischen Stimmen um 25 Prozent. Was, bitteschön, ist für die Republikaner wohl leichter: Ihre weiße Wählerschaft um 2 Prozent zu steigern oder zu erreichen, daß ihre Partei statt wie bisher von 35 Prozent von 60 Prozent der Hispanos gewählt wird?

Diese Ziffern belegen, daß ein Einsatz für die Sicherung der Grenzen und Sanktionen gegen Firmen, die illegale Immigranten beschäftigen, den Republikanern weit mehr weiße – aber auch schwarze – Stimmen einbrächte, als sie aufgrund einer solchen Politik an hispanischen Stimmen verlöre. Übrigens geben viele Hispanos dem gesunden Menschenverstand Vorrang vor ethnischer Solidarität und verlangen eine Absicherung unserer Grenzen. In Arizona stimmten beachtliche 47 Prozent der Hispanos für die Gesetzesvorlage 200, die die Entrichtung von Sozialhilfe von der amerikanischen Staatsbürgerschaft abhängig machte.[20] Eine Meinungsumfrage ermittelte, daß lediglich 7 Prozent der Hispanos der Ansicht sind, es gebe in den Vereinigten Staaten „zu wenige" Immigranten, während 48 Prozent meinten, es seien ihrer „zu viele".[21] Schließlich haben auch hispanische Bürger kein Interesse daran, ihre Arbeitsplätze an illegale Einwanderer zu verlieren und mitansehen zu müssen, wie letztere die Löhne nach unten drücken. Gerade die hispanischen Bürger, unter denen die illegalen Neuankömmlinge leben, haben am meisten unter der überbordenden Einwandererkriminalität zu leiden.

Sogar unter den Demokraten spricht es sich allmählich herum, daß sich eine harte Position in der Frage der illegalen Einwanderung bezahlt macht. Ende 2005 war das zu 87 Prozent aus Demokraten bestehende

Parlament in Boston/Massachusetts drauf und dran, ein Gesetz zu verabschieden, gegen das kein Veto möglich gewesen wäre und das vorsah, illegalen Immigranten, die an den Colleges des Staates studieren, dieselbe Ermäßigung ihrer Ausbildungsgebühren zuzubilligen wie Studenten aus Massachusetts selbst. Die betreffenden Illegalen hätten hierdurch 9.000 Dollar jährlich eingespart – ein Privileg, das Studenten aus Massachusetts Nachbarstaaten New Hampshire, Vermont, Rhode Island und Connecticut sowie solchen aus anderen US-Bundesstaaten versagt bleibt.

Kurz vor der Verabschiedung des Gesetzes begann, laut dem Kolumnisten Mac Johnson, „eine kleine Revolte. Im knirschenden elektronischen Hinterland der (sogar in Massachusetts) konservativen Talkshow-Radios begannen sich Menschen zu versammeln, und Leidenschaften wallten auf. Zahlreiche Gäste medialer Gesprächsrunden, von denen Howie Carr vom WKRO in Boston der prominenteste war, griffen das Thema mit Verve auf und bewirkten dadurch einen recht eigentlichen Flächenbrand unter der Bevölkerung".

Das Parlament gab klein bei: Mit 96 zu 57 Stimmen wurde das geplante Gesetz verworfen. „Amerika kämpft heute um seine Souveränität", erklärte die Abgeordnete Marie Parente aus Milford, was Mac Johnson zu folgendem Kommentar veranlaßte: „Wie weit sind wir gekommen, wenn eine Demokratin aus Massachusetts Worte ausspricht, die aus dem Munde Pat Buchanans stammen könnten?"[22]

Wie sagte Yogi-Bär doch gleich? „Es ist nicht vorbei, bevor es vorbei ist."

Kapitel 6

Die Wurzeln unserer Lähmung

Wir vermögen unsere eigene Grenze nicht zu verteidigen.[1]
US-Verteidigungsminister Donald Rumsfeld, 29. November 2005

Mit den ihr zur Verfügung stehenden Mitteln könnte die Regierung der Vereinigten Staaten von Amerika die mexikanische Grenze innerhalb weniger Wochen sichern – so wie es die Mehrheit unserer Bürger wünscht. Wie kommt es da, daß der Wille der Bevölkerungsmehrheit mißachtet und unsere Verfassung mit Füßen getreten wird? Warum weigert sich Präsident Bush, die notwendigen Konsequenzen aus den verheerenden Zuständen zu ziehen?

Die Bevölkerung würde sich hinter ihn stellen. 1992 trat der Verfasser dieser Zeilen bei den Vorwahlen zur Kürung des republikanischen Präsidentschaftskandidaten gegen George Bush sen. an. Nachdem ersterer vier Monate lang eine Niederlage nach der anderen erlitten hatte, gewann er im Juni jenes Jahres in den großen Landkreisen Südkaliforniens fast 30 Prozent der Stimmen, da er die Errichtung eines Grenzzauns gefordert hatte. 1994 wurde Gouverneur Pete Wilson, der in den Meinungsumfragen zuvor um 20 Prozent zurücklag, mit großem Vorsprung wiedergewählt, weil er die Gesetzesvorlage 187 durchgesetzt hatte, die eine Einstellung der Sozialhilfe für illegale Einwanderer vorsah. Bei der Volksabstimmung entschieden sich 59 Prozent der Stimmberechtigten, darunter die große Mehrheit nicht nur der weißen, sondern auch der asiatischstämmigen und der schwarzen Kalifornier, für diese Vorlage.

Laut einer Zogby-Meinungsumfrage vom 6. Mai 2005 wünschen 81 Prozent der Bevölkerung, daß die Kreispolizei sowie die Polizei der einzelnen Bundesstaaten die US-Behörden bei der Durchsetzung der Einwanderungsgesetze unterstützen. 56 Prozent wandten sich gegen den Plan der Bush-Regierung, Millionen illegaler Einwanderer den Status von Gastarbeitern sowie die Möglichkeit zum Erwerb der US-Staatsbürgerschaft zu gewähren; 53 Prozent sprachen sich für die Stationierung von Truppen an der mexikanischen Grenze aus.[2]

Die negativste Einstellung gegenüber illegalen Immigranten findet sich dieser Meinungsumfrage zufolge bei Afro-Amerikanern, Anhängern der Demokratischen Partei, Frauen sowie bei Arbeitern, die weniger als 75.000 Dollar jährlich verdienen. Alle diese Menschen gehören zu jenen Amerikanern, die gesellschaftlich und wirtschaftlich am stärksten durch die Anwesenheit von schätzungsweise zwölf Millionen illegalen Einwanderern betroffen sind; schließlich arbeiten diese für Löhne, die unter dem liegen, was eine amerikanische Familie zum Überleben braucht.

Im November 2005 ermittelte eine Umfrage des Rasmussen-Instituts, daß 60 Prozent der Bevölkerung den Bau eines Grenzzauns befürworteten und weniger als 30 Prozent eine solche Maßnahme ablehnten. Ende April 2006 hatte diese Frage eine derartige Brisanz angenommen, daß das Institut anhand der Umfrageergebnisse zu folgendem Schluß kam: Wenn bei den Präsidentschaftswahlen 2008 „ein Kandidat einer dritten Partei anträte und verspräche, längs der mexikanischen Grenze eine Sperre zu errichten und die Durchsetzung der Einwanderungsgesetze zu seiner obersten Priorität zu machen“, dann käme es zu einem Kopf-an-Kopf-Rennen zwischen ihm und dem demokratischen Bewerber, während der republikanische Kandidat mit 21 Prozent der Stimmen weit abgeschlagen auf dem dritten Platz landen würde.[3]

Als ich nach einer Rundfunkdebatte in Washington in mein Auto einsteigen wollte, brachte ein schwarzer Arbeiter seinen Wagen neben dem meinen zum Stillstand und rollte die Scheiben herunter.

„Herr Buchanan“, sagte er mit leicht gereizt wirkender Stimme, „habe ich Sie eben sagen hören, wir brauchten einen Zaun an unserer Grenze?“

„Das stimmt“, antwortete ich, „einen dreitausend Kilometer langen Zaun.“

„Wir brauchen keinen Zaun“, knurrte er. „Wir brauchen eine Mauer!“

Warum handelt Bush nicht?

Unsere Verfassung, unsere Gesetze und die politische Lage in unserem Land erfordern, daß Präsident Bush seine Pflicht tut und unsere Grenzen endlich sichert. Warum legt er also die Hände in den Schoß? Warum verhält sich das Weiße Haus wie gelähmt?

Die Wurzeln der Lähmung sind politische Korrektheit, politische Feigheit, politischer Opportunismus, ein Gefühl der Schuld für Amerikas Sünden sowie eine Zwillingsideologie, der unsere Eliten verfallen sind und die einem religiösen Kult gleicht. Die stolze alte Parole „Hier herrscht die Bevölkerung, mein Herr!" gilt nicht mehr. Wir leben nicht mehr in einer wahrhaft demokratischen Republik.

Unsere Bundesrichter machen es sich fast schon zur Gewohnheit, Volksentscheide umzustoßen. Unsere wirtschaftliche Elite verlangt und erhält einen endlosen Nachschub an unterbezahlten ausländischen Arbeitskräften. Unsere kulturelle Elite empfindet nichts als Verachtung für das alte Amerika; sie will es in Immigrantenfluten ertrinken sehen und geißelt all jene, die es zu bewahren wünschen, als Rassisten und Chauvinisten.

Eine Regierungspartei, die sich „konservativ" nennt, betrachtet die Hispanos als ihre letzte Hoffnung, sich an der Macht zu halten; sie hütet sich, dem mexikanischen Präsidenten Vicente Fox oder den ethnischen Lobbys zu nahe zu treten, und macht unsere Gesetze zum Gespött der Leute. Wenn Amerika bis zum Jahre 2050 zu einem Sammelsurium verfeindeter ethnischer Gruppen geworden ist, die nichts mehr vereint außer der Gier nach Konsumgütern, wird man die Schuld hierfür unseren unpatriotischen Eliten zuschreiben müssen, für die Geld und Macht wichtiger sind als unser Land und seine Kultur.

Sagen wir es doch offen: Viele dieser Leute scheren sich keinen Deut um das andere Amerika. Schließlich leben sie in einem anderen Land, einem Land der umzäunten Wohnsiedlungen und der kleinen Universitätsstädte, der vornehmen Viertel und der wohlhabenden Vorstädte. Ihre Kinder besuchen entweder Privatschulen oder die besten staatlichen Schulen. Illegale Einwanderer sind für sie bienenfleißige Arbeiter, die ihren Rasen mähen, ihren Müll entsorgen, ihre Autos waschen, ihre Büros reinigen und in ihrem Lieblingsrestaurant nach der Mahlzeit den Tisch abräumen.

Doch für die Vertreter des anderen Amerika hat die Masseneinwanderung ein ganz anderes Gesicht. Sie müssen mitansehen, wie sich die Viertel und Städte, in denen sie aufgewachsen sind, vor ihren Augen bis zur Unkenntlichkeit verändern. An den Straßenecken, die ihre Kinder auf dem Schulweg passieren, sehen sie Gruppen seltsamer Männer stehen. Sie haben mittlerweile Nachbarn, die kein Englisch sprechen und sich nicht die geringste Mühe geben, es zu erlernen. Sie sehen, wie ihre Einkommens- und Vermögenssteuern steigen, damit der Staat Menschen, die nicht hierher gehören, Sozialhilfe zahlen und neue Schulen für ihre Sprößlinge bauen kann. Sie sehen, wie die Kriminalitätsrate weiter steigt, wie ihre Kinder in der Schule von Ausländerbanden angegriffen werden;

sie hören von Messerstechereien auf Spielplätzen und von Schießereien in Einkaufszentren. Sie sehen, wie ihre alten Freunde ihre Stadt und oft auch ihren Bundesstaat verlassen, um sich in einem Teil Amerikas niederzulassen, der dem Land ihrer Kindheit noch ähnlicher sieht. Nacht für Nacht sehen sie im Fernsehen Bilder der Eindringlinge, die sich über unsere Grenzen schleichen. Und sie wollen wissen, warum ihre Söhne und Töchter die Grenzen Südkoreas bewachen und im Irak sterben, während ihre Regierung nicht gewillt ist, die Grenzen Amerikas zu schützen.

Entlang dieser Frage, schreibt der Historiker Victor Davis, verlaufe die Front nicht zwischen Liberalen und Konservativen, sondern zwischen unseren Eliten und dem Großteil der Bevölkerung: „Bei der zunehmend heftigeren Debatte stehen sich auch nicht mehr links und rechts gegenüber, sondern die Privilegierten einerseits und die Mittel- sowie die Unterschicht andererseits. Auf der einen Seite stehen die großen Zeitungen und Zeitschriften, die Gerichte und eine kleine Schar von Politikern, welche die Geschäfte der Unternehmer sowie der ethnischen Lobbys besorgen, auf der anderen Seite die ungleich zahlreicheren und lautstarkeren Hörer von Radiogesprächsrunden, jene, die Netztagebücher führen, und Kabelfernsehzuschauer, die Initiatoren von Volksabstimmungen sowie populistische Politiker in den Bundesstaaten, die dem Volke eher aufs Maul schauen können.“[4]

Genau wie einst jene, die es sich leisten konnten, ihre Söhne und Töchter in Privatschulen zu schicken, die emsigsten Befürworter des „Bussings“ waren, also einer Politik, die den gemeinsamen Schulunterricht für weiße und schwarze Kinder dadurch erzwang, daß die Kinder der einen Rasse per Bus in ein von Angehörigen der anderen Rasse bewohntes Viertel gekarrt wurden, so finden sich die rührigsten Trommler für offene Grenzen heutzutage unter den Bewohnern von Vierteln, wo illegale Immigranten zwar arbeiten, nicht jedoch wohnen.

2002 veröffentlichte der Chicagoer Rat für auswärtige Beziehungen die Ergebnisse einer Meinungsumfrage, die das ganze Ausmaß der Kluft zwischen Durchschnittsamerikanern und Eliten offenbarte. Während 60 Prozent aller Befragten der Auffassung waren, das gegenwärtige Ausmaß der Einwanderung stelle „eine schwere Bedrohung für die Lebensinteressen der Vereinigten Staaten“ dar, stimmten lediglich 14 Prozent der prominenten Amerikaner dieser Ansicht zu.[5] Als Hunderte von Bürgern, darunter viele Rentner und Betagte, im Frühling 2005 nach Arizona fuhren, um der Grenzpolizei als Späher behilflich zu sein, spendete die Öffentlichkeit ihnen Beifall, aber Präsident Bush betitelte sie als „extremistische Eiferer“. Als er diesen Ausspruch tat, stand er neben einem mexikanischen Präsidenten, der sich so aufführt, als besitze er das souveräne Recht, seine miserabel regierten Untertanen in die USA zu exportieren.

George Bush und Theodore Roosevelt

Wie die meisten Amerikaner hieß auch der Republikaner Theodore Roosevelt, der das Präsidentenamt von 1901 bis 1909 bekleidete, Einwanderer willkommen, freilich unter der Bedingung, daß sie aufrichtig wünschten, Teil der Nation zu werden und nicht bloß untergeordnete Arbeiten zu verrichten. „Unter keinen Umständen darf unsere Nation einen Immigranten in erster Linie als Arbeitskraft betrachten", mahnte er. „Er muß stets als künftiger Bürger gelten."[6]

Einwanderer waren also willkommen, wenn sie Bürger und Patrioten zu werden gedachten. Wer dies nicht wollte, brauchte gar nicht erst zu kommen. Wenige Wochen vor seinem Tod sagte Theodore Roosevelt, ein Immigrant müsse „ein Amerikaner und nichts als ein Amerikaner werden … Eine doppelte Loyalität ist inakzeptabel … Bei uns gibt es nur Platz für eine einzige Fahne, die amerikanische Fahne … Es gibt nur Platz für eine einzige Sprache, die englische Sprache … und es gibt nur Platz für eine einzige Loyalität, die Loyalität gegenüber der amerikanischen Bevölkerung."[7]

In dem Amerika, das Theodore Roosevelt vorschwebte, hatten „Amerikaner" in Anführungszeichen nichts zu suchen. Wer zwar amerikanischer Bürger werden, zugleich aber ein Standbein in seiner alten Heimat behalten wollte, tat besser daran, mit beiden Beinen dort zu bleiben, wo er geboren war.

Die Idee, daß Amerika eine Heimat ist, und kein Saal, den man nach Bedarf mieten kann, ein Land, und kein Wirtschaftsraum, ist unter unseren Eliten so gut wie tot. Auf Geheiß der transnationalen Gesellschaften, von denen sie finanziert werden, haben beide großen Parteien den amerikanischen Traum gemordet. Wer sich eine Vorstellung davon machen will, wie tief die Partei Theodore Roosevelts und Ronald Reagans abgesunken ist, braucht nur den Text einer Rede zu lesen, die Präsident Bush im Januar 2004 zur Einwanderungsfrage hielt. Bush warb für seinen Plan, illegalen Einwanderern den Status von Gastarbeitern sowie die Möglichkeit eines künftigen Erwerbs der US-Staatsbürgerschaft zu gewähren, und legte die neuen Prinzipien dar, auf denen sämtliche künftigen Einwanderungsgesetze fußen müßten: „Neue Einwanderungsgesetze sollten den wirtschaftlichen Bedürfnissen des Landes dienen … Wenn ein amerikanischer Arbeitgeber eine Stelle anbietet, die US-Bürger nicht annehmen wollen, sollten wir einem Menschen, der hierzu bereit ist, Zutritt zu unserem Land gewähren …

Ich schlage ein neues, temporäres Arbeitsprogramm vor, dem zufolge arbeitswillige Ausländer und amerikanische Unternehmer, die Stellen zu vergeben haben, die kein amerikanischer Bürger annehmen will, zueinander finden ... Dieses Programm wird jenen Millionen von Männern und Frauen, die heute ohne gültige Dokumente in den Vereinigten Staaten arbeiten, sowie jenen Bürgern fremder Länder, die sich daran beteiligen wollen und denen hier Arbeitsplätze angeboten worden sind, einen legalen Status verschaffen. Das neue System sollte klar und effizient sein, so daß unsere Arbeitgeber rasch und einfach Arbeitskräfte finden können."[8]

An die Stelle der alten amerikanischen Werte sollen gemäß diesem Plan Präsident Bushs also die Wertvorstellungen des Raubtierkapitalismus treten. Zwölf Millionen illegale Einwanderer kämen in den Genuß einer Amnestie, und Firmen, die ihre Konkurrenten betrogen haben, indem sie der massenhaften Verletzung unserer Gesetze Vorschub leisteten, hätten nicht nur keine Strafe zu befürchten, sondern würden durch die Legalisierung ihrer illegalen Arbeiter noch belohnt.

Die Firmen erhielten von Rechts wegen die Möglichkeit, Millionen weiterer Ausländer jenseits unserer Landesgrenzen zu rekrutieren. Sie brauchten nichts weiter zu tun, als Arbeitsplätze zu Löhnen anzubieten, die so niedrig sind, daß ein Amerikaner seine Familie davon nicht ernähren kann. Wenn sich kein amerikanischer Bewerber meldet, stünde es den Firmen frei, sich auf allen fünf Kontinenten nach billigen Kulis umzusehen; sie könnten dann Afrikaner, Asiaten und Lateinamerikaner ins Land holen, damit diese die Arbeiten verrichten, die US-Bürger nicht annehmen können. Somit würde die Gestaltung unserer Einwanderungspolitik den transnationalen Gesellschaften überlassen, denen Loyalität gegenüber dem eigenen Land als altmodische Sentimentalität und als Hindernis für die Gewinnmaximierung gilt.

Der Bush-Plan ist nackter Verrat an den amerikanischen Arbeitern. Daß die Führer der „Bürgerrechtsbewegung" zu dieser Entrechtung der schwarzen Arbeiterschaft schweigen und daß die Gewerkschaften keine Protestmärsche gegen diesen Dolchstoß in den Rücken unserer Arbeiter und Angestellten veranstalten, beweist lediglich, daß die Amoral der transnationalen Gesellschaften beide infiziert hat. Zum Teufel mit der Solidarität; es geht heute nur noch ums Geld!

Der Kult des Ökonomismus

Für Theodore Roosevelt bestand das Ziel der Einwanderung darin, Amerika neue, patriotisch gesinnte Bürger zu schenken. Für George Bush, einen Absolventen der Harvard Business School, verfolgt sie den Zweck, Amerika in einen gigantischen Arbeitsmarkt für Firmen zu verwandeln, die von der lästigen Bürde der Loyalität gegenüber ihrem Land befreit werden möchten, damit sie ungehindert in aller Welt nach fremden Arbeitskräften Ausschau halten können, die zu den tiefstmöglichen Löhnen arbeiten und so unsere einheimischen Arbeiter vom Arbeitsmarkt verdrängen. Dies ist Raubtierkapitalismus in Reinkultur.

„Amerikas Aufgabe ist das Geschäft", hat Calvin Coolidge, Republikaner und von 1923 bis 1929 Präsident der Vereinigten Staaten, einmal erklärt. Doch auch er hätte sich gegen einen Plan verwahrt, der es US-Firmen erlaubt, massenhaft Chinesen, Inder und Afrikaner ins Land zu holen und zu Dritte Welt-Löhnen arbeiten zu lassen, die kein Amerikaner akzeptieren kann. Für Coolidge kam das Land zuerst. Unmittelbar vor der Verabschiedung des strengsten Einwanderungsgesetzes unserer Geschichte erklärte er: „Amerika muß amerikanisch bleiben."[9]

Der Geisteswissenschaftler John Attarian hat die mittlerweile in der Partei Goldwaters und Reagans vorherrschende Denkweise „Ökonomismus" getauft. Diese neo-marxistische Ideologie wurzelt in der Vorstellung, die Wirtschaft regiere die Welt, die wirtschaftliche Betätigung sei für den Menschen die wichtigste aller Aktivitäten und der Schlüssel zu seinem Glück, und die einzige Aufgabe der Politik bestehe darin, ideale Rahmenbedingungen für die ungehemmte Entfaltung der Wirtschaft zu schaffen.

Ein Ökonomist glaubt nicht bloß an den freien Markt, sondern vergöttert diesen geradezu. Die unsichtbare Hand Adam Smiths wird für ihn zur Hand Gottes. Die Erfordernisse des Marktes haben Vorrang vor Bürgerrecht, Kultur und Land. Wirtschaftliche Effizienz wird zum höchsten aller Werte. Wir finden diese neue Religion im republikanischen Dogma von den „allein selig machenden Steuererleichterungen" und in der Bereitwilligkeit, mit der unsere politische Rechte fügsam jede von der Welthandelsorganisation befohlene Schmälerung unserer Souveränität in Kauf nimmt. Wir finden sie bei jenen, die Amerikaner als „mistgabelschwingende Fremdenhasser" verhöhnen, wenn sie sich fragen, ob es wirklich der Weisheit letzter Schluß sei, amerikanische Häfen mitten in einem Krieg gegen islamistisch-arabische Terroristen an die Scheichs von Dubai zu verpachten.[10] Wir finden sie bei hochrangigen Führungskräften, die stolz erklären, ihre Firma sei nicht länger eine amerikanische, sondern eine „globale". Der „multinationale Geschäftsmann", schreibt der konservative Wissenschaftler Roger Scruton, „will die Unterschiede zwischen den Menschen zum Verschwinden bringen. Er fühlt sich in keiner Stadt zu Hause, weil er in jeder ein Fremdling ist, auch in seiner eigenen. Für ihn ist die Welt ein einziger riesiger Markt, auf dem jedermann zugleich Kunde, Konsument und Knecht seiner Bedürfnisse und Begierden ist. Er empfindet große Befriedigung dabei, Menschen von einem Ort zum anderen zu verpflanzen, die Bande, die sie an ihre Heimat ketten, zu zerstören, Grenzen und Gebräuche gemäß den unerbittlichen Geboten des wirtschaftlichen Fortschrittes zu ändern".[11]

Für den Ökonomisten müssen nationale Souveränität und Unabhängigkeit, das Primat der Industrie, die Werte der Gemeinschaft und des Landes preisgegeben werden, wenn die Götter des Globalismus dies wollen. So wie Abraham seinen Sohn Isaak auf Gottes Befehl auf den Altar hob, um ihn zu opfern, so bringen die Jünger der neuen Religion die Nation der Wirtschaft zum Opfer dar. Was gut für das Bruttoinlandsprodukt ist, ist ihrer Ansicht nach auch gut für Amerika. Der Kolumnist Robert Samuelson traf den Nagel auf den Kopf, als er im Januar 2006 in der *Washington Post* schrieb: „Was ist die dominierende Religion der letzten hundert Jahre? Nein, nicht das Christentum mit seinen heute 2,1 Milliarden Gläubigen oder der Islam mit seinen 1,3 Milliarden Getreuen. Es ist vielmehr die Idee vom Wirtschaftswachstum, die Kirche des Bruttoinlandsproduktes ... Reicher zu werden, ist heute weltweit fast der Wunsch eines jeden. Und dennoch betrachtet man den Kult des Wirtschaftswachstums namentlich in bereits wohlhabenden Gesellschaften als moralisch korrumpierend: Das sinnlose Streben nach hohlen materiellen Gütern – machen Fernsehapparate mit flachem Bildschirm uns wirklich glücklicher? – beraubt das Leben nicht nur seines geistigen Gehalts, sondern richtet auch die Umwelt zugrunde."[12]

Für Konvertiten zur Kirche des Bruttoinlandsproduktes ist Masseneinwanderung gleichbedeutend mit mehr Arbeitskräften, mehr Konsumenten, größeren Märkten, einer größeren Wirtschaft. Dissidenten und Skeptiker gelten als Feinde des Fortschritts.

Bei einem Besuch in Arizona gewann John Judis von der Zeitschrift *New Republic* eine Einsicht, die in jenem Bundesstaate zwar weitverbreitet ist, den Wirtschaftsfetischisten aber auf Dauer verschlossen bleiben wird: In Arizona „machen sich die entschiedensten Gegner der illegalen Einwanderung weit mehr Gedanken über ihre gesellschaftlich-kulturellen als über ihre wirtschaftlichen Auswirkungen. Sie empfinden große Sorge über das, was allgemein die ‚Mexikanisierung' Arizonas genannt wird ... Sie sind empört darüber, daß Arizona zu einem ‚Dritte Welt-Land' oder zu einem ‚neuen Mexifornia' wird".[13]

Da sich die Ökonomisten über den Patriotismus erhaben dünken, betrachten sie solche Gefühle als Ausdruck von Fremdenhaß. Der Ökonomismus, schreibt Attarian, „verwandelt letzten Endes alles und jedes in eine Ware, die man mit Gewinn verkaufen kann. Dies bedeutet zwangsläufig, daß nichts heilig ist.

Die Ökonomisten, für die ein maximaler Profit bei minimalen Kosten das Höchste ist, setzen sich bedenkenlos über Loyalität, Rücksichtnahme und ähnliche Erwägungen, die dem Profitstreben Grenzen setzen, hinweg. Sobald billigere Arbeiter oder Lieferanten verfügbar werden, geben sie den alten den Laufpaß. Reklamemacher plündern musikalische Werke, indem sie ihnen Melodien entnehmen und in ihre Werbefilmchen einbetten. Tiere gelten als bloße Proteinträger, mit denen wir nach Belieben umspringen dürfen – die Freidenkerin Virginia Postrel definierte eine Kuh als ‚Maschine' zur Umwandlung von Gras in Proteine –, weshalb es auch erlaubt sei, sie in Tierfabriken zu züchten und in winzige Verschläge einzusperren, wo sie sich kaum bewegen können; Entrüstung darüber sei nichts als dummes Zeug. Auf den Schlachtfeldern von Bull Run und Gettysburg, deren Boden vom Blut Tausender geheiligt ist, dürfen profitsüchtige Personen nach Herzenslust Restaurants, Kinos und Einkaufszentren bauen ..."[14]

Die Wurzeln des Ökonomismus, meint Attarian, seien in einer Aufklärung zu suchen, die „den Atheismus, die Leugnung der Seele und des freien Willens sowie die Unfrömmigkeit hoffähig machte", ferner in den Werken einer Reihe liberaler Schriftsteller aus dem neunzehnten Jahrhundert: David Ricardo, James und John Stuart Mill, Richard Cobden und Frédéric Bastiat.[15] Diese Autoren träumten von einer idealen Welt, in der alle europäischen Reiche verschwunden waren, der Personen- und Güterverkehr zwischen den Staaten keinen Einschränkungen unterworfen war und keine Grenzen, ja vielleicht sogar nicht einmal mehr Nationen existierten. Dort würde der „ewige Frieden" herrschen, von dem Immanuel Kant nicht allzu lange zuvor geschrieben hatte. Für die Anhänger Cobdens war der Freihandel „Gottes Diplomatie".

Cobden, ein Anhänger der Sekte der Quäker und Führer der Liga gegen das Getreidegesetz, forderte die britische Regierung auf, die protektionistischen Schranken gegen die Einführung von Getreide einzureißen und sich zum Freihandel zu bekennen, machte jedoch keinen Hehl daraus, daß es ihm um mehr ging als um billiges Getreide für die Armen Englands. „Der Handel ist das große Allheilmittel", schwärmte er, „der, wie eine segensreiche medizinische Erfindung, dazu dienen wird, sämtlichen Nationen der Welt den gesunden und rettenden Geschmack der Zivilisation einzuimpfen."[16]

Cobden war ein Visionär und ein hervorragender Redner. Als er am 15. Januar 1846 in der Freihandelshalle zu Manchester einen Vortrag hielt, war der Andrang so groß, daß man in der Halle einen Teil der Sitzplätze entfernen mußte, um Raum für mehr Zuhörer zu schaffen. Hier ein Auszug aus Cobdens Rede: „Ich glaube, daß der materielle Gewinn noch der geringste Gewinn sein wird, den die Menschheit aus dem Erfolg dieses Prinzips ziehen wird. Ich blicke weiter; ich sehe im Freihandelsprinzip das, was auf die moralische Welt dieselbe Wirkung ausüben wird wie das Gesetz der Schwerkraft im Universum – es wird die Menschen einander näher bringen, den Gegensatz von Rasse und Glauben und Sprache beseitigen und uns mit den Banden des ewigen Friedens vereinen."[17]

Lord Palmerston, einer der prinzipientreuesten unter den viktorianischen Staatsmännern, stand Herrn Cobdens Vorstellungen von der schönen neuen Welt zutiefst skeptisch gegenüber. In einem Brief an den redefreudigen Quäker schrieb er: „Ich wäre hocherfreut, wenn Ihre Utopie realisierbar wäre, wenn die Nationen der Welt nur noch an Frieden und Handel dächten und jeden Gedanken an Streit und Krieg aufgäben. Doch leider ist der Mensch ein kämpfendes Tier; daß dies seine Natur ist, beweist die Tatsache, daß Republiken, in denen die Massen regieren, weitaus unfriedlicher und kampfeslustiger sind als Monarchien, die von verhältnismäßig wenigen Personen regiert werden."[18]

Ungemein angetan von Cobdens Vision war hingegen Woodrow Wilson, in dessen Vierzehn Punkten von 1918 auch die Forderung nach weltweitem Freihandel als Voraussetzung für den ewigen Frieden wieder auftauchte. Gegen Ende des zwanzigsten Jahrhunderts konvertierte die Republikanische Partei der Vereinigten Staaten von Amerika zu dieser Religion, die Patrioten von Abraham Lincoln über Theodore Roosevelt bis hin zu Calvin Coolidge und Robert Taft als utopisch und unamerikanisch verworfen hätten. Doch in der Kirche des Bruttoinlandsproduktes ist es heute ein unerschütterliches Dogma, daß kapitalistische Werte zugleich christliche und konservative Werte sind.

Welche Kräfte stehen hinter der Politik der offenen Grenzen?

Jahrzehntelang hat das republikanische Establishment wie gelähmt zugesehen, wie sich die ethnischen Minderheiten von 20 auf 94 Millionen oder von 11 Prozent auf 33 Prozent der Bevölkerung vermehrten. Der Grund dafür ist selbstverständlich die Masseneinwanderung, aber die Republikanische Partei schreckt vor der auf der Hand liegenden Lösung zurück: einem Einwanderungsmoratorium. Statt dessen setzt sie ihre ganzen Hoffnungen auf die Hispanos, die – mit stetig steigender Tendenz – inzwischen 43 Millionen zählen und somit unsere zahlenstärkste Minderheit sind: Da die europäischstämmigen Amerikaner nach und nach selbst zur Minderheit werden, sollen eben die Hispanos den Republikanern helfen, an der Macht zu bleiben. Die „Grand Old Party" ist anscheinend dem von den Medien geschaffenen Mythos aufgesessen, wonach sie in Kalifornien die Macht einbüßte, weil Pete Wilson sich für die Gesetzesvorlage 187 stark gemacht hatte, und fürchtet nichts mehr als eine feindselige Reaktion seitens der Hispanos, wenn die republikanische

Regierung dem Gesetz Nachdruck verschafft, die Grenze dichtmacht und Firmen, die illegale Immigranten beschäftigen, mit Sanktionen belegt. Eine Durchsetzung des Einwanderungsgesetzes, fürchten die Republikaner, käme für sie einem kollektiven Selbstmord gleich. In ihrem verhängnisvollen Wahn, sich mit Hilfe der Hispanos die Macht sichern zu können, werden sie von mächtigen Kräften bestärkt.

Die Republikanische Partei hängt finanziell am Tropf der großen Konzerne und ihrer Lobbyisten. Sie sind es, die die Parteimaschinerie mit regelmäßigen Finanzspritzen geschmiert halten und den republikanischen Kandidaten die finanziellen Mittel zur Bestreitung ihrer Wahlkämpfe zur Verfügung stellen. Diese großen Konzerne verlangen nun einen permanenten Nachschub an billigen Arbeitskräften, um die Löhne niedrig zu halten. Für sie ist Einwanderung ein Synonym für schlechtbezahlte Arbeiter, die die gutbezahlten Arbeiter vom Arbeitsmarkt verdrängen. Für die gesellschaftlichen Kosten der Immigration – Sozialhilfe, kostenlose medizinische Betreuung, Wohnungszulagen, Lebensmittelkarten, Kliniken, Polizisten, Gerichte, Gefängnisse und Anwälte, die die Einwanderer kostenlos beraten – kommt ja der Steuerzahler auf. Unsere wirtschaftliche Elite ist für die Sozialisierung der Kosten bei gleichzeitiger Privatisierung der Gewinne. Für unsere Großkonzerne ist die Masseneinwanderung somit ein wahres Gottesgeschenk. Würde die Bush-Regierung die mexikanische Grenze mit einem Sicherheitszaun absperren und Arbeitgeber, die illegale Immigranten anheuern, bestrafen, so könnten die US-Handelskammer sowie die großen Konzerne der Republikanischen Partei über Nacht den Geldhahn zudrehen.

Von den hundert größten Organisationen der Welt sind rund die eine Hälfte Staaten, die andere Konzerne. Die Spitzenführungskräfte der Konzerne arbeiten unermüdlich darauf hin, Grenzen abzubauen und die nationale Souveränität der Nationen zu beschneiden. Bei ihren Bestrebungen zur Begrenzung der Freiheit und Unabhängigkeit der Staaten können sie auf die Unterstützung Zehntausender von „internationalen Funktionären“ bauen, die für die Europäische Union, die UNO, die Weltbank, den Internationalen Währungsfonds, die Weltgesundheitsorganisation, den Weltgerichtshof sowie buchstäblich Tausende von Nichtregierungsorganisationen tätig sind. Alle diese Organisationen betrachten es als ihre Mission, global zu sein, und arbeiten auf die Bildung einer Weltregierung hin, in der sie und ihre Kumpane das Sagen haben wollen.

Hinter den Bush-Republikanern und den Großkapitalisten standen und stehen Intellektuelle wie der verstorbene Robert Bartley, der drei Jahrzehnte lang Herausgeber des *Wall Street Journal* war. Bartley, der den sogenannten Neokonservativen zugerechnet wurde, war ein begeisterter

Anhänger der Politik der offenen Grenzen sowie ein fanatischer Verfechter des Freihandels. „Ich denke, daß der Nationalstaat am Ende ist", erklärte er dem Vernehmen nach gegenüber dem Schriftsteller Peter Brimelow, und die von ihm geleitete Zeitung rührte jahrzehntelang die Werbetrommel für einen Zusatz zur US-Verfassung, der wie folgt lauten sollte: „Die Grenzen haben offen zu sein."[19] Als der mexikanische Präsident Vicente Fox die Schaffung einer aus Kanada, den USA und Mexiko bestehenden und nach dem Vorbild der EU organisierten nordamerikanischen Union verlangte, pries ihn Bartley als „Visionär" und bekundete ihm seine Solidarität: „Er [Fox] darf sicher sein, daß es nördlich des Rio Grande eine Stimme gibt, die seine Vision unterstützt – unsere Zeitung."[20]

Für Utopisten wie Bartley und seine Kollegen vom *Wall Street Journal* gibt es nicht etwa zu viele – legale wie illegale – Immigranten aus der Dritten Welt, sondern zu wenige. Für sie ist Verschiedenheit gleich Stärke: Je mehr Zuwanderer zu uns strömen, desto stärker und besser wird unsere Nation. Aus welchem Land die Einwanderer kommen und welcher Kultur sie angehören, spielt keine Rolle. Daß Amerika seinem Kern nach eine europäische Nation ist, ist ebenfalls ohne Bedeutung. Sehr wohl von Bedeutung ist hingegen, daß man die Republikanische Partei unterstützt.

Die Demokratische Partei betrachtet legale und illegale Zuwanderer als ihre künftigen Wähler, die die Nixon-Reagan-Koalition begraben werden. Diese Hoffnung ist wohlbegründet: Schließlich sind die Armen aus der Dritten Welt, die die überwältigende Mehrheit der Immigranten ausmachen, auf jene Sozialprogramme angewiesen, die der recht eigentliche Existenzgrund der Demokratischen Partei sind. Je mehr Habenichtse über unsere Grenzen strömen, desto mehr muß der Staatsapparat aufgebläht werden und desto mehr Staatsbedienstete braucht es. Nirgends sitzt die Demokratische Partei so fest im Sattel wie in jenen Wahlbezirken, in denen ein hoher Anteil der Bewohner auf kostenlose medizinische Betreuung und Schulbildung, auf Sozialhilfe oder auf Lohnzuschüsse angewiesen ist. Die staatlichen Gewerkschaften sind de facto Ableger der Demokratischen Partei.

„Wir werden dafür sorgen, daß in Los Angeles, Chicago, New York, Tucson, Phoenix und Fresco das öffentliche Leben zum Stillstand kommt", verkündete Jorge Rodriguez, Funktionär einer der Gewerkschaften der amerikanischen Föderation der Staats-, Kreis- und Gemeindeangestellten, eine Woche vor dem Generalstreik und -boykott vom 1. Mai 2006. „Wir wollen eine umfassende Amnestie, eine vollkommene Legalisierung all jener, die in unserem Lande weilen."[21] Wenn zwölf Millionen illegaler Immigranten in den Genuß einer Amnestie kommen, so bedeutet dies Hunderttausende von neuen Stellen für die erwähnte Föderation und die ihr angegliederten Gewerkschaften; schließlich muß der Wohlfahrtsstaat dann massiv erweitert werden, um die sozialen Bedürfnisse der Einwanderer zu decken.

Die großen Kirchen glauben, durch eine Unterstützung der illegalen Einwanderer die Gebote des Evangeliums zu befolgen. Außerdem füllen Immigranten die Kirchen wieder, die immer leerer werden, weil ihre alten Mitglieder dahinsterben oder sich in ihrer Verbitterung über die fortschreitende Verwässerung christlicher Glaubenslehren fundamentalistischeren Glaubensgemeinschaften anschließen.

Die katholische Hierarchie hat eine Amnestie für illegale Einwanderer gefordert; dies, so meint sie, entspreche Christi Gebot, die Hungrigen zu speisen, die Durstigen zu tränken, die Nackten zu bekleiden und die Obdachlosen zu beherbergen. Doch Christi Gebote gelten für uns als Einzelmenschen. Sie bedeuten keine Absegnung von Massendemonstrationen illegaler Immigranten, die unter fremden Flaggen marschieren, oder von Pressekonferenzen Seiner Eminenz Kardinal Roger M. Mahonys, der von den Gläubigen verlangt, sie müßten die ausufernde Sozialhilfe für Menschen finanzieren, die sich unter Mißachtung unserer Gesetze in unser Land geschlichen haben und nun Anspruch auf sämtliche Rechte und Privilegien amerikanischer Bürger erheben.

Früher bekämpften die Gewerkschaften die Masseneinwanderung, weil diese die Löhne der Arbeiter nach unten drückt. Doch heute betrachten sie die im Dienstleistungsgewerbe sowie in der Bauindustrie tätigen Fremden als Ersatz für ihre Mitglieder, die der „Gesundschrumpfung" zum Opfer gefallen sind oder entlassen wurden, weil ihre Betriebe es rentabler fanden, sich Geräte und Material bei ausländischen Zuliefererfirmen zu besorgen, als sie im eigenen Land herstellen zu lassen. Sie hoffen, die illegalen Zuwanderer nach ihrer Legalisierung als Neumitglieder rekrutieren und so ihre verlorene Macht wiedererlangen zu können. Um das Jahr 2000 herum verlangte eine Gewerkschaft, die seit Jahrzehnten Mitglieder verloren hatte, sogar eine De-facto-Amnestie für illegale Immigranten.

Internationalisten sehen eine Fusion der USA mit Kanada und Mexiko als logischen nächsten Schritt zur Bildung einer Weltregierung. Den transnationalen Konzernen gelten Grenzen als Hemmnis für den freien Personen- und Güterverkehr. Entfremdete Intellektuelle und kulturelle Eliten, die mit dem Amerika, das wir lieben, nichts am Hut haben, agitieren für offene Grenzen, um ein Land und eine Kultur, die sie zutiefst verabscheuen, für immer zu verändern. Benjamin Disraeli nannte diese Leute „kosmopolitische Kritiker, Männer, die Freunde eines jeden Landes außer ihres eigenen sind".

Als die bekannte Kolumnistin Susan Sontag sagte, die Weißen seien „das Krebsgeschwür in der Menschheitsgeschichte", tat sie damit nicht bloß ihre private Meinung kund. Damals war es an unseren Elite-Universitäten Mode, in den Schlafräumen Poster von Ernesto Che Guevara aufzuhängen, unter Vietcong-Flaggen zu marschieren und „Ho, Ho, Ho Chi Minh" zu skandieren. Und als der Schwarzenführer Jessie Jackson auf dem Gelände der Stanford-Universität eine Studentendemonstration gegen die Pflichtkurse in westlicher Kultur anführte, bei der die Teilnehmer „Hey, hey, ho, ho, Western Civ has got to go" skandierten, dachte er bestimmt nicht nur an die Abschaffung dieser Kurse.

Zu erwähnen sind ferner jene großen Stiftungen, die den Aufstand der Minderheiten finanzieren. Die bedeutendste davon ist die Ford Foundation, die über ein Vermögen von elf Milliarden Dollar verfügt.

Vor vierzig Jahren war der Dachverband der US-Bürger lateinamerikanischer Herkunft, die League of United Latin American Citizens (Liga vereinigter lateinamerikanischer Bürger (LULAC)), eine US-patriotische Organisation, deren Kodex wie folgt lautete: „Respektiere deine Staatsangehörigkeit, ehre dein Land, erziehe deine Kinder im Geiste seiner Tradition, integriere dich in seine Kultur und Zivilisation." 1968 entschied ein militantes Mitglied der Liga, daß diese Regeln überholt seien, und ersuchte die Ford-Stiftung um Geld für die Gründung einer neuen Organisation, die sich Mexican American Legal Defense and Education Fund (Fonds für juristische Verteidigung und Bildung der Amerikaner mexikanischer Abstammung (MALDEF)) nannte. Die Ford-Stiftung gewährte dem MALDEF zunächst finanzielle Unterstützung in Höhe von 2,2 Millionen Dollar, aus denen seither 30 Millionen geworden sind. Gelder in Höhe von einigen Dutzend Millionen Dollar erhielt der Fonds ferner von diversen Großunternehmen, so daß er sich zur schlagkräftigsten Lobby mausern konnte, die die illegalen Einwanderer sowie der mexikanische Staat auf amerikanischem Boden besitzen. Auch der „Nationale Rat von La Raza", einer anderen lateinamerikanischen Lobby-Organisation, die sich insbesondere auf die rechtliche Verteidigung von Immigranten spezialisiert hat, erhält massive Finanzhilfe seitens jener großen Firmen und Stiftungen, die die Linke in ihrem Kulturkrieg unterstützen.

Seite an Seite mit der LULAC steht der MALDEF an der Spitze des Kampfes für die zweisprachige Schulausbildung und die Ausstellung von Führerscheinen an illegale Immigranten; er setzt sich dafür ein, daß letztere keine höheren Ausbildungsbeiträge zahlen müssen als Bürger des Bundesstaates, in dem sie sich aufhalten – ein Privileg, das US-Bürgern aus anderen Staaten verwehrt ist –, und wirbt für offene Grenzen. Wenn die Wähler eines bestimmten Bundesstaates bei einer Volksabstimmung entscheiden, daß illegalen Immigranten die Sozialhilfe gestrichen wird, machen sich der MALDEF und die in dessen Kielwasser ebenfalls nach links gerückte LULAC gemeinsam auf die Suche nach einem Richter, der diesen Volksentscheid umstößt. So ersetzt die Herrschaft der Minderheit mit Hilfe der Richter und der Gerichte die Herrschaft der Mehrheit.

Ein Zweig des MALDEF behauptet, er habe den kalifornischen Gouverneur Gray Davis zum Verzicht auf eine Berufung gegen den Entscheid des Obersten Gerichtshofes zur Ungültigerklärung der Gesetzesvorlage 187 bewogen. Esteban „Art" Torres, Vorsitzender der Demokratischen Partei in Kalifornien, hatte diese Vorlage wie bereits erwähnt als „das letzte Röcheln des weißen Amerikas in Kalifornien" bezeichnet. Angesichts der Massenabwanderung von Weißen seit der Ungültigerklärung der Vorlage könnte Torres durchaus recht behalten.

Ein wichtiger Faktor sind schließlich die neuen hispanischen Medien, die die Einwanderer aus Lateinamerika mit Filmen, Rundfunk- und Fernsehsendungen, Zeitschriften, Büchern und Zeitungen in spanischer Sprache versorgen. Alle diese Medien, von denen einige zu den am raschesten wachsenden und politisch mächtigsten unseres Landes gehören, können nur dann weiterexistieren, wenn die Immigranten ihre spanische Muttersprache nicht zugunsten des Englischen aufgeben. Deshalb werden sie sich mit Zähnen und Klauen gegen alle Versuche wehren, Amerika wieder zu einer englischsprachigen Nation zu machen.

Dies sind also die Institutionen und Eliten, die die Invasion aus wirtschaftlichen und ideologischen Motiven ankurbeln. Nimmt diese Entwicklung ihren Fortgang, so wird an die Stelle der amerikanischen Nation schon in absehbarer Zeit ein vielsprachiges, vielrassiges, multiethnisches und multikulturelles Amerika treten, die weltweit erste Nation, die Ben Wattenbergs utopischem Traum entspricht. Das Land, das wir als Kinder noch gekannt haben, wird dann der Vergangenheit angehören, und die Warnung Theodore Roosevelts wird sich als prophetisch erwiesen haben. Die letzte große Hoffnung auf Erden wird dann zu einer „vielsprachigen Herberge" für die Völker der Welt geworden sein.

Die verborgene Ursache

Was der Historiker Clyde Wilson unsere „fatale Lähmung" nennt, hat freilich noch eine verborgene Ursache.[22] Die westliche Gesellschaft leidet an einem Schuldkomplex. Die Europäer empfinden Schuldgefühle, weil sie jahrhundertelang über die farbigen Völker geherrscht haben, die Amerikaner, weil ihre Ahnen die Indianer grausam behandelt und die

Schwarzen zwei Jahrhunderte lang versklavt und ihnen anschließend noch ein Jahrhundert lang die Bürgerrechte vorenthalten haben.

Solche Schuldkomplexe waren unseren Vorfahren gänzlich fremd. Sie empfanden Stolz auf ihre Kultur und Zivilisation und glaubten an ihre Überlegenheit über jene Völker, die der britische Dichter Rudyard Kipling als „tieferstehende Arten ohne Gesetz“ bezeichnet hat. Das Staatsvolk, zu dem wir geworden sind, unterscheidet sich grundlegend von seinen Ahnen. Von unseren ersten sieben Präsidenten waren fünf Sklavenhalter. Andrew Jackson, einer der erbittertsten Indianerfeinde der Geschichte, sprach seinen Anhängern aus dem Herzen, als er ethnische Säuberungen propagierte: „Welcher gute Mensch würde schon ein von Wäldern bedecktes und von einigen tausend Wilden durchstreiftes Land unserer weiten Republik vorziehen, die von großen und kleinen Städten und wohlhabenden Gehöften übersät ist, durch alle Errungenschaften, die die Kunst ersinnen und die Industrie erzeugen kann, verschönert wird, in der mehr als zwölf Millionen glückliche Menschen wohnen und die sämtliche Segnungen der Freiheit, der Zivilisation und der Religion genießt?“[23]

Der große Sklavenbefreier Abraham Lincoln glaubte an die Überlegenheit der weißen Menschheit und meinte, man solle die Schwarzen nach Afrika zurückschicken, wo ihre Vorfahren hergekommen waren. „Nur ein toter Indianer ist ein guter Indianer“, sagte sein schneidigster General, William T. Sherman, der Atlanta verwüstete, zu Philip H. Sheridan, der Shenandoa niederbrannte. Sherman beauftragte Sheridan, die Indianerstämme der großen Ebenen an die Kandare zu nehmen, und sprach sich dafür aus, die im Raume stehende Sioux-Frage durch die Ausrottung dieses Volkes zu beantworten.

In seinem Buch *The Winning of the West* (Die Eroberung des Westens) bediente sich der junge Theodore Roosevelt jener rohen, rassistischen und gnadenlosen Sprache, die für seine imperialistische Generation typisch war. Wie Peter Brimelow schreibt, stellte er „die Besiedlung des Landes jenseits der Alleghenies als die ‚Krönung und größte Leistung‘ bei der ‚Ausbreitung der englischsprachigen Völker‘ dar, die er vorbehaltlos befürwortete: … es ist von unschätzbarer Bedeutung, daß Amerika, Australien und Sibirien ihren roten, schwarzen und gelben Eigentümern abgenommen und zum Besitz der herrschenden Rassen der Welt werden.“[24]

Woodrow Wilson war ein Befürworter der Rassentrennung und ließ D.W. Griffith' Film *Die Geburt einer Nation* (1915), in dem der Ku-Klux-Klan mit hohem Lob bedacht wird, im Weißen Haus vorführen. Harry Truman empfand ebenfalls unverhohlene Sympathie für den Klan. Lyndon B. Johnson, der „Präsident der Bürgerrechte“, verwendete in Gegenwart von Schwarzen, die für ihn arbeiteten, mit Vorliebe das Schimpfwort „Nigger“.

Heutzutage empfinden wir solche Ansichten und Verhaltensweisen als abstoßend. Doch wenn „Rassismus“ den Glauben an die Überlegenheit der weißen Menschheit und ihr angeborenes Recht auf die Herrschaft über andere Völker bedeutet, so wimmelt es in der Geschichte der Vereinigten Staaten von Amerika nur so von solchen „Rassisten“. In der Tat akzeptierten vor dem Zweiten Weltkrieg in Amerika oder Europa fast alle namhaften Persönlichkeiten die Überlegenheit der Weißen als naturgegebene Tatsache. Zu ihnen gehörte auch Winston Churchill, der im September 1943 bei einem Mittagessen im Weißen Haus gegenüber Roosevelt erklärte: „Warum sollten wir uns dafür entschuldigen, daß sich die Angelsachsen als überlegen betrachteten … sie waren wirklich überlegen.“[25]

Warum konnte Eisenhower ohne weiteres alle illegalen Einwanderer im Rahmen der Operation „Wetback“ in ihre Heimatländer abschieben, während sich Bush weigert, zu handeln? Weil Eisenhower ein gutes Gewissen hatte. Unserer Kriegsgeneration galt Amerika keineswegs als rassistisches Land.

Wir, die wir in den vierziger und fünfziger Jahren des zwanzigsten Jahrhunderts aufwuchsen, verspürten nicht das geringste Bedürfnis, uns für Amerikas Vergangenheit zu entschuldigen, sondern empfanden Stolz auf seine Leistungen. An diesem Stolz hatten auch die Afro-Amerikaner teil. Daß es in unserer Vergangenheit dunkle Flecken gab, bestritt niemand. Doch das von früheren Generationen verübte Unrecht belastete das Gewissen der Amerikaner nicht, waren sie doch der Ansicht, ihr Land habe sich um die Menschheit mehr verdient gemacht als jede andere Nation. Und die Welt schien diese Auffassung zu teilen.

Doch obwohl die Errungenschaften der abendländischen Kultur auf den Gebieten der Kunst, der Architektur, des Rechts, der Literatur, der Technologie, der Wissenschaft, der Regierungsform sowie bei der Förderung der menschlichen Freiheit und der dem Menschen von Gott verliehenen Rechte alle anderen Kulturen in den Schatten stellen, machte sich unter unseren intellektuellen und kulturellen Eliten Verachtung für das Abendland breit. Viele Vertreter dieser Eliten betrachten unsere Ahnen als unheilbare Rassisten, Imperialisten und Völkermörder. Solchen Selbsthaß ortete George Orwell bei der britischen Linken: „England ist vielleicht das einzige große Land, dessen Intellektuelle sich ihrer Nationalität schämen. In linken Kreisen hat man stets das Gefühl, es sei leicht anrüchig, Engländer zu sein, und man habe die Pflicht, sämtliche englischen Institutionen scheel anzusehen.“[26]

Ende der sechziger Jahre hatte diese Krankheit den Atlantik überquert und sich zur recht eigentlichen Epidemie entwickelt. Gewisse amerikanische Schriftsteller, Gelehrte und Lehrer sehen es heute als ihren Lebenszweck an, das niederzureißen, was unsere Vorfahren aufgebaut haben. Diese Verachtung für Amerika, seine Zivilisation und Geschichte, hat zu einer Lähmung geführt, die jeden entschlossenen Widerstand gegen Feinde, die einen Märtyrerstatus als Opfer westlicher Verbrechen beanspruchen, unmöglich macht. Warum, fragen sich manche Vertreter unserer Elite, soll den Westen, der die schandbarsten Untaten gegen farbige Völker begangen hat, nicht jenes Schicksal ereilen, das einem Reich des Bösen gebührt? Wenn die nächste Generation in die mittlere Lebensphase eingetreten sei, schreibt John Derbyshire, werde „die Vorstellung, die unserem kollektiven Bewußtsein noch bis vor kurzem zugrunde lag, nämlich daß die weißen Europäer mit ihrer bürgerlichen Kultur den Höhepunkt der menschlichen Entwicklung darstellten, dermaßen befleckt und verpönt sein, daß sie ganz einfach verschwindet – zusammen mit der gesamten Zivilisation und Kultur, wohlverstanden".[27]

Die Angehörigen der Babyboom-Generation, also die in den fünfziger und frühen sechziger Jahren des zwanzigsten Jahrhunderts Geborenen, sind mit Schuldkomplexen vergiftet worden. Man hat ihnen unermüdlich eingetrichtert, daß Amerika ein zutiefst verworfenes Land sei – rassistisch, sexistisch, chauvinistisch, schwulenfeindlich. Vielen von ihnen hat man eingebleut, ihre Geschichte nicht als Ruhmesblatt, sondern als schimpfliche Vergangenheit eines brutalen Landes zu betrachten, das ein Volk – die Schwarzen – versklavt und ein anderes – die Indianer – fast gänzlich ausgerottet hat. Ein großer Teil der Babyboom-Generation ist während der Zeit der Bürgerrechtsbewegung zur Schule gegangen und hat deren zentrale Doktrin verinnerlicht: Amerika muß seine Sünden beichten, um Vergebung bitten, Reue bekunden und bis zum Sanktnimmerleinstag Wiedergutmachung leisten.

In staatlichen und privaten Schulen, Colleges und Universitäten, in Spiel- und Dokumentarfilmen aus Hollywood sowie in Broadway-Theaterstücken, in Zeitschriften und Zeitungen, Fernsehdokumentationen und -sendungen wurde das Dogma, wonach die Unterdrückung von Minderheiten das entscheidende Merkmal der amerikanischen Geschichte ist, dieser Generation so nachhaltig eingetrichtert, daß viele von ihnen keinerlei Widerstand mehr zu leisten vermögen, wenn die angeblichen Opfer Amerika an den Pranger stellen.

Als Fidel Castro während der Mariel-Krise von 1980 seine Gefängnisse und Irrenhäuser leerte, indem er Kubas Kriminelle und Geisteskranke auf Boote verfrachten ließ und in die USA abschob, sah Präsident Jimmy Carter dieser Entwicklung untätig zu, was Clyde Wilson zu dem Kommentar bewog, Carters Passivität sowie der Vorschlag des Kongresses, jene, die unsere Gesetze mißachtet hatten, zu amnestieren und gar noch zu belohnen, wären von den Gründungsvätern der amerikanischen Republik „sofort als Beweis für einen beklagenswerten Verrat an den republikanischen Tugenden erkannt" worden.[28]

Die moralische Paralyse scheint unter unseren Progressiven am stärksten ausgeprägt zu sein. Obwohl unsere Gewerkschaftsführer all jene, die zu unter dem Tarif liegenden Löhnen arbeiteten und den Gewerkschaftsmitgliedern so Stellen wegnahmen, einst als „Schmarotzer" und „Streikbrecher" beschimpften, schweigen heute viele von ihnen zum Zustrom illegaler Immigranten, die die Löhne nach unten drücken, oder heißen ihn womöglich noch gut.

Prominente schwarze Aktivisten wie Booker T. Washington (1856–1915) und A. Philip Randolph (1889–1979) verlangten einst, die Einwanderung zu stoppen und hierdurch zu gewährleisten, daß die Arbeitsplätze in der damals gedeihenden Industrie an Schwarze gingen, doch heute bleiben die „Führer" der Bürgerrechtsbewegung stumm, wenn solche Stellen von Drittweltimmigranten besetzt werden.

Und wie, bitteschön, soll man das ängstliche Schweigen der Umweltschutzbewegung erklären? Kein Teil unserer Nation hat mehr unter Umweltverschmutzung zu leiden als die südlichen Grenzregionen, wo die Armeen der Nacht durchziehen und bei ihrem Zug nach Norden ihren Müll zurücklassen. Bilden sich unsere Umweltschützer etwa ein, die bis Mitte des Jahrhunderts erwartete Zuwanderung von 120 Millionen Menschen – meist armen Dritte Welt-Bewohnern – werde keine verheerenden Folgen für Luft, Boden und Wasser nach sich ziehen?

Unser Land, schreibt der Kolumnist Chilton Williamson, der aus seinem Heimatstaat westwärts nach Wyoming abwanderte, wird „in fünfzig oder hundert Jahren überrannt und verwüstet. Schuld daran sind der Irrsinn, die Gier und die Unehrlichkeit des Kongresses, der die Invasion von Immigranten die letzten 25 Jahre lang geduldet hat".

Am meisten empört Williamson das Schweigen der Progressiven: „Es gilt als ‚humanitär', sich über die Bevölkerungszunahme und ihre Auswirkungen auf die Umwelt auf globaler (das heißt abstrakter) Ebene zu ereifern, doch als ‚rassistisch', ‚fremdenfeindlich', ‚hartherzig' und ‚unamerikanisch', sich Sorgen über jene Übervölkerung zu machen, die die Vereinigten Staaten unmittelbar betrifft – den einzigen Ort der Welt, wo wir die Möglichkeit besitzen, etwas zur Lösung dieser Frage zu tun."[29]

Ein Liberaler, pflegten Konservative einst zu scherzen, ist jemand, der bei einem Streit nicht auf seiner eigenen Seite steht. Nun ist auch die Rechte von dieser Krankheit befallen. Wer fürchtet, die Masseneinwanderung aus der Dritten Welt könne zum Zerfall oder gar zur Zerstörung Amerikas führen, wird reflexartig als „Fremdenhasser" oder „Chauvinist" verleumdet. Die amerikanische Mittelklasse, die sieht, daß ihre Ansichten als moralisch verwerflich gebrandmarkt werden, zieht daraus die

Konsequenzen. „Es ist dies eine jener Fragen, zu denen sich die schweigende Mehrheit nur im privaten Kreis, nicht aber gegenüber Meinungsforschern äußert", kommentiert Frank Luntz, der selbst zu den Meinungsforschern gehört.[30]

Was hat Amerika verändert?

Die Geschehnisse des zwanzigsten Jahrhunderts waren der Katalysator, der zu einem grundlegenden Wandel unserer Sicht der Dinge führte. Den Anfangspunkt bildete die Verfolgung von Minderheiten, vor allem Juden, im Dritten Reich. In einem bedeutsamen Werk von 1995 über die amerikanische Einwanderungskrise, das den Titel *Alien Nation* (Fremde Nation) trägt, deutet Peter Brimelow die gegenwärtige amerikanische Immigrationspolitik als Reaktion auf den Hitlerismus: „In gewissem Sinne ist die heutige Einwanderungspolitik Hitlers posthume Rache an Amerika. Nach dem Krieg war die US-Elite leidenschaftlich bestrebt, sich voll und ganz vom Makel des Rassismus oder Fremdenhasses zu reinigen. Infolgedessen verabschiedete sie das schicksalhafte Einwanderungsgesetz von 1965 und löste damit ganz unbeabsichtigt eine neue Massenimmigration aus, die sich ihrem gewaltigen Ausmaß und ihrer Natur nach dermaßen radikal von allen früheren Einwanderungswellen unterschied, daß sie den einzigen unbestrittenen Sieger des Zweiten Weltkrieges, die amerikanische Nation, wie sie sich in der Mitte des zwanzigsten Jahrhunderts darbot, verwandelte und in letzter Konsequenz vielleicht sogar zerstörte."[31]

Nach dem Zweiten Weltkrieg folgte die Entkolonisierung Asiens und Afrikas, die generationenlang unter weißer Herrschaft gestanden hatten. Die „Winde des Wandels" – so nannte der britische Premierminister Harold Macmillan die stürmische Entwicklung südlich der Sahara – wurden von den westlichen Eliten mit derselben Begeisterung begrüßt wie einst die Französische Revolution: „Ein Segen war's, in jener lichten Zeit zu leben, / doch in ihr jung zu sein, war reine Himmelslust!" Eine neue Welt voller ungeahnter Chancen löste die alte Welt der finsteren Kolonialreiche ab.

In Amerika war das Schlüsselerlebnis, das diese Generation prägte wie kein anderes, die Bürgerrechtsbewegung, die große Stunde des Liberalismus, an die sich die Linke immer und immer wieder wehmütig erinnert. Die Bürgerrechtsrevolution stieß eine morsche Ordnung vom Thron und ersetzte sie durch eine neue. Die Diskriminierung Dunkelrassiger galt jetzt als Erbsünde der westlichen Menschheit und ihre Ausmerzung als höchste moralische Pflicht. Das Ende der weißen Herrschaft in Südafrika und die Übergabe der Macht an Nelson Mandela war selbst in den Augen Konservativer ein ebenso epochales Ereignis wie die militärische Niederlage des italienischen Faschismus oder der Sturz des Kommunismus und des Sowjet-Imperiums.

So wie katholische Schulkinder in den vierziger Jahren immer wieder vor der Gefahr und der Versuchung der Unkeuschheit gewarnt wurden, werden amerikanische Kinder seit den sechziger Jahren unermüdlich über die Verwerflichkeit des Rassismus sowie die moralische Notwendigkeit der Vermeidung rassistischer Gedanken, Worte und Taten aufgeklärt. Im öffentlichen Leben ist der Vorwurf des „Rassismus" heute so furchtbar wie jener der „Ketzerei" zur Zeit der Inquisition, mit dem Unterschied freilich, daß dem Unbußfertigen damals der Tod winkte, während der als „Rassist" Gebrandmarkte heutzutage lediglich mit dem Ruin seiner politischen Karriere sowie mit öffentlicher Ächtung bestraft wird.

Als sich „Jimmy der Grieche" – so der Spitzname des Fernsehkommentators Dimetrios G. Snyder vom Sender CBS – nach einem üppigen Mittagessen laut Gedanken über die Gründe für die Überlegenheit schwarzer Athleten machte, wurde er flugs gefeuert. Landwirtschaftsminister Earl Butz mußte seinen Hut nehmen, nachdem durchgesickert war, daß er im privaten Kreis einen deftigen rassistischen Witz erzählt hatte. Charles Murray, der sich in seinem gemeinsam mit Richard Herrnstein 1994 veröffentlichten Buch *The Bell Curve* (Die Glockenkurve) zu der Auffassung bekannt hatte, Intelligenz sei großteils erblich bedingt, könne durch IQ-Tests gemessen werden, gehe Hand in Hand mit Erfolg oder Mißerfolg in Schule und Leben und finde sich bei unterschiedlichen rassischen und ethnischen Gruppen in ungleichem Maße, bezahlte mit dem Ende seiner akademischen Karriere dafür, öffentlich gesagt zu haben, was die wenigsten seiner Kollegen privat bestreiten würden.

Die neue Orthodoxie lehrt dogmatisch, die Rasse spiele keine Rolle; Menschen verschiedener Religion, Hautfarbe oder Kultur verschieden zu behandeln, sei grundsätzlich unmoralisch und in der Praxis unannehmbar. Doch die Schwäche dieser neuen Orthodoxie ist, daß sie auf einer Ideologie beruht, an die nur wenige aufrichtig glauben. Religion, Kultur und ethnische Abstammung sind nämlich sehr wohl von Bedeutung. Sie erklären zwar nicht alles, aber doch sehr vieles. Sie sind die Kräfte, die Weltreiche stürzen und Nationen zerreißen. So zu tun, als ob sie nicht existierten, heißt eine Katastrophe heraufbeschwören. Eine solche Katastrophe beschworen wir herauf, indem wir in der festen Überzeugung in Bagdad einmarschierten, nach dem Sturz des „Tyrannen" werde sich die irakische Bevölkerung einmütig unseren demokratischen Idealen zuwenden. Schon sehr bald mußten wir erfahren, daß die ethnischen, kulturellen, geschichtlichen und religiösen Unterschiede zwischen Kurden, Schiiten und Sunniten alle unsere Hoffnungen zunichte machten.

„Was die Amerikaner Liberalismus nennen, ist die Ideologie des Selbstmordes des Westens", schrieb der Geostratege James Burnham. In seinem 1964 erschienenen Buch *Begeht der Westen Selbstmord?* (dt. 1965) vertrat er die Auffassung, die – zu jener Zeit politisch dominierenden – Liberalen strebten den Untergang des Westens zwar nicht bewußt an, doch die Ideen und Ideale, die sie hochhielten, würden, konsequent verwirklicht, den Westen seiner natürlichen Widerstandskräfte berauben und die von ihm geschaffene Zivilisation in den Abgrund reißen.[32]

Schriebe Burnham heute, so würde er den Liberalismus vielleicht mit dem AIDS-Virus HIV vergleichen, der das Immunsystem der Opfer zerstört, sie dadurch hilflos gegen Infektionen macht und so ihren Tod herbeiführt. Zweifellos verträte er die Ansicht, wenn Amerika sich dem Wahn hingäbe, daß Menschen aller Rassen, Kulturen und Religionen sich in einer so hochentwickelten westlichen Industriegesellschaft wie den USA gleichermaßen mühelos zu integrieren vermögen und es deshalb eine Politik der „offenen Grenzen" verfolgen könne, so begehe es nationalen Selbstmord. Doch der von ihm gegeißelte Liberalismus hat unter dem Markennamen „aufgeklärter Konservativismus" längst Einzug in die „Grand Old Party" gehalten und prägt heutzutage die Einwanderungspolitik beider großen Parteien.

Von Schuldkomplexen wegen seiner rassistischen Sünden geplagt, tat Amerika in den fünfziger und sechziger Jahren das Richtige, indem es jene Gesetze, die die Rassentrennung vorschrieben, abschaffte und die rechtliche Gleichstellung der Rassen durchsetzte. Für eine von Schuldgefühlen gequälte Generation war dies freilich längst nicht genug. Im Namen der Gerechtigkeit verübte sie Unrecht. Rassische Quoten, die landesweit eingeführt worden waren, um Juden von unseren Eliteuniversitäten fernzuhalten, wurden neu eingeführt, um Minderheiten eine im voraus festgelegte Anzahl von Studienplätzen zu sichern. Da die Rassentrennung nach Ansicht unserer Richter nicht schnell genug verschwand, wurden Schüler per Bus von einem Stadtviertel ins andere verfrachtet und gezwungen, gemischtrassige Schulen zu besuchen. Eigentumsrechte sowie die Freiheit der Versammlung wurden beschnitten, um die Gesellschaft in Übereinklang mit den Geboten der neuen moralischen Ordnung umzugestalten. Doch daß die Vorstellung, Amerika habe unverzeihliche Sünden gegen das Gleichheitsprinzip begangen und müsse um jeden Preis dafür Sühne leisten, auch auf die Einwanderungspolitik übertragen wurde, könnte sehr wohl das Ende der USA einläuten.

Von 1789 bis 1960 wachte die amerikanische Führungsschicht mit Argusaugen darüber, wer in unser Land einwanderte, was für Glaubens- und Wertvorstellungen die Neubürger mit sich brachten und wie es um ihre angeborene Fähigkeit, Amerikaner zu werden, bestellt war. Ein Amerikaner von echtem Schrot und Korn, Benjamin Franklin, empfand große Furcht vor einer radikalen Veränderung der ethnischen Zusammensetzung unserer Bevölkerung. 1751 fragte er: „Warum sollte Pennsylvania, das von Engländern gegründet wurde, zur Kolonie Fremder werden, die schon bald so zahlreich sein werden, daß sie uns germanisieren, statt daß wir sie anglisieren?"[33] Franklin sollte nie herausfinden, ob seine Ängste berechtigt waren, denn während des Siebenjährigen Krieges (1756–63) wurde der deutschen Einwanderung Einhalt geboten.

Nach jeder neuen Immigrationswelle wurde die Zuwanderung drastisch beschränkt, bis daß sich die zuletzt Eingewanderten assimiliert hatten. Der Zustrom von Iren in den Jahren 1845 bis 1849 löste bei der Bevölkerung äußerst feindselige Reaktionen aus, die Martin Scorsese in seinem Film *Gangs of New York* (2002) schildert. Nach der „Großen Welle" von 1890 bis 1920, die uns vor allem Immigranten aus Süd- und Osteuropa beschert hatte, wurden die restriktivsten Einwanderungsgesetze unserer Geschichte verabschiedet. Sie sollten bis 1965 Bestand haben.

In den letzten Jahren der „Großen Welle" ließen sich Theodore Roosevelt und Woodrow Wilson zu Kommentaren hinreißen, die für einen heutigen Politiker gleichbedeutend mit dem Ende seiner Karriere wären. Man mag diese Männer als „bigotte Fanatiker" betiteln, aber sie haben jenes Amerika bewahrt, das wir heute verlieren. Nichts deutet nämlich darauf hin, daß sich die Dutzenden von Millionen Immigranten, die in den letzten vierzig Jahren aus Lateinamerika, Asien und Afrika über unsere Grenzen geströmt sind, so assimilieren werden wie ihre europäischen Vorgänger. Übrigens verlangen unsere Eliten dies auch gar nicht mehr von ihnen.

Wir führen ein Experiment durch, dem weder der gesunde Menschenverstand noch unsere historische Erfahrung als Amerikaner zugrunde liegt, sondern eine Ideologie, die, allen Lehren der Geschichte zum Trotz, behauptet, die Menschen aller Länder und die Vertreter aller Kulturen und Zivilisationen seien gleich, könnten sich in Amerika gleich leicht assimilieren und besäßen das gleiche Recht, sich bei uns niederzulassen.

So verkommt das schönste Fünf-Sterne-Hotel der Welt, die Vereinigten Staaten von Amerika, zur Obdachlosenherberge des Planeten. Wir können unsere Ahnen Rassisten schmähen und uns unserer moralischen Überlegenheit brüsten. Doch wer weiß, ob wir nicht als Generation der Narren in die Geschichte eingehen, die die letzte und größte Hoffnung des Erdballs leichtfertig verspielt hat.

Kapitel 7

Groll auf den Gringo

Das Schicksal gebietet uns, Mexiko zu halten und zu zivilisieren.[1]
Außenminister James Buchanan, 1846

Armes Mexiko! So fern von Gott und so nahe bei den Vereinigten Staaten.[2]
Porfirio Díaz, mexikanischer Präsident, 1910

Das US-Außenministerium verhandelte über einen Streifen Land, der infolge einer Richtungsänderung des Rio Grande nun auf der mexikanischen Seite des Flußes zu liegen schien. Die amerikanischen Verhandlungspartner verfochten ihren Standpunkt bis tief in die Nacht hinein mit allem Nachdruck, und der mexikanische Gesandte kam nicht umhin, ihre Argumente zur Kenntnis zu nehmen. Frustriert über die Weigerung der Amerikaner, den Fetzen Land abzutreten, stand der Mexikaner auf, schritt zu einer an der Wand hängenden Landkarte, fuhr mit der Hand über den Südwesten der Vereinigten Staaten und ließ die Katze aus dem Sack: „Warum kämpft ihr Amerikaner für dieses winzige Stück Boden? Wißt ihr denn nicht, daß wir all dies eines Tages zurückerobern werden – auf demographischem Wege?"

Diese Anekdote erzählte mir ein hochrangiger Diplomat der Reagan-Ära. In der Tat: Dieses Land gehörte einst zu Mexiko, und wer die Einstellung der Mexikaner gegenüber den Vereinigten Staaten begreifen will, muß wissen, wie wir es erworben haben.

Wie Mexiko Texas verlor

Der Dichter Robert Burns meinte, es sei ein wahres Gottesgeschenk, sich selbst so sehen zu können, wie andere einen sähen. Wer die Hintergründe des Grolls verstehen möchte, den die Mexikaner – insbesondere die rein spanischstämmigen, die das Land von 1521, als Hernando Cortés an der ostmexikanischen Küste landete, bis zur Unabhängigkeit Mexikos im Jahre 1821 regierten – auf die USA empfinden, muß einen Abschnitt der Geschichte kennen, von dem den Mexikanern unermüdlich eingetrichtert wird, daß sie ihn nie und nimmer vergessen dürfen.

Es begann anno 1821, als die spanischen Behörden einen riesigen Landstrich in Texas an einen unternehmungslustigen Bürger von Missouri namens Moses Austin abtraten, der sich anerboten hatte, dreihundert Familien in der fast menschenleeren Provinz anzusiedeln. Im selben Jahre triumphierte in Mexiko eine Revolution; wie der Historiker Thomas Bailey schreibt, hätte dies den Mexikanern „eine vorzügliche Gelegenheit geboten, den Kontrakt für ungültig zu erklären, doch mit derselben fatalen Blindheit, die schon für ihre Vorgänger kennzeichnend gewesen war, segneten sie die Vereinbarung ab“.[3]

Den Kolonisten wurden zwei Bedingungen auferlegt: Sie mußten zum katholischen Glauben übertreten und einen Treueeid auf Mexiko ablegen. Tausende von landhungrigen Amerikanern nahmen diese Bedingungen an.

1826 beschloß Haden Edwards, ein texanischer Grundbesitzer, alle ungebetenen Siedler, die sich auf seinem Territorium breitgemacht hatten, von diesem zu verjagen. Als sich die mexikanische Regierung auf die Seite der Siedler stellte und den mit Edwards abgeschlossenen Kontrakt aufkündigte, zog dessen Bruder Benjamin an der Spitze einer Reiterschar in Nacogdoces ein, hißte dort am 16. Dezember eine rotweiße Flagge mit der Aufschrift „Unabhängigkeit, Freiheit und Gerechtigkeit“ und rief die „Republik Fredonia“ aus, die „von der Sabine bis zum Rio Grande reichen“ sollte. „Unsere Freunde in den Vereinigten Staaten stehen Gewehr bei Fuß bereit und warten nur auf das Signal zum Angriff“, verkündete Benjamin Edwards prahlerisch.[4]

Auf Geheiß der mexikanischen Regierung bot Stephen Austin ebenfalls ein kleines Heer auf und machte der „Republik Fredonia“ alsbald den Garaus. Für viele Texaner war der Bodenspekulant Haden Edwards ein Märtyrer, ein Opfer der tyrannischen mexikanischen Regierung. Doch in Mexiko-Stadt erinnerte man sich nur allzugut, wie Andrew Jackson den Spaniern Florida entrissen hatte, und befürchtete, Texas auf die gleiche Art und Weise zu verlieren. 1829 versuchte ein inzwischen tiefbesorgtes Mexiko, die Einwanderung zu drosseln, indem es die Sklaverei in Texas untersagte – die meisten Amerikaner waren Sklavenhalter –, und im Jahre darauf wurde jegliche Zuwanderung von US-Bürgern verboten.

Nichtsdestotrotz strömten immer mehr Amerikaner über die texanische Grenze, und die neuen „Texaner“ empfanden wachsenden Unmut über das Rechtssystem ihrer neuen „Heimat“, das ihnen keine gebührende Vertretung in der mexikanischen Politik einräumte. Die texanischen Delegierten beantragten in der mexikanischen Legislative, Texas als Bundesstaat anzuerkennen, drangen mit dieser Forderung jedoch nicht durch. Wie der Historiker Robert Leckie bemerkt, hatte Mexiko die Augen vor der Tatsache verschlossen, daß die Amerikaner, die es törichterweise als Neubürger anwarb, Fremdlinge waren, mit denen es nichts gemein hatte und die nicht an Assimilation dachten, sondern ihre Eigenständigkeit auch innerhalb Mexikos zu wahren gedachten: „Mexikos Irrtum … bestand darin, die Einwanderung von Angehörigen eines Nachbarvolkes zu fördern, die sich von der restlichen mexikanischen Bevölkerung so stark unterschieden, wie es von Bürgern ehemaliger Kolonien des protestantischen Großbritannien und des katholischen Spanien zu erwarten wäre. Die größtenteils aus dem Süden der USA stammenden Amerikaner, die nach Texas emigrierten, taten dies meist einzig und allein aus Landhunger. Wohl versprachen sie, praktizierende Katholiken zu werden und sich an die mexikanischen Gesetze zu halten, die die Sklaverei verboten, doch dachten sie nicht im entferntesten daran, sich an diese Zusagen zu halten.“[5]

Thomas Bailey formuliert es noch schärfer: Abenteurer wie „Jim“ Bowie und Sam Houston, meint er, hätten das „Joch der Maisfresser“ stets verabscheut.[6] Sie sahen sich selbst als Amerikaner, die in einem fremden Land lebten, und die Beziehungen zu ihren mexikanischen Nachbarn waren gespannt. Jaime Suchlicki schreibt in seiner Geschichte Mexikos: „Politische, religiöse, kulturelle, ethnische und sprachliche Unterschiede verschärften die Spannungen mit den mexikanischen Siedlern.“[7]

Als der despotische General Antonio López de Santa Anna 1835 in Mexiko die Macht an sich riß, platzte den Texanern der Kragen. Sie waren den Mexikanern mittlerweile zahlenmäßig um das Zehnfache überlegen und hatten von den Treueschwüren und Scheinbekehrungen die Nase voll. So erhoben sie sich wie ein Mann und jagten die winzige mexikanische Garnison über den Rio Grande.

Um seine verlorene Provinz zurückzuerobern, führte Santa Anna eine Armee nach Norden. Sein erster Zusammenprall mit den Rebellen erfolgte bei einer Missionsstation, die den Namen Alamo trug. Als sich die Texaner weigerten zu kapitulieren, ließ Santa Anna am 6. März 1836 zum Zeichen dafür, daß er die Missionsstation nicht als sakrosankten Zufluchtsort anerkannte, die schwarze Fahne hissen, überrannte den Ort und metzelte die Verteidiger – darunter den US-amerikanischen Kriegshelden „Davy“ Crockett – bis zum letzten Mann nieder. Anschließend zog der General nach Goliad, wo er über dreihundert Aufständische, die sich ergeben hatten, kaltblütig exekutieren ließ. Männer,

Frauen, Kinder und Sklaven flüchteten in Scharen nach Sabine, wo die mexikanisch-amerikanische Grenze lag, und Santa Annas siegreiche Soldaten marschierten nun unter dem Schlachtruf: „Vernichtet sie bis Sabine!“[8]

Doch im April ging Santa Anna bei San Jacinto in eine Falle, die ihm Sam Houston gestellt hatte. Seine Armee wurde während der Mittagsruhe überfallen; mit den Schlachtrufen „Erinnert euch an Alamo!“, „Erinnert euch an Goliad!“ und „Nieder mit Santa Anna!“ auf den Lippen stürzten sich die wilden Texaner auf den Feind. Wie Robert Leckie schreibt, schloß sich dem Sieg ein Massaker an, das „bis zum heutigen Tage das blutigste in den Annalen der amerikanischen Militärgeschichte ist“.[9] Nicht einmal Sam Houston, schreibt er, konnte diese Berseker zügeln. Während er zwischen ihnen hindurchritt, hörte er, wie einer seiner Hauptleute seine Männer anfeuerte: „Jungs, ihr wißt, wie man Gefangene macht, macht sie mit dem Gewehrkolben! Benutzt eure Gewehre als Keulen, und erinnert euch an Alamo! Erinnert euch an Goliad! Teilt mit euren Gewehren links und rechts Hiebe aus, und schlagt ihnen ihre gottverdammten Schädel ein!“ Die Soldaten befolgten diesen Befehl getreulich und töteten mehr Mexikaner, als Amerikaner bei Alamo und Goliad umgekommen waren. Während die amerikanischstämmigen Texaner lediglich neun Tote und 34 Verwundete zu beklagen hatten, starben 630 Mexikaner; weitere 200 wurden verwundet, und der Rest von Santa Annas hochdekorierter Armee geriet in Gefangenschaft. Erst der Einbruch der Dunkelheit gebot diesem grausigen Treiben Einhalt, und die unrühmliche Schlacht von San Jacinto ging zu Ende.[10]

Santa Anna konnte zwar vom Schlachtfeld fliehen, wurde aber schon bald gefangengenommen, und die Texaner forderten seine Hinrichtung. Doch Sam Houston hatte anderes mit ihm vor: Er war bereit, dem Schlächter das Leben zu schenken, wenn er förmlich auf Texas verzichtete. Den Tod vor Augen unterzeichnete Santa Anna den Vertrag von Velasco. So errang Texas seine Freiheit, und an seinem letzten Tag im Amt erkannte Präsident Andrew Jackson die Republik mit dem einsamen Stern im Wappen an und ehrte somit seinen Waffenbruder Houston, der seine Truppen anno 1814 in die Schlacht von Horseshoe Bend geführt und die aufständischen Cree-Indianer fast gänzlich aufgerieben hatte.

Genau wie Santa Anna erwartet hatte, erklärte der mexikanische Kongreß den Vertrag von Velasco für null und nichtig, da er unter Druck unterzeichnet worden sei, was einer Verletzung internationaler Rechtsnormen gleichkomme. Mexiko verweigerte Texas die Anerkennung. So verging ein Jahrzehnt.

„Jimmy Polks Krieg“

Die Mexikaner kochten vor Wut über die räuberischen Yankees, die sie als Gäste ins Land gerufen hatten, doch unternahmen sie nichts, um Texas zurückzuerobern, und das Schlimmste stand ihnen noch bevor. Im Jahre 1844 versprach der frühere Sprecher des Abgeordnetenhauses James K. Polk dem alternden Jackson, wenn er von der Demokratischen Partei zum Präsidentschaftskandidaten erkoren werde und die Wahl gewinne, werde er Texas annektieren, um zu verhindern, daß die Republik eine Beute des britischen Löwen werde; genau dies befürchtete Jackson nämlich. Bei der demokratischen Delegiertenversammlung in Baltimore forderte Jackson die Abgeordneten auf, nicht für seinen eigenen Vizepräsidenten Martin Van Buren (der von 1836 bis 1841 Präsident gewesen war und als Favorit galt), sondern für Polk zu stimmen.

Die Demokratische Partei hob Polk in der Tat auf ihren Schild, und er setzte sich bei den Präsidentschaftswahlen durch. Doch der Amtsinhaber John Tyler – er war als Vizepräsident lediglich aufgrund des plötzlichen Todes des US-Präsidenten William H. Harrison automatisch in das oberste Staatsamt aufgerückt –, dem es nicht gelungen war, im Senat die für die Annexion von Texas erforderliche Zweidrittelmehrheit zu gewinnen, beschloß, seinen Namen in den Geschichtsbüchern zu verewigen. In den letzten Stunden seiner Präsidentschaft veranlaßte er 1845 eine gemeinsame Resolution des Kongresses, durch die Texas 1845 zum US-Bundesstaat gemacht wurde, und verwehrte Polk somit die Ehre, die Republik mit dem einsamen Stern im Wappen in die Vereinigten Staaten überführt zu haben.

Da Mexiko Texas als rebellische Provinz betrachtete, kam deren Annexion durch die USA de facto einer Kriegserklärung gleich. Der mexikanische Botschafter verlangte seine Akkreditierungsurkunde zurück; Mexiko brach die diplomatischen Beziehungen zu Amerika ab, und am Horizont zogen dunkle Kriegswolken auf.

Während Texas alles Land nördlich des Rio Grande und westlich von El Paso als sein Hoheitsgebiet betrachtete, erkannte Mexiko diesen Anspruch in keiner Weise an und beharrte darauf, daß die texanische Grenze seit jeher am Nueces-Fluß, zweihundertvierzig Kilometer nördlich des Rio Grande, gelegen habe. Dies bedeutete, daß Mexiko mehr als die Hälfte des Territoriums des heutigen texanischen Staates für sich beanspruchte.

Da Polks Armee bloß ganze siebentausend Offiziere und Soldaten zählte, die dazu noch auf zahlreiche Grenzposten verteilt waren, gab er der Diplomatie den Vorzug vor dem Krieg und entsandte John Slidell aus

Louisiana als Unterhändler nach Mexiko. Slidell wurde beauftragt, der mexikanischen Seite als Gegenleistung für die Anerkennung der amerikanischen Annexion von Texas bis hin zum Rio Grande den Verzicht auf sämtliche weiteren amerikanischen Ansprüche gegenüber Mexiko anzubieten; des weiteren wurde er ermächtigt, den Mexikanern 25 Millionen Dollar für Neumexiko und Kalifornien zu offerieren und diese Summe bei den Verhandlungen auf bis zu 40 Millionen zu erhöhen. Doch in Mexiko schlugen Antiamerikanismus und Nationalchauvinismus hohe Wellen, und die Regierung weigerte sich zu verhandeln. Nachdem sein Gesuch um eine Audienz bei Präsident José Herrera abgelehnt worden war, schrieb Slidell an Polk: „Seien Sie versichert, daß man bei diesen Leuten nichts ausrichten kann, bevor sie eine ordentliche Züchtigung erhalten haben.“[11]

„Jimmy“ Polk war zum selben Schluß gelangt. Um den amerikanischen Ansprüchen gebührenden Nachdruck zu verleihen, unternahm er nun einen gewagten Schachzug: Er entsandte General Zachary Taylor mit dreitausendfünfhundert Soldaten – der Hälfte der gesamten US-Armee – an den Rio Grande und begann eine Kriegserklärung zu entwerfen. In Mexiko-Stadt war Herrera inzwischen von radikalen Nationalisten aus dem Sattel gehoben worden, und US-Außenminister James Buchanan riet Polk, abzuwarten, bis diese Hitzköpfe den ersten Schritt taten und die Feindseligkeiten eröffneten.

Im Mai 1846 war der mexikanische General Pedro de Ampudia in Matamoros am Südufer des Rio Grande angelangt und forderte Taylor ultimativ zum Verlassen des mexikanischen Territoriums auf. Als Antwort ließ Taylor den Fluß blockieren. Nun setzten mexikanische Soldaten ans Nordufer über und eröffneten das Feuer auf eine von Taylors Streifen, wobei sie ein Dutzend seiner Männer töteten oder verwundeten. Zwei Tage zuvor hatte Mexiko den Vereinigten Staaten den „Abwehrkrieg“ erklärt.[12] Somit lag der von James K. Polk ersehnte Casus belli vor.

In seinem Brief an den Kongreß, in dem er diesen um eine Kriegserklärung ersuchte, schrieb der Präsident: „Wir haben alles in unseren Kräften stehende getan, um eine Versöhnung zu erreichen. Doch nun ist unsere Geduld erschöpft. Nach wiederholten Drohungen hat Mexiko die Grenzen der Vereinigten Staaten überschritten, ist in unser Staatsgebiet eingedrungen und hat auf amerikanischem Boden amerikanisches Blut vergossen.“[13]

Die Nation stellte sich geschlossen hinter Polk, und der Kongreß erklärte Mexiko am 13. Mai den Krieg. Die mexikanischen Streitkräfte waren den amerikanischen zahlenmäßig zwar um das Sechsfache überlegen, und ihren Soldaten fehlte es nicht an Entschlossenheit und Mut, doch handelte es sich bei ihnen um indianische Bauern; die USA verfügten über mehr Feuerwaffen, Ausrüstung sowie Offiziere, und ihre Truppen waren besser ausgebildet und stärker motiviert. Im Jahre 1848 hatte John Frémont Nordkalifornien besetzt, und Kalifornien erklärte sich zur unabhängigen Republik. Taylors Armee hatte Santa Anna bei Buena Vista eine verheerende Niederlage beigebracht: Sein ehemaliger Schwiegersohn Oberst Jefferson Davis hatte mit seinen aus Mississippi stammenden Soldaten einen mexikanischen Kavallerieangriff heldenhaft zurückgeschlagen.

Oberst Stephen Kearny hatte Santa Fe besetzt und marschierte auf Los Angeles zu. Winfield Scott landete bei Veracruz, gewann innerhalb von sechs Monaten sechs Schlachten und zog mit seinem sechstausendköpfigen Heer in Montezumas Stadt ein. Zum erstenmal in der Geschichte wehte das Sternenbanner über einer fremden Hauptstadt. Zu den jungen Offizieren, die sich bei diesem Waffengang besonders hervortaten, gehörten Robert Eduard Lee, Ulysses Simpson Grant und George Brinton McClellan, die später während des Amerikanischen Bürgerkrieges legendären Ruhm erwerben sollten. Doch „Sam" Grant stellte die moralische Rechtfertigung des Feldzuges offen in Frage. Es sei dies ein „unheiliger" Krieg, meinte er, „einer der ungerechtesten, der je von einer stärkeren Nation gegen eine schwächere geführt worden ist."[14]

Nicholas Trist, ein hochrangiger Beamter des Außenministeriums, der mit der Führung der Friedensverhandlungen beauftragt und nach Mexiko-Stadt entsandt worden war, ignorierte Polks Anweisung, Mäßigung an den Tag zu legen, und nötigte den Mexikanern den Frieden von Guadalupe-Hidalgo ab, der die Abtretung von Texas, des gesamten Südwestens sowie Kaliforniens an die USA vorsah. Um den Schmerz der Mexikaner über den Verlust eines Territoriums von 3,1 Millionen Quadratkilometern – was mehr als der Hälfte ihres Hoheitsgebietes entsprach – etwas zu lindern, zahlte der Kongreß Mexiko-Stadt 15 Millionen Dollar oder knapp fünf Dollar pro Quadratkilometer Land. Polk entließ Trist zwar, warb aber erfolgreich für die Ratifizierung des von diesem ausgehandelten Friedensvertrages, anstatt den mittlerweile unpopulären und nach Ansicht vieler ungerechten Krieg fortzusetzen. Ob der Krieg nun gerecht oder ungerecht war, sei dahingestellt, doch ließ sich nicht leugnen, daß er reiche Früchte getragen hatte. Polk hatte den Vereinigten Staaten ein noch größeres Territorium einverleibt als seinerzeit Jefferson mit dem Kauf Lousianas.

Um Amerikas neue Grenzen abzurunden und Land für die Südpazifische Eisenbahn zu erwerben, die quer über den Kontinent führen sollte, offerierte James Gadsden, ein Veteran des Krieges gegen Mexiko, der im Auftrage des neuen amerikanischen Präsidenten Franklin Pierce handelte, den Mexikanern zehn Millionen Dollar für das Mesilla-Tal, das ungefähr so groß ist wie die Bundesstaaten Connecticut, Massachusetts und Rhodes Island zusammen. Santa Anna, der in Mexiko-Stadt an die Macht zurückgekehrt war, nahm dieses Angebot an und bot den Amerikanern für weitere zehn Millionen Dollar auch noch die gesamte Halbinsel Baja California an, doch der US-Kongreß wollte keine so hohe Summe für diese menschenleere Einöde opfern und lehnte den Handel ab.[15]

Mexikanische Kinder lernen heute in der Schule, Texas sei ihrem Land zu einem Zeitpunkt, da es noch jung und schwach war, von räuberischen Amerikanern abgenommen worden, und der Krieg von 1846 bis 1848, der Mexiko die Hälfte des von Spanien geerbten Landes kostete, sei ein Yankee-Aggressionskrieg gewesen. Für die Mexikaner besitzt diese Periode denselben historischen Stellenwert wie der Bürgerkrieg für uns Amerikaner.

Hundertfünfzig Jahre nach der Schlacht von Chapultepec, dem letzten Gefecht vor dem Einzug General Scotts in Mexiko-Stadt, legte Präsident Clinton einen Kranz zu Ehren von „Los Niños“ nieder. So nennt man sechs jugendliche Kadetten der mexikanischen Militärschule, von denen berichtet wird, sie hätten sich am 13. September 1847 von der Bergfeste von Chapultepec in den Tod gestürzt, um sich nicht ergeben zu müssen. Einer der sechs, Juan Escutia, soll sich vor dem tödlichen Sprung in die rot-weiß-grüne Flagge seines Landes gehüllt haben, damit die Gringo-Eindringlinge diese nicht an sich reißen konnten.

Die meisten Amerikaner haben nie etwas von dieser Schlacht gehört und auch nicht viel über jenen Krieg gelesen, doch in mexikanischen Schulen ist die Geschichte von „Los Niños“ Pflichtlektüre; jedes Kind weiß, wer Juan Escutia war, und kennt auch die Namen der fünf anderen Jünglinge. Das, was unter der Bezeichnung „Der Mexikanische Krieg“ in unsere Geschichtsbücher eingegangen ist, gilt südlich des Rio Grande als „Invasion aus dem Norden“.

Cinco de Mayo

1861, also im Jahr des Ausbruchs des Amerikanischen Bürgerkrieges, beschlossen Frankreich, Großbritannien und Spanien, ein bewaffnetes Expeditionskorps nach Mexiko zu entsenden, um die Schulden einzutreiben, die der mexikanische Machthaber Benito Juárez – ein reinblütiger Indianer – nicht bezahlt hatte. Abraham Lincolns Union der Nordstaaten zeigte sich zwar besorgt über diese flagrante Verletzung der Monroe-Doktrin, tat aber nichts, um der Intervention der drei europäischen Mächte entgegenzuwirken. Ende 1861 war es bereits klar, daß es dem französischen Kaiser Napoleon III. um mehr ging als um die bloße Eintreibung von Schulden. Thomas Bailey schreibt: „Napoleon ließ seine wahren Absichten im Dezember erkennen, kurz nachdem ein spanisches Heer Vera Cruz eingenommen hatte … Auf das Drängen mexikanischer Monarchisten hin plante er offensichtlich, in Mexiko eine latinische, katholische Monarchie zu errichten, als Damm gegen den Expansionismus der angelsächsischen protestantischen Republik im Norden. Sein Hauptkalkül war vielleicht, daß ihn die Wiederherstellung des französischen Kolonialreiches, die nicht einmal dem großem Napoleon I. geglückt war, bei den auf Glorie erpichten französischen Massen ungeheuer populär machen würde."[16]

Doch am 5. Mai 1862 trug die mexikanische Armee trotz ihrer zahlenmäßigen Unterlegenheit in der Schlacht bei Puebla den Sieg über das sechstausendköpfige französische Heer davon. Dieser Sieg wird in Mexiko bis zum heutigen Tage als „Cinco de Mayo" – der „Fünfte Mai" – gefeiert. Held der Schlacht war der General Porfirio Díaz. Trotz ihrer Niederlage dachten die Franzosen jedoch nicht daran abzuziehen; Napoleon entsandte ein aus dreißigtausend Soldaten bestehendes Expeditionskorps, das 1863 in der mexikanischen Hauptstadt einzog. Lincoln blieb weiterhin untätig. Als der US-Konsul in Paris den amerikanischen Außenminister William Seward eindringlich bat, etwas Mutiges zu tun, erwiderte Seward: „Wir haben keine Kompromisse geschlossen, haben nichts preisgegeben, und ich gedenke auch nichts preiszugeben. Aber warum sollten wir um Mexikos willen große Töne anschlagen, wo wir doch selbst in einen Kampf auf Leben und Tod verstrickt sind."[17]

Doch nachdem die Südstaaten im April 1865 bei Appamatox kapituliert hatten, meldeten sich viele Nordstaatenveteranen freiwillig zum Kampf auf seiten der mexikanischen Rebellen. Juárez wünschte eine Intervention der neunhunderttausend Mann starken siegreichen Nordstaatenarmee, und Lincolns Nachfolger Andrew Johnson ließ wachsende Neigung zu einem solchen Schritt erkennen. Auf das Drängen seiner Generale Grant und Sherman entsandte er fünfzigtausend Soldaten unter dem Oberbefehl von General Philip Sheridan an die mexikanische Grenze, während Außenminister Seward General John Shofield mit folgendem Auftrag nach Paris schickte: „Ich will, daß Sie Ihre Beine unter Napoleons Mahagoniholztisch ausstrecken und ihm ausrichten, er solle aus Mexiko abhauen."[18]

Napoleon begriff den Wink mit dem Zaunpfahl und erteilte den französischen Truppen den Befehl zum Abzug. Doch Maximilian, jener habsburgische Prinz, den Napoleon als Kaiser von Mexiko auf den Thron gehievt hatte, weigerte sich, „sein Land" zu verlassen. Nachdem er in Gefangenschaft geraten war, ließ ihn Juárez am 19. Juni 1867 als Warnung für künftige Imperialisten vor ein Erschießungskommando stellen.

Die frühere französische Königin Marie-Louise von Orléans, Großmutter von Maximilians ehrgeiziger Gattin Charlotte, hatte dem Kaiser sein Schicksal geweissagt: „Sie werden dich umbringen.“[19]

Nie zuvor waren die amerikanisch-mexikanischen Beziehungen so herzlich gewesen wie zu jener Zeit, als Juárez die Nordstaaten zur Befreiung seines Landes aufrief und die USA bereit waren, entscheidend zur Erreichung dieses Zieles beizutragen, ohne selbst irgendwelche Gegenleistungen zu verlangen.

Professor Wilsons Ermahnungen

Präsident Juárez starb im Juli 1872 im Amt. Ab 1877 wurde Mexiko vom Helden des 5. Mai, Porfirio Díaz, regiert und erlebte einen beachtlichen wirtschaftlichen Aufschwung, da amerikanische und sonstiges ausländische Firmen massive Investitionen vornahmen und die Ressourcen des Landes erschlossen. Doch 1911 brach die Díaz-Diktatur zusammen, weil sie des wachsenden Nationalismus unter der Bevölkerung nicht mehr Herr zu werden vermochte. Der alte Präsident floh; sein Nachfolger, der Visionär Francisco Madero, wurde bereits 1913 von General Victoriano Huerta gestürzt und mitsamt seinem Vizepräsidenten José Suarez „auf der Flucht erschossen“, das heißt ermordet. Als nächstes ließ Huerta die (damals 110) Abgeordneten des mexikanischen Abgeordnetenhauses ins Kittchen stecken und errichtete eine Diktatur. Der frischgebackene US-Präsident Woodrow Wilson weigerte sich schockiert, eine „Regierung von Schlächtern“ anzuerkennen.[20]

Wilson war zutiefst besorgt: 1913 lebten bereits fünfzigtausend Amerikaner in Mexiko, und US-Firmen hatten in ihrem südlichen Nachbarstaat über eine Milliarde Dollar investiert, mehr als alle anderen Länder zusammen. Wilsons Amtsvorgänger William Taft hatte dem Putsch sowie dem blutigen Terror Huertas tatenlos zugesehen, was die amerikanischen Zeitungen in Rage gebracht hatte, nicht zuletzt die Blätter des Pressezaren William R. Hearst, der – welch ein Zufall! – in Mexiko eine Ranch geerbt hatte, die größer war als der Staat Rhode Island.[21]

Es folgte ein Zwischenfall, der den Anstoß zu zwei amerikanischen Interventionen gab. Am 9. April 1914 wurden zwei US-Marines, die während ihres Urlaubs in Tampico an Land gegangen waren und denen vorgeworfen wurde, eine Sperrzone betreten zu haben, verprügelt, verhaftet und zur Belustigung der Bevölkerung durch die Straßen geführt. Admiral Henry T. Mayo, Befehlshaber der amerikanischen Expeditionsflotte, verlangte eine sofortige Entschuldigung, die er auch erhielt. Doch gab er sich damit nicht zufrieden und forderte, die Mexikaner müßten dem

Sternenbanner 21 Salutschüsse entbieten. Präsident Wilson stellte sich hinter ihn.

Huerta erklärte sich bereit, die amerikanische Fahne zu grüßen, falls die US-Kriegsschiffe ihrerseits 21 Salutschüsse zu Ehren des mexikanischen Banners abfeuerten. Wilson lehnte diese Bedingung ab, da er der Ansicht war, ein solcher Schritt käme einer Anerkennung des Huerta-Regimes gleich, und als ein deutsches Kriegsschiff mit Waffen für Huerta an Bord vor Veracruz gesichtet wurde, befahl Wilson den Marines, den Hafen der Stadt zu besetzen. Neunzehn Amerikaner und zweihundert Mexikaner fanden bei den Kämpfen den Tod. Als ein britischer Abgesandter den US-Präsidenten fragte, was eigentlich das Ziel der amerikanischen Politik sei, erwiderte dieser: „Ich werde die Südamerikaner lehren, gute Männer zu wählen!“[22]

Im Juni 1914, zwei Monate vor dem Ausbruch des Ersten Weltkrieges, wurde Huerta gestürzt, und an seine Stelle trat einer seiner Offiziere, Venustiano Carranza. Ein Pferde- und Viehdieb namens Doroteo Arango, der sich „Pancho Villa“ nannte und zuvor zu Carranzas Unterstützern gehört hatte, warf dem neuen Präsidenten den Fehdehandschuh hin: Um eine amerikanische Intervention zu provozieren, die, wie er hoffte, zur Demütigung und zum Sturz Carranzas führen würde, hielt er einen mexikanischen Zug an, zu dessen Fahrgästen 18 amerikanische College-Studenten gehörten; man hatte ihnen freies Geleit zur Eröffnung eines Bergwerkes zugesichert. Pancho Villa ließ die jungen Männer kaltblütig ermorden. Diese Bluttat ist als das „Massaker von San Ysabel“ in die Geschichte eingegangen. Anschließend drang Pancho Villa mit seinen Gefolgsleuten in Neumexiko ein; am 15. März 1916 brannte er Columbus nieder und ließ weitere 17 US-Bürger ermorden, was Senator Henry Ashurst aus Arizona dazu bewog, schärfste Maßnahmen gegen die marodierenden Eindringlinge zu fordern.[23]

Villas Provokationen erreichten das gewünschte Ziel. Wilson ließ General Pershing mit einer amerikanischen Armee, die schließlich auf zwölftausend Soldaten anschwellen sollte, in Mexiko einmarschieren; ferner bot er buchstäblich die ganze, einhundertfünfzigtausend Mann starke Nationalgarde zwecks Bewachung der Grenze auf. Obwohl Pershing fünfhundert Kilometer weit auf mexikanisches Gebiet vorstieß, gelang es ihm nie, den Irrwisch Pancho Villa dingfest zu machen. Von 1915 bis 1917 wurden in Mexiko siebzig amerikanische Bürger umgebracht.[24]

Die Beziehungen zwischen den Vereinigten Staaten und Mexiko erreichten einen Tiefpunkt, als der deutsche Außenminister Arthur Zimmermann ein Telegramm nach Mexiko-Stadt sandte, das die Briten abfingen und schadenfroh an die Amerikaner weiterleiteten. Zimmermann forderte Mexiko auf, im Falle eines Kriegsausbruches zwischen den USA und dem Deutschen Reich die Gelegenheit beim Schopfe zu packen und „die verlorenen Territorien in Neumexiko, Texas und Arizona zurückzuerobern".[25]

Wie Henry Kissinger sarkastisch hervorgehoben hat, war dies alles andere als eine Sternstunde in der Diplomatiegeschichte des zweiten Deutschen Reiches. Das Zimmermann-Telegramm löste in den USA helle Empörung aus und führte dazu, daß die Befürworter eines Kriegseintrittes auf seiten der Gegner Deutschlands Oberwasser bekamen. Doch ehe Wilson den Kongreß um eine Kriegserklärung ersuchte, rief er Pershing aus Mexiko zurück, um ihm das Kommando über die künftigen US-Streitkräfte in Frankreich anzuvertrauen. In Mexiko begann nun eine lange Epoche revolutionärer Gewalt, die sich gegen die katholische Kirche sowie die amerikanische Präsenz im Lande wandte. Erst eine Generation später wurde der Bruch mit den Vereinigten Staaten notdürftig gekittet.

Obgleich Franklin Delano Roosevelt eine Politik der „guten Nachbarschaft" anstrebte, verstaatlichte der mexikanische Präsident Lazaro Cárdenas 1938 die amerikanischen Ölfirmen – ein Akt, der in Mexiko bis zum heutigen Tage gefeiert wird. Die Eigentümer erhielten nur einen Bruchteil des realen Wertes der Ölquellen. Letztere gingen in den Besitz der neugegründeten staatlichen Ölgesellschaft Pemex über, die später, während der Clinton-Ära, eine massive Erhöhung der Ölpreise betrieb, um die Amerikaner, die das bankrotte Zedillo-Regime 1995 mit einer Finanzhilfe in Höhe von 50 Milliarden Dollar über Wasser gehalten hatte, in die Enge zu treiben.

Gute Nachbarn?

Wie diese kurze Übersicht über die Geschichte der amerikanisch-mexikanischen Beziehungen zeigt, glaubt Mexiko, historisch begründete Ansprüche gegenüber den Vereinigten Staaten zu besitzen. Dies lernen mexikanische Kinder in der Schule, und die Mehrheit der mexikanischen Bevölkerung ist fest überzeugt, daß wir US-Amerikaner ihrem Land die Hälfte seines Hoheitsgebietes geraubt hätten. Die Gehirnwäsche hat ihr Ziel erreicht. Laut einer Meinungsumfrage vom Juni 2002 antworteten 58 Prozent der befragten Mexikaner auf die Frage „Sind Sie der Ansicht, daß das Territorium der südwestlichen USA Mexiko gehört?" mit Ja.[26] Nur 28 Prozent verneinten die Frage, während die restlichen 14 Prozent unsicher waren, ob Kalifornien, Texas, Neumexiko und Arizona von Rechts wegen mexikanisches oder amerikanisches Gebiet sind.

Die Überzeugung, Mexiko habe mit den Vereinigten Staaten eine Rechnung zu begleichen, ist Bestandteil des mexikanischen Nationalbewußtseins. Andererseits empfindet ein erheblicher Teil der US-Bürger Schuldgefühle über die angeblichen Verfehlungen unserer Väter; diese Komplexe sind den Zöglingen jener Schulen und Universitäten, die viele unserer politischen Führer besucht haben, seit den sechziger Jahren des vergangenen Jahrhunderts unermüdlich eingetrichtert worden.

Zitieren wir nochmals, wie der Historiker Robert Leckie den törichten Entscheid der mexikanischen Regierung beurteilt, amerikanische Siedler nach Texas zu holen: „Mexikos Irrtum … bestand darin, die Einwanderung von Angehörigen eines Nachbarvolkes zu fördern, die sich von der restlichen mexikanischen Bevölkerung so stark unterschieden, wie es von Bürgern ehemaliger Kolonien des protestantischen Großbritannien und des katholischen Spanien zu erwarten wäre." Im Gegensatz zu allen anderen Immigranten erheben die Mexikaner – der bei weitem größte Block von Einwanderern, der je in die USA gekommen ist – Gebietsansprüche gegenüber unserem Land, die historisch begründet werden.

La Reconquista

Was wir Mexiko angetan haben, zahlt es uns jetzt mit gleicher Münze heim. Nun sind wir es, die einen fatalen Irrtum begehen, mit dem Unterschied freilich, daß es nicht um ein paar tausend über die texanische Grenze strömende mexikanische Immigranten geht, sondern um 50 bis 60 Millionen Menschen mexikanischer Herkunft, die den Prognosen zufolge bis zum Jahre 2050 auf unserem Territorium leben werden, die meisten davon in Texas, Neumexiko, Arizona und Kalifornien – das heißt in jenen Gebieten, von denen Mexiko behauptet, wir hätten sie ihm geraubt. In allen vier Grenzstaaten liegt der mexikanische Bevölkerungsanteil mittlerweile bei über 25 Prozent. In Texas und Kalifornien beträgt er heute jeweils 34 Prozent, in Neumexiko gar 43 Prozent. In Utah, Colorado und Nevada, jenen drei anderen Staaten also, die auf dem Gebiet entstanden, das Mexiko im Anschluß an den Vertrag von Guadalupe-Hidalgo an die USA abtreten mußte, wächst die Zahl der Mexikaner ebenfalls sprunghaft an.

Wo die Mexikaner einziehen, ziehen die Amerikaner aus. William Frey, Professor für Demographie an der Universität von Michigan, sowie der Reporter Jonathan Tilove hielten im *New York Time Magazine* vom 20. August 1995 fest: „Für jeden Immigranten, der sich [in einer großen städtischen Zone] niederläßt, verläßt ein Weißer dieses Gebiet … Diese Entwicklung stellt eine neue, größere Version der Flucht der Weißen dar. Im Gegensatz zu früher begnügen sich die Weißen diesmal freilich nicht damit, aus dem Stadtzentrum in die Vorstädte zu ziehen. Heute kehren sie ganzen Großstädten und Bundesstaaten – ganzen Regionen – den Rükken, um sich in überwiegend von Weißen bewohnten Gebieten niederzulassen. Neue demographische Schätzungen weisen darauf hin, daß dieses Strickmuster der Flucht aus Zonen mit einem großen Anteil an neuen Immigranten in den neunziger Jahren noch an Konturen gewonnen hat."[27]

Die Ergebnisse der US-Bevölkerungszählung des Jahres 2000 bestätigten diese Einschätzung.

Knapp zwei Jahrzehnte zuvor, 1982, hatte ein mexikanischer Schriftsteller nach einem Besuch in Los Angeles seiner Verwunderung über den Wandel der Stadt Ausdruck verliehen. Nach Mexiko-Stadt, schrieb er, sei Los Angeles die zweitgrößte mexikanische Stadt der Welt. Wie einst der Visionär Israel Zangwill, der das Bild vom Schmelztiegel Amerika geprägt hat, tat Carlos Loret de Mola einen Blick in die Zukunft, und sie gefiel ihm ungemein: „Eine große Region scheint langsam unter mexikanische Oberhoheit zurückzukehren, ohne daß auch nur ein einziger Schuß abgefeuert würde." Die Auslassungen des mexikanischen Nationalisten verdienen es, ausführlich zitiert zu werden: „Eine friedliche Masse fleißiger Menschen führt langsam und geduldig eine unaufhaltsame Invasion durch, die größte der Menschheitsgeschichte. Die Vergangenheit verzeichnet kein Beispiel einer so gewaltigen Migrationswelle durch eine ameisengleiche, hartnäckige, unbewaffnete Menge, die vor den Augen der mächtigsten und bestbewaffneten Nation der Welt abläuft.

Das Territorium, das ein durch innere Streitigkeiten zerrissenes Mexiko im neunzehnten Jahrhundert verlor, wird allem Anschein nach von einfachen Leuten zurückgewonnen, die sich anschicken, verschiedene Zonen in Besitz zu nehmen, die auf den alten Landkarten als unser Gebiet erscheinen. Nach allen Interpretationen des Eigentumsrechts gehört das Land in die Hände jener, die es verdienen. Wir Mexikaner sollten uns allesamt dessen würdig erweisen, was wir haben und was wir wollen."[28]

Von unseren Schuldkomplexen gelähmt, öffnen wir der Reconquista, der mexikanischen Rückeroberung des Südwestens, Tür und Tor. Der Ausdruck „Reconquista" geht auf das Jahr 1492 zurück, als die Spanier die letzten jener Mauren, die acht Jahrhunderte zuvor in ihr Land eingefallen waren, von ihrem Boden vertrieben. Was Mexikos Eliten anstreben und systematisch fördern, ist eine doppelte, amerikanisch-mexikanische Souveränität über die Mexiko einst abgenommenen Ländereien sowie – als nächste Etappe – deren kulturelle und sprachliche Rückeroberung, unabhängig davon, zu welcher Nation sie formell gehören.

„Wir sind Aztlan"

Aztlan ist das mythische Land, von dem aus das Volk der Azteken vor einem Jahrtausend gen Süden aufbrach, um sein Imperium zu gründen. Historisch gesehen liegt dieses Aztlan im heutigen Nordwestmexiko. Doch in der Folklore der Chicanos – so nennen sich die in den USA ansässigen Mexikaner selbst – ist es ein Land, das von Oregon über Kalifornien bis hin nach Texas reicht und Mexiko von den Amerikanern geraubt wurde.

Es ist dies ein Mythos, eine historisch völlig unhaltbare Erdichtung.

Der Historiker Robert Ferrell schreibt: „Man kann gar nicht nachdrücklich genug betonen, daß Texas sowie die anderen nördlichen Territorien Mexikos [Neumexiko und Kalifornien] buchstäblich menschenleer waren, daß es dort keine mexikanischen Siedler gab und daß das weit entfernte Mexiko-Stadt dort kaum irgendwelche Kontrolle ausübte. Die mexikanischen Siedlungen in Mexiko und Texas waren armselig und völlig unbedeutend. Während in Texas in den dreißiger Jahren des neunzehnten Jahrhunderts vielleicht dreitausend spanischstämmige Mexikaner lebten, betrug ihre Anzahl in Kalifornien nur wenig über viertausend; die meisten davon waren Priester und Mönche, die die Missionen bewohnten, Soldaten, die die Indianer in Schach hielten, sowie eine Handvoll Grundbesitzer und Viehzüchter. In Kalifornien reichte die mexikanische Kontrolle nie weiter nördlich als bis San Francisco; sie beschränkte sich auf die Küstenzonen und erstreckte sich nie weit ins Landesinnere."[29]

Doch rassische Mythen können Folgen haben. Wir zitieren nun einen Auszug aus einem Manifest des Movimento Estudiantil Chicano de Aztlan (Chicano-Studentenbewegung von Aztlan (MEChA)). Die an der University of California in Los Angeles agierende Sektion wurde früher von Antonio Villaraigosa geleitet, der 2005 Bürgermeister von Los Angeles wurde (vier von fünf hispanischen Wählern hatten für ihn gestimmt). Ihren eigenen Worten zufolge wollen die MEChA-Leute das Land ihrer Väter zurückgewinnen, das diesen aufgrund einer „brutalen ‚Gringo'-Invasion unserer Territorien gestohlen" worden sei:[30] „Mit unserem Herzen in den Händen und den Händen in der Erde erklären wir die Unabhängigkeit unserer Mestizo-Nation. Wir sind ein Bronzevolk mit einer Bronzekultur. Vor der Welt, vor ganz Nordamerika, vor all unseren Brüdern auf dem Bronzekontinent sind wir eine Nation, eine Union freier Völker; wir sind Aztlan."[31]

Laut El Plan gehört Aztlan „jenen, die das Saatgut anpflanzen, die Felder bewässern und die Ernten einbringen, und nicht fremden Europäern. Wir erkennen keine willkürlich gezogenen Grenzen auf unserem Bronzekontinent an.“ Die Losung des MEChA lautet: „Por La Raza todo, Fuera de La Raza nada“ – „Für die Rasse alles, außerhalb der Rasse nichts.“[32] Dies erinnert ganz auffallend an die Devise von Mussolinis Faschisten: „Alles für den Staat, nichts außerhalb des Staates, nichts gegen den Staat.“

So wie Afro-Amerikaner Wiedergutmachungszahlungen für die Sklaverei fordern, verlangt das MEChA „Entschädigung“ für „frühere wirtschaftliche Sklaverei, politische Ausbildung, ethnische und kulturelle Seelenzerstörung und die Verweigerung von Bürger- und Menschenrechten“. Die „politische Befreiung“, so das MEChA, „kann ausschließlich durch unabhängige Aktion unsererseits erfolgen, weil es sich beim Zweiparteiensystem um ein und dasselbe Tier mit zwei Köpfen handelt, die beide aus dem gleichen Trog fressen. Wo wir in der Mehrheit sind, werden wir Kontrolle ausüben; wo wir in der Minderheit sind, werden wir Druck ausüben. Auf nationaler Ebene vertreten wir eine Partei: La Familia de Raza“.[33]

In seinen Statuten erklärt das MEChA, sein Symbol sei „ein Adler mit gespreizten Schwingen, der in einer Klaue ein Macahuittle* und in der anderen eine Dynamitstange hält und eine glimmende Zündschnur im Schnabel trägt“.[34]

Das MEChA stellt das mexikanische Gegenstück zu der rassistischen weißen Organisation Aryan Nations dar, mit dem Unterschied freilich, daß es im Südwesten, und weiter nördlich bis hin nach Ann Arbor und Cornell, vierhundert Ableger an den Universitäten besitzt. Es hausiert mit chauvinistischen Parolen von einer „Mestizo-Nation“, einem „Bronzevolk“, einer „Bronzekultur“, einem „Bronzekontinent“, predigt „Rasse über alles“ und macht keinen Hehl aus seinem Rassismus. Daß Villaraigosa Bürgermeister von Los Angeles werden konnte, ohne sich vom MEChA distanzieren zu müssen, und daß Cruz Bustamante für das Amt des Gouverneurs von Kalifornien kandidieren konnte, ohne Rechenschaft über seine führende Rolle bei dieser Rassistenorganisation an der Universität von Fresno ablegen zu müssen, beweist, daß sich die amerikanischen Medien moralisch von einer Minderheit einschüchtern lassen, die einen Märtyrerbonus als Opfer früherer Diskriminierung beansprucht.

Wie Michelle Malkin festhält, haben Angehörige des MEChA „in Los Angeles Krawalle angezettelt und in San Diego in Leitartikeln gefordert, die ‚Säue von der staatlichen Einwanderungsbehörde‘ gehörten ‚alle abgemurkst‘“.[35] Nirgends hat diese ethnische Einschüchterungs-

* Ein Macahuittle ist eine aztekische Keule. – A. d. Ü.

politik größere Erfolge gezeitigt als an den Universitäten. Nachdem das MEChA die Feiern zum texanischen Unabhängigkeitstag jahrelang massiv gestört hatte, beschloß die Universität von Texas, diese künftig in diskretem Rahmen durchzuführen. Im Jahre 2000 führte die Universität „an diesem Feiertag unter den Studenten eine private Geldsammlung durch, ohne aber nennenswerte öffentliche Veranstaltungen anzuordnen".[36]

In den Mexikanervierteln schwelt der Geist des Separatismus, des Nationalismus und des Irredentismus. Als Villaraigosa für den Posten des Bürgermeisters von Los Angeles kandidierte, lautete der Slogan des MEChA: „Heute Los Angeles, morgen Oberkalifornien."[37] Während das MEChA die Rückkehr des Südwestens zu Mexiko anstrebt, träumt Charles Truxillo, Professor für Chicano-Forschung an der Universität von Neumexiko, von einem neuen Aztlan mit der Hauptstadt Los Angeles und fordert die Mexikaner auf, mit allen Mitteln auf die Verwirklichung dieser Vision hinzuarbeiten. „Wir rekolonisieren Amerika, und darum haben sie Angst vor uns. Es ist an der Zeit, uns das zurückzuholen, was uns gehört", schwadroniert Ricky Sierra von der Chicano National Guard. José Angel Gutierrez, Politologieprofessor und Direktor des Mexikanisch-Amerikanischen Studienzentrums an der Universität von Texas, verkündete bei einer Ansprache an seiner Universität: „Wir haben es mit einem immer älter werdenden weißen Amerika zu tun. Sie bringen keine Kinder zur Welt. Sie sterben aus. Die Bevölkerungsexplosion findet bei uns statt. Sie machen sich vor Angst in die Hosen! Ich finde das herrlich."[38]

Als im Frühjahr 2006 eine halbe Million Hispanos in der Innenstadt von Los Angeles einen Protestmarsch gegen jede Gesetzesvorlage des Kongresses zur Sicherung der amerikanischen Grenzen oder zur Abschiebung illegaler Immigranten durchführten, hätte sich die amerikanische Öffentlichkeit mit eigenen Augen von der zunehmenden Militanz dieser Bevölkerungsgruppe überzeugen können, hätten die *Los Angeles Times* sowie die lokalen Fernsehsender die Fakten nicht vertuscht. In *Slate* bezeichnete Mickey Kaus, der bei der Kundgebung in Los Angeles zugegen gewesen war, die Berichterstattug der *Los Angeles Times* als „propagandistisch". Die Kolumnistin Malkin schilderte Dinge, die die meisten ihrer Zunftgenossen schamhaft unter den Teppich kehrten: „Einige Demonstranten machten sich einen Spaß daraus, Fotos von Präsident Bush zu beschmieren, und forderten ihre Anhänger auf: ‚Stoppt die Nazis!' Bei einer Fernsehgesprächsrunde in Los Angeles berichtete Tommy Bruce, die Demonstranten hätten amerikanische Fahnen verbrannt und Plakate geschwenkt, auf denen der nordamerikanische Kontinent abgebildet, die USA jedoch durchgestrichen waren …

Eines der größten und radikalsten der Spruchbänder, die auf Luftaufnahmen der Kundgebung zu erkennen waren, trug die Aufschrift: ‚DIES IST GESTOHLENES LAND.‘ Andere Demonstranten skandierten: ‚CHICANO POWER‘ und ‚BRAUN IST SCHÖN‘. Maskierte Strolche zeigten auf den Treppen des Rathauses von Los Angeles die Wappen ihrer Banden … Junge Leute ballten trotzig die Fäuste; sie trugen Kleidung mit dem Aufdruck des Gesichtes des linksradikalen Guerrillaführers Che Guevara sowie mit Aztlan-Symbolen.“[39]

In Mexiko äußerte sich der Fernsehreporter Albert Tinoco begeistert über den „Megamarsch“ in Los Angeles: „Bei allem Respekt vor Uncle Sam zeigt dies, daß Los Angeles niemals aufgehört hat, zu uns zu gehören.“[40]

Nachdem Sergio Sarmiento, einer der angesehensten Kommentatoren Mexikos, Zeuge geworden war, wie Zehntausende, ja Hunderttausende von illegalen Immigranten trotzig unter mexikanischen Bannern durch die Straßen der größten Städte Amerikas marschierten, schrieb er: „Die USA besitzen mittlerweile keine Möglichkeit mehr, die Uhr zurückzustellen … Nun, da elf Millionen illegale Einwanderer im Lande weilen, ist es dafür bereits zu spät … Wenn die Auffassung mancher Leute stimmt, wonach die Mexikaner die Reconquista des Territoriums eingeläutet haben, das die Vereinigten Staaten Mexiko zwischen 1835 und 1848 gewaltsam entrissen, dann darum, weil die Amerikaner selbst es zugelassen haben.“[41]

Da war es kein Wunder, daß sich *La Voz de Aztlan*, die radikale und rassistische Stimme der Aztlan-Bewegung in Amerika, vor Begeisterung kaum noch zu fassen vermochte: „Was bedeutet der überwältigende Erfolg des Großen Marsches für die Mexikaner und anderen Latinos? Er bedeutet einfach, daß wir nun über die notwendige Menschenzahl, den politischen Willen und die organisatorischen Fähigkeiten verfügen, unser Schicksal selbst in die Hand zu nehmen, statt uns den weißen und jüdischen Machtstrukturen zu unterwerfen.“[42]

Zu den Projekten, deren Unterstützung *La Voz de Aztlan* dieser neuen politischen Kraft nachdrücklich ans Herz legte, gehörte Bürgermeister Villaraigosas „kühner Schritt, die Kontrolle [über den Vereinigten Schuldistrikt von Los Angeles] einer jüdisch dominierten Schulkommission und einem weißen Oberaufseher zu entringen, die an den Schulen lediglich absahnen wollen“.[43]

Man mag dergleichen als bloßes Stammtischgerede abtun, aber gewichtige Stimmen äußern sich im gleichen Sinne. Mexikos Generalkonsul José Pescador Osuna ließ 1998 folgende Bemerkung fallen: „Halb im Scherz, halb im Ernst sage ich: Wir praktizieren in Kalifornien *la reconquista* [die Rückeroberung].“[44]

Im Jahre 2001 führte die preisgekrönte Romanverfasserin Elena Poniatowski, die während des Zweiten Weltkrieges als Kind nach Mexiko gekommen war, bei einem Vortrag in Caracas aus: „Mexiko gewinnt die an die USA abgetretenen Gebiete mittels Migrationstaktiken wieder zurück ... Die einfachen Menschen – die Armen, die Schmutzigen, die Verlausten, die Kakerlaken – rücken den Vereinigten Staaten zu Leibe – einem Land, das Spanisch sprechen muß, weil in ihm 33,5 Millionen Hispanos wohnen, die ihm ihre Kultur aufzwingen ... Dies erfüllt mich mit großer Freude, weil die Hispanos von Patagonien bis hin nach Alaska immer größeren Einfluß geltend machen können."[45]

Was aber sagte Präsident Bush, während Frau Poniatowski und mexikanische Chauvinisten über die Rückeroberung unseres Südwestens triumphierten? Am 15. August 2001 erklärte er bei einer Ansprache vor der hispanischen Handelskammer von Albuquerque: „Mexiko ist ein Freund Amerikas. Mexiko ist unser Nachbar. Und wir wollen, daß unsere Nachbarn Erfolg haben ... Darum ist es so wichtig für uns, unsere Grenzen und Mauern niederzureißen, die Mexiko von den Vereinigten Staaten trennen könnten."[46] In den anschließenden sechs Jahren seiner Präsidentschaft unterstützte Bush die Reconquista, indem er es unterließ, seine Pflicht zu tun und sein Land vor den von Frau Poniatowski gepriesenen „Migrationstaktiken" zu schützen.

Was die mexikanischen Immigranten in den USA betrifft, so begreift man durchaus, daß sie ihrem eigenen Land gegenüber größere Loyalität empfinden als gegenüber einem fremden Staat, in den sie eingedrungen sind, um Arbeit zu finden. Warum sollten patriotische Mexikaner nicht von der Reconquista träumen?

Der neue Grenzkrieg

Wie wir gesehen haben, begann der Kampf um die Vorherrschaft in Texas wenige Jahre nach der Einwanderung von Amerikanern, die den dort ansässigen Mexikanern schon bald zahlenmäßig überlegen waren. 1836 mündeten die Spannungen in einen offenen Krieg. Heute hat ein neuer Grenzkrieg begonnen, und es mehren sich die Anzeichen für eine „Intifada" zur Rückgewinnung des Südwestens.

Der radikale demographische Wandel hat einen rabiaten ethnischen Chauvinismus erzeugt. Als die US-Fußballmannschaft vor ein paar Jahren im Coliseum von Los Angeles gegen Mexiko antrat, bewarf die Menge die amerikanische Elf mit Wasserbomben, Bierflaschen und Abfall. Als die amerikanische Nationalhymne angestimmt wurde, ertönten Buhrufe und Pfiffe. Diese Einstellung hat auf Mexiko selbst übergegriffen, denn als die US-Mannschaft im Jahre 2004 in Guadalajara ein Qualifikationsspiel für die Teilnahme an den Olympischen Spielen austrug, bei dem die einheimische Mannschaft schon bald die Oberhand gewann, skandierten sechzigtausend mexikanische Zuschauer im Chor „Osama, Osama". Der amerikanische Torwart D.J. Countess schien erleichtert: „Weil Mexiko klar gewonnen hat, verließen die Fans das Stadion jubelnd", sagte er. „Ich bin von Urinbeuteln, Limetten und Batterien getroffen worden."[47]

Anfang 2006 befragte das Meinungsforschungsinstitut Zogby in Zusammenarbeit mit einem entsprechenden Institut in Mexiko jeweils eintausend Amerikaner und Mexikaner über ihre Einstellung gegenüber der Nachbarnation. Die Amerikaner äußerten sich mehrheitlich günstig über die Mexikaner: 78 Prozent hielten sie für fleißig und 44 Prozent für tolerant. Dieses positive Bild geht darauf zurück, daß viele von uns katholische Privatschulen und öffentliche Schulen besucht haben, wo Kinder mexikanischer Herkunft recht zahlreich vertreten waren; ihre Eltern waren höfliche, freundliche, fleißige und liebenswerte Menschen.

Entschieden ungünstiger fällt das Urteil der Mexikaner über uns aus. „Die Mexikaner halten die Amerikaner weder für arbeitsliebend noch für ehrlich", konstatierten die Meinungsforscher vom Zogby-Institut. „Sie sehen sie als rassistisch, intolerant und nicht übermäßig gesetzestreu." Nur jeder sechste Mexikaner betrachtete die Amerikaner als ehrlich und nur jeder vierte als fleißig, während 62 Prozent meinten, die USA seien reicher als Mexiko, weil sie „die Ressourcen anderer Völker ausbeuten". 73 Prozent der Mexikaner urteilten, Amerikaner seien Rassisten.[48]

In Neumexiko, wo die Hispanos 43 Prozent der Bevölkerung stellen, beantragte der Abgeordnete Miguel García im Jahre 2001, den Staat in „Nuevo Mexico" umzubenennen (so hieß er vor seinem Beitritt zu den Vereinigten Staaten). Als der Antrag abgelehnt wurde, argwöhnte García im Gespräch mit Reportern, der Grund dafür habe womöglich in „verdecktem Rassismus" gelegen. Schon der Entschluß, den Staat in „New Mexico" umzutaufen, sei rassistisch motiviert gewesen.[49]

Als George Bush noch Gouverneur von Texas war, erklärte die texanische Stadt El Cenizo das Spanische offiziell zur Amtssprache, ordnete an, sämtliche Dokumente auf Spanisch abzufassen und Geschäfte auf Spanisch abzuhandeln, und erklärte die Zusammenarbeit mit den US-Einwanderungsbehörden zum Kündigungsgrund. El Cenizo war de facto aus den USA ausgetreten. In Grenzstädten wie El Cenizo hat mittlerweile noch ein anderer Krieg begonnen, und zwar einer, bei dem scharf geschossen wird.[50]

Die „Kolumbianisierung" Mexikos

„As I walked out on the streets of Laredo, I spied a poor cowboy wrapped in white linen / wrapped in white linen as cold as the clay." (Als ich durch die Straßen von Laredo ging, sah ich einen armen Cowboy, der in weißes Linnen gehüllt war, / in weißes Linnen, so kalt wie der Lehm.) So beginnt ein wehmütiges Lied. Es ist einer irischen Ballade nachgedichtet, die eine ähnliche Geschichte erzählt. „Streets of Laredo" ist als „Die Klage des Cowboys" bekannt. Doch in Laredo ist die Romantik längst verflogen. Nur wenige Meter jenseits der Grenze liegt nämlich Nuevo Laredo, das weit weniger an den Schauplatz einer Cowboy-Ballade als an eine sunnitische Stadt in der Anbar-Provinz gemahnt.

Zwei mächtige Drogenhändlerbanden liefern sich in Nuevo Laredo, durch das täglich sechstausend Lastwagen fahren und vierzig Prozent aller mexikanischen Ausfuhren laufen, einen Krieg bis aufs Messer. Die Banden machen sich die Kontrolle über einen Grenzpunkt streitig, über den der größte Teil des in die USA geschmuggelten Kokains und Marihuanas eingeführt wird. Vom 1. Januar bis zum 15. Oktober 2005 wurden in dieser 350.000 Einwohner zählenden Stadt 135 Personen ermordet.[51] Zu den Opfern gehörten die Polizeireporterin Guadalupe García, die vor ihrer Radiostation niedergeschossen wurde, ein Angehöriger des Stadtrates, 13 Polizeibeamte sowie der Polizeichef selbst, der keine vierundzwanzig Stunden nach seiner Ernennung von Meuchelmördern umgebracht wurde.

Die Regierung in Mexiko-Stadt ordnete eine Säuberung der städtischen Polizei an. Ted Galen Carpenter vom Cato-Institut berichtet: „Nachdem sie sich einem Test am Lügendetektor hatten unterziehen müssen, wurden 305 von 765 Polizisten [der Stadt Nuevo Laredo] entlassen. 41 von ihnen wurden verhaftet, weil sie die Einheiten der Bundespolizei bei ihrem Eintreffen in der Stadt angegriffen hatten."[52] Wie Dave Adams, Lateinamerikakorrespondent der *St. Petersburg Times*, berichtet, wurden während desselben Zeitraumes in Nuevo Laredo 30 US-Bürger ermordet oder entführt: „Im April [2005] gab es elf Morde, Mordversuche und eine Schießerei … auf der internationalen Brücke. Am 10. April überfielen Rauschgifthändler, die mit Sturmgewehren und einem Granatwerfer bewaffnet waren, kaum zehn Wohnblöcke vom Rathaus entfernt eine Kolonne von Polizeiwagen. Vier Polizisten und ein Passant wurden dabei verwundet. Die Ermittler fanden am Tatort über dreihundert Patronenhülsen."[53]

Rick Perry, der Gouverneur von Texas, schickte Polizeibeamte und Ausrüstungsmaterial nach Nuevo Laredo, um die in Bedrängnis geratenen texanischen und mexikanischen Behörden zu unterstützen. „Ich biete diese Hilfe nicht darum an, weil die Kontrolle der nationalen Grenze die Aufgabe des Staates [Texas] wäre, sondern weil Texas nicht warten kann, bis die Regierung in Washington die erforderlichen Schritte zur Sicherung der Grenze ergreift", begründete Perry seinen Entscheid.[54] Es war dies ein bissiger Seitenhieb auf jenen Mann, der für die Sicherheit unserer Landesgrenzen verantwortlich ist – George W. Bush, der vor Perry Gouverneur von Texas gewesen war.

Anfang 2006 schossen sich Revolvermänner den Weg in die Redaktionsstube von *El Mañana*, der Tageszeitung von Nuevo Laredo, frei und feuerten aus einem Sturmgewehr auch gleich noch eine Gewehrgranate ab. Der Redakteur Jaime Orozco, der gerade Nachtdienst hatte, wurde von drei Kugeln getroffen.[55] Jerry Seper von der *Washington Times*, den das Blatt an die mexikanische Grenze entsandt hatte, um über den dortigen Krieg zu berichten, schrieb im Oktober 2005, ein großer Teil der mörderischen Gewalttaten gehe laut den amerikanischen und den mexikanischen Behörden „auf das Konto einer Bande von Deserteuren aus der mexikanischen Armee, die als ‚Zetas' bekannt sind. Sie wurden in den USA als Elitetruppe ausgebildet, die Kommandounternehmen gegen den Rauschgifthandel durchführen sollte, ließen sich aber dann von mexikanischen Drogenbossen als Söldner anheuern und rekrutieren ihrerseits neue Dealer. Man geht davon aus, daß bis zu zweihundert Zetas, darunter ehemalige mexikanische Polizeibeamte, in die Verbrechen verwickelt sind. Ihr Dreh- und Angelpunkt ist Nuevo Laredo ... Nach Angaben der Behörden kontrollieren die Zetas die Stadt ..."[56]

Wie Seper weiter berichtet, sind bis zu zehn Zetas in Texas als professionelle Auftragsmörder tätig, um den reibungslosen Ablauf des Drogenhandels – der täglich zehn Millionen Dollar einbringt – zu gewährleisten. Dem Justizministerium liegen Hinweise darauf vor, daß sich die Zetas nach Florida und Kalifornien ausbreiten.

Ted Galen Carpenter vom Cato-Institut schildert die innere Lage jener Nation, mit der wir eine der längsten und am schlechtesten geschützten Grenzen der Welt gemeinsam haben, wie folgt: „Jahrelang haben Leute innerhalb und außerhalb Mexikos befürchtet, das Land könne in einen Teufelskreis von Korruption und Gewalt geraten, wie er in Kolumbien, dem Drogenlieferanten Nummer eins der westlichen Hemisphäre, bereits seit langem existiert. Die Anzeichen dafür, daß die Kolumbianisierung Mexikos bereits begonnen hat, werden immer unübersehbarer."[57]

Übergriffe der mexikanischen Armee auf US-Territorium

An der einst so schläfrigen amerikanisch-mexikanischen Grenze ist heutzutage von Brownsville bis San Diego Tag für Tag die Hölle los. Selbst die mexikanische Armee schreckt längst nicht mehr vor Übergriffen auf unser Territorium zurück. Berichten des US-Heimatschutzministeriums zufolge haben mexikanische Truppen die Grenze zu Kalifornien, Arizona und Texas während des vergangenen Jahrzehnts insgesamt 216mal überschritten.

Im Jahre 2000 walzten zwei Lastwagen mit mexikanischen Soldaten einen Stacheldrahtzaun nieder und verfolgten ein Fahrzeug der Grenzpatrouille sowie zwei berittene Polizisten, wobei sie Schüsse abgaben. Im Juli 2005 wurden zwei Grenzschützer bei Nogales / Arizona von Attentätern in schwarzer Kommandokleidung in einen Hinterhalt gelockt und erschossen; die Täter flüchteten anschließend nach Mexiko. Laut dem Grenzschutz stecken mexikanische Armee-Einheiten sowie pensionierte Soldaten mit den Drogenkartellen unter einer Decke. Im Januar 2006 vermeldete der bereits erwähnte Journalist Seper, der Grenzschutz habe „seine Beamten in Arizona vor Einfällen mexikanischer Soldaten gewarnt, die Weisung hätten, im Falle einer Entdeckung zu flüchten und plötzliche Gegenangriffe vorzutragen ... Diese Warnungen ergingen an die Männer vom Grenzschutz, nachdem die Behörden ihren Angaben zufolge auf der amerikanischen Seite der Grenze schwerbewaffnete mexikanische Militäreinheiten gesichtet hatten“.[58]

Die mexikanische Botschaft stellte jede Grenzverletzung durch die mexikanischen Streitkräfte in Abrede. Der Grenzschutzveteran T.J. Bonner, Vorsitzender des zehntausend Mitglieder zählenden Nationalen Grenzschutzrates, kommentierte dieses Dementi aufgebracht wie folgt: „Daß ich nicht lache! Grenzverletzungen seitens des mexikanischen Militärs zum Schutz der Rauschgiftbosse sind gang und gäbe und stellen für die Beamten eine schwere Bedrohung dar. Warum sollten sie sich denn sonst in der Gegend herumtreiben und auf amerikanischem Territorium auf unsere Polizisten schießen?“[59]

US-Heimatschutzminister Michael Chertoff tat die Klagen der Grenzschutzbeamten mit der Bemerkung ab, die Grenzverletzungen erfolgten unabsichtlich, und die Berichte darüber seien übertrieben. Doch Ende Januar 2006 stießen texanische Sicherheitsbeamte bei der Verfolgung dreier Fahrzeuge, von denen vermutet wurde, daß sie Drogen transportierten, auf zehn schwerbewaffnete mexikanische Soldaten. Wie Mike Doyal, Stellvertretender Sheriff von Hudspeth County, berichtet, hatten diese auf amerikanischem Territorium, knapp zweihundert Meter von der Grenze entfernt, die Maschinengewehre von ihren Humvee-Fahrzeugen abmontiert und auf dem Boden aufgestellt. „Uns allen ist dermaßen unermüdlich eingebleut worden, wir dürften auf keinen Fall einen Zwischenfall mit Mexiko heraufbeschwören, daß dieses Treiben seit Jahren seinen Lauf nimmt“, klagte Doyal. „Was kannst du schon tun, wenn dir

Maschinengewehre entgegenstarren? Wer will als erster abdrücken? Bestimmt nicht wir."[60]

Als die mexikanische Seite darauf beharrte, die Amerikaner seien auf dem Holzweg, und die Grenze werde lediglich von Drogenhändlern verletzt, meinte der Sheriff von Hudspeth County, Arvin West: „Ich hege nicht den geringsten Zweifel daran, daß mexikanische Soldaten bei dem Zwischenfall beteiligt waren. Wir haben dergleichen im Verlauf der Jahre schon allzuoft erlebt." T.J. Bonner verlangte, zum Schutz gegen Eindringlinge amerikanische Truppen an der Grenze zu stationieren. „Wenn es zu einer Grenzverletzung kommt, mögen die Dinge ihren Lauf nehmen. Laßt unsere Soldaten das tun, was sie gelernt haben zu tun."[61]

Ende 2005 wies das Heimatschutzministerium den Grenzschutz warnend darauf hin, daß ausländische Rauschgifthändler Angehörige der Verbrecherbande „Mara Salvatrucha" als „Profikiller" anzuheuern planten, um amerikanische Beamte, die ihnen ins Handwerk pfuschen, aus dem Weg zu räumen.[62] Doch anstatt unsere aus tausend Wunden blutende Grenze zu schützen, sichern US-Soldaten die Grenzen Südkoreas und des Kosovos, wo keinerlei Bedrohung für die Vereinigten Staaten von Amerika vorliegt.

Kapitel 8

Der Aztlan-Plan

Der Marsch Lateinamerikas in die Vereinigten Staaten sollte nicht als Welle des Zorns oder der revolutionären Leidenschaft verstanden werden, sondern viel eher als friedliche Eroberung.[1]
Pater Florencio M. Rigoni
bei der mexikanischen Bischofskonferenz, 1986

Wir verwandeln euch in ein hispanisches Land.[2]
Gabriel García Márquez, Literaturnobelpreisträger
(zirka 1991)

Wenn dich die Grenzschutzpatrouille erwischt, dann versuchst du es eben nochmal.[3]
Ernesto Ruffo Appel, mexikanischer Bevollmächtigter
für Fragen der Nordgrenze, 2001

„Das ist ein hirnverbranntes Konzept", wetterte Lou Dobbs vom Fernsehsender CNN. Die Amerikaner, fügte er hinzu, müßten den Eindruck gewinnen, ihre politische und intellektuelle Elite sei „total übergeschnappt".[4] Was hatte den friedlichen Dobbs dermaßen aus der Fassung gebracht?

Dr. Robert Pastor, Vizepräsident der Arbeitsgruppe des Council of Foreign Relations (Rat für Auslandsbeziehungen (CFR)), hatte vor einem Unterausschuß des Senatsausschusses für Auslandsbeziehungen soeben seine Vision offenbart und dazu aufgerufen, die Grenzen zwischen den Vereinigten Staaten, Mexiko und Kanada aufzuheben und die drei Staaten zu einer neuen Nordamerikanischen Gemeinschaft zusammenzuschließen, die von Prudhoe Bay bis nach Guatemala reichen sollte.

Gemäß dem Pastor-Plan würde der unhaltbare Zustand, daß Jahr für Jahr Millionen von Fremden die amerikanisch-mexikanische Grenze illegal überschreiten, durch die Abschaffung der Grenze sowie die Legalisierung der Invasion einfach aus der Welt geschafft. Wir würden den Rio Grande dann nicht länger verteidigen.

„Der beste Weg zur Gewährleistung unserer Sicherheit liegt nicht an unseren Grenzen mit Kanada und Mexiko", belehrte Pastor die Senatoren und fuhr fort: „Wir denken zu engstirnig … Es gilt, eine neue Nordamerikanische Gemeinschaft zu schmieden … Statt Nordamerikaner an unseren Grenzen zu stoppen, sollten wir sie mit einem sicheren, biometrischen Grenzpaß ausstatten, mit dem man die Grenze so problemlos überschreiten könnte, wie unsere Autos dank einem E-Z-Paß Zollkontrollen passieren.“[5]

Nach dem Pastor-Plan würden sämtliche Grenzen zwischen den Vereinigten Staaten und Mexiko geschleift, und der Personen- und Güterverkehr zwischen den beiden Ländern würde so frei wie der zwischen zwei x-beliebigen US-Bundesstaaten. Es entstünde eine kontinentale Zollunion mit einem gemeinsamen Außenhandelstarif. Pastor sowie der Rat für Auslandsbeziehungen erstreben eine „wirtschaftliche Integration“ der USA, Mexikos und Kanadas. In Süd-Nord-Richtung verlaufende Autobahnen und Eisenbahnlinien würden die drei Staaten so zusammenschweißen, wie einst drei Eisenbahnen – die Northern Pacific, die Union Pacific und die Southern Pacific – sowie später, unter Eisenhower, das inneramerikanische Autobahnsystem die verschiedenen Bundesstaaten der USA miteinander verknüpften.

Der Weg zur Unterbindung der illegalen Immigration bestehe im Verzicht auf eine Verteidigung der Grenzen sowie in einer Wirtschaftspolitik, die darauf abziele, „die mexikanische Wirtschaft rascher wachsen zu lassen als jene der USA“, meinte Pastor. Immerhin räumte er widerwillig ein, daß die Schaffung einer Nordamerikanischen Union „ein neues Bewußtsein“ seitens der Bevölkerung der Vereinigten Staaten erfordern werde.[6]

Als Patrick Henry, einer der Wegbereiter der Amerikanischen Revolution, im Dezember 1773 erfuhr, daß aufgebrachte Siedler im Hafen von Boston britische Schiffe gestürmt und die auf diesen gelagerten Teekisten zerstört hatten – dieser Vorfall ist als „Boston Tea Party“ in die Geschichte eingegangen –, rief er aus: „Zwischen den Bürgern Virginias, Pennsylvanias, New Yorks und Neuenglands gibt es keine Unterschiede mehr. Ich bin kein Bürger Virginias, sondern ein Amerikaner!“ Wie ein Echo auf diese Worte wirkt da folgender Ausspruch Dr. Pastors: „Wir sollten aufhören, uns als US-Bürger zu sehen, und uns statt dessen als Teil einer kontinentalen Gemeinschaft, als Nordamerikaner betrachten.“

Das Ziel: die Schaffung einer Weltregierung

Allein schon wirtschaftlich gesehen, ist diese Idee selbstmörderisch. 40 Prozent der 106 Millionen Mexikaner verdienen weniger als zwei Dollar pro Tag, während der tägliche Mindestlohn in den USA bei 41 und in Kalifornien gar bei 54 Dollar liegt. Angesichts dieses gewaltigen Lohngefälles würden innerhalb weniger Monate Millionen von Mexikanern über unsere Grenzen strömen.

Die Auswirkungen des Pastor-Plans beschränken sich aber keinesfalls auf den rein ökonomischen Aspekt. Seit Generationen bemühen sich amerikanische und ausländische Eliten beharrlich, die Souveränität Amerikas abzubauen und unsere nationale Identität zu verwässern. Neu am Plan des Rats für Auslandsbeziehungen ist lediglich, daß diejenigen, die die Abschaffung Amerikas auf ihre Fahnen geschrieben haben, jetzt die Katze aus dem Sack lassen: Als vorletzter Schritt vor der Bildung einer Weltregierung soll nach dem Muster der EU eine Nordamerikanische Union entstehen, die später mit der EU fusionieren und gemeinsam mit ihr in eine Weltunion der Nationen und Völker eingehen soll.

Zwecks Verwirklichung dieses Ziels wurde anno 1994 das Nordamerikanische Freihandelsabkommen (North American Free Trade Agreement (NAFTA)) gegründet. Allzu wenige Patrioten begreifen, daß der Freihandel mitsamt seinem Lockvogel – einem gewaltigen Sortiment von spottbilligen Konsumgütern – den Weg zu einer Weltregierung ebnet. Jeder gemeinsame kontinentale Markt erfordert nämlich Institutionen, die die Macht zur Durchsetzung seiner Regeln besitzen, und diese Institutionen wandeln sich und maßen sich nach und nach Regierungsbefugnisse an. Dies lehrt uns die Geschichte.

Die vom ersten US-Finanzminister Alexander Hamilton geschaffene Freihandelszone, die 13 unabhängige Staaten zu einem gemeinsamen Markt verband, schuf die Voraussetzungen für die Entstehung einer Zentralregierung, die diese Staaten ihrer Souveränität beraubte. Die Rechte der einzelnen Bundesstaaten werden seit 1789 von Jahrzehnt zu Jahrzehnt stärker beschnitten. Als South Carolina als Reaktion auf den Protektionismus der Nordstaaten und den als Kompromiß zwischen den Nord- und den Südstaaten eingeführten „Tariff of Abomination" (etwa: „verhaßter Tarif") mit seinem Austritt aus der Union drohte, sprach Präsident Jackson von einer Meuterei und drohte seinerseits, die Führer seines Heimatstaates einschließlich seines eigenen Vizepräsidenten John Calhoun aufknüpfen zu lassen. Als sich die Südstaaten 1860/61 für unabhängig erklärten, sprach ihnen Abraham Lincoln das Recht auf einen solchen Schritt ab.

Der Deutsche Zollverein beendete die Zerstrittenheit des alten Deutschlands der autarken Städte, der Fürsten- und Herzogtümer und bereitete die Gründung des von Preußen dominierten zweiten Deutschen Reichs vor. Die von Jean Monnet aus der Taufe gehobene Europäische Gemeinschaft für Kohle und Stahl (EGKS), auch Montanunion genannt, mauserte sich zunächst zur Europäischen Wirtschaftsgemeinschaft (EWG), dann zur Europäischen Gemeinschaft (EG) und schließlich zur Europäischen Union (EU), dem neuen Europa der gesichtslosen Brüsseler Bürokraten.

Wie Dr. Robert Pastor sieht auch das mexikanische Regime die EU als Vorbild. Bei einer Rede in Madrid wies der mexikanische Präsident Vicente Fox im Jahre 2002 auf den amerikanischen Widerstand gegen offene Grenzen und Souveränitätsverlust hin und legte seine Vision dar: „Unser langfristiges Konzept besteht darin, mit den Vereinigten Staaten ... ein Geflecht von Beziehungen und Institutionen nach dem Muster jener von der Europäischen Union geschaffenen zu schaffen, um in Zukunft so wichtige Ziele wie ... den freien Verkehr von Kapital, Waren, Dienstleistungen und *Personen* zu erreichen. Die neue Organisation, die uns vor Augen steht, orientiert sich am Modell der Europäischen Union."[7]

Fox wies seine europäischen Verbündeten auf einen Stolperstein auf dem Weg zur Verwirklichung dieses Vorhabens hin: „Wir müssen uns mit dem auseinandersetzen ... was ich ohne Umschweife als anglo-amerikanisches Vorurteil gegen die Errichtung supranationaler Organisationen bezeichne."[8]

Ein „Geflecht von Beziehungen", um den Ausdruck des mexikanischen Präsidenten zu verwenden, hatte es den Bewohnern von Liliput dereinst ermöglicht, den bewußtlos am Strand liegenden Gulliver zu fesseln, wonach sie ihn zwangen, ihre anfallende schwere Arbeit zu verrichten und ihre Kriege auszufechten. Der mexikanische Außenminister Jorge Castañeda fand Gefallen an diesem Bild: „Die Metapher mit Gulliver und der Fesselung des Riesen gefällt mir überaus", sagte Castañeda im November 2002 gegenüber mexikanischen Journalisten. „Der Riese wird mit Nägeln und Fäden, mit zwanzigtausend Netzen gefesselt, bis er sich nicht mehr rühren kann. Diese Netze sind Normen, Prinzipien, Resolutionen, Abkommen sowie bilaterale, regionale und internationale Konventionen."[9]

In Madrid unterstrich Fox das entscheidende Element der Post-NAFTA-Agenda: die absolute Freiheit des Personen- und Güterverkehrs zwischen Mexiko und den Vereinigten Staaten von Amerika. Castañedas Nachfolger, Mexikos neuer Außenminister Luís Ernesto Debrez, formulierte es im April 2005 mit aller nur wünschenswerten Klarheit: Es gehe Mexiko um „vollständige Integration", eine Verschmelzung der beiden Nationen.[10]

Ein verborgenes Motiv des mexikanischen Präsidenten Fox und seiner Mitarbeiter ist Gier – die Gier nach dem Reichtum der Vereinigten Staaten. Genau wie die EU die wohlhabenderen unter ihren Mitgliedsstaaten zu umfangreichen Zahlungen an die finanzschwächeren verpflichtet, müßten die Vereinigten Staaten nicht nur Dutzende von Millionen arme und arbeitslose Mexikaner aufnehmen und ihnen sämtliche sozialen Vergünstigungen gewähren, auf die US-Bürger Anspruch besitzen, sondern parallel dazu mexikanischen Politikern bis zur ungefähren Angleichung des Lebensstandards in beiden Staaten Jahr für Jahr viele Milliarden Dollar für die Entwicklung ihres Landes zahlen. Wie Dr. Pastor feststellte, kann die Nordamerikanische Union nämlich nur dann funktionieren, wenn die mexikanische Wirtschaft „schneller wächst als jene der USA".

Da das durchschnittliche jährliche Pro-Kopf-Einkommen in Mexiko lediglich 5.000 Dollar beträgt, während es in den Vereinigten Staaten bei über 40.000 Dollar liegt, und das Wohlstandsgefälle zwischen unseren beiden Ländern somit größer ist als zwischen zwei beliebigen anderen Nachbarstaaten der Welt, würden die amerikanischen Zahlungen an Mexiko ein geradezu schwindelerregendes Ausmaß erreichen. Den mexikanischen Politikern würden die amerikanischen Gelder bis zum Ende der Zeiten buchstäblich in den Schoß regnen, ganz so wie der Goldmarie in dem Grimmschen Märchen „Frau Holle". Da begreift man ohne weiteres, warum Vicente Fox den Pastor-Plan so begeistert begrüßte.

Die Aztlan-Strategie

Man könnte leicht in Versuchung geraten, Vicente Fox, den Präsidenten eines Landes, in dem 46 Prozent der Bürger ihren eigenen Aussagen zufolge gerne in den USA leben möchten, als einen gescheiterten Dritte Welt-Politiker unter vielen zu belächeln und sich der Illusion zu ergeben, er plappere lediglich die Sprüche von Globalisten nach, die sich seit Jahrzehnten traumtänzerischen Plänen hingeben. Doch dies wäre eine fatale Fehleinschätzung.

Nur wenige ahnen, wie nahe Fox und seine Freunde ihrem Ziel, eine Nordamerikanische Union unvermeidlich zu machen und damit das Ende unserer Souveränität und unserer Republik einzuläuten, bereits gekommen sind. Ein Riesenschritt in Richtung auf die Verwirklichung seiner Vision war die Gründung der NAFTA, die Henry Kissinger damals als „kreativsten Schritt in Richtung auf eine neue Weltordnung" seit dem Zweiten Weltkrieg sowie als „Fundament eines neuen internationalen Systems" pries. Die NAFTA beseitigte die Handels- und Tarifschranken zwischen den beiden Nationen. Multinationale amerikanische Firmen verlagerten alsbald zahlreiche Fabriken nach Mexiko. Statt amerikanischen Arbeitern hohe Löhne zu zahlen, beuteten sie fortan billige Arbeitskräfte südlich der Grenze aus. So begann die wirtschaftliche Integration der beiden Staaten.

Die NAFTA schuf auch trinationale Gerichte, denen bei Handelsdisputen ein Entscheidungsrecht zukommt. Amerikanischen Firmen und Einzelpersonen ist die Möglichkeit verwehrt, vor US-Gerichten gegen die Urteile dieser Gerichte Berufung einzulegen. Auf diese Weise wurde das Fundament der geplanten Nordamerikanischen Union geschaffen. John Fonte vom Hudson-Institut schreibt: „Die mexikanischen Eliten und ihre amerikanischen Verbündeten unternehmen keineswegs (wie manche behaupten) den plumpen Versuch einer Reconquista (das heißt einer Rückeroberung des amerikanischen Südwestens), sondern bedienen sich einer raffinierten und langfristigen Strategie, die starke Ähnlichkeit mit der von den Führern der Europäischen Union und anderer globaler, supranationaler Eliten verfolgten aufweist. Sie besteht darin, langsam, aber beharrlich eine Reihe von Institutionen und Strukturen zu begründen, die zu einer immer stärkeren Integration Nordamerikas und damit zwangsläufig zu einer Schwächung der verfassungsmäßigen Souveränität der USA führen werden.“[11]

Mit seiner These, wonach Fox und Konsorten eine „Reihe von Institutionen und Strukturen“ schaffen wollen, die unvermeidlicherweise eine „immer stärkere Integration Nordamerikas“ zur Folge haben, liegt Fonte richtig. Hingegen ist er gründlich auf dem Holzweg, wenn er mexikanische Pläne für eine Reconquista als Hirngespinst abtut. Parallel zu der von Fox angestrebten Schaffung einer Nordamerikanischen Union verfolgt Mexiko nämlich schon seit einem Jahrzehnt einen noch weitaus ehrgeizigeren Plan. Er läuft auf eine direkte Wiederangliederung des amerikanischen Südwestens an Mexiko hinaus – nicht auf militärischem, sondern auf ethnischem, sprachlichem und kulturellem Wege sowie durch die Umsiedlung von Millionen von Mexikanern in die USA, die ihrerseits eine massive Abwanderung von Weißen aus den Mexiko 1848 abgenommenen Gebieten auslösen wird. In Kalifornien ist die Verwirklichung dieses Projektes schon weit gediehen. Während gebürtige Kalifornier ihr Bündelein schnüren, greifen die Mexikaner nach der Macht. Ihre Landsleute überqueren die Grenze zu Millionen – jeder sechste Mexikaner lebt bereits bei uns – und werden von ihrer eigenen Regierung dazu ermuntert, die amerikanische Staatsbürgerschaft anzunehmen, um die Anliegen ihres Mutterlandes wirksamer fördern zu können. Mexiko-Stadts Nahziel besteht darin, die amerikanische Politik gegenüber Mexiko so in den Griff zu bekommen, wie dies der jüdischen Gemeinschaft der USA bezüglich unserer Nahostpolitik und der kubanischen Gemeinschaft hinsichtlich unserer Kubapolitik bereits gelungen ist. Dies haben mexikanische Führer klipp und klar gesagt.[12]

Daß auf dem Territorium der Vereinigten Staaten eine riesige Diaspora lebt, die sowohl gefühls- als auch blutsmäßig eng mit Mexiko verbunden ist, verleiht Mexiko-Stadt ungeahnte Möglichkeiten zur Verwirklichung einer Agenda, die einen kontinuierlichen Abbau der amerikanischen Souveränität sowie eine wirtschaftliche und politische Verschmelzung der beiden Staaten vorsieht. Die „unter einem Meer mexikanischer Flaggen" organisierten Märsche gegen den Gesetzesvorschlag 187 sowie der „Große Marsch" einer halben Million Mexikaner, die am 1. Mai 2006 eine Amnestie für illegale Einwanderer forderten und amerikanische Politiker mit dieser Demonstration mexikanischer Macht schockierten, lassen erkennen, wie schlagkräftig die Propagandamaschinerie unseres südlichen Nachbarlandes in den Vereinigten Staaten mittlerweile ist. In Mexiko, wo der Antiamerikanismus fröhliche Urständ feiert, genießt das Aztlan-Projekt bei allen Bevölkerungskreisen breite Zustimmung. Während am 1. Mai 2006 in den USA Heerscharen von Hispanos ihre Arbeitsplätze verließen und einen Boykott von Läden und Geschäften durchführten, marschierten Tausende zum Zeichen ihrer Solidarität durch die Straßen von Mexiko-Stadt: „Selbst Subcomandante Marcos, der Führer der zapatistischen Rebellen, der sein Versteck im Dschungel nur selten verläßt, schloß sich dem Marsch durch Mexiko-Stadt an … geschützt von einem Ring militanter Zapatisten, von denen einige Macheten schwangen.

Sie marschierten Seite an Seite mit Werktätigen, die den Tag der Arbeit begingen, Radikalen, die Flaggen mit den Porträts der Sowjetrevolutionshelden Karl Marx und Lenin schwenkten, Kindermädchen aus der Mittelklasse sowie einigen Protestlern, die sich als Clowns ausstaffiert hatten und die Trommel schlugen."[13]

In bezug auf die Reconquista sind sich alle Mexikaner, von den Chiapas-Rebellen über die Kommunisten bis hin zu den Konservativen, völlig einig.

Ein entscheidender Schritt bei der Verwirklichung dieser Strategie war der 1998 gefällte Entscheid der Zedillo-Regierung, die mexikanische Verfassung dahingehend abzuändern, daß US-Bürger mexikanischer Herkunft ihre mexikanische Staatsbürgerschaft behalten dürfen. Seither werden mexikanischstämmige Amerikaner ermuntert, ihre Verbindungen mit Mexiko zu erneuern, die doppelte Staatsbürgerschaft zu erwerben und sich in beiden Staaten am politischen Leben sowie an den Wahlen zu beteiligen.

In den ersten Jahrzehnten nach dem Zweiten Weltkrieg, also während der Epoche der Entkolonialisierung, betrachteten die meisten Dritte Welt-Führer multinationale Firmen als Werkzeuge eines neuen Imperialismus und jene Jugendlichen aus ihren Ländern, die in den Westen abwanderten, als Deserteure. Die heutigen Führer der Staaten der Dritten Welt verhalten sich klüger; sie buhlen um westliche Investitionen und bieten westlichen Firmen allerlei Vergünstigungen, wenn sie Fabriken und Technologie in ihre Länder verlagern und dort die heimischen Arbeiter schulen. Ihr Nahziel besteht darin, die Dritte Welt durch die Erste Welt modernisieren zu lassen, um auf westlichen Märkten konkurrenzfähig zu werden. Langfristig gesehen planen sie, in der Dritten Welt jene Produzenten heranzuzüchten, auf die ihre früheren Herren zur Deckung ihrer Bedürfnisse angewiesen sind.

Regierungen wie der heutigen mexikanischen gelten jene ihrer Bürger, die in die Vereinigten Staaten emigrieren, um dort zu arbeiten oder zu studieren, als Agenten ihres Heimatlandes, als fünfte Kolonne im Bauch der Bestie. Die mexikanische Elite betrachtet Amerikaner mexikanischer Abstammung als neue Hoffnung, als loyale Mexikaner im Exil. 1995 sagte Präsident Zedillo laut der *New York Times* vor einer Versammlung mexikanischstämmiger US-Politiker in Dallas: „Ihr seid Mexikaner – Mexikaner, die nördlich der Grenze leben."[14]

Prof. Rodolfo O. de la Garza von der Universität Texas faßt das Ziel der neuen Politik wie folgt zusammen: „Die mexikanische Regierung will, daß sie [Amerikaner mexikanischer Herkunft] Mexikos Interessen hier in den Vereinigten Staaten verfechten."[15] 1997 schrieb der bereits erwähnte John Fonte: Zedillo sprach an der Jahresversammlung des „Nationalen Rates von La Raza" in Chicago. Es war die erste Rede eines mexikanischen Präsidenten vor einer großen Organisation hispanischstämmiger Amerikaner. Der *Copley News Service* berichtet: „Mit seiner aufwühlenden, in tadellosem Englisch gehaltenen Ansprache rief Zedillo bei seinen mehr als zweitausend Zuhörern Patriotismus und Stolz auf ihre mexikanischen Wurzeln wach." Vor den versammelten Angehörigen von La Raza äußerte er sich wie folgt: „Ich habe stolz bekräftigt, daß sich die mexikanische Nation über das durch ihre Grenzen abgesteckte Gebiet hinaus erstreckt..."[16]

Carlos Gonzalez Gutierrez, Leiter des Instituts für Mexikaner im Ausland, erläuterte die neue Vision im Herbst 2005: „Das grundlegende Konzept besteht darin, daß die mexikanische Nation über die Grenzen Mexikos hinaus reicht. Man kann sich als Teil unserer Nation fühlen, ohne auf unserem Territorium zu leben."[17]

Kurz und gut: Die „mexikanische Nation" reicht tief in die Vereinigten Staaten hinein.

Vicente Fox äußerte sich in gleichem Sinne wie sein Vorgänger Zedillo. Am 16. Juni 2004 erklärte er bei einem Besuch in Chicago: „Wir sind Mexikaner, die teils auf unserem Territorium und teils anderswo leben. In Wahrheit sind wir ein Volk von 120 Millionen Menschen, die zusammen leben und zusammenarbeiten, um eine Nation aufzubauen."[18] Für Fox sind mexikanischstämmige US-Bürger zuallererst Mexikaner. Seine Regierung hat eine Kampagne in die Wege geleitet, um die Loyalität und Treue dieser Bevölkerungsgruppe wiederzugewinnen, und die 47 mexikanischen Konsulate in den USA unterstützen die von Fox verfolgte Agenda, die sicherstellen will, daß Menschen, in deren Adern mexikanisches Blut rinnt, auch in Amerika ihrem Vaterland gegenüber loyal bleiben: „Jedes von Mexikos 47 Konsulaten (die Zahl steigt fast jedes Jahr an) hat die Aufgabe, in Schulen mit einem nennenswerten hispanischen Schüleranteil mexikanische Lehrbücher zu verbreiten. Das mexikanische Konsulat in Los Angeles hat allein in diesem Jahr fast einhunderttausend Lehrbücher an anderthalbtausend Schulen im Vereinigten Schuldistrikt von Los Angeles verteilt. Hunderttausende weiterer Bücher gingen an Schuldistrikte überall im Land."[19]

Die mexikanischen Geschichtsbücher lehren mexikanische Kinder in Amerika, die Geschichte des Mexikanisch-Amerikanischen Krieges (1846–48) vom Standpunkt Santa Annas aus zu sehen. Heather Mac Donald schreibt: „Am Ende des [von mexikanischen Beamten verteilten] Lehrbuches werden mexikanische patriotische Symbole, die Flagge, die Währung und die Landeshymne gepriesen. ‚Wir lieben unser Land, weil es uns gehört', heißt es in dem Schulbuch."[20]

Dies also ist die Aztlan-Strategie: endlose Migration von Süden nach Norden, Hispanisierung des amerikanischen Südwestens sowie doppelte Staatsbürgerschaft für alle US-Bürger mexikanischer Herkunft. Ihre Ziele: die Grenze abschaffen; durch die politische Tätigkeit der mexikanischstämmigen Amerikaner wachsenden Einfluß auf die Verteilung des amerikanischen Reichtums gewinnen; die Souveränität der Vereinigten Staaten immer mehr beschneiden; die beiden Nationen zu einer Union verschmelzen, wobei sich die USA in der Gründungsurkunde dazu verpflichten, Wohlstand und Macht mit ihrem südlichen Partner zu teilen.

Sprechen wir es offen aus: Die Aztlan-Strategie ist gleichbedeutend mit dem Ende der USA als souveräne, autarke und unabhängige Republik. Für die amerikanische Nation läuten die Totenglocken. Unsere südlichen Nachbarn schicken sich an, uns zu erobern.

Mexikaner und Amerikaner, doch zuallererst Mexikaner

Am 16. Juli 2002 wurde auf der Netzseite der mexikanischen Regierung bekanntgegeben, daß Juan Hernandez, ein in Fort Worth als Sohn eines mexikanischen Vaters und einer amerikanischen Mutter geborener US-Bürger, damit beauftragt worden sei, „den im Ausland lebenden Mexikanern eine machtvolle und klare Botschaft zu überbringen: Mexiko ist eine Nation von 123 Millionen Menschen, von denen 100 Millionen in

Mexiko und 23 Millionen in den USA leben, und für letztere ist das Wichtigste, daß sie zwar in der Ferne weilen mögen, aber nicht allein sind".[21]

Ein knappes Jahr zuvor, am 23. August 2001, hatte Hernandez in El Paso erklärt: „Wir sind eine vereinte Nation ... 100 Millionen innerhalb der Grenzen [Mexikos] und 23 Millionen, die in den Vereinigten Staaten leben."[22] Die mexikanische Regierung betrachtet sämtliche Menschen, in deren Adern mexikanisches Blut fließt, als Angehörige der mexikanischen Nation und ist entschlossen, dafür zu sorgen, daß sie ihrer Heimat gegenüber loyal bleiben oder es wieder werden, auch wenn sie als US-Bürger geboren wurden oder eingebürgert wurden und einen Treueeid auf die Vereinigten Staaten geleistet haben. Bei ihrem Feldzug zur Eroberung der Herzen der mexikanischstämmigen Amerikaner können Fox und Konsorten auf Verbündete aus den Reihen unserer eigenen Multikulti-Apostel zählen. Als sich Fox 2001 mit George Bush traf, befand sich Hernandez an seiner Seite. Seine Aufgabe war es, die amerikanischen Bürger mexikanischer Abstammung zu organisieren und zu mobilisieren. Stanley Renshon, der das Problem der doppelten Loyalität vielleicht gründlicher studiert hat als sonst jemand in den USA, schreibt: „Wozu mobilisiert er [Hernandez] diese Menschen? In einem Gespräch mit Ted Koppel hat er es klar gesagt: Er will, daß mexikanischstämmige Amerikaner in den Vereinigten Staaten denken: ‚Mexiko zuerst ... Ich will, daß für die dritte Generation, für die siebte Generation, für sie alle Mexiko zuerst kommt.'"[23]

Wie der Kolumnist Bruce Fein vermerkt, sagte Hernandez, der von 2000 bis 2002 das Amt für Mexikaner im Ausland leitete, gegenüber der *Denver Post*, mexikanische Immigranten stünden „mit einem Fuß auch weiterhin in Mexiko" und würden „sich nicht in dem Sinne assimilieren, daß sie ihre mexikanische Identität aufgäben".[24]

Hernandez' Mission bestand also darin, sicherzustellen, daß die Loyalität gegenüber ihrer neuen Heimat für US-Bürger mexikanischer Herkunft sowie mexikanische Einwanderer, die einen Treueeid auf die Vereinigten Staaten geleistet haben, die Loyalität gegenüber der alten Heimat nicht überschattet. Bruce Fein fügt hinzu: „Mexikanische Beamte haben keinen Hehl daraus gemacht, daß die mexikanischstämmigen Amerikanern eingeräumte Möglichkeit zum Erwerb der mexikanischen Staatsbürgerschaft das Ziel verfolgt, ihre Bindungen an die USA zu schwächen."[25] Als im April 2006 Hunderttausende von Mexikanern unter mexikanischen Fahnen aufmarschierten, um vom US-Kongreß Amnestie und Staatsbürgerschaft zu verlangen, schrieb die Kolumnistin Anne Geyer: „Das Verhalten der illegalen Immigranten in Amerika – ihre Krawalle, ihre Weigerung, Amerikaner zu werden, während sie alle Rechte engagierter Bürger beanspruchen, ihr verbissenes Festhalten am ‚Mexikanismus' – ist kein Zufall. Es ist das Ergebnis eines sorgsam ausgearbeiteten, zynischen Plans der mexikanischen Regierung, innerhalb der amerikanischen Gesellschaft eine eigene Wählerschaft aufzubauen und dafür zu sorgen, daß diese Wählerschaft auf Dauer mexikanisch bleibt."[26]

Amerika als Sicherheitsnetz

Ein weiterer Grund dafür, daß Mexiko auch in Zukunft eine offene Nordgrenze braucht, ist das Überleben seines politischen Systems. Amerika muß weiterhin Millionen armer und arbeitsloser Mexikaner aufnehmen, damit sich der Haß dieser Unglücklichen auf ein System, das ein gescheitertes Regime nach dem anderen hervorbringt, nicht in Form einer neuen mexikanischen Revolution entlädt. Präsident Fox' Antwort auf die Aufstände der verarmten Landbevölkerung in Chiapas und anderswo lautet: Schickt sie nach Norden, und dann sollen Bush und die Gringos sich um sie kümmern.

Indem es seine Habenichtse in die USA abschiebt, schlägt Mexiko gleich zwei Fliegen mit einer Klappe: Erstens entledigt es sich der Bürde, die die Unterstützung dieser Menschen bedeuten würde, und zweitens überweisen sie, wenn sie erst im Norden Arbeit gefunden haben, alljährlich riesige Summen an ihre in Armut lebenden Familien in der Heimat. Manchen Schätzungen zufolge belaufen sich die Überweisungen auf 16 Milliarden Dollar pro Jahr und stellen nach dem Erdöl Mexikos zweitgrößte Einnahmequelle dar.[27]

Mexiko ist außerstande, seine Bevölkerung, die gegenwärtig 106 Millionen beträgt und auch weiterhin rapide wächst, zu ernähren, und benötigt die USA deswegen als Sicherheitsventil. Präsident Fox' nationaler Sicherheitsberater Adolfo Zinser räumte ein, daß Mexikos Wirtschaftspolitik „von der unbegrenzten Emigration in die Vereinigten Staaten" abhängt.[28] Wenn Mexikos miserabel regierte Massen nicht mehr auswandern können, werden sie sich erheben. Mexiko mißbraucht Amerika als Auffangbecken für seine unzufriedenen Millionen.

Fox' erster Außenminister Jorge Castañeda, ein ehemaliger Sympathisant des Kommunismus, der als Professor gegen die Yankees vom Leder zu ziehen pflegte, warnte schon 1995 in der Zeitschrift *Atlantic Monthly*, jeder amerikanische Versuch, „die Immigration aus dem Süden mittels Abriegelung der Grenze zu drosseln", werde „dem sozialen Frieden in den Städten und Dörfern Mexikos den Garaus machen … Manche Amerikaner sehen die Einwanderung ungern, doch können sie herzlich wenig dagegen tun."[29] Wenn die amerikanische Grenze dichtgemacht und die Invasion gestoppt wird, steht Mexiko-Stadt eine Revolution ins Haus.

Wie der Aztlan-Plan verwirklicht werden soll

Aus all diesen Gründen weigern sich Präsident Fox und seine Regierung nicht nur, den USA bei der Sicherung ihrer Grenze behilflich zu sein, sondern fördern die Invasion zielstrebig. Für Fox sind Mexikaner, die sich illegal in die USA einschleichen, „Helden".[30] Seine Regierung hat Broschüren drucken lassen, in denen geschildert wird, wie man der Grenzpolizei ein Schnippchen schlagen kann, wo man Dokumente ausgestellt bekommt und wo man Sozialhilfe beantragen kann. Im Januar 2006 wurde bekannt, daß die Nationale Menschenrechtskommission Mexikos siebzigtausend Landkarten für illegale Grenzüberschreiter drucken ließ. „Wir versuchen ja nur, sie vor den drohenden Risiken zu warnen, und informieren sie, wo sie Wasser bekommen können, damit sie nicht sterben müssen", protestierte Mauricio Farah, ein Vertreter dieser Kommission.[31] Ein Jahr zuvor hatte Mexiko ein 32seitiges Handbuch in Form eines leichtverständlichen Comics mit dem Titel *Leitfaden für den mexikanischen Migranten* verteilen lassen, das Tips für die Übertölpelung der Grenzschützer enthält und potentielle Migranten darüber aufklärt, wie sie der Entdeckung entgehen können.[32] Als dann sogar der Bush-Regierung der Kragen platzte, stellten die mexikanischen Behörden die Verbreitung dieses Handbuches ein.

Mexiko mischt sich in die inneren Angelegenheiten der USA ein, ohne Sanktionen oder auch nur Proteste befürchten zu müssen. Bevor in Kalifornien über die Gesetzesvorschläge 187 und 227 (letzterer sah die Einschränkung des zweisprachigen Schulunterrichtes vor) abgestimmt wurde, griffen die mexikanischen Konsuln jeweils auf seiten der Gegner in die Abstimmungskämpfe ein. In Arizona liefen mexikanische Agenten Sturm gegen den Gesetzesvorschlag 200, der den Bezug von Sozialhilfe vom Nachweis der Staatsbürgerschaft abhängig machte. Mexikanische Konsuln stellen illegalen Einwanderern routinemäßig „konsularische Ausweise" aus. Da legal auf dem Territorium der USA lebende Mexikaner Pässe, Visen oder Green cards besitzen, verfolgen diese „konsularischen Ausweise" nur einen einzigen Zweck: Sie sorgen dafür, daß die Invasion weitergeht. Seit dem Jahre 2000 sind rund 4,7 Millionen solcher „Ausweise" verteilt worden.[33]

In den einzelnen Bundesstaaten setzen sich mexikanische Lobbyisten für die Ausstellung von Führerscheinen an illegale Einwanderer ein und werben dafür, daß letztere an den staatlichen Mittelschulen in den Genuß derselben Gebührenermäßigungen kommen wie Einheimische. Bei Schulveranstaltungen und in öffentlichen Reden fordern mexikanische Konsuln ihre Zuhörer auf, ihre Loyalität in erster Linie Mexiko vorzubehalten und ihre mexikanische Kultur zu bewahren. Bei Begegnungen mit US-Bürgern mexikanischer Herkunft predigen dieselben Konsuln gegen Assimilation und Amerikanisierung. Ihre Agitation ist sehr erfolgreich.

Kalifornien begeht nicht nur den 5. Mai als offiziellen Feiertag – wie erinnerlich errang Mexiko am 5. Mai 1862, als in den USA der Bürgerkrieg tobte, einen kleinen Sieg über ein französisches Expeditionskorps –, sondern hat auch den 31. März, den Geburtstag des hispanischstämmigen Landarbeiterführers César Chávez, zum Feiertag gemacht. Texas, Arizona und Neumexiko sind diesem Schritt gefolgt. In San José wurde ein Denkmal des Nordstaatenoffiziers Thomas Fallon, der die Stadt im Mexikanisch-Amerikanischen Krieg erobert hatte, entfernt; an seiner Stelle errichtete man auf dem César-Chávez-Platz eine Statue des aztekischen Schlangengottes Quetzalcoatl, von dem die Legende berichtet, daß er wiederkehren und herrschen wird. Für den Bau einer weiteren Quetzalcoatl-Statue in Los Angeles machte Gouverneur Davis 400.000 Dollar locker.[34]

Im Gegensatz zur amerikanischen Annexion des Südwestens und Kaliforniens im Jahre 1848 soll die Reconquista nicht mit Waffengewalt erfolgen, sondern mittels einer gewaltlosen Invasion. Jene riesigen amerikanischen Gebiete sollen auf dem Wege einer kulturellen Transformation in ein mexikanisch-amerikanisches Grenzland umgewandelt werden, wo die dominierende Kultur die hispanische ist, Amerikaner angelsächsischer oder sonstiger europäischer Herkunft sich nicht länger wohl fühlen und deshalb abwandern. Dieser Prozeß ist bereits in vollem Gange: Immer mehr US-Bürger verlassen den Südwesten und überqueren die Berge, über die ihre Ahnen vor Generationen gekommen sind – nun jedoch in umgekehrter Richtung. Gegenwärtig packen Jahr für Jahr eine Viertelmillion gebürtige Kalifornier ihre Siebensachen und treten das an, was der Demograph William Frey „die Flucht vor der Verschiedenheit" nennt.[35] Andererseits haben sich seit dem Jahre 2000 allein in Los Angeles mehr als eine Million neue illegale Immigranten – fast durchwegs aus Mexiko – niedergelassen.

„Kalifornien wird ein hispanischer Staat, und wem das nicht in den Kram paßt, der soll gehen", sagt Mario Obledo, Mitbegründer des MALDEF. „Diese Leute sollen nach Europa zurückkehren."[36] 1998 war dieser Obledo von Präsident Bill Clinton mit der Freiheitsmedaille ausgezeichnet worden...

Eine neue Art von Immigranten

In Anbetracht der spannungsgeladenen mexikanisch-amerikanischen Geschichte bestehen tiefgreifende Unterschiede zwischen der Einstellung der früheren Einwanderer aus Europa, die darauf brannten, ein Teil der amerikanischen Gesellschaft zu werden, und den heutigen, überwiegend illegalen und aus Mexiko stammenden Immigranten. Da jeder sechste Mensch mexikanischer Abstammung bereits auf unserem Territorium lebt und alljährlich mindestens eine halbe Million hinzukommen, sollten die Amerikaner diese entscheidenden Unterschiede kennen.

Zunächst einmal kommen aus Mexiko weitaus mehr Einwanderer zu uns als in der Vergangenheit aus irgendeinem anderen Land. In den neunziger Jahren des zwanzigsten Jahrhunderts wuchs die Zahl der bei uns ansässigen Menschen mexikanischer Abstammung von 14 auf 21 Millionen, also um 50 Prozent. Jene sechs Millionen Hispanos, die sich bei der Bevölkerungszählung weigerten, ihr Heimatland anzugeben, sind in dieser Ziffer wohlverstanden nicht inbegriffen. Bis zur Mitte des einundzwanzigsten Jahrhunderts werden Schätzungen zufolge etwa 102 Millionen Hispanos in den USA leben, und mehr als die Hälfte davon werden mexikanischer Herkunft sein.

Obwohl sich die mexikanischen Immigranten seit geraumer Zeit über das ganze Territorium unseres Landes verbreiten, findet sich die größte Konzentration von ihnen auch weiterhin im Südwesten, einer Region, von der den Mexikanern eingehämmert wurde und wird, daß sie von Rechts wegen ihnen gehöre. In Texas und Kalifornien sind bereits 34 Prozent der Bevölkerung hispanischer Abstammung, und unter den Schülern der öffentlichen Schulen ist der Prozentsatz noch höher. In Neumexiko stellen die Hispanos 43 Prozent der Bevölkerung.

In Clark County, jener Region, wo Las Vegas – die am raschesten wachsende Großstadt Amerikas – liegt, gab es im Jahre 1990 nicht weniger als 85.000 Hispanos. Bis 2004 war ihre Zahl schon auf 375.000 hochgeschnellt. Für Hal Rothman, einen Kolumnisten der *Las Vegas Sun*, fällt allerdings noch weit mehr ins Gewicht, daß fast einhunderttausend hispanische Kinder die Schulen der Region besuchen, was 35 Prozent der Gesamtschülerzahl entspricht, und daß Kinder mit spanischen Vornamen unter den neu Eingeschulten bereits die Mehrheit stellen. Rothman richtete folgende eindringliche Warnung an seine Heimatstadt und seine Heimatgegend: „Das jüngste Chaos in Frankreich und Australien führt uns vor Augen, welchen Preis Gesellschaften zahlen müssen, denen es nicht gelingt, Minderheitengruppen zu integrieren … Die Vereinigten Staaten sind auch weiterhin das beste Beispiel einer vielsprachigen Nation; einfach ausgedrückt bringen wir alle Arten von Menschen besser unter einem Dach zusammen als irgendeine andere Nation auf Erden ... Das Problem besteht darin, daß wir dies in Las Vegas eben nicht tun ... Den Latinos gehört die Zukunft. Ihre Anzahl wächst so rasch, daß die Stadt, wie die Nation als ganzes, eben erst begonnen hat, die Tragweite dieses Phänomens zu erfassen und weit davon entfernt ist, es in den Griff zu bekommen. Diese Politik des Wegsehens ändert nichts an der Realität; nach Miami und Los Angeles wird Las Vegas die dritte amerikanische Stadt werden, in der die überwältigende Mehrheit der Bevölkerung spanisch spricht."[37]

Um sicherzustellen, daß sich die Einwanderer assimilierten, wollten die Gründungsväter unserer Nation die Konzentration von Immigranten in Hafenstädten verhindern und statt dessen dafür sorgen, daß sie unter der bereits ansässigen Bevölkerung verteilt wurden. In einem Brief an John Adams beklagte Präsident Washington den Zustand, daß die Zugewanderten in Immigrantenvierteln isoliert blieben und an ihren alten Gebräuchen festhielten. Die Politik, die Immigranten in geschlossenen Zonen anzusiedeln, sei sehr fragwürdig, meinte er, denn „unter diesen Umständen bewahren sie die Sprache sowie die (guten oder schlechten) Bräuche und Prinzipien, die sie mit sich bringen. Mischen sie sich hingegen unter unsere Bevölkerung, so passen sie, oder ihre Nachfahren, sich an unsere Sitten, Gebräuche und Gesetze an: In einem Wort, sie verschmelzen mit uns zu einem Staatsvolk".[38]

Vor dem Aufkommen der Multikultur beharrten Amerikas Führer darauf, daß Einwanderer unsere Sprache lernten und sich an unsere Lebensart anpaßten. Madison wollte „jede Person, von der unwahrscheinlich ist, daß sie sich in unsere Gesellschaft eingliedert", von der Einwanderung ausschließen.[39]

Doch viele Mexikaner assimilieren sich nicht; sie integrieren sich lediglich in die lokale mexikanische Gemeinschaft und bilden in unseren Städten ihre eigenen Viertel, halten an ihrer Sprache fest und identifizieren sich mit ihrem Herkunftsland, nicht mit Amerika.

Nicht genug damit, daß die Mexikaner einer anderen Kultur entstammen, sie sind zu 85 Prozent Mestizen oder reinblütige Indianer. Die Geschichte lehrt, daß sich fremde Rassen langsamer integrieren. Unsere 60 Millionen Bürger, die Deutsche zu ihren Vorfahren zählen, sind voll assimiliert, während dies auf Millionen von Bürgern afrikanischer, lateinamerikanischer und karibischer Herkunft keinesfalls zutrifft. Für gewisse Völker ist Assimilierung ein Prozeß, der Generationen dauert. Bei anderen hat sie noch kaum begonnen. Und die hispanischen Eliten wollen dafür sorgen, daß sich die hispanischen Massen niemals assimilieren. Statt dessen soll sich Amerika ändern. Der Romanschriftsteller und Literaturnobelpreisträger Gabriel García Márquez formuliert es so: „Die große Kraft Lateinamerikas ist die Kultur. Wir geben keinen roten Heller aus, um unsere Kultur zu verbreiten, und doch verändern wir die Vereinigten Staaten … Wir verändern die Sprache, das Essen, die Musik, den Lebensstil. Wir verwandeln euch in ein lateinamerikanisches Land."[40]

Mindestens sechs Millionen Mexikaner leben illegal hier. Sie haben unsere Gesetze gebrochen, um in unser Land zu gelangen. Sie brechen sie jeden Tag, indem sie hierbleiben. Diese kontinuierliche Verletzung amerikanischen Rechts sowie die ständigen Lügen, die die illegalen Einwanderer erzählen müssen, um weiter in den USA leben und arbeiten zu können, machen unser Gesetz zum Gespött der Leute und untergraben die moralische Autorität der Vereinigten Staaten.

Die Immigranten, die vor einem Jahrhundert zu uns kamen, sagten ihren Heimatländern für immer Lebewohl, ehe sie die Schiffe bestiegen und zu einer Weltreise aufbrachen. Doch für die Mexikaner ist ihr Vaterland nur wenige Stunden entfernt. Millionen von ihnen empfinden nicht den geringsten Wunsch, Amerikaner zu werden oder Englisch zu lernen. Warum sollten sie auch? Mexiko ist ihre Heimat. Sie sind hierher gekommen, um zu arbeiten; statt sich zu assimilieren, gründen sie in amerikanischen Städten viele Klein-Mexikos, so wie kubanische Flüchtlinge in Miami Klein-Havanna gegründet haben. Der Unterschied liegt nur darin, daß es in unserem Land zehn- bis zwanzigmal mehr Menschen mexikanischer als kubanischer Abstammung gibt. Mit ihren spanischsprachigen Rundfunk- und Fernsehprogrammen, Zeitungen, Zeitschriften und Filmen hat die mexikanische Diaspora eine separate Kultur geschaffen und entwickelt sich zum Staat im Staate. Genau so wünschen sich Zedillo und Fox mexikanischstämmige Amerikaner: Für sie kommt Mexiko zuerst.

Samuel P. Huntington, Verfasser von *Kampf der Kulturen*, nennt die Migration „das zentrale Thema unserer Zeit". Für ihn zerfallen die klassischen Einwanderer in zwei Gruppen: „Konvertiten", die gekommen sind, um sich zu unserem Lebensstil zu bekehren, und „Gäste", die ein paar Jahre hier arbeiten und dann in ihre Heimat zurückkehren wollen. „Die neuen Immigranten", schreibt er, „sind aber weder Konvertiten noch Gäste. Sie pendeln zwischen Kalifornien und Mexiko hin und her, bewahren eine doppelte Identität und ermuntern ihre Familienangehörigen, sich zu ihnen zu gesellen."[41] Unter Hinweis auf die ein bis zwei Millionen Ausländer, die alljährlich beim illegalen Überschreiten unserer Grenze verhaftet werden, schreibt Huntington warnend: „Würde eine Million mexikanischer Soldaten die Grenze überqueren, so würde Amerika dies als schwere Bedrohung seiner Sicherheit auffassen und entsprechend reagieren. Das Eindringen von mehr als einer Million mexikanischer Zivilisten, das Fox anscheinend begrüßt, würde für die gesellschaftliche Sicherheit Amerikas eine ähnliche Bedrohung darstellen, und die Amerikaner sollten energisch darauf reagieren."

Doch die amerikanischen Führer haben nicht „energisch reagiert", sondern Trägheit und Passivität an den Tag gelegt. Huntington schließt: „Die mexikanische Einwanderung stellt eine einzigartige, beunruhigende und gefährliche Herausforderung an unsere kulturelle Integrität, unsere nationale Identität sowie potentiell auch an unsere Zukunft als Land dar."[42]

Ein letzter Punkt: Die mexikanischen Immigrantenmassen strömen in ein Amerika, das längst nicht mehr das selbstbewußte Land Theodore Roosevelts ist. Das Rassenbewußtsein der ethnischen Minderheiten wächst stetig. Der Glaube an Gruppenrechte und die Multikultur hat mittlerweile feste Wurzeln geschlagen. Unsere kulturellen und intellektuellen Eliten reden seit langem nicht mehr vom Schmelztiegel. Ausländer zu Amerikanern zu machen und sie zur Aufgabe ihrer nationalen und kulturellen Identität sowie zur Annahme der unseren zu zwingen, ist für sie eine Form des kulturellen Völkermordes.

Die neue Klasse – jene Elite, die als Siegerin aus der Kulturrevolution der sechziger Jahre hervorging – singt das Hohelied der Verschiedenheit und bekennt sich zu einer multikulturellen Ideologie, die die Immigranten zur Bewahrung ihrer nationalen Identität und ihrer Kultur auffordert, während sie die unsere ablehnt. Diese Ideologie paßt prächtig zur Agenda der hispanischen Militanten. In den Hispanovierteln treibt der Rassismus nämlich üppige Blüten, und jede ethnische Minderheit wird ermuntert, ihre einzigartige und unverwechselbare Identität zu wahren.

1998 schrieb Glenn Garvin in der Zeitschrift *Reason*: „Der integrationistische Impuls der sechziger Jahre ist tot. In den neunziger Jahren predigt die liberale Schickeria die Segregation, die sich als Verteidigung der Identität der verschiedenen Gruppen tarnt."[43] Würde Präsident Calvin Coolidge heute wiederkehren und verkünden: „Amerika muß amerikanisch bleiben", so würde er wegen Volksverhetzung angeklagt.

Indem die Fox-Regierung die schleichende Invasion der Vereinigten Staaten von Amerika zur Durchsetzung mexikanischer Ziele plant, unterstützt und fördert, begeht sie einen feindseligen Akt gegen unser Land wie Fidel Castro während der Mariel-Krise im Jahre 1980, als er 125.000 Kubaner – darunter viele tausend Geisteskranke und Schwerkriminelle – auf Schiffe verfrachten und in die USA abschieben ließ.

Mexikos Politik ist nicht frei von Rachegelüsten, denn seit den kriegerischen Auseinandersetzungen mit den USA in den dreißiger und vierziger Jahren des neunzehnten Jahrhunderts hegt es einen tiefverwurzelten Groll auf unser Land. Militante mexikanische Revanchisten sind zutiefst überzeugt, daß Texas, der Südwesten und „Oberkalifornien" ihnen gehört und daß wir die Eindringlinge und Landräuber sind. Schon in nicht allzu ferner Zukunft könnten wir eines Tages unsanft erwachen und feststellen, daß unsere wirklichkeitsfremde Toleranz der fatale Fehler einer leichtsinnigen Bevölkerung war.

Onkel Sam geht ein höllisches Risiko ein, indem er eine gewaltige Diaspora aus einem Land aufnimmt, das sich dermaßen tiefgreifend von dem unseren unterscheidet. Wenn sich diese Politik als historischer Fehler entpuppt, werden unsere Kinder in einem balkanisierten Lande leben, das mit dem Amerika, das wir kannten, recht wenig gemein haben wird. „Sollte die Assimilation scheitern", schreibt Huntington, „werden die USA zu einem zerrissenen Land mit einem ungeheuren Potential für innere Streitigkeiten und Zwietracht werden."[44] Diese Entwicklung hat bereits eingesetzt. Warum setzen wir etwas so Kostbares und Unersetzliches wie unser Heimatland leichtfertig diesem Risiko aus?

Kapitel 9

Was ist eine Nation?

Amerika ist mehr als eine Idee, es ist eine Nation.[1]
John O'Sullivan, 1993

Wir werden zur ersten universalen Nation.[2]
Ben Wattenberg, 2001

Alle Länder sind im Grunde genommen Sozialverträge ... So dauerhaft, ja heilig sie auch scheinen mögen, sind sie doch alle künstlich und von zeitlicher Dauer.[3]
Strobe Talbott, 1992

Am 27. Januar 1838 hielt ein achtundzwanzigjähriger Rechtsanwalt am Knabengymnasium von Springfield einen Vortrag zum Thema „Wie können wir den Fortbestand unserer politischen Strukturen sichern?" Zu Beginn seiner Ausführungen stellte Abraham Lincoln eine Frage, die er gleich selbst beantwortete: „Zu welchem Zeitpunkt kann man erkennen, daß Gefahr im Verzug ist? Meine Antwort lautet: Wenn uns je Gefahr droht, entspringt sie zwangsläufig unter uns selbst. Von außen kann sie nicht kommen. Wenn Vernichtung unser Los ist, sind wir unvermeidlicherweise selbst ihre Urheber und Vollstrecker. Als Nation freier Männer müssen wir entweder ewig leben oder durch Selbstmord aus der Welt scheiden."[4]

Lincoln ahnte den Bürgerkrieg voraus, der ein Vierteljahrhundert später ausbrechen sollte.

Anderthalb Jahrhunderte nach Lincolns Tod müssen wir die Frage, die seine Generation beschäftigte, von neuem stellen: Befinden wir uns auf dem Weg zum nationalen Selbstmord?

Amerikanern, die sich nicht an den Kalten Krieg erinnern, mag diese Frage frivol vorkommen, nicht aber jenen, die ein halbes Jahrhundert des radikalen Wandels persönlich miterlebt haben. Das Amerika von gestern ist verschwunden, und das Amerika von morgen wird allen Anzeichen nach ein Land sein, daß unsere Eltern nicht wiedererkannt hätten. Angesichts der gewaltigen Umwälzungen, die in unserem Lande stattgefunden haben, der zentrifugalen Kräfte, die uns auseinanderreißen, sowie der politischen und wirtschaftlichen Mächte, die auf ein Ende unserer Souveränität und Unabhängigkeit hinarbeiten, verbietet sich jeder leichtfertige Optimismus hinsichtlich des Fortbestands unserer Nation von selbst. Doch was ist eine Nation? Was ist Amerika? Wer sind wir?

Eine Wirtschaft ist kein Land

Gemäß der katholischen Lehre tritt der Tod ein, wenn die Seele den Leib verläßt, wonach der Zerfall des Körpers einsetzt. Genauso verhält es sich bei Nationen.

Die Seele einer Nation ist der Patriotismus. Er ist es, der eine Nation am Leben erhält. Stirbt der Patriotismus und geht eine Nation der Liebe und der Loyalität ihrer Bevölkerung verlustig, so stirbt auch sie und beginnt zu zerfallen.

Patriotismus darf nicht mit einer Vergötzung der Nation verwechselt werden, wie sie in den dreißiger Jahren des zwanzigsten Jahrhunderts in Europa in Mode war. Er ist keineswegs identisch mit einem Chauvinismus, der andere Nationen verachtet oder zu unterjochen trachtet. Patriotismus bedeutet die leidenschaftliche Hingabe eines Menschen an sein eigenes Land – seinen Boden, sein Volk, seine Vergangenheit, seine Helden, seine Literatur, seine Sprache, seine Tradition, seine Kultur und seine Gebräuche. Er befähigt ein Volk, harte Unterdrückung zu erdulden und zu überstehen. Regis Debris schreibt: „Intellektuelle vergessen nur allzuleicht, daß Nationen überwintern, Imperien jedoch altern. Die amerikanische Nation wird das atlantische Imperium überleben, so wie die russische Nation das Sowjetreich überleben wird."[5]

Es ist dies das traditionelle Bild einer Nation. So sah Charles de Gaulle beispielsweise Frankreich. „Entsprechend der gaullistischen Vision", schreibt der konservative Wissenschaftler Roger Scruton, „wird eine Nation nicht durch Institutionen oder Grenzen, sondern durch Sprache, Religion und Kultur definiert: In Zeiten innerer Wirren oder äußerer Eroberung sind es diese spirituellen Werte, die des Schutzes und der Bestätigung bedürfen."[6]

Bei einem Staatsbesuch in Kanada beschwor de Gaulle 1967 einen Sturm herauf, indem er vom Balkon des Rathauses von Montreal ausrief: „Vive le Québec libre!" – „Es lebe das freie Quebec!" Es ist dies der trotzige Schlachtruf der Quebecer, die bis zum heutigen Tage davon träumen, aus dem kanadischen Staat auszuscheiden und eine eigene Nation zu begründen. Zwar ist und bleibt Quebec eine kanadische Provinz, doch die *Nation* Quebec lebt auch weiterhin in den Herzen von Millionen Frankokanadiern.

Vor über hundertzwanzig Jahren definierte der französische Geschichtsforscher und Philosoph Ernest Renan eine Nation wie folgt: „Eine Nation ist eine lebendige Seele, ein spirituelles Prinzip. Zwei Dinge, die in Wahrheit bloß ein einziges sind, bilden diese Seele, dieses spirituelle Prinzip: Das eine liegt in der Vergangenheit, das andere in der Gegenwart. Das eine ist der gemeinsame Besitz eines reichen Erbes von Erinnerungen, das andere die tatsächliche Bereitschaft und der tatsächliche Wunsch, gemeinsam zu leben, der Wille, das von den Ahnen überlieferte Erbe würdig und ungeteilt zu bewahren ... Wie das Individuum ist auch die Nation das Ergebnis einer langen Vergangenheit, geprägt von harter Arbeit, Opfern und Hingabe ... Eine gemeinsame ruhmreiche Vergangenheit, einen gemeinsamen Willen in der Gegenwart zu besitzen, gemeinsam Großes vollbracht zu haben und auch künftig Großes vollbringen zu wollen – dies sind die grundlegenden Voraussetzungen für die Entstehung eines Volkes."[7]

Eine solche Gemeinschaft wird Nation genannt und ist weit mehr als eine „Arbeitsteilung" oder ein „Markt", mag ein solcher für eine Nation auch noch so notwendig sein. Renan fährt fort: „Eine Interessengemeinschaft ist sicherlich ein starkes Band zwischen den Menschen. Doch ... machen gemeinsame Interessen bereits eine Nation aus? Ich glaube dies nicht. Gemeinsame Interessen führen zu Handelsverträgen. Die Nationalität weist eine gefühlsmäßige Komponente auf; sie besteht aus Körper und Seele; ein Zollverein ist kein Vaterland."[8]

„Ein Zollverein ist kein Vaterland." Eine wirtschaftliche Vereinigung von der Art der EU ist keine Nation. Eine Wirtschaft ist kein Land. Ein wirtschaftliches System besitzt die Aufgabe, die Bande der nationalen Einheit zu stärken, doch die Nation steht weit über den Konstrukten irgendwelcher Ökonomen. Eine Nation ist ein organisches, lebendiges Wesen mit einem pulsierenden Herzen. Eine Verfassung begründet keine Nation, sondern eine in den Herzen ihres Volkes bereits geborene Nation stellt sich selbst eine Geburtsurkunde in Form einer Verfassung aus. Genauso verhielt es sich bei der amerikanischen Nation.

Damit eine Nation Bestand hat, muß ihr Staatsvolk eine moralische und soziale Gemeinschaft bilden und höheren Werten huldigen als bloßen wirtschaftlichen Interessen. Zur Zeit des Amerikanischen Bürgerkrieges existierten diese moralische Gemeinschaft und diese soziale Einheit nicht mehr. Im Süden bestand kein Wille mehr, gemeinsam mit dem Norden auch weiterhin in einem Staat zusammenzuleben, ganz im Gegenteil: Die Menschen der Südstaaten wünschten nichts sehnlicher, als sich vom Norden zu trennen, sich – bildlich ausgedrückt – von ihm scheiden zu lassen, eine eigenständige Existenz zu führen. Die Sklaverei sowie das Zollproblem waren lediglich die Katalysatoren ihres brennenden Wunsches, sich von all dem zu befreien, was der Norden verkörperte.

Der 133. Psalm spricht von einer Nation im Embryonalzustand: „Siehe, wie fein und lieblich ist's, wenn Brüder einträchtig beieinander wohnen!" Schon an einer früheren Stelle des Alten Testamentes begegnen wir dem Begriff der Nation, nämlich im 1. Buch Mose 10,32, wo es heißt: „Das sind nun die Nachkommen der Söhne Noahs nach ihren Geschlechtern und Völkern. Von denen her haben sich ausgebreitet die Völker auf Erden nach der Sintflut."

Im 1. Buch Mose 12,2 spricht der Herr zu Abram folgendes: „... ich will dich zum großen Volk machen und will dich segnen und dir einen großen Namen machen ..." Etwas später, im 1. Buch Mose 17, wird berichtet, wie der Herr Abram einen neuen Namen gab – Abraham, „der Vater vieler Völker". Gott verspricht ihm, seinen Sohn Ismael zum Stammvater eines großen Volkes zu machen. Die Araber führen den Ursprung ihres Volkes noch heute auf Ismael zurück. Ehe Abrahams Schwiegertochter Rebekka ihre Söhne Esau und Jakob gebar, sprach Gott zu ihr: „Zwei Völker sind in deinem Leibe, und zweierlei Volk wird sich scheiden aus deinem Leibe ..." (1. Mose 25,25).

„Der Ausdruck ‚Nation' kommt vom lateinischen *nascere* – geboren werden – und setzt seinem Wesen nach eine Blutsverwandtschaft voraus", schrieb Peter Brimelow 1992 in der *National Review*. Eine Nation im wahren Sinne des Wortes ist eine erweiterte Familie. Der Verschmelzungsprozeß, den sämtliche Nationen durchlaufen, ist nicht nur kultureller, sondern – als Folge von Eheschließungen zwischen Angehörigen derselben „erweiterten Familie" – in erheblichem Maße auch biologischer Art.[9]

Brimelow definierte eine Nation als „ethnisch-kulturelle Gemeinschaft", die durch ein „Ineinanderübergreifen von Ethnizität und Kultur" gekennzeichnet werde und ein und dieselbe Sprache spreche. Unter Berufung auf den – mittlerweile verstorbenen – New Yorker Senator Daniel Patrick Moynihan schrieb er: „In seinem kürzlich erschienenen Buch *Pandaemonium* hat Senator Daniel Patrick Moynihan, um sowohl den kulturellen als auch den ethnischen Aspekt gebührend zu würdigen, folgende rigorose Definition verwendet: Eine Nation ist eine Gruppe von Menschen, die *glauben*, von alters her miteinander verwandt zu sein. Sie ist die größte Gruppierung, welche diesen Glauben teilt."

Um eine Nation zu sein, muß ein Volk *glauben*, eine Nation zu sein, und seine Angehörigen müssen *glauben*, eine gemeinsame Abstammung und Geschichte sowie ein gemeinsames Schicksal zu besitzen. Welcher ethnischen Gruppe wir Amerikaner auch angehören mögen –

um eine Nation zu bleiben, müssen wir an die Einzigartigkeit unserer Nationalität glauben.

In dem von Alexander Solschenizyn herausgegebenen Sammelband *Stimmen aus dem Untergrund* (1975) schreibt der russische christliche Dissident Wadim Borisow, für den die Nationen von Gott selbst geschaffen wurden: „Zur Zeit Christi gab es eine Vielzahl von Völkern auf der Welt, die verschiedene Territorien bewohnten und verschiedene Sprachen redeten und miteinander verfeindet waren … Die Menschheit ist nicht zur Verleugnung ihrer wirklichen Struktur aufgerufen, nicht dazu, irgendeine eigenschaftslose Masse zu bilden … ‚Alle Völker, die Du geschaffen, werden kommen und vor Dir anbeten, werden Deinen Namen ehren, o Herr.' (Ps. 86,9) Das eben ist die ‚gemeinsame Sache' der Menschheit … Die Nation ist eine der Ebenen in der Hierarchie des christlichen Kosmos, ein Teil des unabänderlichen göttlichen Planes für die Welt."[10]

Für Solschenizyn selbst sind die Nationen von der Vorsehung gewollt. In seiner Ansprache anläßlich der Verleihung des Literaturnobelpreises sprach er von der Notwendigkeit, die Vielfalt der Menschheit zu bewahren, davon daß „das Verschwinden der Nationen … uns nicht weniger arm machen [würde], als wenn alle Menschen gleich würden und eine Persönlichkeit und ein Gesicht aufwiesen. Die Nationen sind der Reichtum der Menschheit …"

Ist Amerika eine „Glaubensnation"?

Neokonservative und Liberale vertreten einen gegensätzlichen Standpunkt. Ihrer Auffassung nach ist Amerika eine andere Art von Nation. Im Gegensatz zu Irland, Italien oder Israel, argumentieren sie, würden die Vereinigten Staaten nicht durch die Bande der Geschichte und Erinnerung, der Tradition und Sitte, der Sprache und Literatur, der Geburt und des Glaubens, des Blutes und des Bodens zusammengekittet. Nein, Amerika sei eine Glaubensnation, vereint durch die gemeinsame Hingabe aller seiner Bürger an ein System bestimmter Ideen und Ideale.

„Amerikaner jeder nationalen Herkunft, Klasse, Religion, Glaubensrichtung und Hautfarbe haben etwas gemeinsam … einen politischen Glauben", schrieb Gunnar Myrdal im Jahre 1944.[11] Als in Kalifornien anno 1994 über die Gesetzesvorlage 187 diskutiert wurde – 59 Prozent der kalifornischen Bürger sprachen sich bei der Abstimmung für die Einstellung der Sozialhilfezahlungen an illegale Einwanderer aus –, griffen Jack Kemp und Bill Bennett, zwei Gegner der Vorlage, Myrdals Gedanken auf und erklärten: „Die nationale Identität der Amerikaner beruht auf einem Glauben, auf einem System von Prinzipien und Ideen."[12]

Der Fernsehreporter Cokie Roberts stieß ins gleiche Horn: „Wir haben nichts, was uns als Nation zusammenkitten würde – keine gemeinsame ethnische Abstammung, Geschichte, Religion oder auch nur Sprache –, außer der Verfassung und den auf dieser basierenden Institutionen."[13]

Der Neokonservative Irving Kristol übernahm den Standpunkt Bennetts und Kemps, indem er einen gewagten Vergleich zwischen den Vereinigten Staaten und der ehemaligen UdSSR anstellte: „Große Nationen, deren Identität ideologischer Art ist, wie es bei der Sowjetunion von gestern und den USA von heute der Fall ist, besitzen neben rein materiellen Anliegen auch ideologische Interessen."[14] Für Kristol ist Amerika in allererster Linie eine „ideologische" Nation.

Allan Bloom, der Verfasser von *Der Niedergang des amerikanischen Geistes* (1988), verfocht die Ansicht, Amerika sei „die Verwirklichung eines rationalen Planes für ‚Freiheit und Gleichheit'". In einem Essay mit dem Titel „Cultural Unity and Diversity" (Kulturelle Einheit und Verschiedenheit) resümiert Claes G. Ryn Blooms Amerika-Bild wie folgt: „‚Wir haben eine Regierung, die von Philosophen und deren Studenten gegründet wurde', schreibt Bloom. ‚Amerika ist nichts anderes als eine große Bühne', auf der Theorien schauspielerisch dargestellt würden. ‚Dabei gibt es nahezu keinerlei Unfälle.' Die in Amerika herrschende Ordnung und Freiheit sei somit das Werk einiger weniger aufgeklärter Geister. Abstrakte Ideen, nicht historisch geformte Persönlichkeiten, hätten bei der Geburt der Vereinigten Staaten Pate gestanden. Laut Blooms Interpretation vertraten ihre Schöpfer ganz ähnliche Gedanken wie Rousseau und die französischen Revolutionäre. Sie planten die Errichtung einer egalitären, auf der Grundlage der Mehrheitsentscheidung fußenden Ordnung, die sich die amerikanische Bevölkerung zu eigen machte."[15]

Ryn nennt diese Denkweise die „Annäherung des mündigen Bürgers an die gesellschaftliche Ordnung". Für Bloom, schreibt er, sei die gesellschaftliche Ordnung gewährleistet, „wenn jedermann im Geiste der angeblich universalen demokratischen Ideen erzogen wird".[16] Er zitiert Bloom wie folgt: „Klasse, Rasse, Religion, Herkunft oder Kultur verschwinden oder verblassen durchwegs, wenn man sie neben das strahlende Naturrecht stellt, das den Menschen gemeinsame Interessen verleiht und sie zu wahrhaftigen Brüdern macht."[17] Für Bloom machen unsere gemeinsamen ideologischen Glaubenssätze uns zu Brüdern.

Ganz ähnlich hatte sich bereits Franklin D. Roosevelt geäußert: „Der Amerikanismus ist eine Angelegenheit des Denkens und des Herzens. Der Amerikanismus ist keine Frage von Rasse und Abstammung und ist es nie gewesen. Ein guter Amerikaner ist einer, der seinem Land und unserem Glauben an Freiheit und Demokratie gegenüber loyal eingestellt ist."[18] Bill Clinton knüpft an diesen Gedankengang an: Um eine Nation zu sein, meinte er, brauchten wir uns lediglich bedingungslos „zu den Werten, für die Amerika steht und nach denen wir leben" zu bekennen.[19] Auch Samuel Huntington scheint Amerika als ideologische Nation aufzufassen. 1981 schrieb er: „Man kann den ‚Amerikanismus' als System politischer Ideen bezeichnen. Das ‚Britentum', das ‚Deutschtum' oder das ‚Japanertum' ließen sich niemals so definieren. In diesem Sinne ist der ‚Amerikanismus' mit anderen Ideologien oder Religionen vergleichbar … Wer die zentralen Ideen dieser Doktrin verwirft, verhält sich unamerikanisch … Die Identifizierung des nationalen Glaubensbekenntnisses mit einem politischen Glaubensbekenntnis oder mit politischen Werten macht die Vereinigten Staaten buchstäblich einzigartig."[20]

Arthur M. Schlesinger jun. gehört zu den engagiertesten Vertretern der Vorstellung von Amerika als Nation, die durch den gemeinsamen Glauben an die Ideen der Unabhängigkeitserklärung, der Verfassung und der Gettysburger Ansprache vereint wird: „Das amerikanische Glaubensbekenntnis geht von einer Nation von Individuen aus, die ihre eigenen Entscheidungen treffen und sich selbst gegenüber verantwortlich sind, nicht von einer Nation, die auf unverletzlichen ethnischen Gemeinschaften beruht … Unsere Werte sind nämlich keine Frage der Laune und des Zufalls. Die Geschichte hat sie uns verliehen. Sie sind in unserer persönlichen Erfahrung, in unseren großen nationalen Urkunden, in unseren Nationalhelden, in unseren Gebräuchen, Traditionen und Normen verankert … [Unsere Werte] weisen uns den Weg, und aus diesem Grunde lassen wir uns im Leben und im Sterben von ihnen leiten."[21]

Nach seiner Wahl zum US-Präsidenten sagte George W. Bush im Jahre 2001 in seiner Amtsantrittsrede: „Amerika wurde niemals durch Blut oder Geburt oder Boden vereint. Wir sind durch Ideale miteinander verbunden, die über unseren abstammungsmäßigen Hintergrund hinausreichen, uns über unsere Interessen erheben und uns lehren, was es bedeutet, Bürger zu sein."[22]

Die Idee, daß es sich bei Amerika um eine Glaubensnation handle, die nicht „durch Blut oder Geburt oder Boden", sondern durch erlernbare „Ideale" zusammengeschweißt werde, findet ihre Ergänzung in einer Vorstellung, die unsere Einwanderungspolitik seit vierzig Jahren prägt – der Vorstellung, daß Menschen aller Kulturen und Religionen, Länder und Kontinente, wenn sie erst einmal auf amerikanischem Boden Fuß gefaßt haben, mit gleicher Leichtigkeit assimiliert werden können, immer vorausgesetzt, sie bekennen sich zu den Grundsätzen unseres nationalen Glaubensbekenntnisses, der Gleichheit und der Demokratie.

Dies ist nachweislich falsch. Menschliche Wesen sind keine unbeschriebenen Blätter und lassen sich nicht so leicht von den Bindungen an ihren Stamm, ihre Rasse, ihre Nation, ihre Kultur sowie die Gemeinschaft, aus der sie stammen, loslösen. Gewiß, jeder Mann und jede Frau kann – ganz unabhängig von Rassenzugehörigkeit und Religion – ein guter Amerikaner oder eine gute Amerikanerin werden; dies wissen wir aus unserer Geschichte. Doch bezüglich der Fähigkeit, sich in einer Nation wie den Vereinigten Staaten zu integrieren, sind durchaus nicht alle Nationalitäten, Religionen und Kulturen gleich. Wer das Gegenteil behauptet, ist ein Dogmatiker, der die Erfahrung der Geschichte in den Wind schlägt.

„Während meines Lebens bin ich Franzosen, Italienern, Russen usw. begegnet“, schrieb der große Konservative Joseph de Maistre, „doch muß ich sagen, daß ich den Menschen an sich niemals getroffen habe; falls er existiert, ist er mir gänzlich unbekannt.“ Wie Sam Francis bemerkt, wollte de Maistre damit sagen, ein „stammesmäßiges Verhalten“ mache die Menschen menschlich: „Man raube es dem ‚Menschen‘ oder der ‚Menschheit‘, und was man erhält, ist nicht etwa der ‚reine Mensch‘ oder der ‚befreite Mensch‘, sondern eine Entmenschlichung …“[23]

Die Amerikaner sind ein identifizierbares Staatsvolk. Bei Auslandsreisen sind sie an ihrer Sprache und ihren Verhaltensmustern erkennbar, ohne daß man sie lange nach ihrem Glauben an Demokratie und freie Marktwirtschaft fragen müßte.

Während Kemp und Bennett argumentierten, die amerikanische Nation werde durch bestimmte Ideen geprägt, vertrat die Mehrheit der kalifornischen Wähler eine hiervon verschiedene Ansicht: Ganz unabhängig von den Ideen, die die illegalen Immigranten mitgebracht hätten, seien sie keine Amerikaner und kein Bestandteil unserer Nation; sie gehörten nicht hierher, besäßen keinen Anspruch auf die Amerikanern zustehenden Rechte und sollten dorthin zurückkehren, woher sie gekommen seien.

Präsident Roosevelt erklärte einst, der Amerikanismus sei „keine Frage der Rasse und Abstammung“ und sei es auch nie gewesen. Dies hinderte ihn freilich nicht daran, anno 1924 nachdrücklich ein Verbot der japanischen Einwanderung zu fordern, und als er Präsident war, ließ er infolge der Ereignisse von Pearl Harbor 110.000 Menschen japanischer Herkunft, darunter 75.000 US-Bürger, in Internierungslager sperren, weil er sie als potentielle fünfte Kolonne Japans betrachtete. Seine Handlungen als Präsident straften seine in Friedenszeiten abgegebenen Erklärungen Lügen.

Mit seiner Behauptung, um eine Nation zu sein, brauchten wir uns lediglich „bedingungslos zu den Werten zu bekennen, für die Amerika steht und nach denen wir leben“, steht Bill Clinton in schroffstem Gegensatz zu Stephen Decatur, der einst den berühmten Ausspruch tat: „Unser Land! …möge es immer im Recht sein, doch es bleibt unser Land, ob es im Recht oder im Unrecht ist.“

Als Präsident Bush 2001 in seiner Amtsantrittsrede sagte, Amerika sei „niemals durch Blut oder Geburt oder Boden vereint" gewesen, offenbarte er damit nicht bloß seine Unkenntnis unserer Geschichte, sondern leugnete einen wesentlichen Aspekt des Amerikanertums.

Bei der Geburt unserer Nation waren wir zu 80 Prozent britischer Abstammung. In der berühmtesten Schilderung der Amerikaner als eines neuen, einzigartigen und eigenständigen Staatsvolkes schrieb John Jay, Mitautor der *Federalist Papers*, in Artikel 2: „Mit ... Freude habe ich immer wieder bemerkt, daß es der Vorsehung gefallen hat, dieses eine zusammenhängende Land einem vereinten Volk zu geben – einem Volk, das von denselben Ahnen abstammt, dieselbe Sprache spricht, sich zu demselben Glauben bekennt, denselben Regierungsgrundsätzen verhaftet ist, sehr ähnlichen Sitten und Gebräuchen folgt und das mit vereinten Gedanken, Waffen und Anstrengungen einen langen und blutigen, Seite an Seite geführten Krieg hindurch seine allgemeine Freiheit und Unabhängigkeit tapfer erkämpft hat."[24]

„Dieses Volk und dieses Land scheinen füreinander gemacht zu sein", fuhr Jay fort und bezeichnete seine Landsleute als „Bund von Brüdern".

Noch vor der Ratifizierung der US-Verfassung betrachtete John Jay die Amerikaner also als „ein vereintes Volk", als „Brüder" von gemeinsamem Blut, die ein „zusammenhängendes Land" bewohnten. Was hält dieses „vereinte Volk" zusammen? Jays Antwort lautet: Sprache, Glaube, Kultur und Erinnerung.

Dazu kommt, daß die Amerikaner nicht minder tief im Boden ihres Geburtslandes verwurzelt sind als andere Bevölkerungen. Wie kann der Präsident, der mit Recht Stolz auf den Dienst seines Vaters an seiner Heimat sowie auf seine eigenen texanischen Wurzeln empfindet, die Bedeutung von Blut und Boden leugnen? Es heißt doch in einem berühmten Lied: „This land is my land / This land is your land / From the redwood forest / To the New York island" (Dies Land ist mein Land, / dies Land ist dein Land, / vom roten Forste / bis zu New Yorks Gestaden). Gesang und Musik, Geschichte und Mythos tragen mehr zum Werden eines Staatsvolkes bei als Ideologie oder politische Überzeugungen.

In seiner Abschiedsrede an die amerikanische Bevölkerung sagte Präsident Ronald Reagan: „Wenn wir vergessen, was wir taten, werden wir nicht wissen, wer wir sind. Ich warne vor der Auslöschung der amerikanischen Erinnerung, die letzten Endes zu einer Erosion des amerikanischen Geistes führen könnte."[25] Für Reagan war es von entscheidender Bedeutung, daß Eltern ihre Kinder mit der Geschichte und den Helden Amerikas vertraut machen. Er liebte Anekdoten und Geschichten über diese Helden und erwähnte sie in seinen Reden regelmäßig, um seinen Standpunkt zu verdeutlichen und sich selbst in die Tradition der Nation einzubetten; dies war der Grund für die ungeheure Sympathie, die ihm seitens vieler einfacher Menschen entgegenschlug. „Nationen überleben nur, wenn sie sich um gemeinsame nationale Symbole scharen“, schrieb Émile Durkheim.[26]

Die von Präsident Bush aufgestellte Behauptung, das Amerikanertum sei keine Sache von „Blut oder Geburt oder Boden“, konterte Sam Francis wie folgt: „Selbstverständlich ist das Amerikanertum sehr wohl eine Frage von Blut und Geburt. Wären wir lediglich die blassen Abstraktionen, die der Präsident beschwört, so wäre die Nation sinnlos. Die [von Bush erwähnten] Ideen mögen unseren Status als Nation mitprägen, doch losgelöst von den Besonderheiten des Ortes, der Rasse und Kultur, die ihnen erst einen Sinn verleihen, sind sie bedeutungslos.“[27]

„Sprache, Kultur und Geschichte kitten eine Nation zusammen und unterscheiden Nationen voneinander“, schreibt der konservative Kommentator Selwyn Duke. „Wir teilen mit Mexiko zwar einen Kontinent, bilden aber keine gemeinsame Nation mit ihm, und zwar hauptsächlich aufgrund dieser drei Faktoren.“[28]

Jeder Nation – sei es Frankreich, Deutschland oder Amerika – verleiht ihre Kultur einen besonderen und einzigartigen Charakter. In seiner Einleitung zu einem Sammelband mit dem Titel *Immigration and the American Identity* (1995) (Einwanderung und die amerikanische Identität) vermerkt Thomas Fleming, Herausgeber der Zeitschrift *Chronicles*: „Kultur ... bedeutet die Kultivierung eines bestimmten Charakters. Kulturelle Institutionen ... sind die entscheidenden Faktoren, die uns zu dem machen, was wir sind. Wie Tennysons Ulysses können Sie und ich sagen: ‚Ich bin Teil all dessen, was ich angetroffen habe‘: der Bücher, die wir lesen, der Musik, die wir hören, der Bilder, die wir betrachten, der Gebete, die wir sprechen. Eine Kultur ist die Summe all dieser Dinge und noch vieler, vieler anderer mehr, einschließlich der Tischmanieren und des Kleidungsstils. Ein amerikanischer Dichter hat es so gesagt: ‚Die Art, wie du deinen Hut trägst, die Art, wie du deinen Tee trinkst...‘[29]

Daß Arthur Schlesinger einem seiner Bücher den Titel *The Disuniting of America* (Die Entzweiung Amerikas) gab, läßt seine tiefe Beunruhigung angesichts der zentrifugalen Kräfte erkennen, die Amerika auseinanderreißen und die Ideen und Ideale, die uns seiner Ansicht nach zusammenhalten, immer mehr außer Kraft setzen.

Für traditionelle Konservative existiert diese „Glaubensnation“ einzig und allein in der Gedankenwelt von Theoretikern. Sie ist ein intellektuelles Konstrukt, für das die Menschen niemals Liebe oder Loyalität empfinden werden. Zweihundert Jahre lang sind Menschen für Amerika gestorben. Doch wer ginge schon freiwillig für die UNO, die EU oder eine „Nordamerikanische Union“ in den Tod?

Als Japan die US-Flotte in Pearl Harbor angriff, trugen sich College-Studenten Seite an Seite mit den Söhnen von Farmpächtern in die Freiwilligenlisten ein. Diese Männer meldeten sich nicht für den Kriegsdienst, um abstrakte Ideen zu verteidigen. Schließlich war weder die Demokratie noch die Gleichheit attackiert worden, sondern Amerika. Die jungen Freiwilligen strömten zur Armee, um gegen die Japaner zu kämpfen, die unser Land angegriffen und unsere Landsmänner getötet hatten. Viele von ihnen hatten niemals Jefferson, Hamilton oder Madison gelesen, und gar manche ereilte der Tod, ehe sie dazu kamen, sie zu lesen. Doch ob sie die Ideale und Prinzipien, die Präsident Bush in seiner Amtsantrittsrede beschwor, nun gelernt und verinnerlicht hatten oder nicht – sie waren Patrioten, vereint durch ihre Zugehörigkeit zu unserer Nation. Sie waren Amerikaner, und sie kämpften, bluteten und starben als Amerikaner, unabhängig von ihren politischen Überzeugungen.

Jede wahre Nation ist die Schöpfung eines einzigartigen Staatsvolkes, das sich von allen anderen unterscheidet. Wenn Amerika wirklich nicht mehr ist als eine ideologische Nation, die auf dem Sandboden abstrakter Ideen gebaut ist, wird es die Stürme des einundzwanzigsten Jahrhunderts ebensowenig überleben wie die UdSSR jene des zwanzigsten.

Als das Sowjetsystem mitsamt der Partei, der Armee und der Polizei, die diese ideologische Nation zusammenhielten, den Willen zu deren Bewahrung verloren hatten, brach sie auseinander und zerfiel in eine Reihe von Staaten mit eigener Nationalität, Religion und Kultur. Aus dem Trümmerhaufen erhoben sich die wahren Nationen wie Estland, Lettland, Litauen, die Ukraine und Rußland. Eine wahre Nation wird nicht durch politische Überzeugungen, sondern durch Patriotismus zusammengehalten.

Stalin gehörte zu jenen, die dieses begriffen. Als seinem Reich nach dem Präventivschlag Hitlers der Untergang drohte, rief er seine Untertanen keineswegs zur Rettung des Kommunismus oder zur Verteidigung der sowjetischen Verfassung auf, sondern forderte die Söhne Rußlands auf, die Rodina („Heimat") vor den „germanischen Horden" zu schützen, und stellte die Verfolgung der orthodoxen Kirche ein, damit ihre Bischöfe und Priester dem „Großen Vaterländischen Krieg" ihren Segen erteilen konnten. Obwohl Stalin ein in der Wolle gefärbter Kommunist war, wußte er, daß Menschen nicht für säkulare Weltanschauungen wie den Marxismus oder den Leninismus, sondern für „die Asche ihrer Väter und die Tempel ihrer Götter" zu sterben bereit sind. Wenn Hitler und Mussolini die Anhänger in solchen Scharen zuströmten, dann darum, weil ihre nationalsozialistische bzw. faschistische Lehre tief im Boden der Nationalität und Kultur verwurzelt war.

Frankreich betrachtet sich selbst als Glaubensnation, geeint durch die Grundsätze der Aufklärung und der Revolution. Doch während die Revolution Frankreich innerlich spaltete, hielten Nationalbewußtsein und Kultur das Land auch während der Napoleonischen Kriege, nach Territoriumseinbußen im neunzehnten Jahrhundert und dem Blutzoll der Materialschlachten von Verdun zusammen, obgleich die ideologischen und religiösen Konflikte in diesen schweren Zeiten noch an Brisanz zunahmen. Die französische Nation und das französische Volk bestehen bis heute, unabhängig davon, ob sie monarchistisch, republikanisch, imperialistisch oder demokratisch regiert werden. Und wenn die Franzosen zur Minderheit im eigenen Land werden sollten, wird das Bekenntnis zu den Ideen der Aufklärung Frankreich nicht mehr zu retten vermögen.

Sollte Amerika seinen ethnischen und kulturellen Kern verlieren und zu einem Flickenteppich von Nationen werden, so wird es nicht überleben. Nirgends auf Erden wird man nämlich eine multikulturelle, multiethnische, vielsprachige Nation finden, die nicht ständigen existentiellen Gefahren ausgesetzt wäre. Weder Demokratie noch Gleichheit noch freie Marktwirtschaft reichen aus, um ein Staatsvolk zusammenzuhalten. Ohne Patriotismus, ohne Liebe zu seinem Land und seinen Landsleuten – nicht ob ihres Glaubens und ihrer Überzeugungen, sondern schlicht weil sie eben Landsleute sind – „fallen die Dinge auseinander, und das Zentrum hat keinen Bestand".

„Nach zwei Jahrhunderten ist der Nationalismus weiterhin die weltweit vitalste politische Triebkraft", räumt Schlesinger ein, „er ist viel vitaler als gesellschaftliche Ideologien wie der Kommunismus, der Faschismus, ja sogar die Demokratie." Und innerhalb der Nation „nimmt der Nationalismus die Form der Pflege ethnischer Besonderheiten sowie des Stammesdenkens an".[30]

Vor dem Glaubensbekenntnis kam die Nation

Amerika ist viel, viel mehr als eine „Glaubensnation". Samuel Huntington selbst schreibt: „Amerika wurde von Siedlern gegründet, die im siebzehnten und achtzehnten Jahrhundert gekommen waren, fast alle von den Britischen Inseln ... Sie definierten Amerika anfänglich rassisch, ethnisch, kulturell, vor allem aber religiös. Dann, im achtzehnten Jahrhundert, mußten sie Amerika auch ideologisch definieren, um ihre Unabhängigkeit von ihren in der Heimat zurückgebliebenen Landsmännern zu rechtfertigen."[31]

Die Ideologie wurde von den kolonialen Eliten geschaffen, um dem Bruch der Bande zu ihren britischen Blutsbrüdern eine theoretische Rechtfertigung zu verleihen. Doch vor der Ideologie war das Land da. Ehe seine größten Dokumente niedergeschrieben wurden, existierte Amerika bereits im Herzen seiner Bevölkerung. Nicht die Verfassung schuf das Staatsvolk, sondern das Staatsvolk gab sich eine Verfassung. Viele unserer Gründerväter glaubten in der Tat an universale Prinzipien und Rechte, doch sie alle waren loyal gegenüber einer bestimmten Nation und deren Mitgliedern, mit denen sie durch Blut, Boden und Erinnerung verbunden waren.

George Washington wollte einst Offizier der britischen Armee werden. Nach den Kriegen gegen Franzosen und Indianer betrachtete er die Briten jedoch nicht mehr als Landsleute, sondern als fremde Herren. Schon lange vor dem zweiten Kontinentalkongreß war Washington mit Herz und Seele Amerikaner.

Nach der „Boston Tea Party" des Jahres 1773 rief Patrick Henry vor dem ersten Kontinentalkongreß in der Carpenter's Hall von Philadelphia aus: „Zwischen den Bürgern Virginias, Pennsylvanias, New Yorks und Neuenglands gibt es keine Unterschiede mehr. Ich bin kein Bürger Virginias, sondern ein Amerikaner." Dies sagte er zwei Jahre, bevor Jefferson den ersten Entwurf der Unabhängigkeitserklärung zu Papier brachte. Ehe die Kanonen bei Lexington dröhnten, erklärte Henry: „Der nächste Wind, der sich im Norden erhebt, wird das Klirren und Donnern der Waffen an unsere Ohren tragen! Unsere *Brüder* stehen bereits im Felde!"[32]

„Unsere *Brüder*." Unsere Nation wurde im Feuer des Aufstandes und des Krieges geschmiedet und war nicht das Ergebnis eines – zweifellos denkwürdigen – Dokuments, das ein Jahr nach dem Ausbruch der Rebellion, als bereits Tausende gefallen waren, in Philadelphia unterzeichnet wurde.

Die Unabhängigkeitserklärung bestätigte, was bereits bekannt war: Die Amerikaner waren ein Staatsvolk geworden. In seinem ersten Entwurf hatte Jefferson noch von „unseren britischen Brüdern" geschrieben, die es unterlassen hätten, die „Bande unserer Verwandtschaft" zu würdigen und sich gegen die „Stimme des gemeinsamen Blutes" taub stellten. Gemeinsames Blut und Verwandtschaft spielten für Jefferson also unverkennbar eine entscheidende Rolle. Die Indianer mochten denselben Kontinent wie wir bewohnen, waren deswegen aber noch lange nicht unsere Verwandten. Für Jefferson und die Unterzeichner der Unabhängigkeitserklärung von 1776 waren sie „erbarmungslose indianische Wilde, deren wohlbekannte Regel der Kriegführung in der wahllosen Vernichtung von Menschen jeden Alters, Geschlechts und Zustands besteht".[33]

Jefferson bezichtigt den britischen König Georg III. des Verbrechens, Söldner, die „nicht unserem gemeinsamen Blut" angehörten, in den Krieg gegen Amerikaner gehetzt zu haben. Dies kam für ihn einer Entehrung der Blutsbande gleich. Diese „gefühllosen Brüder" waren keine

Brüder mehr. Mit der Unabhängigkeitserklärung wurde eine mit dem Herzen bereits gefällte Entscheidung in Worte gekleidet.

„Was also ist der Amerikaner, dieser neue Mensch?" lautete die berühmte Frage des französischen Emigranten Henri St. John de Crèvecoeur. Hier seine klassische Antwort: „Ein Amerikaner ist, wer all seine alten Vorurteile und Gebräuche zurückgelassen hat und dank der neuen Lebensweise, die er übernommen hat, der neuen Regierung, welcher er gehorcht, und der neuen Position, die er einnimmt, neue erhält. Der Amerikaner ist ein neuer Mensch, der nach neuen Prinzipien handelt... *Hier werden Einzelmenschen aller Nationen zu einer neuen Spezies Mensch verschmolzen.*"[34]

Für de Crèvecoeur waren die Amerikaner also „eine neue Spezies Mensch". Um diese zu bewahren, forderte Washington in einem Brief an John Adams 1792 dazu auf, Immigranten nicht in geschlossenen Siedlungen wohnen zu lassen, sondern unter der Bevölkerung zu verbreiten, damit sie oder ihre Nachfahren sich an die amerikanischen Sitten und Gesetze anpaßten und mit den Alteingesessenen verschmölzen.[35]

Unsere Gründungsväter glaubten also, die Einwanderer müßten, um Amerikaner werden zu können, unsere Sprache, Sitten und Gebräuche übernehmen, und nicht nur unsere Prinzipien.

Für Hamilton beruhte der Erfolg Amerikas auf der „Bewahrung des nationalen Geistes und nationalen Charakters", den Immigranten mit den im Lande Geborenen teilen müßten. Die Sicherheit der Republik hing seiner Überzeugung nach von der „Liebe zum Land" und der „Freiheit der Bürger von fremden Voreingenommenheiten und Vorurteilen" ab. Die Assimilation, schrieb er, werde es Ausländern ermöglichen, „ihre Bindungen an die Fremde abzustreifen und dafür solche an Amerika zu gewinnen." In Hamiltons Republik gab es keinen Raum für doppelte Loyalität.

Sowohl Washington als auch Hamilton waren der Meinung, Einwanderer müßten aufhören, das zu sein, was sie waren, und das werden, was wir sind. Madison warb dafür, Fremden, von denen nicht anzunehmen sei, „daß sie sich in unsere Gesellschaft eingliedern können", von der Einwanderung auszuschließen.[36]

Im Gespräch mit einem deutschen Baron, der erwog, nach Amerika auszuwandern, legte John Quincy Adams die Bedingungen für Neuankömmlinge fest: *„Sie müssen ihre europäische Haut abwerfen, um sie nie wieder überzustreifen.* Sie müssen sich auf ihre Nachkommenschaft freuen, statt ihrer Ahnen zu gedenken."[37] Für Quincy mußten Immigranten aufhören, Engländer, Holländer, Deutsche und Iren zu sein und statt dessen Amerikaner werden, Angehörige einer neuen Nation.

Nachdem Abraham Lincoln das erstemal zum Präsidenten gewählt worden war, beschwor er seine Landsleute in seiner Amtsantrittsrede, nicht den Pfad des Bürgerkrieges zu beschreiten, und appellierte an die tiefen Bindungen zwischen Patrioten – Söhnen von Vätern, die Seite an Seite gefochten hatten: „Es widerstrebt mir, zu schließen. Wir sind keine Feinde, sondern Freunde. Wir dürfen keine Feinde sein. Auch wenn Leidenschaften hochgewallt sein mögen, dürfen sie die Bande unserer Zuneigung nicht beeinträchtigen. Die mystischen Saiten der Erinnerung, die sich von jedem Schlachtfeld und jedem Grab eines Patrioten zu jedem lebendigen Herzen und in jedes Heim erstrecken, über dieses ganze weite Land hinweg, werden abermals den Chor der Einheit anstimmen, wenn die lichteren Engel unserer Natur sie wieder streichen, was sicherlich der Fall sein wird."[38]

In seinem leidenschaftlichsten Appell beschwor Lincoln also nicht die Prinzipien der Demokratie, sondern die „Bande der Zuneigung" und die „mystischen Saiten der Erinnerung"!

Theodore Roosevelt teilte Adams Überzeugung, daß alle Einwanderer ihre alte Identität und ihre alten Loyalitäten über Bord werfen müßten. Immer und immer wieder zog er gegen den „Amerikanismus in Anführungszeichen" vom Leder.

Bei einer Ansprache vor Neubürgern hieb Woodrow Wilson in dieselbe Kerbe wie sein großer Rivale: „Ihr könnt keine Amerikaner von echtem Schrot und Korn werden, wenn ihr im Gruppendenken verharrt. Amerika besteht nicht aus Gruppen. Wer sich als Angehöriger einer bestimmten Gruppe in Amerika betrachtet, ist noch kein echter Amerikaner."[39]

Sowohl Woodrow Wilson als auch Theodore Roosevelt waren der Ansicht, die Amerikaner unterschieden sich von anderen Völkern durch weit mehr als nur ihre Regierungsform. „Entweder ist man Amerikaner und nichts anderes, oder man ist überhaupt kein Amerikaner", meinte Theodore Roosevelt.[40]

1908 schrieb Israel Zangwill, ein englischsprachiger Schriftsteller deutsch-jüdischer Herkunft, ein Stück mit dem Titel *The Melting Pot* (Der Schmelztiegel), in dem er die Vorstellung vom Amerikaner als einem neuen Menschen aufgriff. Er legte der Hauptfigur des Schauspiels, dem russisch-jüdischen Komponisten David Quixano, folgende Worte in den Mund: „Amerika ist G'ttes Feuerofen, der große Schmelztiegel, in dem alle Rassen Europas verschmelzen und sich neu bilden!"[41]

Zangwill vertrat also die Auffassung, die europäischen Immigranten würden in einem feurigen Ofen zu einem vollkommen neuen Staatsvolk – dem amerikanischen – verschmolzen. Dies entspricht der traditionalistischen Vorstellung, laut der die Amerikaner, unabhängig von ihren abstammungsmäßigen Wurzeln, ein Staatsvolk sind, das sich von allen anderen Völkern der Welt unterscheidet, und daß sie bedeutend mehr gemeinsam haben als nur politische Überzeugungen. Wir sind ein einzigartiges Land mit seiner eigenen Geschichte, seinem eigenen Erbe, seiner eigenen Geschichte, seinen eigenen Helden, seiner eigenen Sprache und Literatur, seinen eigenen Gesetzen, Sitten, Traditionen und Gebräuchen. Dieses Amerika wird durch die uferlose Masseneinwanderung aus Ländern, deren Bevölkerungen sich nie zuvor in einem anderen Kulturkreis assimiliert haben, aufs schwerste bedroht. Und wenn das organische Amerika der Traditionalisten stirbt, wird die „Glaubensnation" der Herren Kemp, Kristol, Bennett und Bush ebenfalls nicht überleben.

Stanley Renshon, Verfasser von *The 50% American: Immigration and National Identity in an Age of Terror* (Der fünfzigprozentige Amerikaner: Einwanderung und nationale Identität in einem Zeitalter des Terrors), betont nachdrücklich, daß der Amerikanische Glaube nicht ausreicht, um uns als Staatsvolk zu einen oder als Nation zu retten: „Die traditionelle Antwort auf diese Frage [was eine multiethnische Bevölkerung einen könne] lautet: Der Amerikanische Glaube wird uns einen. Sowohl linke als auch rechte Theoretiker sind allgemein der Auffassung, daß der Glaube an Gerechtigkeit und Demokratie – kurz *Der Glaube* genannt – unsere Rettung bedeute. Meiner Meinung nach ist diese Auffassung durch und durch fehlerhaft. Abstraktionen im luftleeren Raum vermögen die Menschen nicht zu einen, es sei denn, sie knüpften an etwas an, dem tiefere emotionale Kraft innewohnt. Das Grundproblem, dem sich unser Land gegenübersieht, ist keine Frage von abstrakten Werten, so löblich diese auch sein mögen, sondern eine der inneren Bindungen."[42]

Das Herz hat seine Gründe, die der Verstand nicht kennt.

Was aber ist jenes unverzichtbare Band, das unsere Menschen an ihre Heimat kettet, wenn es nicht der Amerikanische Glaube ist? Der Patriotismus, die Liebe zu unserem Land! Renshon führt hierzu aus: „Der Kitt, der dieses Land zusammenhält, ist eine vielgeschmähte, ganz falsch verstandene psychologische Kraft: der Patriotismus. Weit davon entfernt, ‚der letzte Zufluchtsort der Schurken' zu sein … ist er die unabdingbare Grundlage unserer Bindung aneinander sowie an die Institutionen, die unsere nationale Gemeinschaft bilden. Es ist von größter Bedeutung zu begreifen, was der Patriotismus wirklich ist und welche Rolle er im öffentlichen Leben Amerikas spielt. Wir können nicht von Immigranten verlangen, dies zu verstehen, wenn wir es selbst nicht verstehen."[43]

Stirbt die wahre Nation?

Die Liebe zu seinem Heimatland erwirbt man nicht durch das Studium von Texten, auch nicht der großartigen Schriften eines Jefferson oder eines Madison oder der Rede, die Lincoln im Zug nach Gettysburg schrieb.

Von den Halbwüchsigen und Männern, die bei Gettysburg in das Artilleriefeuer der Nordstaatentruppen marschierten, konnten viele weder lesen noch schreiben. Dasselbe traf oft auch auf die Soldaten der Nordstaaten zu, die die Kanonen bedienten.

Darf man, wenn man sich John Jays Definition zu eigen macht, heutzutage noch behaupten, wir Amerikaner seien ein „geeintes Land"? Wir stammen nicht mehr von denselben Ahnen ab. Der europäische Kern unseres Landes – noch 1965 waren fast 90 Prozent aller Amerikaner europäischer Abstammung – ist bereits auf weit unter 70 Prozent abgesunken und wird bis 2050 auf weniger als die Hälfte geschrumpft sein.

Wir sprechen nicht länger dieselbe Sprache und bestehen im Gegensatz zu unseren Vätern nicht mehr darauf, daß Einwanderer Englisch lernen müssen. Von den neun Millionen Einwohnern von Los Angeles County sprechen fünf Millionen zu Hause eine andere Sprache als Englisch. In Chicago wird der Schulunterricht in rund hundert verschiedenen Sprachen erteilt. Die am raschesten wachsenden Rundfunk- und Fernsehstationen der USA strahlen spanischsprachige Programme aus.

Die Amerikaner bekennen sich auch nicht mehr zu ein und demselben Glauben. Wir sind nicht länger „Protestanten, Katholiken und Juden", wie uns der Soziologe Will Herberg in seinem Essay *Protestant, Catholic, Jew* 1955 beschrieb. Wir sind Protestanten, Katholiken, Juden, Orthodoxe, Mormonen, Muslime, Hindus, Buddhisten, Taoisten, Shintōisten, Santería-Sektenbrüder, New-Age-Jünger, Voodoo-Anhänger, Agnostiker, Atheisten, Humanisten, Rastafaris und Wicca-Anhänger.

Wir haben niemals „Seite an Seite einen langen und blutigen Krieg ausgefochten". Dies hat die Greatest generation* getan, und in nostalgischer Erinnerung an jene Tage der Hoffnung und des Ruhmes feiern wir ihre Siege immer und immer wieder. Doch die Greatest generation stirbt hinweg, und wenn sich die anderen unter uns an einen „langen und blutigen Krieg" erinnern, so denken sie an den Koreakrieg, den Vietnamkrieg oder den Krieg im Irak, und in keinem dieser drei Kriege standen wir lange „Seite an Seite". Eine gewisse Zeit lang hat der Kalte Krieg uns geeint, aber auch er ist vorbei. John Updikes Romanfigur Rabbit Angstrom hatte so unrecht nicht, als er jammerte: „Was hat es ohne den Kalten Krieg noch für einen Sinn, Amerikaner zu sein?"

Wir huldigen immer noch „denselben Regierungsprinzipien". Dies reicht jedoch nicht aus, um eine Nation zusammenzuhalten. Vor dem

* Greatest generation (engl. „Größte Generation") ist ein 1998 durch Tom Brockaws Buch gleichen Titels geprägter Begriff, der jene US-amerikanische Generation bezeichnet, die im Zweiten Weltkrieg und oftmals auch noch im Koreakrieg gekämpft hat. Die Kinder der Greatest generation bildeten die Babyboomer-Generation. – A. d. Ü.

Amerikanischen Bürgerkrieg huldigte der Süden denselben Regierungsprinzipien wie der Norden, was ihn aber nicht daran hinderte, vier Jahre lang einen blutigen Krieg zu führen, um die Vorherrschaft des von Abraham Lincoln geführten Nordens abzuschütteln.

General Robert E. Lee lehnte das Angebot ab, das Kommando über die Armee der Nordstaaten zu übernehmen und die Meuterei des Südens niederzuschlagen. Als seine Brüder, die Bürger seines Heimatstaates, zu den Waffen griffen und sich gegen die Union erhoben, der er sein Leben lang gedient hatte, stellte er sich an ihre Spitze und führte sie in die Schlacht. Nachdem die Heere der Nordstaaten in Lees Heimatstaat eingefallen waren, vermochten ihn weder der Eid, den er geschworen hatte, noch die Ideale der Verfassung und der Unabhängigkeitserklärung zu fortgesetzter Loyalität gegenüber der Union zu bewegen.

Wenn Robert E. Lee, dessen Vater „Light Horse Harry" Lee der Freund und Waffenbruder George Washingtons gewesen war, eine bewaffnete Rebellion gegen die Vereinigten Staaten anführen konnte, wie naiv ist es dann anzunehmen, Millionen von Fremden, die in unserem Land nie Wurzeln geschlagen haben, würden Amerika größere Loyalität entgegenbringen als ihren Heimatländern, die sie eben erst verlassen haben! Wie viele Amerikaner, die in Mexiko arbeiten, würden sich innerhalb eines Jahrzehnts zu loyalen Mexikanern mausern, anstatt Amerikaner im Exil zu bleiben? Was bewegt uns zur Vorstellung, Mexikaner seien dem Land ihrer Geburt weniger eng verbunden als Amerikaner?

Schließlich empfinden die Amerikaner auch nicht mehr dieselbe Ehrfurcht vor ihrer Geschichte und ihren Helden wie einst. Was viele von uns immer noch als glorreiche Vergangenheit verklären, ist für andere ein dunkler Fleck auf unserer Weste. Kolumbus, Washington, Jefferson, Jackson, Lincoln und Lee, lauter Helden des alten Amerika, liegen heutzutage allesamt unter Dauerbeschuß. Gar manchen gelten die Entdeckung Amerikas durch Männer wie Kolumbus und John Smith sowie die Erschließung des Westens durch Pioniere, Soldaten und Cowboys nicht mehr als Ruhmestaten, sondern als finstere Kapitel in der Geschichte der abendländischen Menschheit.

Wer glaubt, die Ideen der Unabhängigkeitserklärung, der Verfassung und der Gettysburger Ansprache – Freiheit, Gleichheit, Demokratie – bildeten einen „Amerikanischen Glauben", der uns als Nation zusammenhalte, kennt unsere Geschichte nicht oder versucht sie umzuschreiben. Selbst die berühmtesten Worte in jenen Dokumenten, „Alle Menschen sind gleich", bedeuten nicht für alle Amerikaner dasselbe und haben nie dasselbe bedeutet.

Waren unsere Gründungsväter keine echten Amerikaner?

Wie wir gesehen haben, schrieb Samuel Huntington: „Wer die zentralen Ideen dieser Doktrin [unseres politischen Glaubens] verwirft, handelt unamerikanisch." Zwei dieser zentralen Ideen sind die Demokratie und die Gleichheit. Wurden die Gründungsväter unserer Nation diesem Anspruch gerecht?

Jefferson war bis zu seinem Tode Sklavenhalter; im Herbst seines Lebens schrieb er von einer „Aristokratie der Tugend und des Talents, die die Natur weise zur Förderung der Interessen der Gesellschaft geschaffen hat".[44] Madison, Urheber der amerikanischen Verfassung, war bis zu seinem Lebensende Vorsitzender der American Colonization Society, die der Ansicht war, „der Plan zur Rückführung der Sklaven nach Afrika" sei „der vernünftigste Ausweg aus dieser schon lange schwelenden Krise".[45] Nach Madisons Ableben wurde die Organisation von Henry Clay geführt, den Abraham Lincoln 1852 mit hohen Lobesworten bedachte. Lincoln wies anerkennend auf die jahrzehntelange Mitgliedschaft seines Helden in der American Colonization Society hin und zitierte beifällig aus der Ansprache, die Clay anno 1827 vor dieser Gesellschaft gehalten hatte: „Die Idee, Afrika seine Kinder zurückzugeben, deren Ahnen ihm durch die ruchlosen Hände von Betrügern und Gewalttätern entrissen wurden, ist in hohem Maße moralisch. Sie, die sie in ein fremdes Land versetzt wurden, werden die reichen Früchte der Religion, der Zivilisation, des Gesetzes und der Freiheit mit sich in ihre heimatlichen Gefilde bringen."[46]

Lincoln pries Clays Vision und erklärte: „Möge sie in der Tat verwirklicht werden!"

Die Sklaverei war ein großes moralisches Übel, das wir verdammen. Die Diskriminierung unserer amerikanischen Mitbürger afrikanischer Abstammung, die nach dem Bürgerkrieg noch ein rundes Jahrhundert andauerte, war ein schweres Unrecht und historisch falsch. Nichtsdestoweniger können wir nicht leugnen, daß die größten unserer Vorfahren all dies getan, gesagt und gebilligt haben. Wenn wir in diesem Zusammenhang an diese Dinge erinnern, dann aus folgendem Grund: Falls der Glaube an die Gleichheit aller Menschen eine unerläßliche Bedingung dafür ist, als Amerikaner an unserer „Glaubensnation" teilhaben zu dürfen, waren die Autoren der Unabhängigkeitserklärung, der amerikanischen Verfassung sowie der Gettysburger Ansprache keine Amerikaner.

Wie ist es nun um die Behauptung bestellt, das Bekenntnis zur Demokratie sei ein unabdingbarer Bestandteil des „Amerikanischen Glaubens", der uns zur Nation mache? Waren unsere Gründungsväter wirklich lupenreine Demokraten?

„Die Demokratie reibt sich selbst auf, erschöpft sich und tötet sich. Es gab noch nie eine Demokratie, die nicht Selbstmord begangen hätte“, schrieb Adams.[47] „Eine Demokratie ist die einzige reine Republik, doch ist sie über die Grenzen einer Stadt hinaus nicht praktikabel“, ergänzte Jefferson.[48]

Noch schroffer äußerte sich Madison. In *Federalist Papers*, Artikel 10 schrieb er: „Demokratien [haben] immer den Schauplatz für Unruhen und Streitigkeiten abgegeben, sind stets als unvereinbar mit den Erfordernissen der persönlichen Sicherheit oder den Eigentumsrechten betrachtet worden, und ihre Lebensdauer war im allgemeinen ebenso kurz wie ihr Ende gewaltsam.“[49] Erbarmungslos fiel auch das Urteil Hamiltons aus: „Die alten Demokratien, in denen das Volk selbst die Entscheidungen fällte, besaßen niemals auch nur einen einzigen Zug einer guten Regierung. Sie waren ihrer Natur nach tyrannisch.“[50]

Wenn ein Bekenntnis zur Demokratie ein unverzichtbares Element des „Amerikanischen Glaubens“ ist, der die Nation eint, waren unsere Gründungsväter demnach keine Amerikaner von echtem Schrot und Korn. Ihr abschätziges Urteil über das Gleichheitsprinzip sowie den demokratischen Grundsatz „Ein Mann, eine Stimme“ entlarvt sie laut der Logik Professor Huntingtons als durch und durch „unamerikanisch“.

Auch die Verfassung eint uns heutzutage nicht mehr – immer vorausgesetzt, sie hat dies je getan –, sondern entzweit uns zutiefst. Bei jeder neuen Ernennung eines Mitgliedes des Obersten Gerichts erkennen wir, wie tief diese Zwietracht inzwischen sitzt. Warum vermag uns das wichtigste Dokument der amerikanischen Einheit nicht länger zu einigen? Weil wir Amerikaner uns mittlerweile über seinen Sinn und seine Bedeutung uneinig sind. Wir sind uns uneinig in unserer Beurteilung der Homosexualität, der Abtreibung, der Quoten für rassische Minderheiten, des Rechts auf öffentliche Verbrennung der amerikanischen Fahne, des Schulgebets, der Anbringung der Zehn Gebote auf öffentlichen Plätzen, der Todesstrafe, der Pornographie und zahlreicher anderer strittiger Fragen.

Jene, die unverdrossen das Hohelied von der „Glaubensnation“ singen, scheinen nicht zu begreifen, daß die heftigen Streitigkeiten über den Sinn unserer großen nationalen Urkunden der Kern des Kulturkrieges sind, der uns entzweit.

Glaube oder Kultur

Hiermit stoßen wir nun zum Kern des Problems vor.

Ob Amerika eine Nation wie alle anderen oder eine Nation unterschiedlicher Art sei, ist durchaus keine rein akademische Frage: Wer bei dieser Auseinandersetzung den Sieg erringt, bestimmt nämlich Amerikas Schicksal. Huntington formuliert es so: „Das nationale Interesse leitet sich von der nationalen Identität ab. Wir müssen wissen, wer wir sind, bevor wir wissen können, wo unsere Interessen liegen.“[51]

Die Bestrebungen, die Identität Amerikas neu zu definieren, sind ein historischer Betrug, begangen von Ideologen, die mit unserer traditionellen Außenpolitik brechen und Amerika zu Kreuzzügen anstacheln wollen, um die Welt im demokratischen Sinne umzugestalten. Sie haben Amerikas Geburtsurkunde gefälscht, um die Vormundschaft über das Kind zu beanspruchen.

„Wer die Gegenwart kontrolliert, kontrolliert die Vergangenheit. Wer die Vergangenheit kontrolliert, kontrolliert die Zukunft“, schrieb Orwell. Indem sie Amerika eine neue Vergangenheit als „Glaubensnation“ andichten – eine Art von Nation, gegen die sich unsere Gründungsväter mit Händen und Füßen gewehrt hätten –, hoffen die Neokonservativen die Zukunft in den Griff zu bekommen: Eine Zukunft, in der Amerika ihrer Auffassung nach seiner Mission gerecht werden und die Menschheit demokratisieren soll. Den Amerikanern wird eine fabrizierte Ideologie eingebleut; man versucht ihnen weiszumachen, sie würden sich selbst untreu und verleugneten ihre Väter, falls sie nicht bereit seien, überall auf der Welt nach Ungeheuern Ausschau zu halten, die es zu vernichten gilt.

In seinem Aufsatz „Leo Strauss and History: The Philosopher as Conspirator“ (Leo Strauß und die Geschichte: Der Philosoph als Verschwörer) schreibt Claes Ryn: „Jenes Amerika, das sie [die Strauß-Anhänger] verkünden, ist nicht das wirkliche, historisch einzigartige Amerika, das tief in der christlichen und englischen Kultur verwurzelt ist, sondern ein Land, das nur in den von ihnen erfundenen Theorien existiert und das seine Größe seinen angeblich ahistorischen und rein rationalen Gründungsprinzipien verdanken soll. Das Amerika des Neokonservativismus bricht radikal mit dem Amerika der Geschichte.“[52]

Ob Amerika eine traditionelle oder eine ideologische Nation ist, spielt bei der Einwanderungsdebatte eine entscheidende Rolle.

Ist Amerika eine „Willensnation“ oder „Glaubensnation“, so spielt es keine Rolle, wer nach Amerika kommt und woher er kommt. Je mehr Menschen sich in unserem Land niederlassen und den „amerikanischen Glauben“ verkünden, desto stärker und besser wird unsere Nation. Eine solche Entwicklung bestätigt dann sowohl die These eines Ben Wattenberg, wonach Amerika die erste ideologische Nation der Welt ist, als auch den Albtraum eines Theodore Roosevelt, der befürchtete, unser Land könne zu einem „Sammelsurium zerstrittener Minderheiten“ werden und seinen Status als Nation einbüßen.

Ehe Amerika sich zu einem Glauben bekannte, bildeten die Amerikaner ein Staatsvolk, und Amerika war eine Nation. Jene, die das Glaubensbekenntnis mit der Nation identifizieren, werden von der Geschichte, die sie verzerren, Lügen gestraft. Wie Orwells Winston Smith im Wahrheitsministerium schreiben sie die Geschichte um, um Amerika in etwas zu verwandeln, was es nie gewesen ist: eine imperiale Demokratie, die ihre Ideologie einer widerspenstigen Welt aufzwingt und damit die Republik zugrunde richtet, die sie hätte sein sollen. Sollten sich diese Leute durchsetzen, so werden sie Amerika in etwas verwandeln, das keinen Bestand haben kann: einen multikulturellen, multiethnischen, vielsprachigen babylonischen Turm.

Wer sind wir?

Um zu wissen, wo unsere nationalen Interessen liegen und wofür wir unsere Söhne und Töchter in den Krieg schicken und sterben lassen sollen, müssen wir wissen, wer wir sind.

Wenn wir eine Glaubensnation sind, wenn uns lediglich unsere Entschlossenheit zur Verteidigung von Demokratie, Gleichheit und Freiheit zusammenschweißt und wenn wir ein Mandat und eine Mission besitzen, diese Ideen und Ideale dem Rest der Menschheit aufzunötigen, werden wir eine Außenpolitik im Stil von George W. Bush betreiben. Sind wir hingegen eine traditionelle Nation, werden auch unsere nationalen Interessen traditioneller Art sein: die Verteidigung unseres Landes und der Schutz des Lebens und des Eigentums unserer Bevölkerung. In diesem Fall werden wir jene, die unsere teuersten Güter bedrohen, als unsere Feinde betrachten.

Indem wir definieren, wer wir sind, definieren wir zugleich auch unsere Interessen, und von der Definition unserer Interessen hängt ab, *wen* wir bekämpfen müssen und wen nicht.

Sprache, Religion, Kultur und Geschichte sowie Blut und Boden (jawohl!) sind es, die ein Staatsvolk hervorbringen, und nicht eine Ideologie. Nach dem Zusammenbruch der Ideologie und der Doktrinen, zu denen sich etwa die Sowjetunion im zwanzigsten Jahrhundert bekannte, blieben die Russen und die anderen GUS-Völker. Nach drei Jahrzehnten maoistischen Wahnsinns waren die Chinesen immer noch Chinesen. Wäre in Amerika während des Kalten Krieges eine Diktatur errichtet worden, wären wir trotzdem noch Amerikaner und an weit mehr erkennbar als bloß an unseren politischen Überzeugungen.

„Historisch gesehen“, schreibt Huntington, „hatte die amerikanische Identität zwei Komponenten: Kultur und Glaube … Wenn die Multikultur obsiegt und das allgemeine Bekenntnis zur liberalen Demokratie schwindet, könnten sich die Vereinigten Staaten zusammen mit der Sowjetunion auf der Müllhalde der Geschichte wiederfinden."[53]

Demokratie ist nicht genug. Stirbt die Kultur, so stirbt das Land mit ihr.

Kapitel 10

Die Rückkehr des Stammesdenkens

Das Volk ist alles; eine andere Wahrheit gibt es nicht.
Benjamin Disraeli, Tancred oder Der neue Kreuzzug *(1847)*[1]

Die Feindseligkeit, die ein Stamm dem anderen entgegenbringt, gehört zu den instinktivsten menschlichen Reaktionen.
Arthur M. Schlesinger, The Disuniting of America *(1981)*[2]

Die meisten von uns sind sich einig, daß der Begriff der „Rasse" eine menschliche Schöpfung ohne Grundlage in der Genetik oder der Biologie ist.
Andrew Hacker, New York Review of Books, 2003[3]

1994 führte Sam Francis, Kolumnist und Leitartikler der *Washington Times*, bei einer Konferenz zum Thema Ethnizität und Kultur folgendes aus: „Die Zivilisation, die wir als Weiße in Europa und Amerika hervorgebracht haben, hätte sich nicht unabhängig von der genetischen Begabung der Völker entwickeln können, die sie schufen, und es gibt keinen Grund zur Annahme, daß eine Zivilisation von einer anderen Bevölkerung erfolgreich weitergeführt werden kann."[4]

Hätte sich Francis in diesem Sinne über China und die chinesische Zivilisation geäußert, so wären seine Worte unbeachtet geblieben. Aber er sprach von der westlichen Zivilisation und ließ durchblicken, daß diese allen anderen überlegen sei und daß einzig und allein Europäer imstande gewesen seien, sie zu schaffen. Wenn die westlichen Völker untergehen – und dieser Prozeß ist heute bereits in vollem Gange –, müssen wir damit rechnen, daß unsere Zivilisation mit uns von der Bühne abtritt. Niemandem fiele es ein, zu bestreiten, daß mit dem Untergang der Karthager auch die karthagische Zivilisation und Kultur untergingen. Doch indem Francis festhielt, daß die Errungenschaften des Westens das Werk von Europäern sind, überschritt er die Grenze des Tolerierbaren: Er wurde fristlos gefeuert.

In einem posthum veröffentlichten Essay – Francis starb Anfang 2005 – wies er auf die Einschränkungen hin, denen jede öffentliche Diskussion der Rassenfrage in Amerika unterworfen ist: „Im Viktorianischen Zeitalter war Sex das große Tabu. Heute ... ist Rasse das große Tabu. Die Viktorianer leugneten geradezu, daß Sex existiert. Heute wird behauptet, die Rasse sei ‚lediglich ein gesellschaftliches Konstrukt', das Produkt einer krankhaften Phantasie, und keine naturgegebene Realität. Die Viktorianer verhängten strenge Sanktionen gegen Menschen, die über Sex sprachen, sexuelle Witze machten oder allzu offen und unverblümt über Sex schrieben. Heute werden Journalisten, Disk-Jockeys, führende Sportler, Beamte, angesehene Akademiker sowie namhafte politische Führer, die die Rassentabus unserer Zeit verletzen, aus ihren Zeitungsredaktionen und ihren Fernseh- und Rundfunkstudios gejagt, zum Rücktritt gezwungen und von ihren eigenen Kollegen verurteilt; man stellt ‚Ermittlungen' über ihren ‚Hintergrund' sowie ihre ‚Verbindungen' zu anderen Individuen und Gruppen an, die ebenfalls gegen die Rassentabus verstoßen haben."[5]

Der Reporter Dimetrios G. Snyder („Jimmy der Grieche") von CBS Sports, John Rocker von den Atlanta Braves, Al Campanis von den Los Angeles Dodgers, Landwirtschaftsminister Earl Butz, Senats-Mehrheitssprecher Trent Lott sowie Richard Herrnstein und Charles Murray, die beiden Verfasser von *The Bell Curve* (Die Glockenkurve) – sie alle können bezeugen, daß Sam Francis die Wahrheit geschrieben hat. Rush Limbaugh mußte beim Sender „Sunday NFL Countdown" seinen Hut nehmen, nachdem er die Ansicht geäußert hatte, manche Sportjournalisten berichteten allzu wohlwollend über Donovan McNabb, den Verteidiger der Philadelphia Eagles, weil dieser schwarz sei.

Doch wer sich dem großen Tabu unterwirft, verhält sich wie ein Mensch, der seinem Arzt nichts von seinen regelmäßig wiederkehrenden Schmerzen sagt und hierdurch sein Leben aufs Spiel setzt. Überall auf der Welt werden Nationen durch rassische, religiöse und ethnische Probleme entzweit. 1991 schrieb Arthur Schlesinger prophetisch: „Es scheint nun offenkundig, daß ethnische und rassische Konflikte die ideologisch motivierten Konflikte schon bald als explosives Thema unserer Zeit ablösen werden."[6] Die Entwicklungen der seither verstrichenen anderthalb Jahrzehnte geben Schlesinger recht.

Zentrifugale Kräfte

Im zwanzigsten Jahrhundert haben die furchtbaren Kriege zwischen Imperien und Ideologien dazu geführt, daß den endlosen Kultur- und Stammeskriegen, deren Wurzeln weit tiefer saßen, oft nicht die gebührende Beachtung geschenkt wurde.

Das Gedächtnis der Menschen ist kurz. Nachdem die Sudetendeutschen 1938 aus der Tschechoslowakei ausgetreten waren, weil sie lieber deutsche Nationalsozialisten zu Landsleuten hatten, als mit tschechischen Demokraten in einem Staat zu leben und sich von ihnen unterdrücken zu lassen, erklärte die Slowakei bereits ein halbes Jahr später ebenfalls ihren Austritt aus der Tschechoslowakischen Republik, und die ungarische sowie die polnische Minderheit des sterbenden tschechischen Reststaates begrüßten die einmarschierenden Truppen aus Ungarn und Polen begeistert. Blutsbande kitten die Menschen stärker zusammen als die Demokratie. Nach dem Zweiten Weltkrieg bekamen Tschechen und Slowaken wiederum einen gemeinsamen Staat, aber nach dem Ende der sowjetischen Vorherrschaft trennten sie sich abermals. In der Habsburgermonarchie hatten sie jahrhundertelang Seite an Seite gelebt – in einer Demokratie konnten sie nicht zusammen leben. Es scheint eine offenkundige Tatsache zu sein, daß multikulturelle, multiethnische und vielsprachige Staaten nur Bestand haben können, wenn sie entweder autoritär regiert werden oder wenn es in ihnen einen dominierenden ethnisch-kulturellen Kern gibt. Ansonsten brechen sie zwangsläufig auseinander.

1991 zerfiel die Sowjetunion in fünfzehn Nachfolgestaaten. In jedem davon gibt die zahlenmäßig stärkste rassische, religiöse oder ethnische Gruppe den Ton an. Usbekistan, Kirgisien, Kasachstan, Turkmenistan und Tadschikistan sind asiatische und muslimische Staaten. Litauen, Lettland und Estland lehnen nicht nur den Kommunismus, sondern auch die russische Herrschaft ab; die Russen, die nach der Annexion Lettlands und Estlands dort angesiedelt wurden, sowie ihre Nachkommen gelten den ethnischen Letten und Esten bis zum heutigen Tage als Eindringlinge. Im Kaukasus scheint sich immer deutlicher eine Entwicklung abzuzeichnen, die zum Entstehen ethnischer Kleinstaaten wie Tschetschenien, Dagestan, Abchasien und Ossetien führen könnte.

In der Ukraine stellen die Russen im Osten, orthodoxe Ukrainer im Zentrum und katholische Ukrainer im Westen die Bevölkerungsmehrheit. Auf der Krim, die Nikita S. Chruschtschow 1954 an die damals sowjetische Ukraine abtrat, gewinnen Sezessionisten Oberwasser: Die russischsprachige Mehrheit der Halbinsel wirft der „repressiven Regierung" in Kiew vor, ihnen eine „fremde nationale Identität" aufzwingen zu wollen. „Starke ethnische und kulturelle Verschiedenheiten ... machen der Ukraine auch weiterhin schwer zu schaffen", konstatierte Steven Lee Myers in der *New York Times*.[7]

Nach dem Tode Marschall Josip Broz Titos zerfiel Jugoslawien, ein Staat, der nach der Pariser Friedenskonferenz von 1919 ursprünglich als Königreich der Serben, Kroaten und Slowenen gegründet worden war, in seine ethnischen Bestandteile. Die Slowenen, die früher zur Donaumonarchie gehört hatten, sagten sich als erste von Belgrad los, gefolgt von den Kroaten, die sich im Gegensatz zu den orthodoxen Serben zum katholischen Glauben bekannten und deren Beziehungen zu Serbien infolge der während des Zweiten Weltkrieges und danach von beiden Seiten begangenen Greueltaten unheilbar getrübt waren. Als nächstes scherte Mazedonien aus dem schrumpfenden jugoslawischen Staat aus, und seit kurzem ist auch Montenegro unabhängig. In Bosnien und dem Kosovo wehrten sich die Serben heftig gegen eine muslimische beziehungsweise albanische Vorherrschaft. Alle diese Völker hatten unzählige Jahrhunderte lang gemeinsam auf derselben Halbinsel und siebzig Jahre lang in ein und demselben Staat gelebt, aber die Balkankriege der neunziger Jahre stellten in ihrer Grausamkeit alles in den Schatten, was Europa seit dem Ungarischen Volksaufstand von 1956, wenn nicht gar seit dem Zweiten Weltkrieg, erlebt hatte.

Totgeglaubte nationale Konflikte verschwinden nicht einfach, sondern rücken oft jäh wieder ins Rampenlicht. Nach drei Jahrhunderten englischer Herrschaft streben schottische Nationalisten die Unabhängigkeit von England an wie anno 1921 die Südiren. Die Engländer ersetzen den Union Jack durch das rote Sankt-Georgs-Kreuz, das vor ihrer Vereinigung mit Schottland und Wales die Nationalflagge war. In Belgien rufen Wallonen und Flamen zur Auflösung des belgischen Staates auf, und in Italien hat die Lega Nord den Gedanken an die Unabhängigkeit des Nordens – Padaniens – ebensowenig aufgegeben wie die Separatisten in Quebec ihren Traum von einem „Québec libre".

Im März 2006 verkündete die baskische ETA, deren terroristische Bombenanschläge im Verlauf von vier Jahrzehnten achthundert Todesopfer gefordert haben, einen permanenten Waffenstillstand. Juan José Ibarretxe, Ministerpräsident der Autonomen Region des Baskenlandes, kommentierte diese Nachricht wie folgt: „Es ist an der Zeit, daß das baskische Volk in Frieden und Freiheit über seine eigene Zukunft entscheiden kann." Ibarretxes Traum ist eine baskische Nation. „Viele andere der siebzehn spanischen Regionen, insbesondere Katalonien, sind ebenfalls lebhaft an einer Lockerung der Bande zur Zentralregierung interessiert", kommentierte die *Times* diese Entwicklung.[8]

In Alberta und Saskatchewan sind Parteien entstanden, die sich für die Unabhängigkeit dieser kanadischen Provinzen starkmachen, und auch in Britisch-Kolumbien melden sich Sezessionisten zu Wort. Im Juni 2006 stimmten im US-Senat 56 Delegierte für einen von einer Organisation gebürtiger Hawaiianer eingereichten Gesetzesvorschlag, der Stammessouveränität für die Ureinwohner Hawaiis vorsah; ähnliche Rechte genießen auf dem amerikanischen Festland die Stämme der Sioux, Apachen und Navajos.

Der israelische Militärhistoriker Martin van Creveld, ein Chronist des Unterganges der Nationalstaaten, schreibt über die zentrifugalen Kräfte in der Dritten Welt: Es gab „in den letzten Jahrzehnten kaum ein unabhängig gewordenes Land in Asien oder Afrika ... das nicht irgendeinen Putsch, eine Revolution oder einen blutigen inneren Konflikt zwischen ethnischen und religiösen Gruppen erlebt hat."[9]

Über Indien, das sich laut der demographischen Sektion der UNO zum Land mit der weltweit größten Bevölkerung entwickeln wird, schreibt van Creveld: „[E]s gab und gibt immer noch ethnische und religiöse Unruhen etwa in Bengalen, im Punjab und in Kaschmir, manche davon so gewalttätig, daß sie, wenn sie in einem Land mit weniger als 900 Millionen Einwohnern stattgefunden hätten, als Bürgerkrieg hätten gelten müssen."[10] Im Verlaufe der letzten Jahrzehnte haben sich Indien und Pakistan, dann Westpakistan und Ostpakistan (das heutige Bangladesch), Malaysia und Singapur sowie Äthiopien und Eritrea voneinander getrennt.

Im Winter 2006 schien der Irak am Rande eines Religionskrieges zwischen Sunniten und Schiiten und vor seinem Auseinanderbrechen als Staat zu stehen. Im Frühling 2006 gingen die – eng mit den Türken verwandten – Aserbeidschaner im Nordwesten des Iran auf die Straße, weil sie sich durch eine in einer Zeitung erschienene Karikatur ihres Volkes beleidigt fühlten; es gab vier Tote und siebzig Verletzte. Zwar wurde das betreffende Blatt verboten, und der Karikaturist wanderte mitsamt dem Herausgeber hinter Gitter, doch dies reichte nicht aus, um die Aserbeidschaner zu besänftigen: Sie verlangten für ihre Kinder Schulunterricht in ihrer Muttersprache, der Turksprache Aseri, sowie Fernsehkanäle mit Programmen in dieser Sprache.

Nigeria, die bevölkerungsreichste Nation Afrikas, wäre um ein Haar auseinandergebrochen, als das Volk der Ibo in den späten sechziger Jahren des zwanzigsten Jahrhunderts einen unabhängigen Staat namens Biafra ausrief, was zu einem mörderischen Bürgerkrieg führte. Sudan, das flächenmäßig größte afrikanische Land, besteht ethnisch und religiös gesehen aus zwei Nationen; der von Arabern bewohnte muslimische Norden drangsaliert und unterdrückt den von schwarzen Stämmen besiedelten, überwiegend christlichen Süden. In Brasilien regen sich in den mehrheitlich weißen südlichen Staaten Rio Grande do Sul, Santa Catarina und Paraná Kräfte, die für eine Scheidung vom hauptsächlich von Schwarzen und Mulatten bewohnten Norden eintreten.[11]

Immer mehr deutet darauf hin, daß wir in der Tat die Endphase einer Epoche miterleben und daß van Creveld mit folgender, pessimistischer Analyse recht behalten wird: „Der Staat, der seit dem Westfälischen Frieden (1648) die wichtigste ... der modernen Institutionen ist, stirbt. Wo immer wir hinblicken, verbinden sich existierende Staaten entweder zu größeren Gemeinschaften, oder aber sie zerfallen; wo immer wir hinblicken, rücken nichtstaatliche Organisationen an ihre Stelle."[12]

Wurzeln

Für Disraeli war *race* – also „Rasse" oder „Volk" – der Schlüssel zur Geschichte. Mit „Rasse" meinte er das, was wir als Volk beziehungsweise Ethnos oder Nationalität bezeichnen, so wie Churchill die Briten „unsere Inselrasse" nannte.

So wie Stalin Russen in Lettland und Estland ansiedelte, überschwemmt Peking die Tibeter, Uighuren und Mongolen, die in ihren Heimatregionen noch die Bevölkerungsmehrheit stellen, mit Millionen ethnischer Chinesen, die ihre eigene Kultur mitbringen. Die von Mexiko im amerikanischen Südwesten verfolgte Strategie stellt lediglich die Wiederholung eines Vorgangs dar, der sich seit Urzeiten unzählige Male abgespielt hat: Immer und immer wieder ist es vorgekommen, daß ein Stamm das Territorium eines anderen allmählich erobert und kolonisiert hat.

In China spielen Volk und Geschichte eine zentrale Rolle. 2006 wurde der preisgekrönte Film *Memoiren einer Geisha* dort verboten; in Peking war man empört darüber, daß chinesische Schauspielerinnen in diesem Streifen japanische Geishas dargestellt hatten.[13]

Robert Mugabe stiehlt heute das Land weißer Farmer, die nach dem Ende Rhodesiens in Simbabwe geblieben waren. Zuvor hatten seine Schona-Stammesbrüder ein Massaker unter den Matabele angerichtet, deren Führer Joshua Nkomo einen nicht geringeren Anspruch auf die Rolle eines simbabwischen Mandela erheben konnte als Mugabe selbst. Die Völkermorde in Ruanda und Burundi wurden nicht aus ideologischen Gründen begangen, sondern bildeten grausige Höhepunkte einer langen Geschichte blutiger Fehden zwischen den Stämmen der Tutsi und der Hutu.

Eine Welle des ethnischen Chauvinismus schwappt über Lateinamerika. In Bolivien vermochte sich Evo Morales, ein Aimara-Indianer, bei den Präsidentschaftswahlen durchzusetzen, weil er die Mehrheit der indianischen Stimmen auf sich vereinigte. Was sich vor seinem Amtsantritt abspielte, schilderte die *New York Times* wie folgt: „Am Samstag beteiligten sich Zehntausende von Aimara- und Ketschua-Indianern an dieser archäologisch bedeutsamen Stätte, die rund viertausend Meter über dem Meeresspiegel liegt, an einer Zeremonie. Morales warf eine Tunika über, nach einem tausend Jahre alten Modell geschneidert, wie es einst von den weisen Männern Tiahuanacos getragen worden war, ließ sich nach den Regeln eines alten Rituals reinigen und übernahm die symbolische Führerschaft über die Myriaden von Eingeborenengruppen in den Anden.

‚Wir sind nicht alleine', sprach Morales zu der Menge. ‚Die Welt blickt auf uns. Wir leben in einer Zeit des Triumphs ...'"[14]

In seiner Amtsantrittsrede wies Morales darauf hin, daß 62 Prozent der Bolivianer Indianer sind wie er selbst, und erklärte: „Fünfhundert Jahre Widerstand der eingeborenen Völker waren nicht umsonst. Wir sind hier, und wir sagen, daß wir die Macht übernommen haben, um mit der Ungerechtigkeit, Ungleichheit und Unterdrückung Schluß zu machen, unter der wir gelebt haben."[15]

Vor fünfhundert Jahren betraten die Europäer den amerikanischen Kontinent. Die Idee der Reconquista – der Wiedereroberung von Ländern, die die Eingeborenen an die europäischen Eindringlinge, Besatzer und Kolonisten verloren haben – erweist sich von den Anden bis nach Oberkalifornien als Triebfeder populistischer Rebellionen.

Am 4. Juni 2006 standen sich bei den peruanischen Präsidentschaftswahlen der ehemalige Staatspräsident Alan García und der radikale Linksnationalist Ollanta Humala gegenüber. Isaac Humala, Patriarch des Humala-Klans und Vorsitzender der Nationalistischen Partei Perus, heizte die Stimmung während der Wahlkampagne kräftig an. Wenige Stunden vor der Eröffnung der Wahllokale erklärte er, das „Bronzevolk", das von den Inka abstamme, besitze ein größeres Recht, das Land zu regieren, als Peruaner europäischer Herkunft. „Wir sind Rassisten", bekannte Isaac Humala. „Wir wollen das Bronzevolk vor Auslöschung, Zerfall und Entartung retten. Jedermann ist Rassist, weil der Nationalismus den Menschen im Blute liegt, beispielsweise den Japanern in Japan und den Deutschen in Deutschland."[16]

Im Vorfeld der Abstimmung über den Gesetzesvorschlag 187 in Kalifornien verbreitete ein Chicano-Ausschuß eine Broschüre, in der es hieß, die illegalen Einwanderer seien die Weißen, und ihre Ahnen hätten sich des Völkermordes an den ursprünglichen, rechtmäßigen Besitzern des Landes schuldig gemacht: „Der verborgenen Vergangenheit (23 Millionen Angehörige unseres Volkes wurden von Europäern getötet) sowie der Zukunft unseres Volkes gilt unsere hauptsächliche Aufmerksamkeit. Die überwältigende Mehrheit unseres Volkes (über 90 Prozent) sind ihrer Herkunft nach Ureinwohner (Eingeborene). Wir sind Abkömmlinge der Urbewohner dieses Landes und die rechtmäßigen Eigentümer des Südwestens und Mexikos."[17]

Die Soziologin Yeh Ling-Ling hat darauf hingewiesen, daß radikale Chicano-Intellektuelle zum rassischen Widerstand gegen jede Assimilation oder auch nur Integration in Amerika aufrufen: „Laut seiner Herausgeberin Elizabeth Martinez verfolgt *Five Hundred Years of Chicano History* [Fünfhundert Jahre Chicano-Geschichte], ein an über 300 Schulen überall im Westen verwendetes Schulbuch, den Zweck, ‚unseren Widerstand gegen unsere Kolonisierung und Absorbierung durch die rassistischen Begründer des Imperiums zu feiern'... Für Rodolfo Acuna, Verfasser von *Occupied America: The Chicano's Struggle Towards Liberation* [Besetztes Amerika: Das Ringen der Chicanos um Befreiung], dem in Studienkursen über die Geschichte der Chicanos wohl am häufigsten gebrauchten Lehrbuch, war die anglo-amerikanische Invasion Mexikos ‚ebenso bösartig wie Hitlers Überfall auf Polen und andere zentraleuropäische Nationen ...'"[18]

Der afro-amerikanische Kolumnist Shelby Steele scheint das Verdammungsurteil von Martinez und Acuna über die historische Rolle der Europäer in Nordamerika zu unterschreiben: „In der jüngeren Geschichte hat keine Gruppe aggressiver Macht im Namen ihrer rassischen Überlegenheit ausgeübt als die westlichen Weißen. Durch den Kolonialismus, die Sklaverei, den weißen Rassismus und den Faschismus hat diese Gruppe für alle Zeiten veranschaulicht, was dabei herauskommt, wenn große Macht Hand in Hand mit einem atavistischen Überlegenheits- und Prädestinationsbewußtsein geht. Dies ist der Grund dafür, daß sich die heutigen Weißen in aller Welt nicht offen zu einer rassischen Identität bekennen dürfen."

Aufgrund der unverzeihlichen Sünden der „westlichen Weißen", belehrt uns Shelby Steele, sei eine rassische Identität „dem weißen Amerika schlechthin verboten ... Schwarzen Kindern wird heutzutage die Vorstellung der rassischen Identität und des rassischen Stolzes eingehämmert, doch bei Weißen ist Rassenstolz von Übel. Sage ‚Ich bin stolz darauf, ein Weißer zu sein', und du bist ein Nazi."

Doch wenn schwarzen Kindern „die Vorstellung der rassischen Identität und des rassischen Stolzes eingehämmert" wird, ist die weiland von Dr. Martin Luther King gepredigte „farbenblinde Gesellschaft" tot. Und wie können weiße Amerikaner Sühne für die Sünden ihrer Väter leisten? Steele läßt uns hierüber nicht im unklaren: „Weiße Schuldgefühle – die Notwendigkeit, genügend moralische Autorität zu erwerben, um zu beweisen, daß man kein Rassist ist – sind der Preis, den Weiße heute für ihre Geschichte zahlen. Die Sprache der Politischen Korrektheit ermöglicht es Weißen, mit übertriebener Unterwürfigkeit zu zeigen, daß sie keine Rassisten sind; in Institutionen dient das Prinzip der Verschiedenheit demselben Zweck."[19]

Im Gegensatz zu den Nachkriegsdeutschen sind die europäischstämmigen Amerikaner freilich nicht gewillt, Asche auf ihr Haupt zu streuen und im Büßerhemd der Geschichte einherzugehen, sondern empfinden ungeheuren Stolz auf die Errungenschaften ihrer Vorfahren und lehnen jede Form von umgekehrtem Rassismus scharf ab. Wenn viele Menschen so denken wie Shelby Steele, kann man sich unter diesen Umständen nicht so recht vorstellen, wie sich die verschiedenen ethnischen Gruppen miteinander versöhnen und glücklich zusammenleben sollen.

„Niemals vergessen!“

Auch die Geschichte ist und bleibt eine Quelle von Konflikten zwischen Nationen. Wenn führende japanische Politiker den Yasukuni-Schrein besuchen, der zu Ehren der zwei Millionen japanischen Kriegstoten errichtet wurde und wo auch vierzehn als „Hauptkriegsverbrecher“ hingerichtete Japaner, darunter Admiral Hideki Tōjō, bestattet sind, geben sich China und Südkorea regelmäßig „empört“, obwohl der Krieg vor sechzig Jahren endete.

Für Israel ist 1948 das Jahr der „Wiederauferstehung“ und Geburt der jüdischen Nation, während es für die Palästinenser das Jahr der „Katastrophe“ ist: Damals wurde ein Großteil ihres Volkes durch Terror und Krieg aus seiner angestammten Heimat vertrieben und zu entwurzelten Flüchtlingen degradiert. Amerikaner betrachten die Mexikaner als ihre Nachbarn, während die USA den Mexikanern als jene Nation gelten, die ihnen die Hälfte ihres Landes gestohlen hat, als dieses noch jung und schwach war.

Der konservative Wissenschaftler Robert Nisbet war der Ansicht, die Revolutionen des zwanzigsten Jahrhunderts gegen die weißen Imperialmächte seien rassische Revolutionen gewesen. Der Marxismus, schrieb er, habe „alles in allem versucht, Schwarze und andere historisch von den Weißen beherrschte Rassen davon zu überzeugen, daß sie der umfassenderen Kategorie des Proletariats angehören“. Tatsache sei und bleibe, fuhr er fort, „daß sich die rassische Revolution in ihren Zielsetzungen immer stärker von anderen revolutionären Philosophien oder Strategien unterscheidet … Als hervorstechendster Zug revolutionären Verhaltens im zwanzigsten Jahrhundert erwies sich ihr rassischer Charakter. Die signalhaften Revolten des vergangenen halben Jahrhunderts, die großen Aufstände und Massenbefreiungsbewegungen waren jene, die durch den Appell an Rasse und Hautfarbe an Dynamik gewannen. Die größte revolutionäre Bewegung des zwanzigsten Jahrhunderts war diejenige der Schwarzen, die sich nicht in erster Linie gegen die Kapitalisten, sondern gegen die *Weißen* erhoben – in Afrika sowie, wenn auch in geringerem Umfang, in den USA und anderen westlichen Ländern. Und ethnische Revolten – mochten sie nun von Schwarzen, Asiaten, Chicanos oder wem auch immer getragen werden – zeichneten sich üblicherweise durch ihre Feindseligkeit gegen alle Erscheinungsformen der westlichen Kultur und Zivilisation, aus und nicht bloß gegen die als kapitalistisch identifizierbaren."[20]

Mit dieser Einschätzung traf Prof. Nisbet den Nagel auf den Kopf. Mao Tse-tung, Fidel Castro, Ahmed Ben Bella, Ho Chi Minh und „Genosse Bob" Mugabe errichteten nach ihrer Machtübernahme marxistische Regime, doch als Motor ihrer Revolutionen erwiesen sich Ressentiments, die in Rasse und Nationalität wurzelten.

In der ersten Septemberwoche 2001 fand in Durban/Südafrika, die UNO-Weltkonferenz gegen Rassismus, Rassendiskriminierung, Fremdenhaß und damit verwandte Formen der Intoleranz statt. Der Kongreß verkam rasch zu einer lärmenden Protestkundgebung gegen die weiße Welt, den Westen und Israel. Zum Abschluß wurden die Vereinigten Staaten aufgefordert, Wiedergutmachung für den transatlantischen Sklavenhandel zu zahlen. Islamische Nationen, die noch in jüngerer Vergangenheit, lange nach der Abschaffung der Sklaverei im christlichen Westen, mit Sklaven handelten, blieben von dergleichen Forderungen verschont.

Daß in den Staaten der Dritten Welt Jahrzehnte nach ihrer Unabhängigkeit und nach der Zahlung von Entwicklungshilfe in Billionenhöhe auch weiterhin antiwestliche rassistische Ressentiments schwelen, sollte jenen zu denken geben, die unsere Grenzen für eine massenhafte Einwanderung aus solchen Ländern öffnen wollen. Nicht jeder Immigrant bringt jene leidenschaftliche Hingabe an Amerika mit, die man den über Ellis Island in unser Land Gekommenen gemeinhin zuschreibt.

Sind wir immun?

In Amerika sind Probleme, die in Rasse und Geschichte, Sprache und Kultur wurzeln, jäh aus der Versenkung aufgetaucht und haben unsere Gesellschaft zutiefst gespalten. Das Ideal der sechziger Jahre, die Integration, mußte der Rückbesinnung auf die eigene Identität weichen. Die Vorstellung, Menschen dürften nicht nach ihrer Hautfarbe, sondern einzig und allein nach ihrem Charakter beurteilt werden, wurde durch eine Vielfalt von Regelungen wie die *affirmative action**, ethnische Quoten sowie rassische, ethnische und geschlechtliche Privilegien verdrängt. Selbst

* Dieser am ehesten mit „Wiedergutmachung" zu übersetzende Ausdruck wird für eine Politik verwendet, die Schwarzen und anderen nichtweißen Minderheiten bei der Vergabe von Studien- oder Arbeitsplätzen einen gewissen Prozentsatz an Stellen garantiert, auch wenn es qualifiziertere weiße Bewerber gibt. – A. d. Ü.

die Republikanische Partei, letzte Bastion der Meritokratie, hat dem Geßlerhut dieser neuen Ideologie ihre Reverenz erwiesen.

An den Universitäten sowie am Arbeitsplatz gelten Fähigkeit, Erfahrung und Leistung nicht mehr als ausschlaggebende Kriterien; an ihre Stelle ist die ethnische Verschiedenheit getreten. Als Al Gore unseren nationalen Wahlspruch *E pluribus unum* – „Aus vielen eines" – im Jahre 1994 fälschlicherweise mit „Aus einem viele" übersetzte, mag er damit unfreiwillig den Geist des neuen Amerika wiedergegeben haben. Auf dem Campus unserer Universitäten werden immer häufiger Forderungen wie die nach getrennten Schlafräumen, Kantinen, Studenten- und Studentinnenorganisationen und Promotionsfeierlichkeiten für Afro-Amerikaner, Asiaten und Hispanos laut. Segregation gilt als akzeptabel, solange ein Hispano, ein Schwarzer oder ein Asiate danach verlangt. Doch Weißen ist rassische Identität „schlechthin verboten", wie Shelby Steele festhielt.

Jene, die wähnten, im Jahrzehnt der Bürgerrechte bewegten wir uns auf eine Epoche zu, in der die Rasse keine Rolle mehr spielen werde, sind von den geschichtlichen Entwicklungen widerlegt worden. An unseren Schulen kommt es immer wieder vor, daß schwarze Kinder, die ihre Hausaufgaben gewissenhaft verrichten und sich durch gute Leistungen auszeichnen, von ihren schwarzen Klassenkameraden beschimpft werden, weil sie „sich wie Weiße aufführen". An unseren Colleges und Universitäten gibt es einen „Sprachkodex" für Fragen der Ethnie und der Rasse, dessen Verletzung dazu führt, daß der Frevler der öffentlichen Ächtung preisgegeben wird und sich nur durch ein Geständnis, eine rituelle Entschuldigung und Reuebekundungen rehabilitieren kann. In der Rechtsprechung hat sich der Begriff des *hate crime* – „Verbrechen aus Haß" – eingebürgert: Ist der Richter der Ansicht, einer gewalttätigen Handlung – oder auch nur einer Beleidigung – liege „Rassenhaß" zugrunde, so fällt das Urteil härter aus, oder der Schuldige erhält eine zusätzliche Strafe aufgebrummt.

Als der Hurricane „Katrina" im August 2005 New Orleans heimsuchte und der Damm der Siebzehnten Straße brach, wurden die hauptsächlich von Afro-Amerikanern bewohnten tiefgelegenen Zonen der Stadt überflutet. Wie ein Lauffeuer verbreitete sich das Gerücht, Präsident Bush habe die Rettungsarbeiten verzögert, weil fast nur Schwarze im Superdome sowie dem Konferenzzentrum in der Falle saßen. Das weiße Amerika schenkte diesen verleumderischen Behauptungen keinen Glauben, das schwarze Amerika hingegen sehr wohl.

Bereits 1990 ermittelte eine Umfrage der *New York Times* folgendes: „60 Prozent der befragten Schwarzen halten es für zutreffend oder zumindest für möglich, daß die Regierung die Verbreitung von Drogen in schwarzen Vierteln fördert, um den Schwarzen zu schaden. 29 Prozent hielten es für zutreffend oder zumindest für denkbar, daß AIDS von rassistischen Verschwörern erfunden worden ist, um die Schwarzen zu dezimieren."[21]

Alle vier Jahre erweist es sich von neuem, daß Amerika eine rassisch gespaltene Nation ist. Mindestens 90 Prozent der Afro-Amerikaner wählen demokratisch, unter anderem weil ihnen eingeredet wird, den Republikanern sei es egal, wenn schwarze Kirchen niedergebrannt würden, oder Präsident Bush habe mit Gleichgültigkeit auf die Nachricht reagiert, daß ein geistig zurückgebliebener Schwarzer von einem weißen Autofahrer zu Tode geschleift worden war. Nach der Flutkatastrophe von New Orleans standen einer Meinungsumfrage zufolge nur noch zwei Prozent der Schwarzen hinter Bush.

1960 waren die damals 18 Millionen schwarzen Amerikaner – 10 Prozent der Gesamtbevölkerung – zwar nicht vollkommen in die amerikanische Gesellschaft integriert, hatten jedoch die amerikanische Kultur voll und ganz übernommen.

Sie beteten zu demselben Gott wie die Weißen, sprachen dieselbe Sprache, hatten dieselbe Wirtschaftskrise und dieselben Kriege durchlitten, sahen sich auf denselben vier Fernsehkanälen dieselben Sendungen an, lachten über dieselben Komödianten, führten sich dieselben Filme zu Gemüte, aßen dasselbe Essen, lasen dieselben Zeitungen und besuchten Schulen, wo sie – auch wenn sie oft noch nach Rassen getrennt unterrichtet wurden – dieselbe Geschichte und Literatur lernten und dieselben Feiertage begingen: Weihnachten, Neujahr, Ostern, Washingtons Geburtstag, den Gedenktag, den 4. Juli, den Tag der Arbeit, den Kolumbus-Tag. Die Rassentrennung war durchaus noch eine Realität, aber unsere schwarzen Mitbürger waren waschechte Amerikaner, die länger in unserem Land gelebt hatten als fast jede andere Gruppe außer den Indianern. Wir bestanden aus zwei Rassen, waren jedoch *ein* Staatsvolk – Amerikaner.

Diese kulturelle Einheit und das Gefühl, *ein* Staatsvolk zu sein, gehören inzwischen der Vergangenheit an. Der Ausdruck „Neger" wurde durch „Schwarze" ersetzt, um die rassischen Unterschiede hervorzuheben, und später bevorzugte man zunehmend die Bezeichnung „Afro-Amerikaner", um zu verdeutlichen, daß wir nicht nur verschiedenen Rassen angehören, sondern auch von verschiedenen Kontinenten stammen. In diesem Zusammenhang erinnert man sich an eine Ansprache, die Theodore Roosevelt 1915 vor Mitgliedern der Knights of Columbus hielt, einer Organisation, bei der irisch-, italienisch- und deutschstämmige Amerikaner besonders stark vertreten waren: „Es gibt in diesem Land keinen Raum für einen Amerikanismus in Anführungszeichen … ein Amerikaner in Anführungszeichen ist überhaupt kein Amerikaner …

Menschen, die nicht zu Amerikanern – und nur zu Amerikanern – werden, sind Amerikaner in Anführungszeichen, und es sollte in diesem Land keinen Raum für sie geben ... Solche Leute haben hier nichts zu suchen, und je früher sie in das Land zurückkehren, dem sie mit dem Herzen wirklich verbunden sind, desto besser wird es für jeden guten Amerikaner sein. So etwas wie einen Amerikaner in Anführungszeichen, der ein guter Amerikaner ist, gibt es nicht. Der einzige gute Amerikaner ist ein Mensch, der Amerikaner und sonst gar nichts ist."[22]

Würde Theodore Roosevelt dergleichen heutzutage vor einer Versammlung hispanischer oder schwarzer Amerikaner sagen, so würde er niedergeschrieen; er würde als „Hasser" an den Pranger gestellt, und mit seiner Politkarriere wäre es aus und vorbei.

In den sechziger Jahren des zwanzigsten Jahrhunderts begannen prominente schwarze US-Bürger, von der Basketball-Legende Lew Alcindor bis zu dem berühmten Boxer Cassius Clay, vom Dichter Leroi Jones bis hin zu Radikalen wie H. Rap Brown und Stokely Carmichael, sich afrikanische oder islamische Namen zuzulegen, um zu verdeutlichen, daß sie sich vom Amerika der christlichen Mehrheit losgesagt hatten.

Der Krieg zwischen Schwarzen und Braunen

Wie stark rassisch bedingte Ressentiments in unserer Gesellschaft verwurzelt sind, zeigt sich am krassesten in der Verbrechensstatistik. In einer anno 2005 veröffentlichten Studie, die sich auf Statistiken des US-Justizministeriums stützt, enthüllte die New Century Foundation folgende Fakten:

Amerikaner asiatischer Herkunft sind die gesetzestreuesten Bürger und begehen im Schnitt viermal weniger Verbrechen als weiße Amerikaner. Bei den Hispanos ist die Verbrechensrate dreimal, bei den Schwarzen siebenmal höher als bei den Weißen, und pro Kopf der Bevölkerung sitzen dreiunddreißigmal mehr schwarze als asiatischstämmige Amerikaner hinter Gefängnisgittern.[23] Eine noch deutlichere Sprache sprechen die Statistiken über Verbrechen, bei denen Täter und Opfer verschiedenen Rassen angehören. Weitaus am häufigsten werden Schwarze gegenüber Weißen straffällig. „Schwarze verüben statistisch gesehen neununddreißigmal mehr Gewaltverbrechen und hundertsechsunddreißigmal mehr Raubüberfälle gegenüber Weißen als umgekehrt."[24]

Diese Fakten sind dermaßen vernichtend, daß sie kaum je in den Zeitungen erscheinen.

Die Statistiken des Justizministeriums weisen noch auf eine weitere beunruhigende Entwicklung hin: Junge männliche Asiaten schließen sich durchschnittlich neunmal häufiger und junge Hispanos gar neunzehnmal häufiger einer Straßenbande an als weiße Jugendliche.[25] Dies bedeutet, daß sich ein ganz unverhältnismäßig hoher Teil der jungen und armen Hispanos einer Subkultur verschreibt, deren Kennzeichen Frauenverachtung, Rebellion gegen die Gesellschaft, Drogen, Bandenunwesen, Kriminalität, Verachtung für die traditionelle Erziehung sowie Feindschaft gegenüber der Polizei sind. Heather Mac Donald vom Manhattan-Institut schreibt: „In vielen Einwanderergemeinden schließen sich mehr junge Menschen einer Bande an, als sich in die bürgerliche Gesellschaft integrieren. Schon kleine Kinder lernen die Gebärdensprache der Banden und hassen die Polizei, berichtet die *Los Angeles Times*. In New York Stadt gibt es laut den Aussagen des achtzehnjährigen illegalen Immigranten Ernesto Vega ‚in jeder Sekundarschule eine mexikanische Bande, und die meisten Zwölf- bis Vierzehnjährigen gehören ihr bereits an'."[26]

Im Februar 2006 tobten in den Gefängnissen von Los Angeles County eine Woche lang blutige Auseinandersetzungen zwischen hispanischen und schwarzen Häftlingen, die ihre Bandenkriege in den Zellen austrugen. Die mexikanische Mafia hatte Vergeltungsmaßnahmen für einen angeblichen Überfall auf Bandenangehörige außerhalb der Gefängnismauern angeordnet. Als hispanische Gefangene in einem zweistöckigen Schlafraum in der Strafanstalt Pitchess Möbel auf schwarze Mitgefangene regnen ließen und einen davon töteten, ließ die Polizeiverwaltung von Los Angeles den Häftlingen sämtliche Vergünstigungen streichen und alle Zellenblöcke absperren. Los Angeles weist von allen amerikanischen Städten die meisten Gefängnisse auf. 90 Prozent der insgesamt einundzwanzigtausend Insassen sind Afro-Amerikaner und Hispanos.

John Pomfret von der *Washington Post* schilderte die Hintergründe der zunehmenden Gewalt in den Strafanstalten von Los Angeles: „Eine Reihe tödlicher, rassisch motivierter Gewalttätigkeiten in den Gefängnissen dieser unbändig wachsenden Metropole hat ein grelles Licht auf die seit langem schwelenden, aber weitgehend totgeschwiegenen Spannungen zwischen der schrumpfenden Anzahl der Schwarzen und der wachsenden Zahl der Latinos in Kalifornien geworfen.

Auf fast jedem Gebiet des öffentlichen Lebens – Schulen, Politik, Krankenhäuser, Wohnungen und Arbeitsplätze – stehen Afro-Amerikaner und Hispanos in einem erbitterten Konkurrenzkampf. Dies geht aus Gesprächen mit Lehrern, Schülern, Politikern, Forschern, Beamten, Bürgerrechtsanwälten, Polizisten und Geschäftsleuten hervor."[27]

Für Sheriff Lee Baca waren die gewaltsamen Auseinandersetzungen in den Gefängnissen Teil einer „unaufhörlichen blutigen Schlacht" zwischen schwarzen und hispanischen Banden.[28] Der Historiker Roger

McGrath, der in Los Angeles County aufgewachsen ist, schreibt, die Gewalt in den Strafanstalten sei nichts weiter als ein Spiegelbild dessen, was sich auf den Straßen abspiele: „Zwischen hispanischen und schwarzen Schülern ist es zu rassisch motivierten Krawallen gekommen, die dazu geführt haben, daß in Los Angeles während der letzten Jahre mehrere Hochschulen geschlossen wurden, und auf den Straßen haben hispanische Bandenmitglieder eine Rekordzahl von Angehörigen schwarzer Banden umgebracht. Im überwiegend schwarzen South Central Los Angeles gewinnen die Hispanos allmählich die Oberhand: Einerseits durch ihre schiere Zahl – seit dem Jahre 2000 haben sich die Hispanos in Los Angeles County infolge der illegalen Einwanderung um sage und schreibe eine Million vermehrt –, andererseits durch ihre Gewalttätigkeit.“[29]

„Crips und Bloods müssen zusammenhalten!“ Dieser Slogan, der auf den Mauern von South Central Los Angeles prangt, hat einen neuen Sinn bekommen: Die Bandenkämpfe zwischen Schwarzen müssen aufhören. Die Crips und die Bloods müssen sich gegen die Hispanos zusammenschließen. Earl Ofari Hutchinson, Leiter einer Diskussionsgruppe, die die wachsende Gewalt zwischen Schwarzen und Latinos zur Sprache bringt, meint hierzu: „Was in den Gefängnissen passiert, ist Ausdruck eines weitaus tiefer sitzenden Übels … In den Schulen, auf den Straßen, am Arbeitsplatz und in den Krankenhäusern kommt es regelmäßig zu Auseinandersetzungen zwischen Schwarzen und Latinos. Ich behaupte nicht, daß sich diese stets gewaltsam entladen, aber wir sind Zeuge eines Territorialkrieges, der tobt, weil ganze Viertel ihr Gesicht verändern und mittlerweile größtenteils von Latinos bewohnt werden.“[30] Und MacGrath fährt fort: „Wenn Angehörige beider Bevölkerungsgruppen zusammen im Gefängnis sitzen, schließen sie sich automatisch nach rassischen Gesichtspunkten zusammen. Es handelt sich um einen Stammeskrieg, der mit großer Brutalität ausgefochten wird.“[31]

Intellektuelle wie Andrew Hacker, die der Ansicht sind, der Begriff „Rasse“ sei „eine menschliche Schöpfung ohne Grundlage in der Genetik oder Biologie“ und ein „sinnloser Begriff“, täten gut daran, solche Thesen nicht ausgerechnet in South Central Los Angeles zum besten zu geben. Dort ist die hehre Hoffnung der fünfziger und sechziger Jahre des vergangenen Jahrhunderts, wonach sich Amerika zur farbenblinden Gesellschaft entwickeln werde, heute tot und begraben.

Da ihre Viertel durch die illegale Einwanderung aus dem Süden am stärksten betroffen werden und ihre Arbeitsplätze am unmittelbarsten bedroht sind, sprechen sich die Afro-Amerikaner in ihrer überwältigenden Mehrheit für eine rigorosere Kontrolle der Grenzen sowie eine Drosselung der Immigration aus. Doch in Kalifornien scheint diese Schlacht bereits verloren. Unter Berufung auf Nicolas C. Vaca, den Verfasser eines

Buchs mit dem Titel *The Presumed Alliance: The Unspoken Conflict Between Latinos and Blacks and What It Means for America* (Die angebliche Allianz: Der verschwiegene Konflikt zwischen Latinos und Schwarzen und was er für Amerika bedeutet), hält Pomfret fest, daß der hispanische Anteil an der kalifornischen Bevölkerung von 19 Prozent im Jahre 1980 auf heute 34 Prozent hochgeschnellt, jener der Afro-Amerikaner im gleichen Zeitraum hingegen von 7,7 Prozent auf 6,7 Prozent geschrumpft ist. Heutzutage leben in Kalifornien weniger als zweieinhalb Millionen Schwarze, aber zwölf Millionen Hispanos, und die Zahl letzterer nimmt infolge der – legalen und illegalen – Einwanderung sowie der höheren Geburtenraten weiter zu. In Los Angeles gehen heute 73 Prozent aller „rassistisch motivierten" Verbrechen gegen Schwarze auf das Konto von Hispanos und 80 Prozent aller solchen Delikte gegen Hispanos auf das Konto von Schwarzen. Bedenkt man, daß in Los Angeles County rund tausend Banden ihr Unwesen treiben, kommt man nicht umhin, jenem Bürgerrechtsanwalt zuzustimmen, der kurz und bündig festhielt: „Die Unterklasse befindet sich im Krieg."[32]

Ein Lehrer, der an einer der prestigeträchtigsten Schulen von Los Angeles County unterrichtet, berichtet, schwarze Schüler schwänzten am 5. Mai den Unterricht, weil man sie gewarnt habe, sie würden erschossen, wenn sie sich an diesem Tag blicken ließen. „Als ich [am 5. Mai] das Klassenzimmer betrat, sah ich, daß alle schwarzen Kinder zu Hause geblieben waren", sagte die schwarze Lehrerin Channa Cook zu Pomfret.[33]

Bescheidene Frage: Wenn Rasse, Religion und Ethnie für die Habenichtse der Dritten Welt Vorrang vor der Solidarität mit ihren Mitbürgern haben, kommt es dann nicht dem nationalen Selbstmord gleich, Dutzende von Millionen weiterer Dritte Welt-Einwanderer in die USA zu holen, in der frommen Hoffnung, sie würden sich so assimilieren wie die Immigranten von anno dazumal?

Unterlassen es unsere Führer aus lauter Feigheit, auf eine Entwicklung zu reagieren, die sich als tödliche Gefahr für unsere Einheit und unseren Zusammenhalt als Nation entpuppen könnte? Der französische Dichter Charles Péguy meinte einmal: „Man wird nie wissen, welche Akte der Feigheit durch die Furcht bewirkt wurden, nicht genügend progressiv zu erscheinen."[34]

Ist unsere Verschiedenheit unsere Stärke?

Amerika unterscheidet sich von den meisten anderen Nationen durch seine wohlwollende Einstellung gegenüber Einwanderern. Wir huldigten dem Glauben, die amerikanische Familie werde durch die Adoption neuer Söhne und Töchter gestärkt. Freilich gilt es darauf hinzuweisen, daß es in unserer Geschichte nicht nur Perioden mit relativ starker Immigration gab – denken wir an die Masseneinwanderung von Iren zwischen 1845 bis 1849, als in Irland eine Hungersnot wütete, oder an die „Große Welle“ aus Süd- und Osteuropa von 1890 bis 1920 –, sondern auch Zeiträume mit geringer oder fast gar keiner Einwanderung.

Von 1924 bis 1965 waren die Führer Amerikas der Ansicht, wir benötigten Generationen, um die Millionen von Immigranten aus europäischen Ländern, aus denen zuvor nur ganz wenige Amerikaner gekommen waren, zu absorbieren, zu assimilieren und zu amerikanisieren. Diese Haltung war natürlich und normal, und sie erwies sich als erfolgreich. Doch was sich heutzutage abspielt, ist weder natürlich noch normal. Ohne Rückendeckung seitens der amerikanischen Bevölkerung, ja gegen ihren erklärten Willen, hat das Regime mittlerweile eine Ideologie verinnerlicht, die ohne die Spur eines Beweises lehrt, es spiele keine Rolle, wie viele Millionen noch kämen, welchen Ländern und Kulturen sie entstammten, welcher Religion sie anhingen und welche Sprache sie sprächen. Jede Immigration ist dieser Ideologie zufolge gut, und je mehr Einwanderer kommen, desto besser. Je verschiedener wir in rassischer, ethnischer, kultureller und religiöser Hinsicht werden, desto besser werden wir als Staatsvolk. Je weiter wir uns von dem Amerika der sechziger Jahre entfernen, als 89 Prozent unserer Bevölkerung europäischen Ursprungs waren, desto besser sind wir als Staatsvolk. Wer jedoch dieser Entwicklung Einhalt gebieten und das Land, das er kannte und liebte, bewahren will, ist nichts weiter als ein ewiggestriger Hinterwäldler.

Die Befürworter offener Grenzen behaupten, es sei gleichgültig, wie viele Einwanderer noch kämen und woher sie stammten; alle könnten assimiliert und amerikanisiert werden. Was, bitteschön, sei Amerika denn, wenn nicht eine Idee, ein Ideal, eine ideologische Nation? Wir glaubten ja alle an Freiheit, Gleichheit, Menschenwürde und Demokratie, und mehr brauche es nicht, um Amerikaner zu werden!

Diese Ideologie ist der Gegenpol zum Konservativismus, liegt ihr doch der Glaube zugrunde, daß sich Menschen nach Belieben umformen und umgestalten ließen. Ihr zufolge sind Geschichte und Rasse, Religion und Kultur unwichtig, und Wurzeln haben keine Bedeutung. Obwohl diese Ideologie das Evangelium unserer neuen Elite ist, stößt sie beim Durchschnittsamerikaner auf Ablehnung. Dieser fühlt, daß etwas zutiefst faul sein muß, wenn Millionen, die nicht unserer Nation angehören, unsere Sprache nicht sprechen und keinerlei Loyalität gegenüber unserem Land empfinden, unsere Grenzen illegal überqueren und sich auf Dauer unter uns niederlassen.

Jesse Jackson und Bürgermeister Ray Nagin haben beide protestiert, als sie sahen, wie illegale Einwanderer Menschen, die seit langem in New Orleans gewohnt haben, beim Wiederaufbau der Stadt Arbeitsplätze wegnahmen. Und wenn bei einem Fußballspiel zwischen den USA und Mexiko im Coliseum von Los Angeles neunzigtausend Menschen die amerikanische Flagge vom Mast reißen, beim Abspielen unserer Nationalhymne johlen und pfeifen und die amerikanische Mannschaft beim Verlassen des Spielfeldes mit Bierbüchsen bewerfen und mit wüsten Schmähungen bedenken, kommt es einem Spiel mit dem Feuer gleich, die urwüchsige Kraft ethnischer Bande zu ignorieren.

Arthur Schlesinger jun. schildert diesen neuen „Kult der Ethnie" wie folgt: „Dieses neue ethnische Evangelium verwirft die einigende Vision von Individuen aller Nationen, die zu einem neuen Volk verschmelzen. Die Philosophie, die ihm zugrunde liegt, besagt, Amerika sei überhaupt keine Nation von Individuen, sondern eine Nation von Gruppen, die meisten Amerikaner definierten sich nach der Ethnie, der sie angehörten, ethnische Bande seien permanent und unauflöslich, und die Trennung in ethnische Gemeinschaften stelle die Grundstruktur der amerikanischen Gesellschaft sowie den grundlegenden Sinn der amerikanischen Geschichte dar."[35]

Diesem Evangelium der Ethnie müssen wir einen neuen Patriotismus entgegenstellen, ein Gefühl, nicht dem Volk anzugehören, dem unsere Ahnen entstammten, sondern dem Staatsvolk, zu dem wir geworden sind und das wir bilden: dem amerikanischen Staatsvolk. Um das Jahr 1924 herum, als die US-Regierung die Einwanderung drastisch begrenzte, um der Generation von Ellis Island Zeit zur Assimilation zu geben, warnte der große amerikanische Denker Irving Babbit vor den der Multikultur innewohnenden Gefahren: „Man versichert uns … die höchst heterogenen Elemente, die in unsere Bevölkerung eingehen, würden wie die verschiedenen Instrumente eines Orchesters lediglich für eine reichere Harmonie sorgen. Hierauf ist zu erwidern, daß dies nur der Fall sein wird, wenn man sie wie ein Orchester richtig dirigiert. Ansonsten könnte das Ergebnis eine greuliche Katzenmusik sein."[36]

Die Generation von Ellis Island wurde in der Tat „richtig dirigiert", und wir wurden zu jener einheitlichen Nation und jenem einheitlichen Staatsvolk, das wir in der Eisenhower-Ära gekannt haben. Doch der Triumph der Gegenkultur, ihr siegreicher langer Marsch durch die Institutionen, hat dazu geführt, daß wir nicht mehr wie das harmonische Orchester von 1960 wirken, sondern wie ein bunt zusammengewürfelter Haufen von Musikanten, die, um die Metapher Babbits aufzugreifen, nichts als „greuliche Katzenmusik" produzieren.

„Weiße brauchen sich gar nicht erst zu melden"

Im Mai 2002 fand in Leesburg/Virginia eine dreitägige Konferenz statt, zu der keine Pressevertreter eingeladen waren. Teilnehmen durften lediglich Angehörige bestimmter Rassen und Ethnien. Es handelte sich nicht etwa um eine Geheimversammlung des rechtskonservativen White Citizens' Council, sondern um ein gemeinsames Treffen der schwarzen, der hispanischen sowie der asiatisch-pazifischen Abgeordnetengruppe des Repräsentantenhauses. Die Liste der Geladenen schien nach dem Prinzip „Weiße brauchen sich gar nicht erst zu melden" erstellt worden zu sein.

Laut einem Bericht von Lynette Clemetson auf der Titelseite der *New York Times* bestand das Ziel des „Symposiums dreier Abgeordnetengruppen" darin, „eine Atmosphäre des Verständnisses zwischen Gruppen zu schaffen, die oft um materielle Mittel und Anerkennung miteinander konkurriert haben".[37] Doch da die Abgeordnetengruppen den Anspruch erhoben, lediglich Menschen afrikanischer, asiatischer und hispanischer Abstammung zu vertreten, darf man sich mit Fug und Recht fragen: Wofür haben sie sich vereint, und gegen wen?

Je sorgfältiger man Lynette Clemetsons Artikel liest, desto klarer begreift man, daß die Konferenz in Leesburg mitnichten das Ziel verfolgte, den Armen und Machtlosen gegen die Reichen und Mächtigen beizustehen. Nein, es ging um die Frage, wie sich Farbige vereinen können, um dem weißen Amerika Macht und Geld abzuzwacken.

Teilnehmer an der Veranstaltung wiesen darauf hin, daß sich alle Teilnehmer in der Frage, ob Subventionen in Höhe von 175 Milliarden Dollar an die Landwirte zu zahlen seien, geeinigt hatten. Die schwarze Abgeordnetengruppe hatte eine Erweiterung des Lebensmittelkartenprogramms und die hispanische Gruppe die Wiederaufnahme der Verteilung von Lebensmittelkarten an Immigranten verlangt, und die beiden Gruppierungen gelangten zu einer Einigung. Ein weiteres „leuchtendes Beispiel" der Zusammenarbeit bot Texas, wo Hispanos und Schwarze gemeinsam den Hispano Tony Sanchez als Gouverneur und den Afro-Amerikaner Ron Kirk als Senator nominierten.

Das ganze Gerede über rassische und ethnische Solidarität zwischen Farbigen gibt jedoch Anlaß zu folgender Frage: Wenn sich Schwarze, Hispanos und Asiaten zusammentun dürfen, um dem weißen Amerika einen immer größeren Teil seiner Macht abzunehmen, warum sollte es da einer Verletzung der Bürgerrechte gleichkommen, wenn sich die Weißen ihrerseits zusammenschließen, um ihre parlamentarische Vertretung auf Kosten der Minderheiten zu stärken?

Es entspricht den Gesetzen der Newtonschen Physik, daß auf jede Aktion eine gleich starke Reaktion erfolgt. Dasselbe gilt für die Politik. Wenn es für Farbige legitim ist, sich gegen die weiße Mehrheit zusammenzuschließen, wird sich diese unerbittlich schrumpfende Mehrheit eines Tages ebenfalls nach ihrer rassischen Abstammung und nicht nach ihrer Parteizugehörigkeit und Philosophie definieren, um den Rest ihres Besitzes zu verteidigen. Eine solche Entwicklung hat bereits eingesetzt. Hoffen wir, daß unser Land nicht auf ein solches Schicksal zusteuert!

Beim Kongreß in Leesburg herrschte freilich durchaus nicht eitel Harmonie. Kurz zuvor, im Januar, waren lateinamerikanische Geschäftsleute aus der „Vereinigung der nationalen Minderheiten angehörenden Autohändler" ausgetreten und hatten eine „Nationale Hispanische Autohändlerorganisation" gegründet. Kann man sich eine „Euro-amerikanische Autohändlervereinigung" vorstellen?

Der Geist von Leesburg offenbarte sich auch im Unterhaltungsprogramm, das den Kongreß auflockerte: „Die Zuhörer saßen wie gebannt da, als Sarah Jones, eine sozio-bewußte Schriftstellerin und Schauspielerin … mit ständig wechselndem Akzent sprach, um zunächst einen mexikanisch-amerikanischen Arbeitsorganisator und dann einen neuen Immigranten aus Haiti zu imitieren, der dem Publikum vorwurfsvoll zurief: ‚Gott segne Amerika, aber nicht euch zuliebe. Erinnert euch, daß auch eure Vorfahren als Einwanderer hierher gekommen sind.'"[38]

Wie Fräulein Clemetson berichtet, war das Unterhaltungsprogramm damit noch längst nicht beendet: „Beau Sea, ein chinesisch-amerikanischer satirischer Dichter aus Oklahoma, sorgte mit seiner umstrittenen Nummer ‚Die Asiaten kommen' bei gar manchen Anwesenden für Stirnrunzeln":

„Wir sind überall.
Wir programmieren eure Netzseiten.
Wir sorgen dafür, daß eure Führungskräfte klug aussehen.
Und wir gehen in eure Schulen – kostenlos!
Und wißt ihr was?
Es werden unser immer mehr!"[39]

Die Vorgänge in Leesburg – erinnern wir uns daran, daß dort Abgeordnete des US-Repräsentantenhauses und ihr Personal tagten – lassen deutlich erkennen, daß die alten Ideen der Integration und Assimilation zunehmend ethnischen Sonderansprüchen weichen. Und die „Anglo-Amerikaner", die in Kalifornien, Neumexiko und Texas bereits weniger als die Hälfte der Bevölkerung stellen, könnten sich schon bald fragen, wie Amerika aussehen wird, wenn sie landesweit zur Minderheit geworden sind.

Wenn die Amerikaner glauben, im Gegensatz zum Rest der Welt seien sie immun gegen die mächtigen Strömungen der Rasse, der Ethnie und der Kultur, die ganze Nationen auseinanderreißen, und alle diese Faktoren vermöchten uns nicht zu beeinflussen, so könnte sich dies als verhängnisvoller Irrtum erweisen. Es ist an der Zeit, daß wir uns die Einsicht des schwarzen Schriftstellers James Baldwin in Erinnerung rufen: „Nicht alle Dinge, denen wir uns zuwenden, können geändert werden; doch kein Ding kann geändert werden, solange wir uns ihm nicht zuwenden.“[40]

Kapitel 11

Eurabien

Es zu sehen und trotzdem zu schweigen, wäre ungeheurer Verrat.[1]
Enoch Powell, 1968

Ganz Europa marschiert in den Tod.[2]
Jean Raspail, 2005

Europa ist drauf und dran, Selbstmord zu begehen.[3]
Bruce Bawer, While Europe Slept *(2006)*

Es geschah im April 1968, nur wenige Tage nach dem Mord an Dr. Martin Luther King in Memphis, der in rund hundert amerikanischen Städten gewalttätige Unruhen auslöste. Mehrere Kilometer lange Abschnitte der Siebten und der Vierzehnten Straße von Washington waren von Randalierern verwüstet worden, die plünderten, das Straßenpflaster aufrissen und Brände legten; die lodernden Flammen waren von den ausländischen Botschaften aus deutlich zu erkennen. In jenen Tagen jenes schicksalsträchtigen Jahres sorgte ein britischer Kriegsheld und Altphilologe mit einem Paukenschlag dafür, daß das explosive Thema der Einwanderung jäh in den Mittelpunkt der öffentlichen Debatte rückte. Der Mann hieß Enoch Powell und war britischer Verteidigungsminister im konservativen Schattenkabinett.

„Die oberste Pflicht eines Staatsmannes", begann Powell seine Ansprache vor Mitgliedern der Konservativen Partei in den West Midlands, „besteht darin, Maßnahmen gegen verhütbare Übel zu treffen ... Offen auf schwerwiegende künftige Übel hinzuweisen, die bei entsprechender Bemühung noch abzuwenden sind, ist die unpopulärste und zugleich vordringlichste Aufgabe des Politikers."

„Nur entschlossenes und sofortiges Handeln", fuhr Powell fort, könne verhindern, daß der „Horror", der sich am anderen Ufer des Atlantik abspiele, auf Großbritannien übergreife. „Ob in der Öffentlichkeit der Wille besteht, ein solches Vorgehen zu verlangen, weiß ich nicht", räumte er ein, fuhr aber fort: „Ich weiß nur eines: Es zu sehen und trotzdem zu schweigen, wäre ungeheurer Verrat."

Zu der Zeit, als Powell diese Worte sprach, wanderten alljährlich rund fünfzigtausend Menschen aus den Commonwealth-Nationen Afrikas, Asiens und der Karibik in Großbritannien ein – ein dünnes Rinnsal im Vergleich zu den 1,2 Millionen legaler und illegaler Immigranten, die seit einer Generation Jahr für Jahr in die Vereinigten Staaten von Amerika kommen.

Falls keine resoluten Maßnahmen ergriffen würden, um der Flut Einhalt zu gebieten und bereits in Großbritannien ansässige Menschen aus der Dritten Welt zur Rückkehr in ihre Heimatländer zu ermuntern, würden im Jahre 2000 zwischen fünf und sieben Millionen Farbige im Land leben, warnte Powell. „Es ist, als sehe man eine Nation selbst den Scheiterhaufen schichten, auf dem man ihren Leichnam einäschern wird", donnerte er und sprach dann die Worte aus, die seiner Karriere ein abruptes Ende bereiten und gewissermaßen die Inschrift auf seinem Grabstein darstellen sollten: „Wenn ich in die Zukunft blicke, erfüllen mich düstere Vorahnungen; wie der Römer scheine ich ‚den Tiber zu sehen, wie er mit einem Schaum von Blut bedeckt ist'."[4]

Powell wurde sofort aus dem Schattenkabinett entlassen: Der konservative Parteiführer und künftige Premierminister Edward Heath warf ihm vor, eine Rede gehalten zu haben, die „dem Ton nach rassistisch ist und rassische Spannungen schüren könnte"[5], und gab ihm den Laufpaß. Für die britischen Eliten war Powell fortan ein toter Mann, und die massiven Sympathiebekundungen, die ihm seitens der britischen Arbeiterschaft entgegenschlugen, vermochten ihn nicht zu retten. Dennoch blieb er eine der populärsten politischen Figuren des Landes. Als die Heath-Regierung 1974 stürzte und die Konservativen nach einem neuen Führer Ausschau hielten, saß Powell nicht im Parlament, was ihn nach den Regeln seiner Partei für die Position des Oppositionsführers disqualifizierte; diese fiel statt dessen Margret Thatcher zu, und Powell, der das Zeug zum Premierminister gehabt hätte, spielte in der britischen Politik fortan keine bedeutende Rolle mehr, auch wenn er bis zu seinem Tode im Jahre 1998 auf eine zahlenmäßig starke Anhängerschaft zählen konnte. Wenn er noch heute berühmt (oder, wie seine Gegner sagen würden, berüchtigt) ist, dann vor allem wegen der „Ströme von Blut"-Rede von 1968.*

Es heißt, jede große Wahrheit beginne als Blasphemie. War Enoch Powell ein Rassenhetzer? Oder hatte er eine unerträgliche Wahrheit ausgesprochen und offen darauf hingewiesen, welche Folgen die Massenein-

---

* Powell meinte einmal, wenn er seine Rede noch einmal halten könnte, würde er die betreffende Zeile in lateinischer Sprache zitieren, um hervorzuheben, daß er kein Blutbad prophezeie, sondern lediglich die Weissagung der Sibylle in Virgils Aeneis wiedergebe: „Et Thybrim multo spumantem sanguine cerno." Inhaltlich nahm Powell jedoch nichts zurück.

wanderung von Menschen fremder Kulturen für sein geliebtes Land nach sich ziehen mußte?

Die seitherigen Entwicklungen deuten darauf hin, daß Enoch Powell den Machthabern die Wahrheit ins Gesicht geschleudert hat. Um die Jahrhundertwende brachen in den alten nordenglischen Industriestädten Burnley, Bradford, Oldham und Leeds Rassenkrawalle aus. Ende 2004 gaben 13 Prozent der befragten britischen Muslime bei einer *Guardian*-Umfrage an, sie würden neue terroristische Anschläge gegen die Vereinigten Staaten mit Genugtuung zur Kenntnis nehmen. Jeder zehnte räumte freimütig ein, „zum Begehen von Terrorakten bereit" zu sein, und jeder dritte erklärte sich bereit, muslimische Terroristen zu schützen.[6] Im Juli 2005 verübten Muslime, die in England geboren und aufgewachsen waren und englische Schulen besucht hatten, in London ein grauenvolles Blutbad: Bei Selbstmordanschlägen in der U-Bahn sowie auf einen Bus brachten sie 52 britische Bürger um und verletzten weitere siebenhundert. Am Vorabend der Krawalle in den arabischen und muslimischen Vorstädten von Paris tobten in der zweitgrößten Stadt Englands, Birmingham, nächtelang erbitterte Straßenkämpfe zwischen asiatischen und afrikanisch-karibischen Banden.

„Großbritannien ist heute ein zutiefst gespaltenes Land, in dem Argwohn, Intoleranz und Aggression ihren Schatten über die städtischen Gebiete werfen", schrieb der bekannte Kolumnist Leo McKinstry. In einem Aufsatz mit dem Titel „Dis-United Kingdom" (Entzweites Königreich), der im *Weekly Standard* erschien, machte er die Multikultur für die soziale Krise seines Landes verantwortlich: „Diese betrübliche Situation ist das Resultat einer gezielten Politik. Als Antwort auf die massenhaften Einwanderungswellen der letzten drei Jahrzehnte haben die bürgerlichen Institutionen Großbritanniens der Ideologie der Multikultur emsig Vorschub geleistet. Anstatt eine kohärente britische Identität zu fördern, haben sich die Immigrantengemeinschaften dazu ermutigt, an den Bräuchen, Traditionen und Sprachen ihrer Herkunftsländer festzuhalten. Das Schwergewicht wird auf die Aufrechterhaltung ethnischer und kultureller Unterschiede statt auf die Assimilation gelegt."

„Die Rassentrennung ist ein fester Bestandteil der öffentlichen Dienste in Großbritannien", hielt McKinstry fest.[7] Jedes achte Kind des Landes hat eine andere Muttersprache als Englisch. „Londonistan" ist heute die sprachlich zerklüftetste Stadt der Welt: In den Staatsschulen sprechen die Schüler dreihundert Sprachen von Pundschabi bis hin zum westafrikanischen Yoruba und von Polnisch bis Tamil.

Im Oktober 2005 vermeldete *The Independent* die Festnahme von acht Mitgliedern eines Menschenhändlerrings, der schätzungsweise einhunderttausend Türken, die meisten davon kurdischer Abstammung, nach

Großbritannien geschmuggelt und dafür dreitausend bis fünftausend Pfund pro Person kassiert hatte. Die meisten der Eingeschleusten waren in der wachsenden türkischen Gemeinschaft Nordlondons untergetaucht, wo man ihnen falsche Dokumente besorgte; sie verdienen ihren Lebensunterhalt als ungelernte Arbeiter und schicken einen Teil ihres kargen Lohns an ihre Familien, damit ihnen diese nachfolgen können.[8]

„Das Heerlager der Heiligen“

1973, also fünf Jahre nachdem Enoch Powell in seiner berühmten Rede vor „Strömen von Blut“ gewarnt hatte, sorgte der französische Schriftsteller Jean Raspail mit seinem utopischen Roman *Das Heerlager der Heiligen: Eine Vision* (dt. 1985) für Furore. Der Titel des Buches ist der biblischen Offenbarung entnommen: „Und wenn die tausend Jahre vollendet sind, wird der Satan losgelassen werden aus seinem Gefängnis und wird ausziehen, zu verführen die Völker an den vier Enden der Erde, Gog und Magog, und sie zum Kampf zu versammeln; deren Zahl ist wie der Sand am Meer. Und sie stiegen herauf auf die Ebene der Erde und umringten das Heerlager der Heiligen und die geliebte Stadt.“[9]

Raspail schildert eine „Armada der letzten Hoffnung“: Die Kranken und Armen aus den Elendsvierteln Kalkuttas besteigen eine Flotte von lecken und morschen Fahrzeugen, umschiffen das Kap der Guten Hoffnung und steuern auf Europa zu – um dort entweder Aufnahme zu finden oder zu sterben. Während die Armada ins Mittelmeer einfährt und die Riviera erreicht, weigert sich die von humanitären Erwägungen und Mitleid gelähmte französische Regierung, die Invasion abzuwehren, und erlaubt den Passagieren statt dessen, in Frankreich an Land zu gehen. Überall auf der Welt verfolgen die Armen die Ereignisse vor dem Fernseher und warten die Entwicklung ab. Als die Armada der letzten Hoffnung ihr Ziel erreicht, überschwemmt eine Flut plündernder, schändender und brandschatzender Eindringlinge die fetten, reichen Länder des Westens, das „Heerlager der Heiligen“.

Der Roman war ein Riesenerfolg. Zwar rümpften viele Kritiker angeekelt die Nase, doch andere verglichen das provokante Werk mit Albert Camus' *Die Pest* und Jonathan Swifts *Gullivers Reisen*. Ein Kommentator faßte die Reaktionen wie folgt zusammen: „*Publishers Weekly* bezeichnete das Buch als ‚bemerkenswert fesselnd‘. Edmund Fuller vom *Wall Street Journal* nannte es ‚sensationell‘. In der *Baltimore Sun* schrieb Linell Smith: ‚Kein Leser wird sich den Fragen entziehen können, die es [das Buch] aufwirft.‘ Im *Library Journal* las man: ‚Dieses Buch wird die selbstgefällige Einstellung unserer Zeitgenossen erschüttern und herausfordern.‘ …

Der *San Francisco Chronicle* meinte, Raspails Erzählung sei eine ‚kühne und phantasievolle Fiktion'."[10]

„Eines der beängstigendsten Bücher dieser Generation", urteilte James J. Kilpatrick. „Unsere Kinder und Enkel werden vielleicht entdecken, daß Jean Raspail keine Fiktion, sondern ein Tatsachenbuch geschrieben hat." 1991 schrieb Jeff Hart in der *National Review*: „Manche belächelten Raspails albtraumhafte Vision einer Drittweltinvasion in der westlichen Welt als bloße Phantasie, doch heute ist sie zur Realität geworden."[11]

Sam Francis stellte Raspails Buch mit Aldous Huxleys *Schöne Neue Welt* und George Orwells *1984* auf eine Stufe; genau wie diese beiden Klassiker sei es „eine der großen dunklen Prophezeiungen des letzten Jahrhunderts ... eine nüchterne, aber prophetische Schilderung der Folgen, die die Masseneinwanderung aus der Dritten Welt für Europa und den Westen hat, sowie der butterweichen westlichen Nicht-Reaktion darauf."[12] Die herrschende Klasse im Westen tat das prophetische Werk als Hirngespinst ab, und als sich in Amerika die Kultur der Politischen Korrektheit breitmachte, wurde Raspails Roman auf den Index verbotener Bücher gesetzt.

2004 meldete sich der Verfasser wieder zu Wort: In *Le Figaro* zieh er die politische Elite Frankreichs des Verrats. „La patrie trahie par la république" – „Das Vaterland von der Republik verraten" – lautete der Titel seines Artikels. Raspail nahm nicht nur die Fünfte Republik Mitterrands und Chiracs aufs Korn, sondern die internationalistische Ideologie Frankreichs, die in der revolutionären Losung „Freiheit, Gleichheit, Brüderlichkeit" wurzelt. Das französische Gesetz verbietet jede Erfassung französischer Bürger nach Rasse, Volkszugehörigkeit und Religion. Unter Hinweis auf die Immigrantenwellen aus Afrika und Asien konstatierte Raspail grimmig: „Die Tat ist vollbracht." Hier ein Auszug aus seinem Artikel: „Ich bin überzeugt, daß Frankreichs Schicksal besiegelt ist, weil ‚mein Haus ihr Haus ist' (Mitterrand), in ‚einem Europa, dessen Wurzeln ebenso muslimisch wie christlich sind' (Chirac), weil die Entwicklung unaufhaltsam auf den kritischen Punkt im Jahre 2050 zusteuert, wo französischstämmige Einwohner nur noch die Hälfte der Bevölkerung stellen werden; der Rest wird sich dann aus Afrikanern, Maghrebinern und Asiaten aus dem unerschöpflichen Reservoir der Dritten Welt rekrutieren, wobei Islamisten, das heißt fundamentalistische Dschihadisten, die Mehrheit davon bilden werden. Der Tanz hat eben erst begonnen."[13]

„Frankreich ... ist ein Land, das durch gemeinsames Blut geeint wird", donnerte Raspail, aber „die Republik, die lediglich eine Regierungsform darstellt, ist für diese Leute gleichbedeutend mit einer Ideologie, ihrer Ideologie". Allem Anschein nach verrate die herrschende Klasse des Landes die Republik um der Ideologie willen, schloß der Schriftsteller.[14]

Indem der Staat Millionen von Menschen fremder Kultur und Zivilisation ins Land holt, die wohl französische Bürger, niemals aber Franzosen werden können, hat er nach Raspails Überzeugung Verrat an der Nation begangen. Für ihn haben die Eliten das Frankreich des Blutes und des Bodens auf dem Altar ihrer Ideologie geopfert und dadurch verraten. Nicht nur die Eliten Frankreichs, sondern jene ganz Europas sind des Verrates schuldig. Angesichts der demographischen Katastrophe, die sich überall auf dem europäischen Kontinent anbahnt, stieß Raspail den herzzerreißenden Schrei aus: „Ganz Europa marschiert in den Tod."[15]

Mit schneidender Verachtung äußerte sich Raspail über das „Grabesschweigen der Medien, Regierungen und staatlichen Institutionen zum demographischen Zusammenbruch der Europäischen Union" und erinnerte an die Drohung, die der damalige algerische Präsident Houari Boumedienne 1974, ein Jahr nach dem ersten Erscheinen von *Das Heerlager der Heiligen* in Frankreich, ausgestoßen hatte: „Keine noch so große Zahl von Atombomben wird imstande sein, die Flut von Millionen Menschen aufzuhalten, die eines Tages den südlichen, armen Teil der Welt verlassen werden, um die verhältnismäßig dünnbevölkerten Räume der wohlhabenden nördlichen Hemisphäre zu überschwemmen und sich dadurch ihr Überleben zu sichern."[16]

Das neue Frankreich

Drei Wochen nach dem 11. September 2001 wurde im Stade de France in der Pariser Vorstadt Saint-Denis das erste Fußballspiel zwischen Frankreich und Algerien seit dem Algerienkrieg ausgetragen. Die Partie war als öffentliche Demonstration gedacht, als Beweis für die Integration der Immigranten. Zwölf Minuten vor Spielende – die Gastgeber führten mit 4 : 1 – begannen jugendliche Algerier zu randalieren; nachdem sie bereits beim Abspielen der französischen Nationalhymne kräftig gebuht und zwei französische Minister, die sich unter den Zuschauern befanden, mit Gegenständen beworfen hatten, bedachten sie die Ordnungshüter mit einem Flaschenhagel und stürmten das Spielfeld.[17] Weit davon entfernt, die Integration der Einwanderer in das französische Alltagsleben zu veranschaulichen, verdeutlichte das Spiel, daß in Frankreich zwei Völker wohnen. Die Angehörigen beider Völker mögen französische Staatsbürger sein und – wie Zacarias Moussaoui – französische Pässe besitzen. Doch ihre Herzen gehören nicht demselben Land.

„Wohin treiben die *Beurs*?" fragte der *Nouvel Observateur* in einer Titelgeschichte, wobei er die gängige umgangssprachliche Bezeichnung für Araber benutzte. Die Frage prangte über Fotos, auf denen man jugendliche Immigranten der zweiten und dritten Generation das Fußballfeld stürmen sah.[18]

Was sich dann im Herbst 2005 abspielte, ließ Jean Raspail als Propheten erscheinen. In den großteils von Arabern und Schwarzafrikanern bewohnten Vorstädten von Paris brachen Krawalle aus, die sich alsbald auf Rouen, Lille, Marseille, Toulouse, Dijon, Bordeaux und dreihundert andere Städte ausbreiteten und wochenlang anhielten. Rund zehntausend Autos und Busse wurden angezündet, zweihundert öffentliche Gebäude mit Brandbomben beworfen, Hunderte von Schulen, Büros, Kirchen und Einkaufszentren verwüstet. Ein Mann wurde zu Tode geprügelt, eine Französin mit Benzin übergossen und in eine menschliche Fakkel verwandelt. Mehr als zweihundert Polizisten wurden verletzt und über viertausend Randalierer verhaftet. Erst in der zwölften Krawallnacht rang sich Präsident Chirac dazu durch, den Ausnahmezustand auszurufen.

Die Kriminellen waren Kinder und Enkel ehemaliger Untertanen des französischen Empires. Diese entwurzelten Jugendlichen, die man den Ländern und der Kultur ihrer Vorfahren entrissen hat, mögen Inhaber französischer Pässe sein, haben sich jedoch niemals in die französische Bevölkerung integriert.

Laut Schätzungen der französischen Regierung leben in Frankreich vier bis fünf Millionen Muslime. Allerdings sind die meisten Sozialwissenschaftler der Ansicht, diese Ziffer sei zu niedrig, und die tatsächliche Zahl betrage bis zu acht Millionen.[19] Millionen davon sind sowenig Franzosen wie irgendwelche Amerikaner, die in Paris wohnen; sie leben in Frankreich, bilden aber keinen Bestandteil des Landes. Sie stehen außerhalb der Gesellschaft; Geborgenheit und Kameradschaft suchen sie in Moscheen, wo Imame predigen, der Westen sei nicht ihre Heimat, sondern eine Zivilisation, die ihren Werten fremd gegenüberstehe und dem Islam gegenüber feindlich eingestellt sei.

Genau wie die Kerner-Kommission den „weißen Rassismus" für die Unruhen in den amerikanischen Städten in den sechziger Jahren des zwanzigsten Jahrhunderts verantwortlich machte, erklärte man die Krawalle in Frankreich damit, daß es Regierung und Gesellschaft versäumt hätten, die afrikanischen und arabischen Immigranten befriedigend zu integrieren.

„Tatsache ist, daß wir die Entstehung städtischer Ghettos zugelassen haben, in denen sich Franzosen ... in keiner Weise als Teil der französischen Gesellschaft fühlen", räumte der schon damals als künftiger Präsident gehandelte Innenminister Nicolas Sarkozy ein und versprach, die Banlieus (Vorstädte) tüchtig „abzuspritzen", um sie von „Dreck" zu säubern.[20] Zur Lösung der Krise werden alle erdenklichen wirtschaftlichen und sozialen Maßnahmen vorgeschlagen, vom Wahlrecht für Immigranten ohne Staatsbürgerschaft bis hin zu Quoten für Einwanderer bei der Stellenvergabe. Um zu begreifen, daß solche Schritte das französische Rassenproblem nicht beheben werden, braucht man sich nur in Erinnerung zu rufen, wie die Vereinigten Staaten bei der Lösung ihrer eigenen Rassenfrage zuerst Erfolg hatten, dann aber scheiterten.

Schwarze Amerikaner waren in den fünfziger Jahren des zwanzigsten Jahrhunderts durchaus nicht voll in die Gesellschaft integriert, bildeten jedoch einen Bestandteil jener Kultur, in der sie erzogen worden waren. Ob unsere Ahnen aus Europa oder aus Afrika gekommen waren, wir hatten dieses Land gemeinsam seit Jahrhunderten bewohnt, und unsere Loyalität galt einzig und allein ihm. Wir sprachen Englisch und bekannten uns zum christlichen Glauben. Wir gehörten zwar zwei Rassen, aber nur *einer* Nation an. Wir waren alle Amerikaner, und bis in die fünfziger Jahre hatte Amerika unter Beweis gestellt, daß es Angehörige der unterschiedlichsten Völker zu assimilieren vermochte.

Doch keiner europäischen Nation der Neuzeit ist es je gelungen, eine gewaltige Zahl von Einwanderern, geschweige denn von Muslimen, zu assimilieren. Und im Gegensatz zu den Afro-Amerikanern sind die Angehörigen der nach Europa strömenden islamischen Nationen – allein in den EU-Staaten gibt es ihrer rund zwanzig Millionen – Fremde. Millionen von ihnen sind nicht gewillt, ihre arabische und islamische Identität und Kultur aufzugeben und Europäer zu werden. Sie wollen Algerier, Marokkaner, Tunesier und Türken bleiben, vor allem aber Muslime. Die allermeisten sind Anhänger einer Religion, die dem Christentum gegenüber historisch feindlich gesinnt ist, zunehmend an Militanz gewinnt und nichts als Abscheu für die säkularisierte, sexsüchtige europäische Kultur empfindet. Im drohenden Krieg der Kulturen ist diese zahlenmäßig ungeheuer starke muslimische Minderheit eine potentielle fünfte Kolonne im Herzen eines postchristlichen Europa.

Sechs Monate nach dem Ausbruch der Krawalle in Frankreich schrieb David Pryce-Jones in der *National Review*, die französischen Behörden bekämpften den Terrorismus zwar nachdrücklich, seien jedoch allem Anschein nach machtlos angesichts der wachsenden Unzufriedenheit unter den arabischen und muslimischen Immigranten, die einen Zustand permanenter Gesetzlosigkeit heraufzubeschwören droht.

In einer dieser in stalinistischem Stil erbauten Vorstädte köpfte im Frühjahr 2006 der aus Marokko stammende Adel Boumedienne seinen Nachbarn, einen jüdischen Disk-Jockey, und prahlte gegenüber seiner eigenen Mutter: „Ich habe meinen Juden getötet; ich komme ins Paradies." Anderswo entführte eine muslimische Bande Ilan Halimi, einen jüdischen Mobiltelephonhändler. Die Entführer riefen seine Familie an und zitierten am Telephon aus dem Koran, wobei die Schreie des gefolterten Gefangenen im Hintergrund zu hören waren. Nach drei Wochen verbrannten sie ihn bei lebendigem Leibe.[21]

Die muslimische Bande, die Halimi entführte, folterte und ermordete, war als „Les Barbares" – „die Barbaren" – bekannt. „Reformen sind gefordert", warnte Pryce-Jones, „sonst geht es wieder los wie anno 1789."[22]

In ganz Frankreich blickt man mit immer größerem Pessimismus in die Zukunft. „Selbst in der Welt der Haute Couture findet die düstere Stimmung ihren Niederschlag", berichtete ein Pariser Korrespondent der *Washington Post*. „In den Pariser Modezeitschriften sieht man dieses Jahr [2006] muslimisch inspirierte Kopftücher und Säume, aber auch Tuniken mit simulierten Blutflecken; manche Modeschöpfer bezeichnen sie als Schlachthaus-Gewänder."[23]

Herrschte Frankreich über ein Reich des Bösen?

Im Dezember 2005, wenige Wochen nach dem Beginn der Unruhen, bewirkten nationale und historische Fragen abermals, daß ein tiefer Riß durch Frankreich ging. Zehn Monate zuvor, im Februar desselben Jahres, war ein Gesetz verabschiedet worden, das die Schulen verpflichtete, ein positives Bild des französischen Empire zu vermitteln und die Einführung der französischen Sprache, Kultur und Wissenschaft in den Kolonien gebührend zu würdigen. Das neue Gesetz legte fest, die Schulprogramme hätten „den positiven Charakter der französischen Präsenz in Übersee, insbesondere in Nordafrika" hervorzuheben.[24] In den Lehrbüchern sei der „nationale Beitrag" der *pieds noirs* (französischen Siedler) sowie der arabischen und berberischen *harkis* (Freiwilligen), die Seite an Seite mit der französischen Legion für ein französisches Algerien gefochten hatten, angemessen herauszustreichen.

Viele Franzosen betrachten die Kolonisten sowie die Algerier, die an ihrer Seite kämpften, als ehrbare, ja heldenhafte Menschen – genau wie die Briten den Loyalisten, die während der Amerikanischen Revolution für König und Vaterland einstanden, hohen Respekt entgegenbringen. Christian Vanneste, der im französischen Parlament den Antrag zur Verabschiedung des erwähnten Gesetzes eingereicht hatte, äußerte sich in einem Gespräch mit der *Washington Post* wie folgt: „Ich möchte allen Truppen aus unseren Überseegebieten, die während des Zweiten Weltkrieges so tapfer für Frankreich gefochten haben, meine Anerkennung bekunden und der einen Million Franzosen sowie den hundertfünfzigtausend Algeriern, die Algerien 1962 verlassen mußten, meine Achtung zollen."[25]

Das Gesetz war von einer konservativen Regierung eingebracht worden, und im ganzen Land reagierte die Linke mit wütenden Protesten. Die neuen Geschichtsbücher, empörten sich Sozialisten, Trotzkisten, Kommunisten, Immigrantensprecher und Führer der ehemaligen Kolonien, ignorierten oder beschönigten die französische Rolle beim Sklavenhandel sowie die von Frankreich begangenen Folterungen und Massaker an den einheimischen Völkern der Kolonien, insbesondere während des algerischen Unabhängigkeitskrieges von 1954 bis 1962.

Jean-Marc Ayrault, Führer der größten Oppositionspartei, der Sozialisten, meinte gegenüber Kollegen spöttisch, das neue Gesetz beschwöre „die gute alte Zeit der Kolonialtruppen, als Frankreich auszog, um die Nationen zur Zivilisation der Aufklärung zu bekehren. Dabei werden die Gewalttätigkeiten, Exzesse und Unterdrückungsmaßnahmen, an denen diese Periode so reich ist, mit Stillschweigen übergangen".[26]

Die Reaktion war dermaßen heftig, daß sie zum Platzen eines Freundschaftsvertrages zwischen Frankreich und Algerien führte; das dortige Parlament bezeichnete das neue französische Gesetz zur Reform der Geschichtsbücher als „gravierenden Präzedenzfall". Der algerische Präsident Abdelaziz Bouteflika meinte, das Gesetz zeuge von „geistiger Blindheit", und warf Frankreich Verbrechen vor, die nicht hinter denjenigen Stalins zurückstünden.[27] Bei einer Veranstaltung sagte er, die Franzosen hätten „keine andere Wahl, als anzuerkennen, daß sie von 1830 bis 1962 gefoltert, getötet und ausgerottet haben ... Sie wollten die algerische Identität vernichten, so daß wir weder Berber noch Araber noch Muslime waren. Wir hatten keine Kultur, keine Sprache und keine Geschichte".[28]

Schockiert über das Ausmaß der Feindseligkeit, die dem neuen Gesetz entgegenschlug, blies Premierminister Dominique de Villepin in der Nationalversammlung sowie im Fernsehen zum Rückzug; Frankreich, sagte er nun, habe „keine offizielle Geschichte". Präsident Chirac geißelte das Gesetz als „liederlich zusammengeschustert" und entschied, die „Festschreibung unserer kollektiven Erinnerung" sei „einzig und allein Aufgabe der Historiker".[29]

Die Führer von Guadalupe und Martinique gaben sich dermaßen erbost, daß Innenminister Sarkozy seinen geplanten Besuch dieser bis heute zu Frankreich gehörenden Karibik-Inseln absagen mußte. Doch im Bewußtsein der Popularität, die ihm seine harte Haltung gegenüber den Randalierern eingebracht hatte, haute Sarkozy unverdrossen auf die nationale Pauke: „Diese permanente Reue, die bedeutet, daß wir uns für die französische Geschichte entschuldigen müssen, grenzt ans Absurde."[30]

Ein französisches Blatt machte sich einen Spaß daraus, noch Öl ins Feuer zu gießen. Wie die Associated Press im Oktober 2005 berichtete, veröffentlichte die Zeitung *Libération* Zeichnungen aus *Frankreich in Übersee*, einem illustrierten Kolonialatlas aus dem Jahre 1931, in dem gezeigt wurde, wie es „früher" gewesen war und wie es „jetzt" sei. Auf einer Zeichnung sah man Afrikaner, die einen Menschen kochten und verspeisten, auf einer zweiten eine Schule, die in einer blitzsauberen Straße lag und über der die französische Flagge wehte.[31]

So explosiv und provokativ diese Zeichnungen auch sein mochten: Sie warfen tiefgreifende Fragen auf, denen sich ein moralisch zerrissenes und verwirrtes Abendland niemals gestellt hat. War Afrika, um es mit dem Romanschriftsteller Joseph Conrad zu sagen, ein *Herz der Finsternis*, als Franzosen, Briten, Deutsche, Belgier und Portugiesen im neunzehnten Jahrhundert immer tiefer ins Innere des Kontinents vorstießen? Haben die Europäer, die im festen Glauben an die Überlegenheit des Christentums sowie der von ihnen geschaffenen Kultur und Zivilisation nach Afrika kamen, die Lebensbedingungen der überwältigenden Mehrheit der Afrikaner denn nicht verbessert?

Gewiß, die Kolonialherrschaft wurde von düsteren Erscheinungen wie dem transatlantischen Sklavenhandel und der Ausbeutung afrikanischer Arbeiter in den Bergwerken des Kongo und Südafrikas begleitet. Doch war die Berührung mit dem Westen für die kolonisierten Völker alles in allem nicht trotzdem ein Segen? Darf die abendländische Zivilisation nicht mit Fug und Recht für sich in Anspruch nehmen, die Menschheit als Ganzes von 1492 bis 1960 moralisch, politisch und kulturell auf eine höhere Stufe gehoben zu haben? Waren die westlichen Kulturen den einheimischen Kulturen, auf die sie stießen und die sie unterwarfen und in manchen Fällen zerstörten – von den Kulturen der Azteken und Inkas in Amerika bis hin zur islamischen, hinduistischen, buddhistischen und taoistischen Kultur –, etwa nicht turmhoch überlegen? Hat der Abendländer nicht weit mehr Grund zum Stolz als zur Scham?

Wenn sich der westliche Imperialismus aber nicht auf Ausbeutung, Verbrechen und Barbarei reduzieren läßt und sich seiner Bilanz gesamthaft gesehen nicht zu schämen braucht, warum sollte der Westen dann in alle Ewigkeit Buße tun und endlos Wiedergutmachung leisten? Oder sollen wir Susan Sontags Verdikt hinnehmen, wonach die weiße Menschheit das Krebsgeschwür der Geschichte ist?

Die meisten ziehen es vor, sich um die Beantwortung solcher Fragen zu drücken, doch damit werden letztere nicht aus der Welt geschafft. Sie stehen nämlich im Zentrum des Kampfes der Kulturen, der bereits in vollem Gange ist.

„Historiker aufgebracht über Frankreichs Beschönigung seiner kolonialen Vergangenheit", wurde die hitzige Debatte von einer Schlagzeile kommentiert, die deutlich erkennen läßt, wo die Wurzeln des Konfliktes liegen. Gereicht es Algerien, Marokko, Tunesien, Syrien, dem Libanon, Vietnam, Kambodscha sowie den frankophonen Staaten Schwarzafrikas heute zum Nutzen, daß sie einst dem französischen Empire angehört haben? Oder wären die betreffenden Völker besser dran, wenn die Franzosen ihre Länder niemals betreten hätten?

Beide Interpretationen der französischen Geschichte enthalten ein gerüttelt Maß an Wahrheit. Die westliche Herrschaft war durchaus nicht immer väterlich milde; in manchen Fällen, beispielsweise in Belgisch-Kongo, war sie von abscheulicher Brutalität. Dennoch läßt sich nicht bestreiten, daß das Amerika der Azteken, Inkas, Irokesen und Apachen, das von schwarzen Stämmen bewohnte Afrika des neunzehnten Jahrhunderts sowie das Indien mit seinem barbarischen Brauch der Witwenverbrennung von der generationenlangen, manchmal jahrhundertelangen Herrschaft der Weißen gesamthaft profitiert haben. Immerhin haben nicht die eingeborenen Völker, sondern weiße Europäer und Amerikaner der Sklaverei ein Ende bereitet und die Ideen und Ideale der gottgegebenen Menschenrechte sowie der Herrschaft des Volkes durch und für das Volk eingeführt.

Die entscheidende Frage ist jedoch nicht, was Ausländer oder Immigranten von der Geschichte Frankreichs halten, sondern was die Franzosen selbst darüber denken und ob die Vergangenheit ihrer Nation den französischen Schulkindern als Heldenepos oder als Verbrecheralbum präsentiert werden soll. Hierüber zu befinden haben die französischen Führer, und sonst niemand. Wenn die Geschichtsversion, für die sie sich entscheiden, den Immigranten nicht in den Kram paßt, sollen sie in ihre Heimatländer zurückkehren und ihre eigene Geschichte so lernen, wie ihre Historiker sie darstellen. Wird französischen Kindern nämlich eingebleut, die Vergangenheit Frankreichs sei eine ununterbrochene Kette von Greueltaten, und ihre Ahnen seien durchwegs üble Burschen gewesen, werden sie Frankreich nicht zu lieben vermögen, und Frankreich wird sterben. Denn die Liebe zu seinem Heimatland, der Patriotismus, ist die Seele eines Landes, und wenn die Seele den Leib verläßt, stirbt dieser.

Genau wie die Pariser Krawalle wirft der Streit um die französische Geschichte schwerwiegende Fragen für ganz Europa auf. Wie kann die Anwesenheit von 20 Millionen Muslimen, die glauben, ihre Großväter seien von den Europäern ausgebeutet und unterdrückt worden, der Einheit und der Sicherheit Europas förderlich sein? Wie kann Europa durch eine solche „Verschiedenheit" an Stärke gewinnen?

Ob man diese Frage offen zur Diskussion stellt oder sie unter den Teppich kehrt, Tatsache ist, daß die Zahl der in Europa lebenden Muslime fortlaufend zunimmt. Ihre Geburtenrate ist höher als diejenige der gebürtigen Europäer, und vom muslimischen Albanien abgesehen, verzeichnet ohnehin keine einzige europäische Nation eine Geburtenrate, die zur Erhaltung des Bevölkerungsstandes ausreichen würde (2,1 Kinder pro Frau). Europa altert, schrumpft und stirbt. Wenn die Wirtschaft weiterhin Wachstumsraten verzeichnen und der Staat genügend Steuergelder einnehmen soll, um der ständig zunehmenden Zahl von Rentnern die versprochene medizinische Versorgung gewähren und die versprochenen Renten bezahlen zu können, braucht Europa Dutzende von Millionen neuer Arbeitskräfte, und diese kann es lediglich in der Dritten Welt rekrutieren, weil die weißen Völker überall aussterben.

Von 1492 bis 1914 gefielen sich die Europäer in der Rolle von Eroberern und Kolonisatoren, die sich die anderen Völker des Erdballs untertan machten. Dann, zwischen 1914 und 1945, zerfleischten sich die europäischen Imperialmächte auf ihrem eigenen Kontinent gegenseitig in zwei der blutigsten Kriege der Geschichte. Nun folgt das Schlußkapitel: die Kolonisierung der Mutterländer durch die Kinder jener Völker, über die Europa einst regiert hat. „Frankreichs Gegenwart ist unsere Zukunft", schreibt John Derbyshire in der *National Review*. „Die abendländische – oder, um es ohne Umschweife zu sagen, die weiße – Zivilisation steuert auf ihren Untergang zu."[32]

Am Neujahrstag 2006 konnte Frankreich abermals einen Blick in seine Zukunft werfen. In einem Zug von Nizza nach Lyon „terrorisierte eine Bande von mehr als zwanzig Jugendlichen, allem Anschein nach Immigranten aus Nordafrika, Hunderte von Passagieren in einer fünfstündigen ‚kriminellen Orgie' von Gewalt, Raub und sexuellen Übergriffen … Fahrgäste wurden ausgeraubt und verprügelt, Frauen bedrängt und sexuell belästigt."[33]

Ja, die Verschiedenheit hat ihre Schattenseiten…

Im Frühling 2006 legte der Front National bei Meinungsumfragen wieder zu. 21 Prozent der Befragten erklärten sich als Anhänger Jean-Marie Le Pens, während nur noch 29 Prozent den angeschlagenen Premierminister de Villepin unterstützten. Jeder Dritte meinte, der Front National spreche aus, „was das französische Volk bedrückt". „Le Pen hat es vorausgesagt!" lautet ein Slogan, bei dem viele Franzosen heute beifällig nicken.[34]

Die Rückkehr der Mauren

Im Kolumbusjahr 1492 vollendeten Ihre Katholischen Majestäten Isabel und Ferdinand in Spanien die Reconquista, indem sie die Mauren aus ihrem letzten Stützpunkt auf spanischem Boden, Granada, vertrieben. Achthundert Jahre lang hatten sich die Araber auf der Iberischen Halbinsel gehalten. Doch die zweite islamische Invasion Iberiens ist in vollem Gange.

Araber und Schwarzafrikaner, deren Ziel Spanien ist, gelangen meist über Marokko dorthin. Drei Millionen haben den Sprung über das Mittelmeer bisher geschafft; als Ergebnis beträgt der Anteil der Immigranten an der spanischen Bevölkerung inzwischen 8,4 Prozent und ist einer der höchsten Europas – und dies in einem Land mit einer der weltweit niedrigsten Geburtenraten.[35] Freilich machen sich in Spanien wachsender Unmut über die Einwanderungswelle und Zorn auf jene Politiker breit, die ihr Vorschub leisten. Dies ist durchaus begreiflich.

Am 11. März 2004 kamen in Madrid bei Bombenanschlägen auf Züge 190 Menschen ums Leben; weitere 1.800 wurden verletzt. Dirigent der Terrorakte war ein Tunesier, der sich seiner Festnahme durch Selbstmord entzog, und elf der 15 verhafteten Tatverdächtigen waren Marokkaner. Laut den spanischen Ermittlern ging das Blutbad auf das Konto der „Marokkanischen Islamischen Kombattantengruppe“.[36]

Als im September und Oktober 2005 Hunderte von Afrikanern die spanischen Enklaven Ceuta und Melilla an der nordafrikanischen Küste stürmten und Premierminister José Luis Zapatero eine Amnestie für sechshunderttausend illegale Einwanderer verkündete, sank die Zustimmung zu seiner Politik bei der Bevölkerung jäh, und die Zahl der Spanier, die die Einwanderung als das vordringlichste Problem ihrer Nation betrachteten, schnellte von 31 Prozent auf 54 Prozent hoch.[37] Holland und Deutschland erklärten sich besorgt über den „Sog-Effekt“ der Amnestie auf Afrikaner und Araber, die Marokko als Sprungbrett für die Einwanderung nach Spanien und Spanien als Einfallstor nach Europa benutzen.

Melilla ist eine spanische Stadt mit sechzigtausend Einwohnern und weist eine zehn Kilometer lange gemeinsame Grenze mit Marokko auf. Sie ist durch hohe Zäune abgeschirmt, deren oberste Begrenzung ein rasiermesserscharfer Draht bildet, und wird von der Spanischen Legion sowie von der marokkanischen Zivilgarde bewacht. Die Afrikaner bewerfen die Sicherheitskräfte regelmäßig mit Steinen, und diese antworten mit Gummikugeln, Bajonetten und Gewehrschüssen. Daniel Pipes schildert zwei Episoden, die sich im Spätsommer 2005 dort abspielten: „Mitte September begannen die Afrikaner die Grenze massenhaft zu stürmen. Mit Hilfe primitiver Leitern aus Ästen benutzten sie ihr eigenes Körpergewicht, um die Zäune stellenweise einzudrücken. Einer von ihnen sagte: ‚Wir gehen gruppenweise vor und springen alle auf einmal. Wir wissen, daß manche von uns es schaffen werden; andere werden verletzt werden und wieder andere vielleicht sterben, aber wir müssen um jeden Preis durchkommen.‘ Diese Taktik haut hin. Von 1.000 Personen, die im September gleichzeitig in Melilla einzudringen versuchten, hatten schätzungsweise 300 Erfolg. Anfang Oktober versuchten 650 Personen den Zaun zu überklettern, und dem Vernehmen nach haben es 350 geschafft."[38]

Bei dem Zwischenfall im September kam ein Dutzend Afrikaner ums Leben. Anschließend wurden dreitausend gescheiterte Zaunstürmer in Marokko festgenommen; tausend von ihnen wurden in ihre Heimatländer zurückgeflogen und weitere tausend in die Wüste abgeschoben, die weit im Süden und fern von den spanischen Enklaven liegt.[39] Pipes beschreibt das Dilemma, dem sich Europa gegenübersieht, wie folgt: „Gigantische Menschenschmugglerringe und menschliche Wellen, die befestigte Positionen überrennen, sind die krassesten Erscheinungsformen eines immer tieferen Dilemmas: Wie können Inseln des Friedens und des Wohlstandes in einem Ozean von Krieg und Elend überleben; wie kann eine schwindende europäische Bevölkerung ihre historische Kultur bewahren; wie können Staaten von der Türkei über Mali bis hin nach Mexiko ihre Probleme lösen, statt sie zu exportieren?"[40]

Nachdem Marokko und Spanien die Route Ceuta–Melilla Anfang 2006 abgeriegelt hatten, versuchten die Afrikaner auf gefährlicheren Wegen nach Spanien und Europa zu gelangen. Tausend Westafrikaner wurden auf den Kanarischen Inseln, fünfhundert Kilometer vor der Küste Mauretaniens, an Land gespült, worauf man sie in überfüllte Internierungslager sperrte. Leslie Crawford schrieb hierzu in der *Financial Times*: „Viele Migranten wurden gerettet, nachdem ihre morschen Boote während der gefahrvollen, dreihundert Meilen langen Fahrt von Mauretanien – dem jüngsten Sprungbrett für Afrikaner, die Europa zu erreichen versuchen – gekentert oder gesunken waren. Schätzungen spanischer Beamter zufolge schicken sich ungefähr fünfzehntausend Westafrikaner an, die Überfahrt zu versuchen, nachdem Marokko und Algerien die nördlichen Migrationsrouten zum Mittelmeer letztes Jahr geschlossen haben."[41]

Der spanische Sonderbotschafter für humanitäre Fragen, Manuel Pombo, kommentierte: „Man hat eine Sperre errichtet, um den Strom von Immigranten durch die Straße [von Gibraltar] zu stoppen, und nun gehen sie nach Mauretanien und treten dort eine furchtbare Seefahrt von fast dreihundert Meilen an, um sich zu den Kanarischen Inseln durchzuschlagen."[42] Diese Einwanderer setzen bewußt ihr Leben aufs Spiel, um dorthin zu gelangen, wo sie hinwollen – nach Europa.

Zwei Morde rütteln Holland wach

Im Mai 2002 wurde Pim Fortuyn, ein extravaganter Homosexueller und Warner vor der Islamisierung, der mit einer Kampagne gegen die Einwanderung Premierminister der Niederlande zu werden hoffte – er hatte den Islam als „rückständige Religion“ bezeichnet und die Schließung der holländischen Grenzen verlangt –, in Hilversum sechsmal in den Kopf, den Hals und die Brust geschossen. Europa war sprachlos vor Entsetzen.

Keine drei Jahre darauf folgte ein zweiter schockierender Mord. Der siebenundvierzigjährige Theo van Gogh – sein Ur-Ur-Uronkel war der berühmte Maler gewesen – galt als charakterlich höchst fragwürdige Person und als Lästermaul übelster Sorte.[43] „In seinen Briefen und Reden riß er derbe Witze über Juden und bedachte Muslime mit Schmähungen, die der Fäkalsprache entlehnt waren“, berichtete das *Wall Street Journal* und fügte hinzu, van Gogh habe einen muslimischen Führer als „Zuhälter des Propheten“ verunglimpft.

Im August 2004 wurde im holländischen Fernsehen ein von van Gogh gedrehter, zehnminütiger Film in englischer Sprache mit dem Titel *Submission* (Unterwerfung) ausgestrahlt, der laut eines Berichtes von BBC „hohe Wellen schlug“: „Entrüstung rief vor allem die Geschichte von vier muslimischen Frauen hervor, die geschlagen, vergewaltigt und zur Eheschließung gezwungen worden waren und Allah um Hilfe bitten. Ihre Tschadyrs und Gewänder sind durchsichtig, und man kann ihre halbnackten Körper durch ihre Kleider hindurch erkennen. Auf ihren Leibern stehen Koranverse über die zulässige körperliche Bestrafung für Frauen, die ‚sich schlecht benehmen‘.“

Submission sollte der erste von drei Teilen einer Serie sein und war zugleich der letzte unter der Regie von van Gogh gedrehte Streifen. Ronald Rovers schilderte das Ende des niederländischen Filmemachers wie folgt: „Am Morgen des 2. November zog ein sechsundzwanzigjähriger in Holland lebender Marokkaner auf einer belebten Straße in Ost-Amsterdam eine Pistole und feuerte auf Theo van Gogh, der auf einem Fahrrad zum Büro fuhr. Van Gogh stürzte zu Boden und stolperte über die Straße auf ein nahegelegenes Gebäude zu, das er jedoch nicht erreichen sollte. Während der Marokkaner auf ihn zuschritt, schrie van Gogh: ‚Wir können ja darüber reden! Tu es nicht! Tu es nicht!‘

Doch der Marokkaner hielt nicht inne. Er gab einen zweiten Schuß auf van Gogh ab, schlitzte ihm die Kehle auf und heftete ihm mit einem Messer einen Brief an die Brust. Die Zeugen sagten, er sei wie ein Tier geschlachtet worden. ‚Wie ein Reifen aufgeschnitten‘, meinte einer von ihnen.“

In seinem Brief zog Bouyeri gegen die „Ungläubigen“ vom Leder und warnte: „Schreie, die einem die Haare zu Berge stehen lassen, werden sich den Lungen der Ungläubigen entringen.“ Das Schreiben schloß mit einer im Stil islamischer Verse, aber auf Niederländisch verfaßten Prophezeiung: „Ich weiß mit Sicherheit, daß dich, o Amerika, das Unheil ereilen wird. Ich weiß mit Sicherheit, daß dich, o Europa, das Unheil ereilen wird. Ich weiß mit Sicherheit, daß dich, o Holland, das Unheil ereilen wird."

Die Niederlande waren erschüttert. Bouyeri war in diesem permissivsten aller Länder geboren und erzogen worden, wo Drogen offen verkauft werden und Sex in aller Öffentlichkeit feilgeboten wird. Als die Polizei Bouyeris Freunde verhaften wollte, leisteten diese gewaltsamen Widerstand. Aufgebrachte Niederländer steckten Moscheen in Brand, worauf Muslime zur Vergeltung Kirchen anzündeten. Holländischen Politikern, die sich kritisch über die islamischen Fanatiker geäußert hatten, wurde angedroht, sie würden rituell geschlachtet und um einen Kopf kürzer gemacht. Die niederländische Polizei ist mittlerweile der Ansicht, unter der Million im Lande ansässigen Muslime gebe es eine ganze Anzahl hausgemachter Terroristen. In der großen Hafenstadt Rotterdam bekennen sich bereits 40 Prozent der Einwohner zum Islam.[44] Bis zum Jahre 2010 werden die Muslime in Amsterdam und Den Haag die Mehrzahl der Einwohner stellen.[45]

Das Fiasko der multikulturellen Gesellschaft

Willkommen in Eurabien! Hier leben zwanzig Millionen Muslime – die am schnellsten wachsende Minderheit auf einem Kontinent, dessen einheimische Bevölkerung nicht mehr genug Kinder zur Welt bringt, um ihren Fortbestand zu gewährleisten. Die nachchristlichen Kulturen Europas stecken in einer Krise, aus der kein Ausweg ersichtlich ist. Durch Geburtenkontrolle, Abtreibung und Sterilisierung, die Selbstmordtechniken der Moderne, schrumpft und stirbt ihre Bevölkerung, und da die europäischen Regierungen auf Arbeitskräfte angewiesen ist, um ihr großzügiges Gesundheitswesen und ihre hohen Renten aufrechterhalten und ihren Betagten einen menschenwürdigen Lebensabend sichern zu können, müssen sie Millionen von Muslimen ins Land holen. Die Kinder dieser Immigranten gehören großteils einer verlorenen, entwurzelten Generation an, die sich dem militanten Islam zuwendet, um Identität und Geborgenheit zu finden – und eine Sache, für die es sich zu sterben lohnt. „Der holländische Filmemacher glaubte, es sei sein Recht als freier Bürger, Menschen zu beschimpfen", schrieb Rovers. „Der muslimische Fanatiker, der ihn abschlachtete, teilte diese Auffassung nicht."[46]

Genau ein Jahr nach dem Mord an van Gogh veröffentlichte das *Wall Street Journal* einen Essay von Francis Fukuyama, in dem dieser schrieb: „Es gibt guten Grund zu der Annahme ... daß sich eine gefährliche Quelle des zeitgenössischen radikalen Islamismus nicht im Nahen Osten, sondern in Westeuropa befindet. Nicht nur Bouyeri und die Bombenleger von London, sondern auch die Urheber des Madrider Massakers vom 11. März [2004] sowie die Drahtzieher der Terroranschläge vom 11. September [2001] wie Muhammad Atta sind in Europa zu Radikalen geworden."[47]

Der Radikalismus dieser Araber erklärt sich damit, daß es nicht gelungen ist, sie zu assimilieren. Mögen sie auch britische, holländische, französische, deutsche oder spanische Pässe besitzen, in ihrem Herzen tragen sie ein anderes Heimatland. Wie Fukuyama festhält, ist das Identitätsproblem unter jungen Muslimen „besonders schwerwiegend", denn: „Sie wuchsen außerhalb der traditionellen Kultur ihrer Eltern auf, doch im Gegensatz zu den meisten Neuankömmlingen in den Vereinigten Staaten fühlen sich nur wenige von ihnen von der Gesellschaft, in deren Mitte sie leben, wirklich akzeptiert."[48]

Wie soll sich Europa gegenüber einer militanten Religion verhalten, der Millionen von Konvertiten zuströmen und die predigt, es entspreche dem Willen Gottes, jeden zu töten, der diesen Glauben schmäht, sei es nun ein van Gogh oder ein Rushdie?

Francis Fukuyama, ein Anhänger der Idee von der Glaubensnation und Befürworter der multikulturellen Gesellschaft, hatte mein Buch *Der Tod des Westens* sowie Tony Blankleys *The West's Last Chance* (Die letzte Chance des Westens) – ein Buch über die zunehmende Bedrohung durch den radikalen Islam – mit Kritik bedacht, räumte aber im März 2006 ein, daß unsere Thesen in Europa mittlerweile immer mehr Gehör finden: „Der Hauptgrund dafür, daß Europa seine muslimischen Immigranten nicht zu integrieren vermag ... sind nicht die von der Linken gepredigten modischen multikulturellen Ideen, sondern das von Buchanan vertretene, in Blut und Boden wurzelnde Verständnis von Identität ... Die schwarzseherischen Prognosen dieser Bücher [von Buchanan und Blankley] werden in Europa als Ergebnis der islamistischen Gewalt in den letzten paar Monaten zusehends ernster genommen ... Die Multikultur alten Stils gilt in Holland mittlerweile als gescheitert und wird in Großbritannien ernsthaft in Frage gestellt. Unter den einfachen Bürgern Europas zeichnet sich eine heftige Reaktion ab; wenn die Franzosen und Holländer letztes Jahr mehrheitlich gegen die neue Europäische Verfassung stimmten, dann zumindest teilweise darum, weil sie der Ansicht waren, diese Verfassung sehe die Mitgliedschaft der Türkei in der Europäischen Union vor."[49]

Den Anstoß zu Fukuyamas Pessimismus bildete die instinktive, gewalttätige Reaktion der Muslime in ganz Europa und dem Nahen Osten auf die als blasphemisch empfundenen Mohammed-Karikaturen, die zuerst in einem dänischen Blatt erschienen und dann in vielen führenden europäischen Zeitungen auf der Titelseite abgedruckt worden waren.

Der Karikaturen-Krieg zog sich über mehrere Wochen hin und trieb einen noch größeren Keil zwischen Muslime und Europäer.

„Der Streit um die Karikaturen ging zwar auf den lobenswerten Wunsch der Europäer zurück, grundlegende liberale Werte zu verteidigen, mag aber einen Rubikon darstellen, den man nur äußerst schwer wieder in umgekehrter Richtung wird überqueren können", schrieb Fukuyama.[50] Wenn der Westen wirklich meint, „grundlegende liberale Werte" zu verteidigen, indem er eine Milliarde Muslime durch die Verhöhnung ihres Religionsstifters beleidigt und provoziert, tut Europa gut daran, sich auf den Kampf der Kulturen vorzubereiten, denn dieser kommt dann so sicher wie das Amen in der Kirche.

Die Radikalisierung der Türken in Deutschland

Um 1960 herum trafen die ersten türkischen Gastarbeiter in Deutschland ein. Sie verrichteten einfache manuelle Arbeiten, die Deutsche, als ihre Wirtschaft aufblühte und zur drittstärksten der Welt wurde, nur ungern selbst verrichteten. Heute, ein knappes halbes Jahrhundert später, leben (nach offiziellen Angaben) 2,6 Millionen Türken in Deutschland, und viele Deutsche sind mittlerweile der Meinung, ihre Väter hätten einen folgenschweren Fehler begangen.

Im Berliner Viertel Kreuzberg, auch „Klein-Istanbul" genannt, tobe ein „unübersehbarer kultureller Grabenkrieg", schrieb Robert Collier im *San Francisco Chronicle*. Der zunehmende islamische Fundamentalismus unter den in Deutschland ansässigen Türken hat unter anderem dazu geführt, daß türkische Frauen zu ihrer traditionellen Kleidung zurückgekehrt sind und Kopftücher sowie lange Gewänder tragen.

„Die Leute wenden sich wieder dem Nationalismus, dem Islam und einer besonders aggressiven Verbindung von beiden zu", meinte Safter Çinar, ein laizistischer Sprecher des Türkischen Bundes in Berlin/Brandenburg. „Besonders junge Menschen radikalisieren sich. Viele von ihnen denken so: ‚Nun gut, sie wollen, daß wir Fremdlinge bleiben, benehmen wir uns also wie Fremdlinge. Wir fühlen uns in der deutschen Gesellschaft nicht wohl.'"[51]

Nichtassimilierte Türken der zweiten und dritten Generation, die der deutschen Kultur fremd gegenüberstehen, bekennen sich zu einem militanten Islam. „In Berlin erhebt sich eine neue Mauer", vermerkte der deutsche Schriftsteller Peter Schneider im Dezember 2005 im *New York Times Magazine*. Laut Schneider ist diese neue Mauer mit den Geschehnissen vom 11. September 2001 ins nationale Bewußtsein gerückt: „Während die deutsche Mehrheit die Amerikaner ihrer ‚uneingeschränkten Solidarität' versicherte, wurden in Neukölln und Kreuzberg ganz andere Gefühle bekundet. Auf zwischen Häusern gelegenen Höfen wurden aus Flaschen Raketen abgefeuert – ein Feuerwerk des kleinen Mannes, sporadisch, klein, aber freudig: zwei Raketen hier, drei Raketen dort. Doch alles in allem stiegen zur Feier der Anschläge immerhin einige hundert Raketen zum Himmel hoch, während die meisten Berliner nach Worten rangen, um ihrem Entsetzen Ausdruck zu verleihen."[52]

Seyran Ateş, eine türkischstämmige Anwältin, die ein Buch über erzwungene Eheschließungen sowie „Ehrenmorde" an türkischen Frauen geschrieben hat, meint, die jungen Muslime identifizierten sich zunehmend weniger mit Deutschland und dem Westen. Die von jungen Muslimen in London verübten Bombenanschläge in der Untergrundbahn sowie auf einen Bus seien „in den Augen vieler Muslime eine wohlverdiente Ohrfeige für die westliche Gemeinschaft. Die nächsten Täter werden Kinder der dritten und vierten Einwanderergeneration sein, die – vor den Augen wohlmeinender Politiker – von Geburt an dazu erzogen worden sind, die westliche Gesellschaft zu hassen".[53]

Zwischen den beiden durch die neue Mauer getrennten Bevölkerungsgruppen in Deutschland tut sich nicht nur eine ethnische und kulturelle, sondern auch eine wirtschaftliche Kluft auf. 12 Prozent der Deutschen, aber 25 Prozent der Türken sind arbeitslos. In Berlin beträgt der Anteil der Arbeitslosen unter den Türken gar 42 Prozent, und von den in der deutschen Hauptstadt lebenden muslimischen Jugendlichen insgesamt findet jeder zweite keine Arbeit.[54]

„Etwa 30 Prozent der türkischen Schüler verlassen die weiterführende Schule und weitere 40 Prozent die Hauptschule vorzeitig; in der Hauptschule werden die Jugendlichen auf eine Arbeit in der Industrie vorbereitet, wo es immer weniger Stellen gibt", schreibt Collier in seinem bereits erwähnten Artikel. Doch obwohl laut dem ehemaligen Innenminister Otto Schily „70 Prozent der Neuankömmlinge vom Tag ihrer Einreise an auf Sozialhilfe angewiesen sind"[55], strömen auch weiterhin immer neue Immigranten nach Deutschland.

Entfremdung, Müßiggang und Langeweile sind schon immer Zündstoff für Revolutionen gewesen. „In unseren Tagen zeitigt chronische Arbeitslosigkeit vor allem unter jungen Menschen … verheerende Ergebnisse", hat Robert Nisbet einmal geschrieben; zu ihren sichtbarsten Folgen gehöre „die sinnlose Gewalttätigkeit Jugendlicher auf der Straße … Langeweile ist fast sicher das geheime Geschwür von Utopien, wie Schopenhauer warnend schrieb"[56]. Die Zeitschrift *The Economist* nannte die Pariser Unruhen eine „wütende Rebellion einer bartlosen, Nike-tragenden Teenager-Unterklasse".[57]

Im Jahre 2005 rief der „Ehrenmord" an einer jungen Türkin, die ihren Mann verlassen hatte, um in westlichem Stil leben zu können, in Berlin große Bestürzung hervor. Im Fernsehen wurde ausführlich über den Prozeß gegen die Mörder berichtet – die drei Brüder des Opfers, die an den Wänden ihrer Gefängniszellen Bilder ihrer toten Schwester aufgehängt hatten. Daß türkische Studenten die Bluttat rechtfertigten, erschütterte die Deutschen zutiefst. Was ging da in ihrem Lande vor? Die Antwort auf diese Frage erteilte die in Deutschland lebende türkische Schriftstellerin Necla Kelek: „Die Gastarbeiter wurden zu Türken, und die Türken wurden zu Muslimen."[58]

So ist es. Anno 2001 hatte der jahrzehntelange Kampf der Islamischen Föderation Berlin für die Einführung islamischen Religionsunterrichts an den Berliner Schulen Früchte getragen. Dieser Schritt hatte einen raschen kulturellen Wandel zur Folge. Peter Schneider schreibt: „Seit der Einführung des islamischen Religionsunterrichts ist die Zahl der Mädchen, die mit Kopftüchern zur Schule kommen, sprunghaft gestiegen, und die Schulen werden mit Gesuchen um Freistellung von Mädchen vom Schwimm- und Sportunterricht sowie von der Teilnahme an Klassenausflügen geradezu überflutet. Es gibt keine zuverlässigen Statistiken darüber, wie viele der in Deutschland lebenden Muslime regelmäßig eine Moschee besuchen; die Schätzungen schwanken zwischen 40 und 50 Prozent."[59]

Wenn diese Schätzungen einigermaßen stimmen, sind die 20 Millionen Muslime, die heute in Europa leben, die frommste Bevölkerungsgruppe des Alten Kontinentes. Man kann sich heutzutage keine Nation mehr vorstellen, wo 40 bis 50 Prozent der Christen am Sonntag oder an Wochentagen regelmäßig an der Messe oder am Gottesdienst teilnehmen. Nur bei den blühenden evangelischen Gemeinschaften jener US-Bundesstaaten, die den „Bibelgürtel" bilden, geht ein dermaßen hoher Anteil der Gläubigen allwöchentlich zur Kirche.

Laizistische Türken machen für die Krise in Deutschland die „liberale Multikultur" sowie die deutschen Schuldgefühle wegen „Hitlers Verbrechen" verantwortlich. Dieser ins Nationalbewußtsein eingepflanzte Schuldkomplex bewirkt, daß die Deutschen nicht den Mut haben, von den Immigranten zu fordern, daß diese ihre Sprache sprechen und ihre Kultur übernehmen. Aus panischer Furcht, der Intoleranz bezichtigt zu werden, kapitulieren die Deutschen vor den türkischen und muslimischen Forderungen, so verhängnisvoll die Folgen für den nationalen Zusammenhalt ihres Landes auch sein mögen.

„Bevor ich zu den islamischen Patriarchen vordringen kann, muß ich mir einen Weg durch diesen Berg deutscher Schuldgefühle bahnen", konstatiert Seyran Ateş. Während Großbritannien und Frankreich mit der Ausweisung radikaler islamischer Geistlicher begonnen haben, schreckt Deutschland vor solchen Maßnahmen zurück. Eine Berliner Stadtratsabgeordnete, schreibt Peter Schneider, „wies auf die Imam-Reza-Moschee hin ... auf deren Weltnetzseite die Anschläge vom 11. September noch vor kurzem mit Lob bedacht, Frauen als Menschen zweiter Klasse bezeichnet und Schwule sowie Lesben als Tiere eingestuft wurden. ‚Diese Art von Dingen', sagte sie [die Stadtratsabgeordnete], ‚wird von der Linken immer noch im Namen der Glaubensfreiheit verteidigt.'"[60]

Während sich türkische Einwanderer der zweiten und dritten Generation zunehmend als muslimische Türken und nicht als Deutsche fühlen, zeichnet sich bei der deutschen Bevölkerung eine Reaktion ab. 74 Prozent der Deutschen sprechen sich gegen den EU-Beitritt der Türkei aus (in Frankreich sind es 70 Prozent, in Österreich gar 80 Prozent).[61]

Dies ist nur allzu verständlich. Träte die Türkei der EU bei, so erhielten ihre Staatsbürger das Recht auf freie Niederlassung von Bulgarien bis hin zu den Britischen Inseln und könnten in 25 Staaten ohne spezielle Genehmigung arbeiten. Die Türkei würde somit zum Brückenkopf für die islamische Invasion dessen, was von der Wiege des Christentums noch übriggeblieben ist. Das große Projekt der Perserkönige Darius und Xerxes, die Brücken aus Schiffen über den Hellespont schlugen, um von Asien her in Europa einfallen zu können, würde dann erfolgreich abgeschlossen.

Wie fremd sich Deutsche und Türken bereits geworden sind, geht aus dem Erfolg des Films *Tal der Wölfe – Irak* hervor. Es ist dies der teuerste Streifen, der je in der Türkei gedreht worden ist; bei der Premiere war auch der türkische Premierminister zugegen. In dem Film wird gezeigt, wie amerikanische GIs türkische Soldaten demütigen und Unschuldige abschlachten; ferner tritt dort ein jüdischer Arzt auf, der im Stil eines Dr. Frankenstein irakischen Gefangenen Organe entnimmt, um sie im Westen zu verkaufen. Der bayerische Ministerpräsident Edmund Stoiber (CSU) nannte *Tal der Wölfe – Irak* einen „rassistischen Film, der Haß auf den Westen schürt".[62] Dies änderte freilich nichts daran, daß sich einhundertdreißigtausend Menschen, meist junge Türken und Araber, den Streifen in den ersten fünf Tagen seiner Vorführung ansahen. Ein Reporter von der Nachrichtenagentur Reuters schildert die Reaktion des Publikums in einem Berliner Lichtspielhaus: „Sie klatschten wie wild, als der türkische Held des Films ein Gebäude in die Luft jagte, in dem der Befehlshaber der US-Truppen in Nordirak wohnte. In der Schlußszene sieht man, wie der Held einem amerikanischen Kommandeur namens Sam seinen Dolch ins Herz stößt. Die Zuschauer standen auf und skandierten im Chor: ‚Allah ist groß!'"[63]

Mütterchen Rußland wird immer älter

Keine andere Nation veranschaulicht die Zukunft der weißen Menschheit so drastisch wie Rußland. Die Sowjetunion war flächenmäßig dreimal größer als die Vereinigten Staaten von Amerika und hatte einige Dutzend Millionen Einwohner mehr, doch 1991 zerfiel sie in fünfzehn Staaten, darunter ein halbes Dutzend mit muslimischer Bevölkerungsmehrheit. Rußland ist immer noch das flächenmäßig größte Land der Welt – sein Territorium ist doppelt so groß wie das der USA –, aber seine Bevölkerung beträgt weniger als die Hälfte der amerikanischen und schrumpft von Jahr zu Jahr. Und in Rußland leben zwischen 14 und 23 Millionen Muslime; die meisten davon sind im Süden des Landes ansässig, aber auch in Moskau gibt es ihrer rund eine Million.

Die Anwesenheit dieser Muslime hat bei der Bevölkerung starke nationalistische Reaktionen ausgelöst und zur Gründung einer neuen Partei geführt, die sich Rodina – „Heimat" – nennt und zur zweitstärksten politischen Kraft des Landes nach Präsident Wladimir Putins Partei des Vereinigten Rußland geworden ist. Im November 2005, zwei Wochen vor den Wahlen zum Moskauer Stadtrat, warb Rodina mit einem Fernsehwerbefilm, in dem eine blonde russische Frau auf einer Moskauer Straße von dunkelhäutigen Immigranten aus ehemaligen Sowjetrepubliken umringt wird. Der Wahlwerbefilm endete mit dem Aufruf: „Säubern wir die Stadt von Abfall!"[64] Er wurde als rassistisch angeprangert, und ein Gericht schloß Rodina von der Teilnahme an den Wahlen aus. Ein Vertreter der Partei wies allerdings darauf hin, daß das Gericht erst aktiv wurde, als Rodina laut Meinungsumfragen in der Wählergunst auf den zweiten Platz vorgerückt war.

Zehn Jahrhunderte lang haben Christen und Muslime in Rußland zusammengelebt. Doch mit dem Erstarken des russischen Nationalismus und des islamischen Fundamentalismus wachsen die Spannungen. Nun, da das Sowjetreich und die Sowjetunion selbst Geschichte sind, kann keine Ideologie, kein Imperium und kein kalter Krieg diese Völker noch zusammenhalten. Während ethnische Russen eine Gemeinschaft mit ihren Volksgenossen anstreben und ihre Identität im orthodoxen Glauben finden, schenken die Muslime dem Ruf des Islam und des Islamismus Gehör. Die ethnischen und religiösen Konflikte in vielen Teilen Rußlands sowie das andauernde Blutvergießen im Kaukasus sind die Folgen dieser Entwicklung.

So wie die chinesischen Führer an den Nationalismus und die rassische Solidarität appellieren, um ihr Land zusammenzuschweißen und sich die Loyalität ihres Volkes zu sichern, spielt Putin die patriotische Karte aus und geht scharf gegen ethnische Rebellionen sowie islamischen Irredentismus vor. Dennoch erscheint es unvermeidlich, daß der Kaukasus noch lange Zeit Schauplatz religiöser und revolutionärer Gewalt sein und die Einheit Rußlands behindern wird. Angesichts der extrem niedrigen Geburtenraten unter den ethnischen Russen, der daraus resultierenden Bevölkerungsabnahme sowie der Einwanderung einer immer größeren Zahl von Chinesen in Sibirien muß man zwangsläufig zu dem Schluß gelangen, daß Rußland bis zum Jahre 2050 eine bevölkerungs- und wohl auch flächenmäßig weit kleinere Nation sein wird als heute.

„Ungeachtet verheerender sozialer Probleme klammert sich Rußland immer noch verbissen an die Relikte des sowjetischen Imperiums im Kaukasus und Zentralasien", vermerkt der konservative britische Verleger Derek Turner, „und die fürchterliche Tragödie, die die Menschen in Beslan vor ein paar Monaten erleben mußten, ist die Folge dieser Politik. Die Ergebnisse der Volkszählung des Jahres 2002 sind höchst umstritten, doch leben in Rußland schätzungsweise 176 Völker und Nationalitäten. Von den [anno 2002] 146 Millionen Einwohnern gelten 81,5 Prozent als Russen."[65]

Im Dezember 2005 erschien eine Studie der Weltbank mit dem Titel *Dying too Young* (Sie sterben zu jung), in der der demographische ‚Kahlschlag' Rußlands beschrieben wurde. Die Bevölkerung des Landes ist innerhalb von fünfzehn Jahren um sieben Prozent geschrumpft und beträgt heute nur noch 143 Millionen.[66] Laut der Bevölkerungsstatistik der UNO für 2005 werden bis zum Jahre 2050 52 Millionen Russen und Ukrainer – einer von vier – vom Erdboden verschwunden sein. Die slawische Bevölkerung stirbt. Und vergessen wir nicht, daß Rußland die Ostgrenze der abendländischen Kultur verteidigt. Man denkt hier an die Worte des im siebzehnten Jahrhundert lebenden englischen Dichters John Donne: „Niemand ist eine Insel, die ganz für sich allein besteht; jedermann ist Teil eines Kontinentes, Teil des Festlandes. Wenn ein Erdklumpen vom Meer weggewaschen wird, wird Europa dadurch kleiner, genauso wie dies der Fall wäre, wenn ein Vorgebirge verschwände oder ein Landgut deines Freundes oder dein eigenes; der Tod eines jeden Menschen macht mich kleiner, weil ich einen Bestandteil der Menschheit bilde; suche deshalb niemals zu erfahren, für wen die Stunde schlägt – sie schlägt für dich."[67]

Ave atque vale, Europa

In den neunziger Jahren des vergangenen Jahrhunderts meldeten sich überall in Europa nationale Parteien zu Wort und verlangten, der Einwanderung, die das Gesicht des Kontinents verändert, einen Riegel vorzuschieben: Der Front National in Frankreich, die Nationaldemokratische Partei Deutschlands in der BRD, die British National Party, die Freiheitliche Partei in Österreich, der Vlaams Blok im flämischen und der Front National im wallonischen Teil Belgiens, Pim Fortuyns Liste in den Niederlanden, die Alleanza Nazionale in Italien, die Dänische Volkspartei, die Schweizerische Volkspartei, die Fortschrittspartei in Norwegen, die Schweden-Demokraten sowie Rodina in Rußland. Manche dieser Parteien verfügen über einen charismatischen Führer. Sie vertreten eine mehr oder weniger populistische und nationalistische Linie und verlangen meist die Unterbindung jeder weiteren Einwanderung, was sie in den Augen des Establishments ihrer Länder oftmals zu Parias macht.

Wie einst das Programm der Sozialistischen Partei der USA unter Norman Thomas, der sechsmal für das Präsidentenamt kandidierte, vom linken Flügel der Demokratischen Partei in Form ihres „New Deal" plagiiert wurde, nähern sich manche großen Parteien in Europa bezüglich der Immigration und der EU heute der Linie der Populisten an. Doch allem Anschein nach ist es für Europa bereits zu spät.

Bei meinen Recherchen für *Der Tod des Westens* stieß ich auf die Tatsache, daß – abgesehen vom muslimischen Albanien und möglicherweise auch von Island – keine einzige europäische Nation noch die zur Erhaltung des Bevölkerungsbestands notwendige durchschnittliche Geburtenrate von 2,1 Kindern pro Frau verzeichnete. In all diesen Ländern stieg das Durchschnittsalter der Bevölkerung stetig. Die anno 2005 veröffentlichten demographischen Prognosen der UNO bestätigen, was ich in *Der Tod des Westens* geschrieben habe.[68]

Bis zum Jahre 2050 werden diesen Prognosen zufolge in den drei Baltenstaaten Estland, Lettland und Litauen nicht mehr wie heute 7, sondern nur noch 5,3 Millionen Menschen leben. Die Slowakei wird 15 Prozent ihrer heutigen 5,4 Millionen Einwohner Bevölkerung einbüßen. In der Ukraine, die eine der weltweit niedrigsten Geburtenraten aufweist (1,1 Kinder pro Frau), wird die Bevölkerung von 46,5 auf 26 Millionen absacken. Von den heute 143 Millionen Russen werden 32 Millionen, also ein gutes Viertel, verschwinden. (Zum Vergleich: Dem Terror und den künstlich hervorgerufenen Hungersnöten unter Lenin und Stalin fielen schätzungsweise 30 Millionen Menschen zum Opfer.) Europa erlebt eine demographische Katastrophe, zu der es seit dem Schwarzen Tod des vierzehnten Jahrhunderts keine Parallele gibt. „Im Grunde genommen wütet in Europa der ‚Weiße Tod'", schrieb der Kolumnist James Bemis.[69]

Südeuropa wird den UNO-Prognosen zufolge bis zum Jahre 2050 zehn Millionen Einwohner verlieren, wobei Italien, dessen Bevölkerung von 58 auf 50 Millionen schrumpfen wird, die Hauptlast dieser Entwicklung zu tragen hat. Da keine einzige „christliche“ Nation noch eine Geburtenrate verzeichnet, die zumindest ihren Fortbestand auf heutigem Niveau garantiert, fiele der Bevölkerungsrückgang in West- und Südeuropa noch viel drastischer aus, würden die aussterbenden Europäer nicht durch Afrikaner, Asiaten, Araber und Muslime ersetzt.

Um die Jahrhundertmitte wird das Durchschnittsalter der einheimischen Bevölkerung in den europäischen Wohlfahrtsstaaten bei 50 Jahren liegen; jeder dritte Bürger wird mindestens 65, jeder zehnte mindestens 80 Jahre alt sein. Um den immer zahlreicheren Betagten auch weiterhin existenzsichernde Renten zahlen und das fortschrittliche Gesundheitswesen aufrechterhalten zu können, wird man zwangsläufig eine große Zahl neuer Arbeiter auftreiben müssen, die Steuern zahlen und die Senioren in ihren Altersheimen, Pflegeheimen und Krankenhäusern betreuen werden.

Doch woher werden die Arbeiter und Pfleger kommen, die Europa unter seiner alteingesessenen Bevölkerung nicht mehr zu rekrutieren vermag? Die Antwort liegt auf der Hand. In den Nationen Westafrikas wird sich die Bevölkerung bis zum Jahre 2050 verdoppelt haben und von heute 264 auf 586 Millionen gestiegen sein, während Nordafrika immerhin Zuwachsraten von über 50 Prozent zu verzeichnen haben wird:

Land	Bevölkerung anno 2005 (in Mio.)	Bevölkerung anno 2050 (in Mio.)
Marokko	31,5	46,3
Algerien	32,9	49,5
Tunesien	10,1	12,9
Libyen	5,9	9,6
Ägypten	74,0	125,9
Sudan	36,2	66,7
Insgesamt	190,4	310,9

Wenn Europa seinen Bevölkerungsbestand nicht mehr erhalten kann, ist seine Islamisierung die unvermeidliche Folge. Die Nachfahren jener Männer, die aus Europa ausschwärmten, um die Welt zu erobern und zu christianisieren, hinterlassen immer weniger Erben. Die Kultur des Todes triumphiert, und die armen, aber fruchtbaren Muslime, deren Invasion vor Jahrhunderten von Europa zurückgeschlagen wurde, kehren wieder, um das nunmehr verwaiste Gut zu übernehmen.

„Allmählich dämmert es den Europäern, daß das Schrumpfen der ethnischen europäischen Bevölkerung, das mit dem Wachstum einer fest in ihrer eigenen Kultur verwurzelten muslimischen Bevölkerung einhergeht, innerhalb eines Jahrhunderts zum Untergang der europäischen, westlichen Zivilisation führen könnte", schreibt Tony Blankley.[70]

Die „Anglosphäre"

Neben den USA gehören noch zwei weitere Nationen von der Größe eines ganzen Kontinents dem an, was man die „Anglosphäre" nennt: Kanada und Australien. In den sechziger Jahren warfen beide Länder ihre bisherige Einwanderungspolitik, die dafür gesorgt hatte, daß ihre Bevölkerung weiß blieb, als „diskriminierend" und „rassistisch" über Bord. Sie öffneten ihre Tore und luden die Welt ein. Und die Welt kam.

In Australien, wo heute ein Viertel der Bevölkerung im Ausland geboren ist und die meisten Einwanderer aus der Dritten Welt kommen, scheint dieses Experiment größere Schwierigkeiten heraufbeschworen zu haben als in Kanada. Schon bald nach den Pariser Unruhen folgte die Schlacht von Cronulla Beach: Nachdem eine arabische Straßenbande zwei weiße Strandwächter überfallen hatte, demonstrierten rund fünftausend in australische Flaggen gehüllte Weiße und skandierten pro-weiße Losungen. Einige Betrunkene jagten auch Arabern hinterher und schlugen sie. Ein junger Australier hatte folgenden Slogan auf seinen Rücken malen lassen: „Wir sind hier aufgewachsen, ihr seid hierher geflogen."[71] Zur „Rache" für Cronulla Beach rotteten sich arabische Jugendliche in großen Gruppen in den Vorstädten von Sydney zusammen und zerschlugen Autos und griffen Weiße an.

Anstoß zu den Exzessen gab die schwelende Wut auf libanesische Halbstarke, die sich, wie die weißen Australier angaben, einen Sport aus der Massenvergewaltigung „weißer Nutten" – so ihre Bezeichnung für normale australische Mädchen – machen.[72] Der Kolumnist Mark Steyr weist darauf hin, daß dieselbe Anklage auch gegen muslimische Jugendliche in Frankreich erhoben wird. „An verschiedenen Enden des Planeten ist eine Situation entstanden, die markante Ähnlichkeiten aufweist. Sowohl in den Straßen von Clois-sous-Bois als auch in Brighton-le-Sands werden nichtmuslimische Frauen belästigt und beschimpft. Der einzige Unterschied liegt darin, daß die ‚weißen Jugendlichen' in Australien beschlossen haben, Vergeltung zu üben."[73]

Nachdem die *Figaro*-Reporterin Marie-Estelle Pech von den Übergriffen gegenüber jungen Frauen erfahren hatte, stellte sie zu diesem Thema Recherchen an, deren Ergebnisse Chris Caldwell, ein Kolumnist der *Financial Times,* wie folgt zusammenfaßt: „Die von Pech Befragten sagten, ein Mädchen, das einen Rock oder andere typisch westliche Kleidung trage,

‚fordere sie geradezu heraus‘. Sehr oft bekommt es auch, was es angeblich ‚herausgefordert‘ hat. Die alarmierendsten Geschichten in Pechs Bericht betrafen die *tournantes* oder ‚Wanderpokale‘: Mädchen, die keinen Vater und Bruder haben, der sie verteidigt, werden von ihren Partnern an andere Bandenmitglieder ausgeliehen.“[74] Diese Fakten deuten darauf hin, daß die Wut der Australier auf die libanesischen Muslime von Sydney durchaus ihren Grund hatte.

Premierminister John Howard bestritt, daß die Gewalttätigkeiten von Cronulla Beach einen weitverbreiteten Rassismus widerspiegelten: „Ich bin nicht gewillt, der australischen Gemeinschaft pauschal das Etikett des Rassismus anzuheften.“[75] Kim Beazley, die Führerin der Labour-Partei, beharrte darauf, daß die Multikultur prächtig funktioniere, und tat sowohl die Angriffe der Araber auf Weiße als auch die weiße Reaktion darauf mit folgenden Worten ab: „Wir haben es hier ganz einfach mit kriminellem Verhalten zu tun, und sonst mit gar nichts.“[76]

Dies mag sein. Doch genau wie in Europa ist das Einwanderungsproblem auch in Australien wieder zur politischen Streitfrage geworden wie in den neunziger Jahren, als Pauline Hansons Bewegung „One Nation“ (Eine Nation) mit ihrem Feldzug gegen die überbordende Immigration sensationelle Erfolge errang.

Vor Jahrzehnten, als die Australier ihre traditionelle Einwanderungspolitik, die dazu führte, daß fast nur Weiße ins Land kamen, über Bord warfen, erfolgte eine ähnliche Entwicklung in Kanada. Viele Kanadier halten diese neue Politik für einen moralischen und gesellschaftlichen Erfolg. Als Stephen Harper Anfang 2006 zum Premierminister gewählt wurde, feierte der Philosoph John Ralston Saul das Kanada der offenen Grenzen als „Schrittmacher des Fortschritts, jenes Land, das auf dem Gebiet der Einwanderung und des Bürgerrechts die weltweit kühnsten Experimente vornimmt.

Wir sind durch Zufall auf die postmoderne Idee einer Staatsnation gestoßen, in der es keine vorherrschende Gruppe und keine vorherrschende Idee gibt ... Dies läuft darauf hinaus, daß eine Nation aus lauter Minderheiten bestehen und ganz ohne Mehrheit auskommen kann – ja, daß die Vorstellung einer Mehrheit an sich schon katastrophal wäre.“[77]

Im Juni 2006 machte in dem Land, „das auf dem Gebiet der Einwanderung und des Bürgerrechts die weltweit kühnsten Experimente vornimmt“, die Nachricht von der Verhaftung 17 muslimischer Männer die Runde, die geplant hatten, das Parlament zu stürmen, Geiseln zu nehmen, Premierminister Harper zu enthaupten und gewisse Medienzentren zu besetzen, um die Freilassung gefangener Taliban zu fordern. Falls die NATO dieser Forderung nicht stattgeben würde, sollten die politischen Führer Kanadas geköpft werden.

Ja, die Multikultur hat ihre unerfreulichen Seiten…

War Kanada denn wirklich ein so „katastrophales“ Land, als fast alle seine Bürger europäischer Abstammung waren? War dies nicht das Kanada, in das alle Welt einwandern wollte?

Es gehört laut und deutlich gesagt, daß die neue Einwanderungspolitik, die die vier Staaten der „Anglosphäre“ – Großbritannien, die USA, Kanada und Australien – seit langem betreiben und die ihre Grenzen für Dutzende von Millionen Menschen aus der Dritten Welt geöffnet hat, durchwegs von der herrschenden Elite dieser Staaten durchgesetzt wurde und in keinem einzigen Fall auf Wunsch der Bevölkerungsmehrheit erfolgte. Überall war und ist eine – im Falle der USA sogar erdrückende – Mehrheit dagegen. Dies wirft folgende Fragen auf: Wer sollte darüber bestimmen, wie die westlichen Nationen in der Mitte des einundzwanzigsten Jahrhunderts aussehen werden? Sind Volkszugehörigkeiten und Religionen entscheidende Faktoren beim Entscheid darüber, wer kommen darf und wer nicht?

Kapitel 12

Eine Nation von Einwanderern?

Ach, sendet mir den Auswurf eurer Fluren, der Fröner Schar, die unterm Joche schmachtet und nach dem hehren Gut der Freiheit trachtet.

Emma Lazarus in ihrem berühmten Sonett „The New Colossus" (Der neue Koloß) (1883), das in den Sockel der Freiheitsstatue eingraviert ist

Weit offen und unbewacht stehn unsre Tore, ein wilder, bunter Haufen strömt durch sie.

Thomas Bailey Aldrich, Unguarded Gates (Unbewachte Tore) (1895)

Das emotionalste und stärkste Argument für eine Politik der offenen Grenzen und der uneingeschränkten Einwanderung lautet wie folgt:

Amerika ist eine Nation von Einwanderern! Die Einwanderung ist unsere stolzeste Tradition. „Arbeiter ohne gültige Dokumente" in ihre Heimatländer zurückzuschicken, kommt einem Verrat an unseren erhabensten Idealen gleich und bedeutet, daß wir den edelsten Seiten unserer Geschichte und unseres Erbe den Rücken kehren. Wenn wir so handeln, versündigen wir uns an unserer Vergangenheit. Erinnern wir uns doch an die Worte der Emma Lazarus:

Give me your tired, your poor
Your huddled masses yearning to breathe free
The wretched refuse of your teeming shore
Send these, the homeless, tempest-tossed to me
I lift my lamp beside the golden door!
(Ach, sendet mir den Auswurf eurer Fluren,
der Fröner Schar, die unterm Joche schmachtet
und nach dem hehren Gut der Freiheit trachtet.
Ihr heimatlosen Armen, kommt zu mir,
ich leuchte euch den Weg zur Eingangstür!)[1]

Es ist dies einer unserer schönsten Mythen. Er appelliert ans Herz und enthält ein gerüttelt Maß an Wahrheit. Doch auch wenn 36 Millionen heute unter uns lebende Menschen jenseits unserer Landesgrenzen geboren wurden, sind wir keine „Nation von Einwanderern".

Nur selten haben Einwanderer mehr als zehn Prozent der amerikanischen Gesamtbevölkerung gestellt. Zu jedem beliebigen Zeitpunkt nach der Revolution bestand die überwältigende Mehrheit der amerikanischen Bevölkerung aus im Lande Geborenen, die nicht nur Stolz auf ihre Wurzeln empfanden, sondern auch auf das, was uns zum einzigartigen, von allen anderen Nationen der Welt verschiedenen Staatsvolke macht. Wir sind weit mehr als ein bloßer Mikrokosmos der Menschheit!

In seinem Buch *Die Nation der vielen Völker* schrieb John F. Kennedy, in der dreihundertfünfzigjährigen Geschichte der USA zwischen der Landung der ersten britischen Siedler an der Küste von Virginia und der Präsidentschaft Eisenhowers seien 42 Millionen Menschen – fast ausschließlich Europäer – nach Amerika gekommen.[2] Bis 1958 hatten sich fast alle assimiliert. Wie unterschied sich diese Einwanderung nun von unserer heutigen?

Erstens ist die heutige Immigration ein Tsunami, der sich mit keiner anderen Welle in der Geschichte der Menschheit vergleichen läßt. Gegenwärtig leben fast ebenso viele Fremde innerhalb unserer Grenzen, wie in den ersten 350 Jahren unserer Geschichte gekommen sind.

Zweitens gelangen die meisten Neuankömmlinge heutzutage illegal ins Land und haben kein Recht, in den USA zu leben. Anno 2006 gab Präsident George Bush bekannt, daß im Verlaufe der vergangenen fünf Jahre sechs Millionen Menschen beim Versuch der illegalen Grenzüberschreitung ertappt worden waren – mehr, als wir 1945 an Soldaten in Europa stehen hatten! Das ist nicht mehr Ellis Island. Das ist eine Invasion.

Drittens stammen heute fast alle Einwanderer, sowohl die legalen als auch die illegalen, aus Ländern und Kulturen, deren Völker sich noch nie in einem westlichen Industrieland assimiliert haben.

Viertens weist der Schmelztiegel an allen Ecken und Enden Risse auf, und unsere Eliten sind ohnehin der Ansicht, er gehöre als Instrument der kulturellen Repression in die Rumpelkammer der Geschichte verbannt. Sie wollen nicht, daß Immigranten zu Amerikanern umgeschmolzen werden, sondern daß sich die USA den Immigranten anpassen und zu einem Potpourri aller Sprachen, Religionen und Kulturen der Welt werden, zu einem Land, das weit mehr Ähnlichkeit mit der UNO-Vollversammlung besitzt als mit dem Amerika, in dem wir aufgewachsen sind.

Fünftens empfindet ein Großteil der heutigen Einwanderer keinerlei Liebe für Amerika und wünscht nicht im geringsten, ein Teil von uns zu werden. Die meisten wollen ganz einfach bei uns arbeiten, und nicht wenige sind uns sogar ausgesprochen feindlich gesinnt. Und wenn es nach dem Wunsch unseres Präsidenten geht, werden unsere Unternehmen schon bald im Ausland nach Kulis Ausschau halten dürfen, die Arbeiten verrichten, die US-Bürger zu den von diesen Firmen offerierten Löhnen einfach nicht annehmen können. Wie die Deutschen ihre Türken sollen auch wir unsere „Gastarbeiter" bekommen. Unsere Republik soll auf dem Altar von Kiplings „Göttern des Marktes ... und ihrer redegewandten Zauberer" geopfert werden.

Wie die Zeitschrift *New Republic* schreibt, sollen diese Gastarbeiter „in einer Kaste zusammengefaßt werden, deren Angehörige nie wirklich hoffen dürfen, ihr zu entwachsen. Bushs Gastarbeiterprogramm würde eine große Gruppe von Personen in den Vereinigten Staaten zu Menschen zweiter Klasse degradieren, die ... niemals als Ebenbürtige gelten würden. Sie wären nichts weiter als Passanten, die vorübergehend hier verweilen, um ein paar Dollars zu verdienen. Sie wären weder Immigranten noch künftigen Amerikaner, sondern lediglich Türsteher, Bauarbeiter und Hausangestellte".

In Amerika gäbe es nach der Verwirklichung des Gastarbeiter-Programms, fuhr die Zeitschrift fort, zwei Kategorien von Menschen: Bürger und „Proles", wie die Nichtparteimitglieder in George Orwells utopischem Roman *1984* heißen. Der Bush-Plan sei keineswegs „human" und „sozial", sondern „unamerikanisch".[3]

Das Phänomen, dem wir uns heute gegenübersehen, ist nicht jene Art von Einwanderung, die wir kannten und schätzten, sondern die Perversion einer stolzen Tradition, die Amerika in etwas verwandelt, was es niemals war und nach dem Willen unserer Ahnen auch niemals werden sollte.

Der Mythos von der „Mutter jener, die ihre Heimat verlassen mußten"

Zum Zeichen der Freundschaft zwischen zwei aus Revolutionen gegen den Absolutismus geborenen Republiken beschloß Frankreich 1883, den Vereinigten Staaten ein riesiges Standbild zu schenken, ein Werk des Bildhauers Frédéric-Auguste Bartholdi, das er *Die Freiheit, die die Welt erleuchtet* getauft hatte.

Otis Graham, Verfasser einer Studie über die amerikanische Einwanderungspolitik, der er in Anlehnung an das eingangs zitierte Gedicht von Thomas Bailey Aldrich den Titel „Unguarded Gates" (Unbewachte Tore) gab, schildert, wie die Statue im Oktober 1886 auf Bedloe Island zusammengesetzt, auf einen Sockel gehoben und in Gegenwart Präsident Grover Clevelands eingeweiht wurde.

Emma Lazarus war eine Schriftstellerin russisch-jüdischer Herkunft. Die 1881 nach der Ermordung des Zaren und Leibeigenenbefreiers Alexander II. in Rußland ausgebrochenen Pogrome schockierten sie zutiefst. Ihr Gedicht „The New Colossus" (Der neue Koloß) entstand vor dem Hintergrund der Spendensammlung zur Finanzierung des Sockels, während die Statue im Entstehen begriffen war. Bei der Eröffnungszeremonie auf Bedloe Island wurde „The New Colossus" zusammen mit anderen Gedichten vorgelesen. Doch sowohl die Verse als auch ihre Autorin Emma Lazarus, die kaum ein Jahr nach der Einweihung der Freiheitsstatue starb, gerieten schon bald in Vergessenheit.

1903 erhielt ein Freund der verstorbenen Dichterin die Genehmigung, eine Bronzetafel mit ihrem Gedicht an dem Sockel anzubringen. In der Zwischenzeit hatte ein weit berühmterer Poet, Thomas Bailey Aldrich, ein Freund John G. Whittiers, Nathaniel Hawthornes, James Russell Lowells und Mark Twains, allerdings eine Sammlung von Gedichten veröffentlicht, deren berühmtestes „Unguarded Gates" war. Aldrich war ein weißer Nationalist, dessen Stammbaum bis in die Kolonialzeit reichte. Wie er 1892 in einem Brief an einen Freund schrieb, hatte ihn der Zorn darüber, von einem Einwanderer beraubt worden zu sein, zu diesem „misanthropischen Gedicht" beflügelt, in dem er „milden Protest" dagegen geäußert habe, daß Amerika „zur Kloake Europas" absinke. „Unguarded Gates" wirkt derb und rassistisch; folgende vier Zeilen vermitteln eine Vorstellung von seinem Inhalt:

Wide open and unguarded stand our gates
And through them passes a wild motley throng…
O Liberty, white Goddess! Is it well
To leave thy gates unguarded?
(Weit offen und unbewacht stehn unsre Tore
ein wilder, bunter Haufen strömt durch sie…
O Freiheit, weiße Göttin! Nimm dich bloß in acht,
denn deine Tore stehen unbewacht!)[4]

Aldrichs Biograph Charles F. Samuels hätte „Unguarded Gates" am liebsten mit Stillschweigen übergangen: „Je weniger man davon spricht, desto besser", meinte er. Es gilt jedoch darauf hinzuweisen, daß Aldrichs Einstellung zur Einwanderung – ihm zufolge bescherte diese Amerika „drohende Akzente, die unserer Luft fremd sind" – in jenen Tagen wenigstens ebenso verbreitet war wie die Denkweise der Emma Lazarus. Aldrichs Freunde gehörten der literarischen Elite Amerikas an, während Emma Lazarus erst Jahrzehnte nach ihrem Tod berühmt wurde.

Otis Graham hält fest: „Für Millionen von Einwanderern gehörte die Statue im Hafen zu den ersten Dingen, die sie von Amerika sahen, was unter ihnen dem Mythos Auftrieb verlieh, die erhobene Fackel sei als Willkommensgruß für sie und als Zeichen dafür gedacht, daß sie nun eine neue Heimat besäßen. So hatte Emma Lazarus die Statue auch interpretiert, doch für die meisten Amerikaner war sie nichts weiter als eine lokale Sehenswürdigkeit oder eine sie mit Stolz erfüllende Anerkennung der Tatsache, daß die Freiheit in der Tat die Welt erleuchte. Dies änderte sich erst in den dreißiger Jahren des neunzehnten Jahrhunderts, als Journalisten und Verfasser von Geschichtsbüchern die Statue nicht mehr mit der Freiheit, sondern mit der Einwanderung in Verbindung zu bringen begannen.“[5]

1936 stellte Präsident Franklin D. Roosevelt bei einer Rede zum 50. Jahrestag der Eröffnung von Ellis Island als erster eine direkte Verbindung zwischen der Freiheitsstatue und der Einwanderung her. Seither haben die US-Medien sowie die Touristenführer die Umwandlung der Freiheitsgöttin in eine „Mutter jener, die ihre Heimat verlassen mußten“ erfolgreich abgeschlossen, und die Statue gilt längst allgemein als „Leuchtturm, der den unterdrückten Massen den Weg in eine neue Heimat weist“.[6]

Die Nachfahren jener, die während der „Großen Welle“ in unser Land gekommen sind, machen heute geltend, die Freiheitsstatue sei ihren Ahnen zuliebe errichtet worden. Doch als Franklin D. Roosevelt das Standbild erstmals unmittelbar mit der Einwanderung verknüpfte, nahm Amerika weniger Immigranten auf als je zuvor in den vergangenen hundert Jahren. Damals war das Einwanderungsgesetz von 1924 in Kraft, das den Zustrom auf ein Rinnsal verringerte, wobei in erster Linie Menschen aus Nordwesteuropa und in zweiter Linie solche aus Südwesteuropa aufgenommen wurden. Wer aus einem anderen Weltteil stammte, brauchte sich schon gar nicht erst zu bewerben.

In seinem berühmten Melodram *The Melting Pot* (Der Schmelztiegel) machte Israel Zangwill deutlich, daß einzig und allein die „Völker Europas“ zu Amerikanern umgeschmolzen werden sollten. Bei seiner Aufzählung von Völkern, die umgeschmolzen und umgeformt werden müßten, unterließ er jeden Hinweis auf Afrikaner, Asiaten oder Lateinamerikaner: „Hier steht ihr, ihr guten Leute, denke ich, wenn ich sie in Ellis Island sehe, hier steht ihr in euren fünfzig Gruppen, mit euren fünfzig Sprachen und Geschichten und euren fünfzig blutigen Haßgefühlen und Rivalitäten. Doch ihr werdet nicht lange so bleiben, Brüder, denn ihr seid in Gottes Feuer gekommen, jawohl, in Gottes Feuer. Zum Teufel mit euren Fehden und Vendetten! Deutsche und Franzosen, Iren und Engländer, Juden und Russen – in den Feuerofen mit euch allen! Gott macht den Amerikaner.“[7]

In Zangwills Stück erhielt der Allmächtige ausschließlich europäisches Erz zum Schmelzen von Amerikanern. Dies mag ja nicht in Übereinklang mit dem amerikanischen Mythos stehen, entspricht jedoch durchaus der amerikanischen Geschichte bis 1965. Als Franklin D. Roosevelt einmal eine Rede vor Töchtern der Amerikanischen Revolution hielt, sprach er diese keineswegs mit „meine lieben Mitimmigrantinnen" an, sondern begann wie folgt: „Erinnern Sie sich daran und bewahren Sie stets im Gedächtnis, daß wir alle, Sie und ich nicht ausgenommen, von Einwanderern und Revolutionären abstammen."[8] Diese Worte kann man beim besten Willen nicht als Identifizierung mit der „Schar der Fröner" oder dem „Auswurf" von Ellis Island deuten...

Was also ist die wahre Geschichte der Einwanderung in Amerika?

Wer sind unsere Väter?

Abgesehen von den spanischen Siedlungen in Florida und Neumexiko im sechzehnten Jahrhundert, der „verlorenen Kolonie" Großbritanniens auf der Insel Roanoke, wo über hundert britische Auswanderer im Jahre 1587 auf rätselhafte Weise spurlos verschwanden, sowie Quebec waren die ersten europäischen Siedlungen auf nordamerikanischem Boden Jamestown und Plymouth; ersteres wurde 1607, zweiteres 1620 gegründet. Die Siedler gehörten dem englischen Volk an, dem es im folgenden vergönnt sein sollte, der künftigen amerikanischen Nation ihre Sprache, ihr Recht, ihre Regierungsform sowie ihre Tradition der Freiheit zu schenken.

James Edward, ein Wissenschaftler vom Hudson-Institut, der sich mit der Einwanderung beschäftigt, hat darauf hingewiesen, daß schon während der Kolonialzeit Gesetze zur Fernhaltung unerwünschter Neuankömmlinge erlassen wurden. Dazu gehörten „Asoziale, Sträflinge und Männer ... die die Verzweiflung dazu bewegt, in der Wildnis von Amerika ihr Glück zu versuchen", aber auch Quäker, Träger ansteckender Krankheiten, Separatisten sowie ganz besonders Katholiken. Schließlich hatten die „papistischen" Siege in den Religionskriegen der Alten Welt dazu geführt, daß die europäischen Protestanten, die Brüder der englischen Siedler, verfolgt wurden. „Der überwiegend protestantischen Bevölkerung Amerikas wäre es höchst unvorsichtig vorgekommen, eine von religiösen Dissidenten aus der Alten Welt gegründete Gesellschaft dem Risiko der Unterwanderung durch potentielle Verfolger auszusetzen", schreibt Edwards. „Aus diesem Grund erließ Virginia 1643 ein Gesetz, das die Deportation katholischer Priester innerhalb von fünf Tagen nach ihrem Eintreffen vorsah."[9]

Edwards fügt hinzu, die antikatholische Stimmung in Amerika sei durch die imperialen Kriege des achtzehnten Jahrhunderts noch angeheizt worden. Damals machten die katholischen Mächte und ihre indianischen Bundesgenossen Kleinholz aus den protestantischen Siedlungen in den Grenzgebieten, und die Spanier in Florida stachelten die Sklaven in Carolina und Georgia dazu an, sich gegen ihre Herren zu erheben oder zu flüchten.[10]

Zur Zeit der Revolution lebten in den dreizehn Kolonien zweieinhalb Millionen Menschen. Die meisten davon waren Engländer und Schotten (von letzteren war ein Teil zuvor in Irland ansässig gewesen); ferner gab es hunderttausend Emigranten aus Deutschland sowie eine Handvoll Holländer, Hugenotten und Juden. 1775 befahl die Regierung Seiner Majestät die Unterbindung jeglicher Auswanderung in die Kolonien. Wie John F. Kennedy berichtet, waren zwischen einem Drittel und der Hälfte der Soldaten, die in der Revolutionären Armee fochten, schottischer und schottisch-irischer Herkunft.[11] (Dies mag eine Erklärung für George Washingtons berühmte Mahnung liefern: „Sorgt dafür, daß heute nacht nur Amerikaner Wache stehen!")

Von den 56 Unterzeichnern der Unabhängigkeitserklärung waren 48 in Amerika und acht in Großbritannien geboren. Ein einziger, Charles Carroll aus Maryland, war Katholik.[12]

Von den ersten Tagen unserer Existenz als unabhängige Nation wachten wir sorgfältig darüber, wer in unser Land kam. 1793 traf Bürger Edmond-Charles Genêt aus dem revolutionären Frankreich in Amerika ein, um die USA zum Kriegseintritt an französischer Seite gegen England zu bewegen; Präsident Washington zeigte sich höchst beunruhigt über diese Agitation. 1798 erließ der Kongreß das Ausländergesetz, das die Ausweisung von Fremden erlaubte, „welche den Frieden und die Sicherheit der Vereinigten Staaten gefährden". Laut diesem Gesetz mußte ein Anwärter auf die amerikanische Bürgerschaft vierzehn und nicht wie bisher fünf Jahre im Land gelebt haben.[13]

In den ersten sechzig Jahren nach der Revolution war die Einwanderung nach heutigen Maßstäben außerordentlich gering. 1808 wurde jede Einfuhr von Sklaven untersagt. In den zwanziger Jahren des neunzehnten Jahrhundert kamen insgesamt einhundertfünfzigtausend Immigranten, im Schnitt also fünfzehntausend jährlich. Erst in den vierziger Jahren wurde die Einwanderung zur politischen Streitfrage. In den zweihundert Jahren zuvor waren fast keine Neuankömmlinge nach Neuengland gelangt, doch Mißernten in Deutschland und Holland, die durch katastrophale Kartoffelernten ausgelöste irische Hungersnot von 1845 bis 1849, die 1848 in ganz Europa ausgebrochenen Revolutionen sowie deren Unterdrückung gaben den Anstoß dazu, daß 1,7 Millionen Menschen, die meisten davon Iren, in den USA Zuflucht suchten.[14]

Der Schock, den diese Einwanderungswelle auslöste, war gewaltig. Die Immigranten überschwemmten Städte wie Boston, New York und Chicago, wo sie bald zahlreicher waren als die dort Geborenen. Daß sich ein Großteil der Ankömmlinge zum katholischen Glauben bekannte, löste zwangsläufig eine Reaktion seitens der Protestanten aus. Um 1850 wurde eine Geheimgesellschaft gegründet, die sich The Order of the Star-Spangled Banner (Der Orden des Sternenbanners) nannte; ihr politischer Arm war die American Party, deren Mitglieder auf die Frage, was sie über die Geheimgesellschaft wüßten, antworten mußten: „Ich weiß nichts darüber." Die Anhänger dieser als „Partei der Nichtswisser" in die Geschichte eingegangenen Bewegung gelten heute als antikatholische, chauvinistische Hinterwäldler, und daß es damals gegen Katholiken Vorurteile gab, die sich häufig in Gewalt entluden, ist eine unumstößliche Tatsache.

Man muß sich freilich vor Augen halten, daß das Amerika von 1850 eine aus einer Revolution geborene Nation war, die den europäischen Revolutionen von 1848 mit unverhohlener Sympathie begegnete. Der Heilige Vater in Rom, der traditionalistisch gesinnte Papst Pius IX., hatte sich hinter die katholischen Monarchen gestellt, die diese Revolutionen niederschlugen. Deshalb galten die katholische Kirche und der Vatikan protestantischen Amerikanern als Hochburgen der Reaktion. Wie John F. Kennedy festhält, sprach selbst der Philosoph Ralph Waldo Emerson in einem Brief an Thomas Carlyle von einem „wilden irischen Element … das von römischen Priestern geführt wird, die natürlich mit dem Despotismus sympathisieren".[15]

Geschürt wurde die Feindseligkeit gegenüber den Iren auch dadurch, daß unter ihnen, genau wie unter der heutigen Unterklasse, Alkoholismus, Gewalttätigkeit und Kriminalität grassierten und ihre Familien oft zerrüttet waren. Aus diesem Grunde erhielten die Polizeiwagen im Volksmund den Namen „Paddy wagons" („Paddy" war ein Schimpfwort für Iren). Während des Mexikanisch-Amerikanischen Krieges desertierten einige irische Soldaten aus der Nordstaaten-Armee, begründeten ein „San Patricio-Bataillon" und setzten sich nach Mexiko ab, um Seite an Seite mit mexikanischen Katholiken gegen das protestantische Amerika zu kämpfen.

Die heftigen ethnischen Konflikte zwischen irisch-katholischen Immigranten und in Amerika geborenen Abkömmlingen jener britischen Protestanten, die das Land aufgebaut hatten, werden in dem Spielfilm *Gangs of New York* geschildert, der mit der Niederschlagung der von Iren geführten Protestdemonstrationen gegen die Zwangsrekrutierung für die Nordstaaten-Armee im Jahre 1863 endet.

Nach dem Bürgerkrieg fielen in Amerika ansässige irische Nationalisten wiederholt in Kanada ein, um einen Krieg mit dem Britischen Empire zu provozieren, der – so ihr Kalkül – zur Befreiung ihrer in Irland zurückgebliebenen Verwandten führen werde.

Obgleich unsere Geschichtsbücher kein gutes Haar an den „Nichtswissern" lassen, bestanden diese durchaus nicht aus lauter Finsterlingen. Peter Brimelow schreibt, sie hätten sich „niemals für die Einschränkung der Einwanderung ausgesprochen. Sie forderten das Land lediglich dazu auf, neue Immigranten ‚zu nationalisieren, ehe wir sie naturalisieren', um es mit den Worten des ‚Nichtswissers' und Gouverneurs von Massachusetts, Henry J. Gardner, zu sagen".[16]

1854 stellte die Partei der „Nichtswisser" sechs Gouverneure und 75 Kongreßabgeordnete, und 1856 erhielt der ihren Reihen entstammende Präsidentschaftskandidat Millard Fillmore, der von 1850 bis 1853 bereits Präsident gewesen war, fast 25 Prozent der Stimmen.[17] Zum damaligen Zeitpunkt war die irische Einwanderung bereits abgeflaut, und die „Nichtswisser", von denen die meisten Abolitionisten, das heißt Befürworter der Abschaffung der Sklaverei waren, gingen zur Republikanischen Partei über und trugen dazu bei, daß mit Abraham Lincoln erstmals ein Republikaner zum Präsidenten gewählt wurde. Die „Nichtswisser" konnten sich nicht nur rühmen, von einem ehemaligen Präsidenten geführt zu werden, sondern zählten auch den Befehlshaber der Nordstaatenarmee und künftigen Präsidenten Ulysses Grant zu den ihren.[18]

Während des Bürgerkrieges wurden irische und deutsche Einwanderer, von denen manche eben erst den Schiffen entstiegen waren, in Uniformen gesteckt und in die Schlacht geschickt, wo viele von ihnen starben, ehe sich ihnen Gelegenheit bot, das Land kennenzulernen, „wo die Straßen mit Gold gepflastert sind".

1882 verabschiedete der Kongreß das erste restriktive Einwanderungsgesetz, den Chinese Exclusion Act, der der chinesischen Einwanderung einen Riegel vorschob. 1882 und 1902 wurde dieses Gesetz bestätigt. Bereits im Lande ansässigen Chinesen wurde der Erwerb der US-Staatsbürgerschaft unmöglich gemacht. Angesichts ihrer fremdartigen Sprache, Gebräuche und Kleidung galten Chinesen als unassimilierbar, und daß sie bereit waren, für „Kuli-Löhne" zu schuften, machte sie bei der Bevölkerung nicht beliebter. Erst während des Zweiten Weltkrieges, als sich die USA im gleichen Lager wiederfanden wie Tschiang Kai-schek, wurde das Verbot der chinesischen Einwanderung aufgehoben.

Mit dem Gesetz von 1882 untersagte die Regierung auch die Einwanderung „gewisser Klassen von Unerwünschten wie Geisteskranken,

Sträflingen, Idioten und Personen, von denen anzunehmen ist, daß sie der Öffentlichkeit zur Last fallen werden". 1891 wurde festgelegt, daß nur gesunde Menschen immigrieren durften, und Polygamisten wurde die Einwanderung untersagt.[19]

Nachdem Präsident William McKinley von einem polnischen Anarchisten namens Leon Czolgosz ermordet worden war, verhängten die USA 1903 ein Einwanderungsverbot für all jene, die einen gewaltsamen Sturz der Regierung der Vereinigten Staaten befürworteten.

1897 verabschiedete der Kongreß ein Gesetz, laut dem Immigranten ihre Lese- und Schreibkenntnisse unter Beweis stellen mußten, aber Präsident Grover Cleveland legte sein Veto dagegen ein. Die Präsidenten William H. Taft und Woodrow Wilson verhinderten ähnliche Gesetze ebenfalls durch ihr Veto, doch 1917, als sich der Kriegseintritt der USA abzeichnete, überstimmte der Kongreß Wilsons zweites Veto. Zum damaligen Zeitpunkt, schreibt John F. Kennedy, hätten diejenigen „Kreise, die überhaupt gegen jede Einwanderung und alle ‚Fremdlinge' waren … nun vielfach Zulauf von jenen [erhalten], die – und in der Tat mit einem gewissen Recht – ehrlich glaubten, Amerikas Aufnahmefähigkeit sei begrenzt".[20]

Kennedys Standpunkt ist begreiflich, denn im Jahre 1958, als er diese Zeilen schrieb, wollte er Präsident werden und hofierte die Liberalen sowie die Intellektuellen. Die Vorgänger dieser Liberalen aber waren Fortschrittler gewesen, die gemeinsam mit Negerführern wie Booker T. Washington und W.E.B. Dubois sowie Gewerkschaftsführern wie Sam Gompers gefordert hatten, die Einwanderung fremder Arbeitskräfte zu stoppen, da diese die Löhne nach unten drückten und den im Lande geborenen Weißen und Schwarzen die Arbeitsplätze streitig machten.

„Werft euren Eimer dort aus, wo ihr seid"

Am 18. September 1895 hielt der Begründer des Tuskeege-Instituts, Booker T. Washington, der an das Werk des afro-amerikanischen Schriftstellers und Politikers Frederick Douglas anknüpfte, anläßlich einer Ausstellung einen Vortrag vor amerikanischen Baumwoll-Industriellen, wobei er seine Ausführungen mit einer Parabel eröffnete: Ein seit vielen Tagen auf hoher See treibendes Schiff sichtete plötzlich ein anderes Fahrzeug. „Wasser, Wasser, wir sterben vor Durst!" signalisierte das unglückliche Schiff. Die Antwort vom zweiten Fahrzeug erfolgte prompt: „Werft euren Eimer dort aus, wo ihr seid." Abermals erfolgte das Signal: „Wasser, Wasser, gebt uns Wasser!", und ein zweitesmal lautete die Antwort: „Werft euren Eimer dort aus, wo ihr seid." Auch ein drittes und ein viertes Signal hatte die Antwort „Werft euren Eimer dort aus, wo ihr seid“ zur Folge. Schließlich leistete der Kapitän des in Not befindlichen Schiffes der Aufforderung Folge, ließ seinen Eimer ins Meer und zog ihn an Bord. Er war voll frischen, sprudelnden Wassers aus der Mündung des Amazonas.

Was wollte Booker T. Washington mit dieser Parabel sagen? Er wollte den Industriellen, die nach Arbeitern für ihre allenthalben aus dem Boden schießenden neuen Fabriken Ausschau hielten, ans Herz legen: „Berücksichtigt unsere eigene Bevölkerung zuerst! Werft euren Eimer dort aus, wo ihr seid!“ Also: „Werft ihn unter den acht Millionen Negern aus, deren Gebräuche ihr kennt, deren Treue und Liebe ihr an Tagen überprüfen konntet, als jeder Verrat dem Untergang eures häuslichen Herdes gleichgekommen wäre. Werft euren Eimer unter jenen Menschen aus, die ohne Streiks und Arbeitskonflikte eure Felder bestellen, eure Forste rodeten, eure Eisenbahnen und Städte bauten, Schätze aus dem Schoß der Erde geborgen und diese wunderbare Veranschaulichung des Erfolges des Südens [die Ausstellung, vor deren Hintergrund Washington diese Ansprache hielt] möglich gemacht haben. Werft euren Eimer aus … und ihr werdet sehen, daß sie [die Neger] euch das Land, das ihr nicht benötigt, abkaufen, die brachliegenden Stellen auf euren Feldern zum Erblühen bringen und eure Fabriken in Betrieb halten werden!“[21]

Washington appellierte an die Industriellen, nicht „auf Menschen fremder Geburt, fremder Zunge und fremden Brauchtums“[22] zu warten, sondern seine Bevölkerung zuerst zu berücksichtigen.

Amerika schenkte seinen beschwörenden Worten kein Gehör. Millionen von Arbeitsplätzen in blühenden Industriezweigen gingen an die Immigranten, die von 1890 bis 1920 in die Vereinigten Staaten strömten. Diese Männer und Frauen haben unser Land bereichert, doch gleichzeitig standen sie in der sozialen Pyramide schon bald höher als jene schwarzen Männer und Frauen, deren Familien seit Generationen, manchmal gar seit Jahrhunderten, hier gelebt hatten, und versperrten ihnen den Zugang zu den Arbeitsplätzen. Erst nachdem die Einwanderung während der Coolidge-Jahre (1923–29) radikal verringert worden war und infolge des Zweiten Weltkrieges ein katastrophaler Mangel an Fabrikarbeitern herrschte, holte man Hunderttausende von schwarzen Amerikanern in die Industriestädte des Nordens. Dort entstand eine schwarze Mittelklasse, aus der die Bürgerrechtsbewegung hervorging. Die Drosselung der Einwanderung bedeutete für das schwarze Amerika einen großen Sprung nach vorne. Frederick Douglas, Booker T. Washington und A. Philip Randolph hatten somit recht behalten.

Nationale Quoten

Während des Ersten Weltkrieges wurde die Einwanderung gestoppt; in den Jahren danach kam es zu Vorfällen, die landesweite Empörung auslösten und dazu führten, daß die Rufe nach einer sorgfältigeren Siebung der Neuankömmlinge immer unüberhörbarer wurden. 1919 zündeten Anarchisten in Georgetown eine Bombe vor dem Haus des Justizministers A. Mitchell Palmer. 1920 erfolgte ein verheerender Bombenanschlag, der sich seinen Auswirkungen nach durchaus mit den Attentaten in der Londoner Untergrundbahn im Jahre 2005 vergleichen ließ: Im Finanzdistrikt von Manhattan, an der Kreuzung der Wall Street und der Broad Street, detonierte eine in einem Schubkarren versteckte Bombe; 31 Menschen fanden den Tod, und Hunderte wurden verletzt.

Allenthalben blies man nun zur Hatz auf die Roten, und es begannen die Palmerschen Razzien. Geleitet wurden diese von einem neunundzwanzigjährigen FBI-Agenten namens John Edgar Hoover. Tausende von Verdächtigen wurden verhaftet, Hunderte abgeschoben. Von letzteren wurden manche – wie die berüchtigte Anarchistin Emma Goldman – in jenes Land zurückkomplimentiert, aus dem sie gekommen waren und das mittlerweile zum „Arbeiterparadies" unter der Führung eines Lenin, eines Trotzki und eines aufstrebenden Josef Stalin geworden war. Dessen ungeachtet strömten immer noch solche Mengen von Einwanderern ins Land, daß Ellis Island im Februar 1921 hoffnungslos überfüllt war und ein Teil der Schiffe mit Neuankömmlingen nach Boston umgeleitet werden mußte.[23]

Ganz Amerika forderte nun eine Eindämmung der Masseneinwanderung, und Millionen von Menschen strömten dem Ku Klux Klan zu. Vor diesem explosiven Hintergrund wurde das erste jener Gesetze erlassen, die unserer Immigrationspolitik bis 1965 ihren Stempel aufdrückten und dafür sorgten, daß die Einwanderung ihren niedrigsten Stand seit einem Jahrhundert erreichte.

So wie nach der Bevölkerungszählung von 1890 die Grenzen für geschlossen erklärt worden waren, wurden die restriktiven Einwanderungsgesetze der Harding-Coolidge-Ära damit begründet, daß Amerika, dessen Bevölkerung sich binnen sechzig Jahren mehr als verdreifacht hatte – 1861, zu Beginn des Bürgerkrieges, hatten die USA 33 Millionen Einwohner gezählt, 1920 waren es bereits 110 Millionen –, Zeit brauche, um die vielen Millionen im Zuge der „Großen Welle" ins Land geströmten Ankömmlinge zu assimilieren. Die Notwendigkeit eines Einwanderungsmoratoriums lag auf der Hand. Die trostlosen Mietskasernen unserer Großstädte bildeten einen fruchtbaren Nährboden für organisiertes

Verbrechen, Gewalt und soziale Spannungen, was die Progressiven dazu bewog, sich gemeinsam mit den Konservativen für eine drastische Begrenzung der Immigration sowie für eine gründliche Siebung der Einwanderungswilligen auszusprechen.

Das Gesetz von 1921 beschränkte die Zahl der alljährlich Aufzunehmenden auf 357.000, und für die verschiedenen Nationalitäten wurden Quoten festgelegt, die sich an den Ergebnissen der Bevölkerungszählung von 1910 orientierten. 1924 wurde das Gesetz revidiert und die Einwanderung auf 160.000 Personen pro Jahr verringert. Es wurden neue Quoten eingeführt, denen zufolge die Anzahl der neu aufgenommenen Vertreter jeder beliebigen Nationalität nicht mehr als zwei Prozent der nach der Bevölkerungszählung von 1890 im Land ansässigen Angehörigen dieser Nationalität betragen durfte. Diese Maßnahme bedeutete in der Praxis, daß die meisten Neueinwanderer englischer, schottisch-irischer, irischer und deutscher Abstammung waren. 1929 erfolgte eine abermalige Reduktion der alljährlichen Zuwanderung auf 157.000, und die Quoten wurden abermals abgeändert, so daß sie nun den Anteil der verschiedenen ethnischen Gruppen an der amerikanischen Gesamtbevölkerung bei der Bevölkerungszählung von 1920 widerspiegelten.

Mit diesen Gesetzen verfolgten Harding, Coolidge und der US-Kongreß folgende Ziele: Erstens sollte die Einwanderung so stark verringert werden, wie es notwendig war, damit der Schmelztiegel funktionieren und die 15 Millionen Süd- und Osteuropäer, die in den vergangenen 40 Jahren ins Land gekommen waren, zu Amerikanern umschmelzen konnte. Zweitens sollte verhindert werden, daß die Immigration die ethnische Zusammensetzung der Bevölkerung veränderte. Im Idealfall sollten die Insassen jedes an unseren Küsten angelangten Schiffes mit Neueinwanderern dasselbe Bild bieten wie Amerika selbst.

Zu den entschiedensten Befürwortern der Nichtzulassung von Asiaten gehörte ein progressiver Wilson-Anhänger, den die Demokratische Partei 1920 zu ihrem Vizepräsidentschaftskandidaten ernannt hatte. Sein Name war Franklin D. Roosevelt. Ihm zufolge hatten sich die Kalifornier „mit Fug und Recht“ gegen die Einwanderung von Japanern gewandt, „weil mit gutem Grund davon ausgegangen werden muß, daß die Mischung asiatischen Blutes mit europäischem oder amerikanischem Blut in neun von zehn Fällen äußerst unglückliche Resultate zeitigt“.[24]

Für den schwarzen Bürgerrechtsaktivisten A. Philip Randolph, der sich damals zum Sozialismus bekannte, waren die von Harding und Coolidge festgelegten Quoten immer noch viel zu hoch: „Wir befürworten eine Verringerung [der Einwanderung] auf Null ... Deutsche ... Italiener ... Hindus ... Chinesen ... ja selbst Neger von den Westindischen Inseln sollten nicht ins Land gelassen werden. Das Land leidet unter Einwanderungs-Magenverstimmung ... Exzessive Immigration widerspricht den Interessen der großen Mehrheit der Vertreter aller Rassen und Nationalitäten im Land."[25]

Die Quotenbefürworter in der Republikanischen Partei gerieten wegen ihres „Rassismus" unter Beschuß und wurden von den Präsidenten Warren G. Harding und Calvin Coolidge nur lauwarm verteidigt, erhielten jedoch Schützenhilfe von der *New York Times*: „Es ist sowohl natürlich als auch weise, daß die amerikanische Bevölkerung ihre Einheit zu wahren wünscht und nicht will, daß ihre gegenwärtige ethnische Zusammensetzung allzu stark verändert wird; sie bevorzugt Einwanderer, deren Assimilation keinerlei Schwierigkeiten bieten wird und ... wendet sich aufs entschiedenste gegen die Entstehung fremder Kolonien auf unserem Boden."

Dies und nicht „dumme Vorstellungen" von „höherwertigen und minderwertigen Rassen" seien der Grund für die Einstellung der Bevölkerungsmehrheit, schloß das Blatt.[26]

Obwohl die Befürworter der Quoten nicht rassisch argumentierten, wurden sie von ihren Gegnern als Anhänger der Theorie von der „Überlegenheit der nordischen Rasse" angegriffen. Die wohl schneidendste Antwort auf diese Vorwürfe erfolgte seitens des Kongreßabgeordneten William Vaile aus Colorado. „Lassen Sie mich ganz klar betonen", erklärte Vaile, „daß jene Kongreßabgeordneten, die die Einwanderung nach ethnischen Quoten beschränken wollen, nicht behaupten, die ‚Nordiden', oder auch nur die angelsächsische Bevölkerung, bildeten das beste Staatsvolk der Welt. Geben wir offen und freimütig zu, daß der Tscheche ein genügsamerer Arbeiter ist und Kriminalität oder Geisteskrankheit bei ihm nur sehr selten auftreten, daß der Jude der beste Geschäftsmann der Welt ist und daß der Italiener geistige Fähigkeiten und eine künstlerische Begabung besitzt, die die Welt in hohem Maße bereichert haben ... und welche die Nordiden nur selten erreichen. Bescheidenheit steht ihnen wohl an.

Hingegen behaupten wir, daß der Nordeuropäer und insbesondere der Angelsachse dieses Land aufgebaut hat ... Gewiß, die anderen haben dabei geholfen ... Sie kamen in dieses Land, als es bereits als angelsächsisches Commonwealth bestand. Sie haben an seiner Entwicklung mitgewirkt und es in vieler Hinsicht bereichert, aber sie haben es nicht aufgebaut und haben es nicht allzu stark verändert.

Wir sind entschlossen, letzteres nicht zuzulassen.

Unser Land ist ein gutes Land. Es gefällt uns. Und wir halten nachdrücklich fest, daß wir nicht gewillt sind, es irgend jemandem auszuliefern, und daß wir es anderen Völkern – was auch immer ihre Verdienste sein mögen – nicht erlauben werden, es zu etwas Neuem umzugestalten.

Sollten sich Veränderungen als notwendig erweisen, so werden wir diese selbst bewerkstelligen."[27]

Die von den zwanziger bis hin in die fünfziger Jahre in den USA verabschiedeten Einwanderungsgesetze seien logisch und rational gewesen, meint Dr. Wayne Lutton, der Herausgeber der Vierteljahreszeitschrift *The Social Contract*: „Wir wollten das bleiben, was wir stets gewesen waren: eine europäische Nation."[28]

Doch nach dem Zweiten Weltkrieg veränderte sich die Einstellung der amerikanischen Elite. Prof. Mae M. Ngai von der Universität Chicago schreibt: „Nach dem Zweiten Weltkrieg waren viele Liberale der Ansicht, die nationalen Quoten seien ein unliberaler, rassistischer Anachronismus: Der Harvard-Historiker Oscar Handlin bezeichnete sie 1953 als ‚genierliches Überbleibsel überholter Vorurteile'."[29]

1958 griff John F. Kennedy Handlins These auf; er nannte das System der nationalen Quoten einen „Anachronismus", der „weder mit Logik noch mit gesundem Menschenverstand" erklärt werden könne.[30] Er begründete diese Behauptung damit, daß es Polen, Griechen, Italienern, Ungarn und Balten verwehrt war, die von Deutschen und Briten nicht ausgenutzten Quoten zu füllen, fand jedoch nicht das Geringste daran auszusetzen, daß keine Quoten für Zuwanderer aus Afrika festgelegt worden waren, obgleich ein rundes Zehntel unserer Bevölkerung von dort stammte. Zur Einwanderung von Lateinamerikanern oder Asiaten äußerte er sich überhaupt nicht, abgesehen von einem kurzen Abschnitt zum Gesetz über die Nichtzulassung von Chinesen, das er als „bedauernswert" bezeichnete.[31]

Erst 1964, im Jahr nach Kennedys Tod, erschien eine aktualisierte zweite Auflage von *Die Nation der vielen Völker*, die mit einer Einleitung seines Bruders Robert F. Kennedy versehen war und zwei neue Abschnitte über asiatische und mexikanische Immigranten sowie mehrere Fotos enthielt.[32]*

John F. Kennedys Buch war für europäischstämmige Wähler gedacht. Er verfaßte es in Zusammenarbeit mit der Anti-Defamation League, einem Ableger der B'nai-B'rith-Loge, die das Copyright für die Ausgabe von 1964 besaß.

Als Ergebnis des Einwanderungsgesetzes von 1924 war die Zahl der Neuankömmlinge jäh gesunken; in den dreißiger Jahren gelangten im Schnitt nur noch fünfzigtausend Immigranten jährlich in unser Land. Während des Zweiten Weltkrieges wurde der Zustrom von Einwanderern gänzlich gestoppt; allerdings wurden nach dem Krieg etwa vierhunderttausend Flüchtlinge und Entwurzelte aufgenommen.

* Die deutsche Übersetzung des Buches *A Nation of Immigrants* [*Die Nation der vielen Völker*] aus dem Jahre 1965, aus der hier stets zitiert wird, basiert auf der genannten zweiten amerikanischen Auflage von 1964. – A. d. Ü.

1952 wurde das Nationale Einwanderungs- und Nationalitätengesetz verabschiedet, das man nach seinen Initiatoren als McCarran-Walter-Gesetz bezeichnete. Das rassisch bedingte Verbot der Einbürgerung von Japanern, Koreanern und anderen Ostasiaten wurde nun aufgehoben, und jedem der betroffenen Länder wurde eine Mindestquote von hundert Einwanderern jährlich zugestanden. Allerdings hielt auch dieses Gesetz an den nationalen Quoten fest, was Präsident Harry Truman, dessen Veto von beiden Kammern des Kongresses überstimmt worden war, sehr erboste. „Der Gedanke hinter dieser diskriminierenden Politik lautet, um es ungeschminkt zu sagen: Amerikaner mit englischen oder irischen Namen seien bessere Menschen und bessere Bürger als Amerikaner mit italienischen, griechischen oder polnischen Namen ... Eine derartige Vorstellung ist unserer Tradition und unseren Idealen in höchstem Maße unwürdig“[33], wetterte Truman.

Allem Anschein nach beabsichtigten Truman und Kennedy, die Tore behutsam für mehr Immigranten aus Ost- und Südeuropa zu öffnen, nicht jedoch, Millionen von Menschen aus Asien, Afrika, dem Nahen Osten und Lateinamerika ins Land zu lassen. Sowohl Kennedy als auch Truman wandten sich gegen das McCarran-Walter-Gesetz, doch dürften beide ihre eigenen Vorstellungen davon gehabt haben, Vertreter welcher Nationalitäten als Einwanderer aufgenommen werden sollten. Keiner der beiden sprach sich für offene Grenzen aus. Und Präsident Eisenhower ordnete 1954 im Rahmen der Operation „Wetback“ die Deportation sämtlicher illegaler Einwanderer an.

Den Anstoß zu dieser Maßnahme gab eine Flut von illegalen Immigranten aus Mexiko nach dem Zweiten Weltkrieg; anfangs kamen ein paar tausend pro Jahr, doch 1954 betrug ihre Zahl bereits eine Million. Im Juli 1954 ließ die Einwanderungs- und Einbürgerungsbehörde unter General Joseph May Swing Razzien durchführen und ohne gültige Dokumente im Lande weilende Ausländer deportieren; sofern es sich bei diesen um Mexikaner handelte, wurden sie auf dem Land- oder Seeweg an einen weit von der amerikanischen Grenze entfernten Ort in Mexiko abgeschoben. Die Betreffenden hatten auf den Bauernhöfen und Feldern von Texas und des Südwestens gearbeitet und dafür nur die Hälfte der an Amerikaner gezahlten Löhne erhalten. Den Farmern und Plantagenbesitzern, die sie beschäftigten, wurde vorgeworfen, ihre Arbeiter auszubeuten, und angesichts der steigenden Verbrechensraten, der von den illegalen Einwanderern eingeschleppten Krankheiten sowie der Tatsache, daß diese die Löhne der US-Arbeiter nach unten drückten, machte sich unter der amerikanischen Bevölkerung zusehends Unmut breit. Auch wenn die von der Einwanderungs- und Einbürgerungsbehörde aufgestellte Behauptung, es seien 1,4 Millionen Illegale deportiert worden, stark übertrieben anmutet, war Operation „Wetback" ein unbestreitbarer Erfolg. Zusätzlich zu den Abgeschobenen kehrten viele Mexikaner freiwillig in ihre Heimat zurück, und als sich Eisenhowers Präsidentschaft ihrem Ende zuneigte, war der Zustrom illegaler Immigranten um 90 Prozent zurückgegangen.[34]

1956 fragte der ehemalige Chef der Visumsabteilung des Außenministeriums, Robert C. Alexander, in einem Artikel im *American Legion Magazine* klipp und klar, worauf die Gegner der nationalen Quoten eigentlich hinauswollten: „Wenn sie sich lautstark für Maßnahmen einsetzen, die eine Veränderung der ethnischen Zusammensetzung unserer Bevölkerung bewirken würden ... so sollen sie uns doch bitteschön erklären, was an unserer nationalen Herkunft eigentlich falsch ist."[35]

Dies schrieb Alexander zu einem Zeitpunkt, da nicht mehr als 156.700 Einwanderer jährlich ins Land gelassen wurden. John F. Kennedy scheint keine grundsätzlichen Einwände gegen diese Ziffer gehabt zu haben: „Es gibt natürlich einen gerechtfertigten Grund für eine gewisse Beschränkung der Einwanderung."[36] Laut Kennedy lagen die Ansichten der Reformer und der Konservativen in dieser Frage gar nicht so weit auseinander: „Eine flüchtige Betrachtung der hitzigen Auseinandersetzungen über unsere Einwanderungspolitik ... könnte den Eindruck vermitteln, als wolle die eine Seite wieder unsere Politik zurückdrehen auf die Zeit der Gründerjahre unserer Republik, während die andere jegliche weitere Einwanderung stoppen wolle. In Wirklichkeit gibt es nur einige wenige grundlegende Unterschiede zwischen dem liberalsten Antrag, der in den letzten Jahren eingebracht und von dem früheren Senator Herbert H. Lehmann befürwortet wurde, und den Anhängern des Status quo. Das Gesetz in seiner geltenden Fassung läßt jährlich 156.700 Quoteneinwanderer zu. Der Gesetzantrag von Lehmann ... wolle 250.000 zulassen."[37]

Würden sich die unterschiedlichen Standpunkte heutzutage in einem ähnlichen Rahmen bewegen, so könnte Amerikas Einwanderungskrise gelöst werden. Die damals von Senator Lehman angepeilte Ziffer von 250.000 Neuankömmlingen, die John F. Kennedy als den „liberalsten Antrag, der in den letzten Jahren eingebracht" worden war, bezeichnete, wäre für die heutigen Befürworter einer restriktiven Einwanderungspolitik vermutlich durchaus noch annehmbar. Und Kennedy versicherte den Amerikanern, daß solche Gesetze „nicht das Gesicht Amerikas verändern" wollten.[38]

Bezeichnenderweise erwähnte Kennedy in seiner Aufzählung berühmter Immigranten, die einen namhaften Beitrag zur Entwicklung Amerikas geleistet hatten, keinen einzigen Afrikaner oder Asiaten und auch keine einzige Frau. Sämtliche von ihm Genannten waren Männer, und mit Ausnahme des von den Westindischen Inseln gekommenen

Alexander Hamilton stammten alle aus Europa. Um bei der Bevölkerung keine Ängste aufkommen zu lassen, versicherte Kennedy: „Die Einwanderer würden auch weiterhin auf ihre Gesundheit, moralische Festigkeit und unter dem Gesichtspunkt der nationalen Sicherheit geprüft werden."[39] Er schloß: „Änderungen solcher Art hätten nur geringe Auswirkungen auf die Zahl der zugelassenen Einwanderer [156.700 im Jahr]."[40]

Heutzutage werden Menschen, die ähnliche Ideen vertreten wie John F. Kennedy, als Rassisten an den Pranger gestellt. Warum? Weil die Lobby, die sich für offene Grenzen stark macht, genau das anstrebt, was Kennedy vermeiden wollte: Sie möchte „das Gesicht Amerikas verändern". Um ihr Ziel zu erreichen, bedenkt sie ihre Gegner mit Schimpfwörtern, die viel eher auf sie selbst zutreffen.

Das Einwanderungsgesetz von 1965

Die Geschichte wird dereinst verzeichnen, daß das Einwanderungsgesetz von 1965 weit mehr zur Veränderung Amerikas beigetragen hat als das Bürgerrechtsgesetz von 1964. Letzteres hatte dem Süden lediglich Antidiskriminierungsgesetze aufgenötigt, die die meisten Staaten ohnehin bereits verabschiedet hatten. Im Gegensatz dazu war das Einwanderungsgesetz von 1965 ein dreister Etikettenschwindel, und sein Ergebnis war genau das Gegenteil dessen, was seine Befürworter versprochen hatten. In seiner Einleitung zur zweiten amerikanischen Auflage von John F. Kennedys *Die Nation der vielen Völker* hatte Robert F. Kennedy, der Bruder des ein Jahr zuvor ermordeten Verfassers, geschrieben: „Rein von der Zahl her gesehen wollen heute viel weniger Menschen zu uns kommen, als es im neunzehnten Jahrhundert der Fall war."[41] Der dritte Kennedy-Bruder, Senator Edward Kennedy, Vorsitzender des Ausschusses, der die Debatte über das Einwanderungsgesetz leitete, versicherte: „Unsere Städte werden nicht durch eine Million Immigranten jährlich überflutet werden. Nach dem vorgeschlagenen Gesetz wird der heutige Stand der Einwanderung im wesentlichen gewahrt bleiben ... Zweitens wird die ethnische Zusammensetzung des Landes nicht über den Haufen geworfen werden ... Im Gegensatz zu den von gewissen Kreisen erhobenen Beschuldigungen wird das Gesetz nicht zu einer Überschwemmung Amerikas durch Einwanderer aus irgendeinem anderen Land oder Gebiet oder aus den am dichtesten bevölkerten und wirtschaftlich rückständigsten Nationen Afrikas und Asiens führen ..."[42]

Nur haßerfüllte Menschen verstiegen sich zu solchen Behauptungen, donnerte Kennedy und fuhr fort: „Die Beschuldigungen, die ich erwähnt habe, sind im höchsten Grade emotional, irrational und bar jeder faktischen Grundlage. Sie lassen sich nicht mit den Pflichten eines verantwortungsvollen Bürgers vereinbaren. Sie benutzen unser Erbe als Vorwand, um Haß zu schüren."[43]

Edward Kennedy wandte sich an eine Nation, in der laut einer Meinungsumfrage im Jahre 1965 zwei von drei Bürgern jegliche Lockerung der Einwanderungsgesetze ablehnte. Das Ende vom Lied kennen wir. Im Jahre 2006 zog Dean Steven Gillon von der Universität von Oklahoma bei einer Veranstaltung der Amerikanischen Stiftung für Einwanderungskontrolle folgende Bilanz: „Seit 1965 sind wenigstens 40 Millionen Immigranten in die USA geströmt. Vor 1965 stammten 95 Prozent der neuen Einwanderer aus Europa, nach 1965 kamen 95 Prozent aus der Dritten Welt. Das Gesetz von 1965 hat die amerikanische Gesellschaft verändert und genau das Gegenteil dessen bewirkt, was man uns versprochen hatte."[44]

Das nach seinen Initiatoren, den Senatoren Emmanuel Celler und Philip Hart, als Celler-Hart-Gesetz in die Geschichte eingegangene Einwanderungsgesetz von 1965 war der größte Schurkenstreich unserer Geschichte: Man führte die Amerikaner mit Versprechungen hinters Licht und brockte ihnen genau das ein, von dem man ihnen hoch und heilig versichert hatte, daß es niemals eintreten werde. Unsere Bevölkerung wurde gezielt irregeführt; sie wurde betrogen. Man machte ihr weis, die Einwanderung werde sich auch künftig ungefähr auf dem bisherigen Stand bewegen und die ethnische Zusammensetzung der Bevölkerung sich nicht ändern, bescherte ihm jedoch eine Dritte Welt-Invasion, die Amerika in ein anderes Land verwandelt.

Infolge des Gesetzes von 1965 wurden nationale Einwanderungsquoten nicht mehr an Europäer, sondern an Menschen aus der Dritten Welt vergeben. Amerikas Tore wurden weit aufgestoßen, und die Masseneinwanderung aus Asien, Afrika und Lateinamerika nahm ihren Auftakt. In den letzten vier Jahrzehnten sind Dutzende von Millionen Menschen in unser Land geströmt. Als die Zahl der alljährlich über unsere Grenzen gelangenden illegalen Immigranten vor einer Generation auf eine halbe Million jährlich hochschnellte, warf die US-Regierung das Handtuch und kam ihrer durch die Verfassung auferlegten Pflicht zur Verteidigung des Landes gegen eine Invasion nicht mehr nach.

Die Risiken, die wir mit dieser Politik eingingen, ließen nicht nur bei den Konservativen die Alarmglocken schrillen. 1987 sagte der CBS-Kommentator Eric Sevareid gegenüber dem *Christian Science Monitor*, eine der „wahrhaftig zentralen Fragen", denen sich Amerika gegenübersehe, bestehe in der „gewaltigen Menschenflut", die aus der Dritten Welt zu uns komme. „In unserem Land hat ein Zersplitterungsprozeß eingesetzt", warnte Sevareid. „Ab welchem Punkt artet kulturelle und rassische Verschiedenheit zu einer Art gesellschaftlicher Anarchie aus? Wie kann man auf diese Weise ein Gefühl der nationalen Zusammengehörigkeit erreichen?"[45]

Theodore White, der die ersten Auswirkungen des Einwanderungsgesetzes von 1965 noch persönlich miterleben konnte, meinte, dieses sei „edel, revolutionär – und vermutlich das gedankenloseste der vielen Gesetze der Großen Gesellschaft". Lyndon B. Johnson, unter dessen Ägide das Gesetz verabschiedet worden war, würdigte es in seinen Memoiren noch nicht einmal der Erwähnung.[46]

Während der Debatte über das Einwanderungsgesetz prallte dessen Einpeitscher Edward Kennedy mit Senator Sam Ervin aus North Carolina zusammen, der später als Vorsitzender des Ausschusses zur Untersuchung des Watergate-Skandals berühmt werden sollte. Ervin verteidigte die durch das McCarran-Walter-Gesetz festgelegten nationalen Quoten unumwunden: „Der einzig mögliche Vorwurf der Diskriminierung, den man gegen das McCarran-Walter-Gesetz erheben kann, ist der, daß es zugunsten von Menschen diskriminiert, die den größten Beitrag zur Schaffung Amerikas geleistet haben, und dieses [neue] Gesetz stellt sie mit jedermann sonst auf Erden auf eine Stufe."[47]

Sam Ervin fragte, was es an den nationalen Wurzeln der amerikanischen Bevölkerung eigentlich auszusetzen gebe und was daran falsch sein solle, dafür zu sorgen, daß sie erhalten blieben. Was, fragte er, sei daran anrüchig, Menschen seines eigenen Stammes als Einwanderer zu bevorzugen?

Am 3. Oktober 1965 unterzeichnete Lyndon B. Johnson am Fuß der Freiheitsstatue das neue Einwanderungsgesetz, dessen Konsequenzen wir heute ausbaden dürfen. Doch die meisten Amerikaner haben sich nie mit diesem Gesetz abgefunden, und viele haben aktiven Widerstand dagegen geleistet.

César Chávez als Grenzwächter

Der Einwanderungsspezialist Steve Sailer hat 2006 in *The American Conservative* darauf hingewiesen, daß es nur drei Personen gibt, deren Geburtstage in Kalifornien als offizielle Feiertage begangen werden: Jesus Christus, Martin Luther King jun. und César Chávez. Chávez wurde für seine Rolle beim Aufbau der Landarbeitergewerkschaft United Farm Workers Union in den Rang eines Heiligen erhoben, obwohl diese Gewerkschaft heute nur noch zwei Prozent der kalifornischen Landarbeiter vertritt.[48] In den sechziger und siebziger Jahren des zwanzigsten Jahrhunderts hatte sie einen beachtlichen Aufschwung erlebt, nachdem der Kongreß das sogenannte Bracero-Programm abgeschafft hatte. Als Braceros bezeichnete man mexikanische Arbeiter, die jährlich zu Beginn der Ernte ins Land geholt wurden, nach deren Einbringung jedoch wieder nach Mexiko zurückkehren mußten. 1964 erzwangen die Liberalen unter dem Eindruck von Edward R. Murrows Film *Harvest of Shame* die Einstellung dieses Programms.

Nun, da keine Braceros mehr die harte Knochenarbeit auf den Feldern leisteten, kamen die Grundbesitzer nicht mehr umhin, ihren Arbeitern, bei denen es sich hauptsächlich um mexikanischstämmige US-Bürger handelte, die Löhne zu erhöhen, mit Chávez zu verhandeln und seine Gewerkschaft anzuerkennen. Wie vor ihm der linksgerichtete Gewerkschaftsführer Sam Gompers sowie die schwarzen Bürgerrechtsaktivisten Booker T. Washington und A. Philip Randolph war sich auch Chávez darüber im klaren, daß illegale Ausländer die hohen Löhne, die er für seine Arbeiter erkämpft hatte, herabdrücken und seiner Gewerkschaft das Wasser abgraben würden.

Um Chávez schachmatt zu setzen, ließen die Grundbesitzer Arbeiter aus Mexiko auf die Plantagen karren, doch die Linke stellte sich auf die Seite des Gewerkschaftsführers. Steve Sailer berichtet: „1969 führte Chávez einen Marsch zur mexikanischen Grenze an, um gegen die illegale Einwanderung zu protestieren. Seite an Seite mit ihm marschierten Senator Walter Mondale [den die Demokratische Partei 1984 zu ihrem Präsidentschaftskandidaten ernennen sollte] sowie Ralph Abernathy, Martin Luther Kings Nachfolger als Oberhaupt der Schwarzenorganisation Southern Christian Leadership Conference."

Vor dem Kongreß sagte Chávez 1979 folgendes aus: „Wenn die Landarbeiter streiken und mit ihrem Streik Erfolg haben, gehen die Arbeitgeber nach Mexiko, wo ihnen ein unerschöpfliches Reservoir an illegalen ausländischen Streikbrechern zur Verfügung steht. Seit über 30 Jahren verschließt die Einwanderungs- und Einbürgerungsbehörde ihre Augen vor dieser Tatsache und unterstützt so die Streikbrecher ... Die Arbeitgeber bedienen sich professioneller Schlepper, um menschliches Schmuggelgut anzuheuern und über die mexikanische Grenze zu schleusen; es ist dies ein eindeutiger Akt der Streikbrecherei."[49]

Wie Sailer darlegt, zeigte Chávez illegale Einwanderer regelmäßig bei der Einwanderungsbehörde an.[50] Der Kolumnist Ruben Navarette jun. faßt den Kampf des Gewerkschaftsführers gegen die illegale Immigration wie folgt zusammen: „Als Arbeiterführer, der die Angehörigen seiner Gewerkschaft schützen wollte, war er der schlagkräftigste Helfer, den sich die Einwanderungs- und Einbürgerungsbehörde nur wünschen konnte. Chávez und seine United Farm Workers Union zeigten Personen, die sie als illegale Einwanderer verdächtigten und die sich als Streikbrecher betätigten oder sich weigerten, der Gewerkschaft beizutreten, regelmäßig bei der Einwanderungs- und Einbürgerungsbehörde an, damit diese ihre Ausweisung in die Wege leiten konnte."[51]

Wie sich die Welt doch verändert hat! Heute rühren liberale Demokraten gemeinsam mit gestandenen Republikanern wie Bush und McCain die Werbetrommel für offene Grenzen und fordern eine Amnestie für zwölf illegale Einwanderer. Dies ist nackter Verrat an den Interessen unzureichend qualifizierter oder ungelernter amerikanischer Arbeiter, mögen diese nun Schwarze, Hispanos oder Weiße sein, denn ohne die Konkurrenz seitens der illegalen Immigranten bekämen diese höhere Löhne für die von ihnen verrichtete harte Arbeit. Die großen Konzerne regieren Amerika. Sie bekommen, was sie wollen.

Damals und heute: ein zahlenmäßiger Vergleich

Um zu begreifen, weshalb Amerikaner, die früher nie etwas an der Einwanderung auszusetzen hatten, heute geradezu panisch auf die Entwicklung reagieren, braucht man sich nur vor Augen zu führen, aus welchen Ländern die Immigranten von 1607 bis 1958 stammten und wie groß ihre Anzahl war. Die folgenden Statistiken stützen sich auf das bereits mehrfach zitierte Buch John F. Kennedys:

Herkunftsland	Gesamtzahl der Einwanderer 1607–1958
Deutschland	6.798.313
Italien	5.017.625
Irland	4.693.009
Großbritannien	4.642.096
Österreich-Ungarn	4.280.863
Rußland	3.344.998
Schweden	1.255.296
Norwegen	843.867
Frankreich	698.188
Griechenland	499.465
Polen	451.010
China	411.585
Dänemark	354.331
Japan	338.087
Rumänien	159.497
Finnland	28.358 [52]

Laut Kennedy nahm Amerika in diesen 350 Jahren insgesamt 42 Millionen Immigranten auf. Man vergleiche diese Zahl mit den heutigen Zuständen: Im Jahre 2006 lebten zwischen 12 und 20 Millionen *illegale* Einwanderer innerhalb unserer Landesgrenzen; die niedrigere Ziffer entspricht in etwa der Anzahl sämtlicher Deutscher und Österreicher, die innerhalb des erwähnten dreihundertfünfzigjährigen Zeitraums bei uns eingewandert sind, und liegt höher als diejenige aller britischen, irischen und jüdischen Einwanderer zusammen. *Jahr für Jahr* werden mehr Menschen beim Versuch des illegalen Grenzübertritts ertappt, als während jener 350 Jahre an Schweden oder Norwegern in unser Land gelangt sind. Alljährlich überqueren eine halbe Million Personen illegal unsere Grenzen; diese Zahl ist höher als die sämtlicher Griechen oder Polen, die von der Amerikanischen Revolution bis 1960 legal einwanderten. In Washington/D.C. und Umgebung leben mehr Salvadorianer, als im neunzehnten und zwanzigsten Jahrhundert an Griechen oder Polen zu uns kamen.

1992 erschien in der *National Review* ein wichtiger Artikel von Peter Brimelow, in dem dieser folgendes ausführte: „Erstaunlicherweise wanderten in den gesamten dreißiger Jahren des zwanzigsten Jahrhunderts nur ungefähr fünfhunderttausend Menschen in den USA ein. (Eine illegale Einwanderung gab es damals so gut wie gar nicht.) In den vierziger Jahren kam nur etwa eine Million, einschließlich der Weltkriegsflüchtlinge. Hingegen … haben die Vereinigten Staaten allein im Jahre 1990 mehr als anderthalb Millionen Menschen aufgenommen, und diese Zahl umfaßt einzig und allein die legalen Einwanderer."[53]

Im Jahre 2006 gab es in den USA rund 36 Millionen Immigranten, nur unwesentlich weniger, als in der gesamten Geschichte unseres Landes zuvor eingewandert waren. John F. Kennedy, der die damalige jährliche Höchstquote von 156.700 Zuwanderern für durchaus angemessen hielt und lediglich die Ansicht vertrat, man solle gewisse Nationalitäten bei der Quotenvergabe etwas stärker berücksichtigen, wäre fassungslos, wenn er erführe, daß die Vereinigten Staaten von Amerika während zwei Jahrzehnten jährlich eine bis zwei Millionen Einwanderer aufgenommen haben, von denen 50 Prozent illegal über unsere Grenzen gedrungen sind und 90 Prozent aus der Dritten Welt stammen. Laut offiziellen Statistiken haben die USA im Jahre 1991 nicht weniger als 1,8 Millionen Menschen ins Land gelassen, also zwölfmal mehr, als Kennedy für akzeptabel hielt!

Kapitel 13

Die letzte Chance

Die Befürworter der unbegrenzten Einwanderung scheren sich keinen Deut um die US-Bevölkerung.[1]

Samuel Gompers, Gründungspräsident des Amerikanischen Gewerkschaftsbundes AFL (1921)

Dieses Land hat die Kontrolle über seine Grenzen verloren, und kein Land kann eine solche Situation hinnehmen.[2]

Präsident Ronald Reagan, 1983

Kulturen, meinte Arnold Toynbee, stürben, wenn sie sich als unfähig erwiesen, die Probleme ihres Zeitalters zu lösen.

Die existentielle Krise der westlichen Kulturen geht keineswegs auf den islamistischen Terrorismus zurück. Selbst wenn Terroristen eine Atombombe besäßen, könnten sie lediglich einen Bruchteil des Schadens anrichten, den wir unseren Kulturen in dem dreißigjährigen Krieg von 1914 bis 1945 selbst zugefügt haben, vor allem während des Zweiten Weltkrieges, als Europa durch die den anglo-amerikanischen Bombenterror sowie die sowjetischen Heere verwüstet wurde.

Die Krise des Westens äußert sich im Kollaps seiner Kulturen und dem Schwinden seiner Völker – und dies zu einem Zeitpunkt, da die Dritte Welt alle achtzehn Monate um einhundert Millionen Menschen (das Äquivalent der Bevölkerung Mexikos) wächst und die größte Invasion der Menschheitsgeschichte in Gang gesetzt hat. Wenn wir nicht aus unserer Lähmung erwachen, ist der Untergang des Westens unvermeidlich. Bis zum Jahre 2050 wird ein Europa, dessen einheimische Bevölkerung im Aussterben begriffen ist, dann von afrikanischen und arabischen Völkern überrannt worden sein und weit mehr Ähnlichkeit mit dem Bosnien und Beirut von heute als mit dem Europa Churchills und de Gaulles aufweisen. Amerika wird bis dann zu einem vielrassigen, vielsprachigen, multiethnischen und multikulturellen Konglomerat verkommen sein, einem balkanisierten Brasilien mit 420 Millionen Einwohnern, einem Turm von Babel, einer Replik des Römischen Reiches in dessen letzten Tagen.

Bei jeder Meinungsumfrage und bei jedem Referendum haben die Amerikaner zu erkennen gegeben, daß sie keineswegs gewillt sind, „eines langen Tages Reise in die Nacht" anzutreten. Freilich müssen wir um der Ehrlichkeit willen einräumen, daß ebendies fast mit Sicherheit Amerikas Schicksal sein wird. Unsere über dreitausend Kilometer lange Grenze zu Mexiko, die Landbrücke zwischen der Dritten Welt und den Vereinigten Staaten, wird überrannt, und dieser Prozeß mag sehr wohl irreversibel sein, denn jene, die die Nation zu bewahren trachten, sitzen am kürzeren Hebel.

Man halte sich die Schwäche der US-Regierung vor Augen. Ein Andrew Jackson, ein Theodore Roosevelt oder ein Dwight D. Eisenhower hätten der Invasion mit größter Entschlossenheit einen Riegel vorgeschoben, ohne sich bei irgend jemandem dafür zu entschuldigen. George Bush hat sich selbst eingeredet, daß die Invasion Amerika nur Gutes bescheren wird und daß es ein Zeichen von Fortschrittlichkeit ist, sie zu begrüßen. In diesem Punkt besteht nicht der geringste Unterschied zwischen seiner Politik und derjenigen Edward Kennedys.

Bush, der sich so gerne fragt, wie ihn die Nachwelt dereinst beurteilen wird, könnte sehr wohl alt genug werden, um noch erleben zu müssen, daß er als jener Präsident in die Geschichte eingeht, der den weiland von James K. Polk für die Vereinigten Staaten gewonnenen Südwesten verloren hat. Wie in aller Welt kann Bush dies zulassen, wenn er ein Patriot ist? Selbst die primitivste Tierart wehrt sich doch, wenn ihr Territorium dermaßen massiv und gröblich verletzt wird!

Stellen wir hier ein Gedankenexperiment an. Nehmen wir an, zehn Millionen Amerikaner seien während der Weltwirtschaftskrise auf der Flucht vor Armut und Arbeitslosigkeit aus den von der Dürre heimgesuchten südlichen Bundesstaaten nach Mexiko ausgewandert, hätten sich dort niedergelassen und von der mexikanischen Regierung verlangt, ihnen Bargeld in die Hand zu drücken, ihre Lebensmittel zu subventionieren, ihnen kostenlose medizinische Versorgung zu gewähren, ihre Kinder in englischer Sprache zu unterrichten und sie amerikanische Geschichte vom amerikanischen Standpunkt aus zu lehren sowie schließlich amerikanische Feiertage zu begehen. Nehmen wir weiter an, diese Amerikaner hätten im Schnitt drei- oder viermal mehr Überfälle, Vergewaltigungen und Morde verübt als Mexikaner, und die amerikanischen Jugendlichen hätten sich durchschnittlich neunzehnmal häufiger kriminellen Banden angeschlossen als ihre mexikanischen Altersgenossen. Stellen wir uns zu guter Letzt noch vor, zehntausend Amerikaner seien niederbrennend und plündernd durch die zweitgrößte Stadt Mexikos gezogen, und Millionen amerikanischer Einwanderer hätten unter dem Sternenbanner demonstriert, um sämtliche

Rechte und Privilegien einzufordern, die mexikanischen Staatsbürgern zustanden.

Wie hätte Mexiko reagiert? Es hätte seine Armee aufmarschieren lassen und ihr den Befehl erteilt, diese Amerikaner über den Rio Grande zurückzutreiben. Man vergleiche hiermit das feige Verhalten des heutigen Amerika, das seiner Pflicht zur Verteidigung seiner Grenzen und zur Ausweisung der Eindringlinge nicht mehr nachkommt. Präsident Bush, der die Aufgabe hätte, die Grenzkrise zu meistern, erweist sich als Versager ohnegleichen.

Bei buchstäblich jeder Meinungsumfrage spricht sich die Mehrheit der Amerikaner für den Stopp der illegalen Einwanderung aus, selbst wenn dazu Truppen am Rio Grande stationiert werden müssen und ein Grenzzaun von Brownsville bis San Diego gezogen werden muß. Aber die Mehrheit hat in Amerika nichts mehr zu sagen, sobald ihre Interessen mit der globalistischen Ideologie unserer transnationalen Eliten kollidieren.

Eine breite Front der unterschiedlichsten Kräfte wehrt sich mit Zähnen und Klauen gegen die notwendige Reform unserer Einwanderungspolitik. Die großen Konzerne sind erpicht auf ein unbegrenztes Reservoir billiger Arbeitskräfte und die Freiheit, im Ausland Arbeiter anzuwerben und in die USA zu holen. Die wichtigsten Medien, die Gewerkschaften und die Kirchen befürworten eine Amnestie für illegale Immigranten. Die Demokratische Partei sieht in den Einwanderern zukünftige Wähler, mit deren Hilfe es ihr gelingen wird, die Hegemonie der Republikaner zu brechen. Die Republikanische Partei will die 43 Millionen Hispanos um keinen Preis vor den Kopf stoßen und befürchtet, daß ihr die Wirtschaft den Geldhahn zudreht, wenn sie Firmen, die regelmäßig illegale Ausländer beschäftigen, mit Bußen belegt. 36 Millionen jenseits unserer Landesgrenzen geborene, jedoch auf unserem Territorium ansässige Menschen verlangen das Recht, ihre Angehörigen nachkommen zu lassen. Die hispanischen Medien sind zu ihrem Überleben und Gedeihen auf einen regelmäßigen Zuzug spanischsprechender Personen angewiesen. Den Internationalisten gelten Nationen als Überbleibsel einer anrüchigen Vergangenheit; sie streben eine Weltregierung an und möchten sämtliche Grenzen lieber schon heute als erst morgen niederreißen. In Texas, Arizona, Neumexiko und Kalifornien nimmt die Zahl der hispanischen Wähler so stark zu, daß sie bei künftigen Präsidentschaftswahlen das Zünglein an der Waage spielen könnten, und in Colorado und Nevada zeichnet sich langfristig eine ähnliche Entwicklung ab. Wenn die Grenze nicht dichtgemacht wird, ehe der kritische Punkt erreicht ist, wird sie für immer offen bleiben, und dies wird das Ende jenes Amerikas bedeuten, das wir kannten und liebten.

Besitzen wir den Willen zu handeln?

Der Liberalismus ist die Ideologie des westlichen Selbstmords; wie James Burnham schrieb, werden sich seine Ideen, konsequent verwirklicht, für den Westen als tödlich erweisen. Die Konservativen haben sich von der Schlange im Garten verführen lassen; sie haben von der verbotenen Frucht der liberalen Ideologie genascht und laufen Gefahr, aus dem Paradies vertrieben zu werden. Soll Amerika nicht verloren gehen, müssen wir die Wahrheit sagen.

Es trifft nicht zu, daß sich Angehörige aller Glaubensrichtungen und Kulturen in einer Erste-Welt-Nation, an deren Wiege England, Deutschland und weitere, das Christentum sowie die abendländischen Kulturen Pate standen, gleichermaßen leicht assimilieren können. Rasse, Religion, Ethnie und Geschichte hinterlassen „genetische Fingerabdrücke", die keine „Willensnation" auslöschen kann. Weil wir diese Wahrheit nicht anerkennen wollten, haben wir unsere Armeen in Bagdad einmarschieren lassen, um den Irak zu demokratisieren, und mußten dann entdecken, daß die irakische Bevölkerung aus Schiiten, Turkmenen, Christen, Kurden und Sunniten besteht, für die Religion, Geschichte und Stammeszugehörigkeit eine absolut zentrale Rolle spielen. Sie wollen nur dann von der Mehrheit regiert werden, wenn sie selbst in der Mehrheit sind.

Rasse, Ethnie, Geschichte und Religion sind wichtig. Sie erklären und bestimmen zwar nicht alles, aber doch sehr viel. So lautet die Lehre der Geschichte, und keine multikulturelle Ideologie vermag daran etwas zu ändern. Dies ist der Grund dafür, daß die Europäer die Türken nicht als EU-Mitglieder wünschen, daß sich die Serben nie mit dem Verlust des Kosovo an die Albaner abfinden werden, daß sich afrikanische Stämme immer noch gegenseitig abschlachten, daß die Israelis keinen demokratischen Staat der Palästinenser und Juden vom Jordan bis zum Mittelmeer wollen, daß Muslime in Indonesien, Nigeria und dem Sudan gegen Christen, in Thailand gegen Buddhisten, in Indien gegen Hindus, in Palästina gegen Juden und im Kaukasus gegen Russen kämpfen.

Ideologische Verblendung und Unkenntnis der Geschichte verleiteten Woodrow Wilson dazu, nach dem Ersten Weltkrieg Millionen von Deutschen fremder Herrschaft zu unterstellen und so den Boden für die territorialen Vereinigungsbestrebungen des Dritten Reichs vorzubereiten. Wußten Wilson und Konsorten in Versailles denn nicht, daß Deutschland eines Tages seine geraubten Gebiete und seine Volks- und Schicksalsgenossen zurückverlangen würde? Wer in Rasse, Religion und Geschichte wurzelnde Realitäten nicht sehen will, begeht einen verhängnisvollen

Fehler. In Rhodesien und Südafrika werden die Weißen heute aus rassistischen und historischen Gründen angegriffen. Es ist geradezu selbstmörderisch, die Tatsache zu ignorieren, daß die Mexikaner einen tiefen Groll auf Amerika empfinden und der festen Überzeugung sind, wir hätten ihnen die Hälfte ihres Landes geraubt. Warum sollte Amerika seine Tore Millionen von Menschen öffnen, in deren Seele solche Vorstellungen zutiefst verankert sind? Man gibt sich der Selbsttäuschung hin, wenn man seine Augen vor dem ethnischen Chauvinismus der einheimischen Völker Lateinamerikas verschließt oder partout nicht zur Kenntnis nehmen will, wie die Han-Chinesen bei ihrem unaufhaltsamen Marsch zur Weltmacht mit den Tibetern, den Uiguren, den Mongolen, den Christen und den Anhängern der Falun-Gong-Sekte umspringen.

Wir müssen uns von der traumtänzerischen Illusion befreien, Amerika sei zur ersten universalen Nation der Erde und zum Modell für die ganze Menschheit geworden. Tagtäglich wird uns eingetrichtert, in unserer Verschiedenheit liege unsere Stärke. Doch alles hat seine Kehrseite. *E pluribus unum* bedeutet „Aus vielen eines", und nicht „Aus einem viele", auch wenn Al Gore es fälschlicherweise so übersetzt hat. Unsere Stärke liegt in unserer Einheit. Wenn wir nicht wieder zu einer Nation und zu einem Staatsvolk werden, verlieren wir unser Land, und wie Euripides schrieb, gibt es kein größeres Leid auf Erden als den Verlust seiner Heimat.

Was tun?

Was tun? war der Titel einer berühmten Lenin-Schrift aus dem Jahre 1922, und im Grunde unseres Herzens wissen wir Amerikaner heute, was zu tun ist.

Als im September 2005 der Damm der Siebzehnten Straße brach und die Wasser des Pontchartrain-Sees New Orleans überfluteten, war jedem klar, wie das Gebot der Stunde lautete: Macht den Damm wieder dicht! Stoppt die Flut! Bevor das große Aufräumen beginnen konnte, bevor die Flüchtlinge zurückkehren durften, mußte das Leck im Damm geschlossen werden, so daß sich die Wasser des Sees nicht mehr in die Stadt ergießen konnten.

Genauso verhält es sich mit Amerikas Ausnahmezustand. Das Gebot der Stunde lautet: Macht die Grenzen dicht! Stoppt die Flut! „Amerika darf nicht überwältigt werden", schrieb der linke Gewerkschaftsführer Samuel Gompers 1924 in einem Brief, in dem er dem Kongreß seine Unterstützung für das neue, restriktive Einwanderungsgesetz bekundete.[3]

Bushs Gastarbeiterprogramm wird die Krise lediglich verewigen und vertiefen. Wenn eine Amnestie erlassen wird, wenn all jene, die illegal in unser Land eingedrungen sind, hier bleiben dürfen, wenn Firmen, die in der Vergangenheit illegale Einwanderer eingestellt haben, nicht nur ungeschoren davonkommen, sondern gar noch im Ausland zusätzliche fremde Arbeiter anwerben dürfen, wird die Moral des Widerstandes zerbrechen, und unsere Nation wird die Kontrolle über ihre Grenze für immer verlieren.

Laut gegenwärtigen Prognosen wird die Bevölkerung der USA im Jahre 2050 mehr als 420 Millionen betragen, darunter 102 Millionen Hispanos, von denen die große Mehrheit im Südwesten leben wird. Afro-Amerikaner und Hispanos werden nach wie vor einen ganz unverhältnismäßig hohen Anteil unserer Armen sowie unserer ungelernten Arbeiter stellen. Unter den wohlhabenden Bevölkerungsschichten und in der Geschäftswelt werden Asiaten und Weiße dominieren. Unser Land wird wie ein Abbild Lateinamerikas mit seiner riesigen Kluft zwischen arm und reich wirken. Politisch wird dies eine Hinwendung zum Staatsinterventionismus nach sich ziehen; keine Regierung wird sich den Forderungen nach immer neuen Gesundheits-, Ausbildungs- und Sozialhilfeprogrammen für die unzähligen Millionen von Habenichtsen und farbigen ungelernten Arbeiter verschließen können. Man wird immer mehr rassische Quoten, immer mehr Extrawürste für bestimmte ethnische Gruppen, immer mehr Wiedergutmachung sowie die proportionale Vertretung aller Minderheiten verlangen. Jedermann wird dann Gefangener der Rasse sein, der er angehört, und aus diesem Gefängnis wird niemand mehr entrinnen können. Dies wird unsere Politik für immer vergiften.

Wollen wir eine solche Zukunft? Wenn unsere Antwort Nein lautet, müssen wir jenen Politikern, die heute für unsere Einwanderungspolitik verantwortlich sind, die Zügel aus den Händen nehmen: Manche von ihnen lähmt die Furcht vor den ethnischen Lobbys oder vor dem Versiegen des Spendenflusses seitens der großen Konzerne; andere sind aus ideologischer Verblendung unfähig zu handeln, und weder von den einen noch von den anderen ist zu erwarten, daß sie das Steuer noch herumreißen werden.

Das Gebot der Stunde: ein Einwanderungsmoratorium!

Der erste unabdingbare Schritt ist ein sofortiges Einwanderungsmoratorium von der Art dessen, das von 1924 bis 1965 galt. In jenen vierzig Jahren kamen nur wenige neue Immigranten ins Land, so daß der Schmelztiegel seine magische Wirkung entfalten und jenes *eine* Staatsvolk sowie jene *eine* Nation schaffen konnte, die wir während der Präsidentschaft Eisenhowers und Kennedys waren. Wir brauchen dringend wieder eine solche Atempause.

Ein zehnjähriges Moratorium, die Verringerung der Zuwanderung auf den Stand jener Jahrzehnte, als unsere Präsidenten Coolidge, Hoover, Roosevelt, Truman, Eisenhower und Kennedy hießen, Einwanderungsquoten wie diejenigen, die Kennedy im Jahre 1958 für vernünftig erklärte – all dies wird uns Zeit geben, um die Millionen, die seit 1965 legal bei uns eingewandert sind, zu assimilieren und zu amerikanisieren. Ohne eine solche Pause, ohne ein solches Moratorium, wird die Assimilation ein Ding der Unmöglichkeit sein. Doch selbst ein Moratorium bietet noch längst keine Erfolgsgarantie.

Die 36 Millionen heute auf unserem Territorium ansässigen Immigranten sind nicht nur rein zahlenmäßig die größte Einwanderergruppe, die während der ganzen Menschheitsgeschichte in irgendeinem Land gelebt hat. Im Gegensatz zur „Großen Welle" von 1890 bis 1920 stammen fast alle diese Menschen von Kontinenten und aus Ländern, deren Bewohner sich noch nie in einem Erste-Welt-Land assimiliert haben. Außerdem scheint uns die moralische Autorität abhanden gekommen sein, von ihnen zu verlangen, daß sie sich assimilieren. Unsere Eliten haben sich längst der Multikulti-Ideologie verschrieben und geißeln die Forderung nach Assimilierung als kulturellen Chauvinismus. Dem Durchschnittsamerikaner scheint es mittlerweile herzlich gleichgültig zu sein, ob sich die Neuankömmlinge assimilieren oder nicht; allem Anschein nach hat er jedes Interesse an einer integrierten Gesellschaft verloren, solange man ihn persönlich in Frieden läßt. Doch obwohl es keine Gewähr dafür gibt, daß wir das Gefühl der nationalen Einheit und gemeinsamen Identität, das Amerika in den sechziger Jahren des zwanzigsten Jahrhunderts besaß, wiederherstellen können: Nur wenn wir es zumindest versuchen, winkt uns noch eine Erfolgschance!

Während das Moratorium in Kraft ist, sollten wir erörtern und entscheiden, wen wir ins Land lassen wollen und ob wir die ethnische und religiöse Zusammensetzung Amerikas zu verändern oder zu bewahren wünschen. Schließlich gehört Amerika uns gebürtigen Amerikanern, und nicht der Welt.

Diskriminieren heißt auswählen. Wir alle diskriminieren, indem wir die Menschen aussuchen, mit denen wir Umgang pflegen oder gar für immer zusammenleben wollen. Es ist nur recht und billig, daß der Entscheid darüber, wer nach Amerika kommen darf und wen wir als unsere Adoptivsöhne und Adoptivtöchter bei uns aufnehmen wollen, den Adoptiveltern, also uns amerikanischen Bürgern, anheimgestellt wird.

Für James Madison, den Vater der amerikanischen Verfassung, galt bei der Entscheidung darüber, wer kommen sollte und wer nicht, folgender eherne Grundsatz: „Ich will nicht, daß irgend jemand das Privileg der Staatsbürgerschaft erwirbt, es sei denn, er vermöge den Wohlstand oder die Stärke der Vereinigten Staaten wahrhaftig zu bereichern."[4]

Falls wir uns an diesem Prinzip orientieren, sollten wir Einwanderungswillige bevorzugen, die unsere englische Sprache sprechen, einen nennenswerten Beitrag zu unserer Gesellschaft leisten können, eine Ausbildung besitzen, aus Ländern stammen, deren Angehörige sich in der Vergangenheit reibungslos assimiliert haben, der Öffentlichkeit nach menschlichem Ermessen nicht zur Last fallen werden und aufrichtig wünschen, Amerikaner zu werden. Und da wir nach wie vor ein vorwiegend christliches Land sind – warum sollten wir Christen eigentlich nicht bevorzugt behandeln?

Keine Amnestie!

Nachdem Präsident Bush seine Augen fünf Jahre lang vor der Krise an unserer Grenze verschlossen hatte, erklärte er im November 2005 in Tucson: „Wir werden unsere Einwanderungsgesetze nicht wirksam in die Tat umsetzen können, ehe wir ein Gastarbeiterprogramm schaffen."[5] Dies ist nackte Erpressung. Im Klartext sagte der Präsident, er könne seiner verfassungsmäßigen Pflicht zum Schutz des Landes vor einer Invasion nicht nachkommen, falls wir uns nicht bereiterklärten, auf die Abschiebung der zwölf Millionen bereits auf unserem Boden weilenden Eindringlinge zu verzichten und ausländische Arbeiter für Stellen anzuheuern, die Amerikaner zu den offerierten Löhnen nicht annehmen wollen oder können.

Man sollte Präsident Bush höflich, aber bestimmt sagen: „Kein Kuhhandel, Herr Präsident! Keine Amnestie!" Sein Gastarbeiterprogramm ist ein Projekt der US-Handelskammer und des MALDEF und bedeutet permanent offene Grenzen. Präsident Bush mag noch so lautstark beteuern, er sei gegen eine Amnestie – sein Gastarbeiterprogramm kommt in der Praxis einer solchen gleich, und zwar sowohl für die illegalen Immigranten als auch für die Firmen, die sie beschäftigen. Bush hat selbst klargestellt, daß seinem Plan zufolge niemand bestraft werden soll: Jene Arbeitgeber, die die illegalen Einwanderer angestellt haben, werden dafür nicht zur Kasse gebeten; wer unsere Grenze illegal überschritten hat, darf bleiben, sechs Jahre lang arbeiten, zu Hause Urlaub machen, wieder an seinen Arbeitsplatz in den USA zurückkehren und auf den baldigen Erwerb der amerikanischen Staatsbürgerschaft hoffen. Wer betrogen hat, gewinnt. Dies ist eine Amnestie, und nichts anderes.

Gewiß, nach Bürgerkriegen sind Amnestien oft notwendig, um Wunden zu heilen. Doch wenn sie darauf hinauslaufen, daß Personen, die Vergehen oder Verbrechen begangen haben, ungeschoren davonkommen, untergraben sie die Herrschaft des Gesetzes, vermitteln sie den Gesetzesbrechern doch folgende Botschaft: Sei kein Narr, schleiche über die Grenze, brich die Gesetze der anderen, und früher oder später kommst auch du in den Genuß einer Amnestie.

Bushs Amnestie wäre eine schallende Ohrfeige für jene Millionen, die jahrelang Schlange gestanden haben, um nach Amerika kommen zu dürfen. Sie wäre ein Schlag ins Gesicht unserer Grenzschutzpolizisten, die Tag für Tag ihr Leben aufs Spiel setzen, um unsere Grenzen zu sichern. Gesetzt, die Grenzwächter täten ihre Pflicht nicht – dürften wir sie dann tadeln, wenn der Präsident der Vereinigten Staaten selbst nicht geruht, die seine zu tun?

Wer wird nach einer Amnestie noch nachprüfen, wie viele unter den ehemaligen illegalen Einwanderern Verbrechen begangen haben? Bei seiner Ansprache in Tucson gab Bush zu, daß jeder zwölfte an der Grenze festgenommene Ausländer vorbestraft ist. Wenn dasselbe auf die zwölf Millionen illegalen Immigranten hier zutrifft, würde eine Amnestie bedeuten, daß sich eine Million Kriminelle auf Dauer bei uns häuslich niederlassen dürften.

Vor zwei Jahrzehnten ließ sich Ronald Reagan dazu überreden, drei Millionen illegale Einwanderer zu amnestieren. Der Verfasser dieser Zeilen, der damals Reagans Berater war, hieß diesen Schritt gut, genau wie er einst John F. Kennedys *Die Nation der vielen Völker* in einer Besprechung positiv beurteilt und sich in Leitartikeln für das Einwanderungsgesetz von 1965 ausgesprochen hatte. Doch schon bald nach jener Amnestie wurden alljährlich anderthalb Millionen Ausländer beim Versuch der illegalen Grenzüberschreitung ertappt, und eine halbe Million schaffte den Sprung über die Grenze. Das war nicht mehr die Einwanderung, die Amerika einst gekannt hatte. Das war nicht mehr Ellis Island, sondern etwas Grundverschiedenes, etwas Neues – ein massenhafter Bruch unserer Gesetze und der Auftakt zu einer Invasion, als deren Ergebnis heutzutage wenigstens zwölf Millionen illegale Immigranten unter uns leben. Jeden Monat werden weitere hunderttausend beim Versuch des Grenzübertritts dingfest gemacht, und in der Dritten Welt verfolgen Hunderte von Millionen Habenichtse aufmerksam, ob Amerika seine Grenze abriegeln oder ob die Landbrücke in die Vereinigten Staaten offen bleiben wird.

Als Bush sein Gastarbeiterprogramm erstmals verkündete, nahm der Sturm auf unsere Südgrenze an Heftigkeit noch zu. Falls der Kongreß die von Bush angeregte Amnestie absegnet, wird die Flut niemals abebben. Die Welt wird dann zum Urteil gelangen, Amerika sei eine moralisch angeschlagene, schwächliche Nation, der der nötige Schneid fehle, um ungebetenen Gästen, die in ihr Haus eingedrungen sind und sämtliche den Familienangehörigen zustehenden Rechte für sich beanspruchen, die Tür zu weisen.

Wiederholen wir es: Die mehr als eine Million Personen, die Jahr für Jahr unsere Grenze verletzen, sind meist keine schlechten Menschen. Die Mehrheit von ihnen besteht aus anständigen Leuten, die verzweifelt nach dem suchen, was sie in ihrer schlecht regierten Heimat nicht finden können: eine gutbezahlte Arbeit. Die meisten von ihnen sind fleißig und ehrbar. Aber sie sind keine Amerikaner und gehören nicht hierher. Wenn wir dieser Invasion nicht schleunigst Einhalt gebieten und die Eindringlinge dorthin zurückschicken, wo sie hergekommen sind, werden wir unser Land verlieren; in diesem Fall sind wir nicht nur unserer Väter unwürdig, die uns Amerika hinterlassen haben, sondern begehen auch Verrat an unseren Kindern, deren unschätzbares Erbe wir durch unsere Feigheit verschleudern.

Der Grenzzaun

Obwohl die Uhr unerbittlich tickt, hat Amerika noch eine letzte Chance, die Grenzen zu sichern und die Republik zu bewahren. Hierzu sind sechs zentrale Schritte unabdingbar. Der erste besteht in der Errichtung eines permanenten Zauns längs der dreitausend Kilometer langen mexikanischen Grenze, damit diese auf Dauer festgelegt, abgeriegelt und gesichert wird.

Die Grenzbefestigung wiese die Form zweier parallel laufender Zäune von fünf Metern Höhe auf, zwischen denen eine zweispurige Straße läge, auf der sich die Grenzschutzpolizisten bequem in beiden Richtungen bewegen können. In der Straße wären Bewegungssensoren eingebettet, mit deren Hilfe Grenzverletzer, die den ersten Zaun überwunden haben, entdeckt werden könnten. Hinter jedem Zaun würde ein zweieinhalb Meter hoher Stacheldrahtverhau angebracht, und hinter diesem würden Gräben ausgehoben, um die Lastwagen und Jeeps der Drogenhändler sowie der mit ihnen unter einer Decke steckenden mexikanischen Soldaten und Polizisten zu stoppen. Dies würde der massenhaften Verletzung unserer Südgrenze durch illegale Einwanderer mit einem Schlag ein Ende bereiten. Den Rest könnte der Grenzschutz erledigen.

Ist dies eine neue Berliner Mauer, wie mexikanische Politiker entrüstet behaupten? Mitnichten! Die Berliner Mauer war eine Gefängnismauer, hinter der ein unterdrücktes Volk eingesperrt war. Ein Grenzzaun hingegen erfüllt dieselbe Aufgabe wie ein Zaun um eine Schule, ein Wohnhaus oder das Weiße Haus in Washington: Er hält unerwünschte Eindringlinge fern. Ebensowenig wäre die Errichtung eines Zauns eine isolationistische Verschwörung, die das Ziel verfolgte, uns von Mexiko abzusondern: Er wäre mit zweihundert Durchgängen für den Eisenbahn-

und Straßenverkehr versehen, so daß Handel, Reisen und Tourismus keinerlei Behinderung erfahren würden. Er würde den Tragödien in den Wüsten und Berggebieten unserer Grenzzonen, wo gegenwärtig Jahr für Jahr Hunderte von Unglücklichen den Tod finden, ein Ende bereiten. Allein schon der Anblick einer solchen Grenzbefestigung – deren Bau der Verfasser dieser Zeilen übrigens bereits 1991 vorgeschlagen hat – würde die große Mehrheit der potentiellen illegalen Einwanderer von vornherein abschrecken; sie würden keinen Versuch zur Durchquerung der Wüste unternehmen, und unser Grenzgebiet wäre nicht länger eine Müllhalde für Tausende von Menschen, die sie Nacht für Nacht verstohlen durchwandern. Einer telephonischen Meinungsumfrage zufolge billigten 60 Prozent der Befragten die Errichtung eines Grenzzauns. Bei Kongreß- und Präsidentschaftswahlen sollten nur Kandidaten unterstützt werden, die sich hinter dieses Projekt stellen.

Die Kosten eines solchen Zauns würden sich auf acht Milliarden Dollar belaufen, doch würden sie durch die wegfallenden Ausgaben – Sozialhilfe und medizinische Versorgung für die illegalen Einwanderer, Schulen für ihre Kinder, Gefängnisse für jene von ihnen, die straffällig geworden sind – mühelos wieder eingespart. Genau wie auf amerikanischen Autobahnen und Brücken Mautgebühren bezahlt werden, könnten wir eine Gebühr von zwei Dollar für die Einreise in die USA verlangen, und dies würde bereits zur Finanzierung des Projektes ausreichen. Wäre der Zaun erst einmal errichtet, so würde er den Mexikanern ebensoviel Nutzen bringen wie uns. Dies lehrt die Erfahrung. Im Korridor San Diego–Tijuana herrschte früher ein solches Ausmaß an Gesetzlosigkeit, daß Joseph Wambaugh diese Zone zum Schauplatz für seinen blutrünstigen Reißer *Die San-Diego-Mission* (1986) erkor. In diesem Niemandsland, das als Haupteinfallstor für den nächtlichen Grenzübertritt nach Kalifornien diente, waren Vergewaltigungen gang und gäbe. Doch nachdem 1994 im Rahmen der Operation „Gatekeeper" ein zwanzig Kilometer langer Zaun errichtet worden war, fiel die Zahl der dingfest gemachten illegalen Einwanderer, die man über die Grenze zu schmuggeln versuchte, um 98 Prozent, wonach die Schlepper ihre Aktivitäten nach Arizona verlegten. Ein zwanzig Kilometer langes Stück der amerikanischen Grenze – von Imperial Beach bis ins Landesinnere – veränderte sein Antlitz, und der Wert des Landes stieg. Derselbe Erfolg läßt sich an der gesamten, dreitausend Kilometer langen Grenze erzielen.

Duncan Hunter, Polizeichef des Distrikts San Diego, auf dessen Gebiet sich der Zaun befindet, bestätigt, daß auch die Bewohner auf der mexikanischen Seite längst nichts mehr an diesem auszusetzen haben. Auch sie hatten aufs schwerste unter dem Terror der raubenden, schändenden und mordenden Banden zu leiden gehabt. Laut Hunter „sank die Zahl der alljährlich an der Grenze begangenen Morde nach der Errichtung des Zauns von durchschnittlich zehn pro Jahr auf null. Die Zahl der mit Drogen beladenen Lastwagen, die die Grenze überquerten, sank von dreihundert pro Monat auf null ab. Der Rauschgift- und Menschenschmuggel ist ebenfalls annähernd auf null abgesackt".[6]

Welche anderen Maßnahmen zur Verbrechensbekämpfung haben je solche Resultate erbracht? Dieselben Ergebnisse können bis hin nach Brownsville am äußersten Osten der Grenze wiederholt werden. Mit dem Bau des Zauns wird der Wert des Bodens, der Häuser und der Farmen in der betreffenden Region sprungartig steigen. Parks und Indianerreservate werden wieder sicher werden. Die verschmutzte und vergiftete Umwelt wird sich wieder erholen können. Die amerikanische Seite der Grenze wird wieder Amerika sein und kein Tummelplatz für Drogenschmuggler und Menschenhändler, auf dem sich selbst die Grenzschutzpolizisten bedroht fühlen. Der Bau des Zauns geht weit über eine rein einwanderungspolitische Maßnahme hinaus. Er dient unserer Sicherheit und unserem Überleben als Nation.

„Welch eine Schande", jammerte der mexikanische Präsident Vicente Fox, als er erfuhr, daß das US-Repräsentantenhaus die Errichtung eines tausend Kilometer langen Zaunes genehmigt hatte. „Wie dumm! Wie hinterhältig", zeterte Außenminister Luís Ernesto Debrez. „Mexiko wird das nicht hinnehmen, wird das nicht dulden, es wird etwas so Dummes wie diese Mauer nicht zulassen!"[7] Der Zaun, empörte sich Debrez, sei das Ergebnis „einer regelrechten Kurzsichtigkeit, ja Blindheit einer Gruppe von Fremdenhassern in den USA".[8]

Die mexikanische Presse sei buchstäblich Amok gelaufen und habe Bush als Halunken dargestellt, schreibt Allan Wall, ein in Mexiko lebender Veteran des Irakkrieges. „Die Bush-Mauer", „Bush der Vergewaltiger" und „Ein eingefleischter Rassist" hätten die Schlagzeilen einiger Leitartikel gelautet. Enriqueta Cabrera, Kolumnistin von *El Universal*, schrieb, mit dem Bau des Zauns werde versucht, „die Grenze abzuriegeln, vor allem jedoch uns eine Botschaft zu vermitteln – eine harte, fremdenfeindliche und rassistische Botschaft".[9]

Welche Heuchelei! Zur Absicherung seiner Grenze zu Guatemala setzt Mexiko seine Armee ein; illegale Einwanderer werden als Verbrecher behandelt und oft mißhandelt und eingesperrt. José Luís Soberanes, Vorsitzender der Nationalen Menschenrechtskommission Mexikos, wirft der mexikanischen Regierung vor, die „indocumentados", die in mexikanisches Gebiet eingedrungen sind, brutal zu behandeln, „in überfüllten Gefängnissen einzukerkern, oft ohne Nahrung, ohne medizinische Versorgung" und „ihre Menschenrechte zu verletzen".[10] Heather Mac Donald ergänzt: „Berichten zufolge hat die mexikanische Grenzpolizei illegale

Ausländer aus Zentral- und Südamerika, die sich in die USA durchschlagen wollten, vergewaltigt, ausgeraubt und verprügelt. Doch im Vergleich zu dem umfassenden Netz von Unterstützern, auf das die Migranten in den USA zählen können, gibt es in Mexiko nur wenige Gruppen, die gegen diese Exzesse protestieren.“[11]

Dasselbe Bild wie Heather Mac Donald zeichnete Mark Stevenson, ein Reporter von Associated Press, im April 2006 in einem Bericht aus der mexikanischen Stadt Tultitlán. Er berichtete von Mißhandlungen, ja von Morden durch die mexikanische Polizei: „Zentralamerikaner ohne gültige Dokumente leiden schweigend. Da sie von der Regierung als Verbrecher eingestuft werden, müssen diese Migranten befürchten, inhaftiert, vergewaltigt und ausgeraubt zu werden. Polizei und Armee machen an Bahnhöfen, Busstationen und in schäbigen Absteigen auf sie Jagd. Manchmal werden sie deportiert, doch meist nehmen ihnen die Beamten einfach ihr Geld ab …

María Elena González, die in der Nähe einer Eisenbahnlinie wohnt, berichtet, Frauen beklagten sich oft über unsittliche Belästigungen durch die Polizei: ‚Sie zwingen sie, sich auszuziehen, angeblich um sie zu durchsuchen, doch in Wirklichkeit, um sie sexuell zu mißbrauchen‘, sagte sie.

Andere gaben an, gesehen zu haben, wie Migranten von der Polizei zu Tode geprügelt wurden; ihre Leichen habe man neben den Eisenbahngleisen liegen lassen, um den Eindruck zu erwecken, sie seien von einem Zug gefallen.“[12]

Das mexikanische Regime, das solche Scheußlichkeiten duldet, erdreistet sich, Amerika als rassistisch und fremdenfeindlich anzuschwärzen, obwohl letzteres mehr Einwanderer willkommen geheißen hat als jede andere Nation der Welt.

Amerika braucht sich von einem Regime, daß einer Masseninvasion unseres Territoriums Vorschub leistet, nicht darüber belehren zu lassen, wie man Immigranten zu behandeln hat. Wenn wir unseren Sicherheitszaun bauen, sollten wir uns bei der Formulierung unserer Antwort auf die Proteste von Señor Debrez den Rat des berühmten englischen Historikers und Theologen Benjamin Jowett zu Herzen nehmen, der im neunzehnten Jahrhundert am College von Ballio/Cambridge unterrichtete. „Blast nie zum Rückzug. Gebt nie irgendwelche Erklärungen ab. Tut es, und laßt sie dann heulen“, hatte Jowett seinen Studenten, von denen etliche später eine führende Rolle in der Verwaltung des Britischen Empires haben sollten, immer wieder eingeschärft.

Bei einer Meinungsumfrage gaben 46 Prozent der befragten Mexikaner an, sie würden gerne in den Vereinigten Staaten leben; 20 Prozent von ihnen erklärten, sie seien bereit, das Gesetz zu brechen, um dorthin zu gelangen. Wenn uns Vicente Fox Moralpredigten hält, weil wir unsere Grenzen sichern wollen, sollte Präsident Bush ihn fragen, warum fast die Hälfte seiner Landsleute bereit sind, Mexiko zu verlassen und bei uns zu leben. Amerika ist nicht verpflichtet, die Rolle eines Sicherheitsventils für eine endlose Reihe gescheiterter mexikanischer Regime zu spielen.

„Anker-Babys“

Laut dem vierzehnten Zusatz zur amerikanischen Verfassung steht das Bürgerrecht „allen Personen zu, die in den Vereinigten Staaten geboren oder eingebürgert wurden und deren Gesetzgebung unterstehen“. Dieser Verfassungszusatz bedeutete, daß der berüchtigtste Gerichtsentscheid in den Annalen der US-Justiz, das sogenannte Dred-Scott-Urteil von 1857, dem zufolge Sklaven niemals amerikanische Bürger sein konnten, seine Rechtskraft verlor und daß die durch den vorhergehenden, dreizehnten Verfassungszusatz befreiten Sklaven durchwegs Angehörigen der amerikanischen Familie wurden.

Der Satzteil „deren Gesetzgebung unterstehen“ ist von entscheidender Bedeutung. Die in Reservaten lebenden Indianer wurden durch den vierzehnten Verfassungszusatz nämlich nicht zu Bürgern der Vereinigten Staaten; erst nach dem Ende der Indianerkriege sowie den vom Kongreß erlassenen Gesetzen von 1887, 1901 und 1924 wurde den Indianern das amerikanische Bürgerrecht verliehen.[13] Ebensowenig galt der vierzehnte Verfassungszusatz für die Kinder ausländischer Diplomaten. Diese mochten zwar hier geboren sein, waren jedoch keine Bürger der USA, da sie deren Gesetzgebung nicht unterstanden.

Ungeachtet dessen haben das Weiße Haus, der Kongreß und die amerikanischen Gerichte geduldet, daß Wortlaut und Geist des vierzehnten Verfassungszusatzes regelrecht vergewaltigt wurden. Sie haben es zugelassen, daß jedes auf amerikanischem Boden geborene Kind illegaler Immigrantinnen automatisch unsere Staatsbürgerschaft erhält. Wenn schwangere Ausländerinnen, die sich über unsere Grenze schleichen oder mit einem gültigen Visum eingereist sind und dieses dann überziehen, auf amerikanischem Boden ein Kind gebären, hat dieses als US-Bürger Anspruch auf lebenslange staatliche Unterstützung auf Kosten des amerikanischen Steuerzahlers, einschließlich eines zwölfjährigen Schulunterrichts. Sobald das betreffende Kind achtzehn Jahre alt ist, kann es Verwandte nachziehen lassen.

Wie verbreitet ist dieser Mißbrauch? Laut der konservativen Kolumnistin Phyllis Schlafly hat er wahrhaftig ungeheuerliche Ausmaße angenommen: „Jedes Jahr werden in den USA wenigstens 380.000 Kinder illegaler Immigrantinnen geboren, was 10 Prozent aller Geburten auf amerikanischem Boden sowie 40 Prozent aller Geburten von Kindern unbemittelter Eltern entspricht. Die Kosten für den amerikanischen Steuerzahler sind immens, weil alle diese Kinder – man nennt sie ‚Anker-Babys' – von Geburt an die amerikanische Staatsbürgerschaft besitzen. Ihre Mütter und sonstigen Verwandten beantragen dann eine Unzahl von Vergünstigungen."[14]

Laut dem Zentrum für Einwanderungsfragen sind 22 Prozent sämtlicher in Kalifornien geborener Babys die Kinder illegaler Einwanderer. Da diese „Anker-Babys" wie bereits erwähnt von Geburt an amerikanische Bürger sind, können sie sämtliche staatlichen Vergünstigungen beanspruchen, die amerikanischen Kindern und ihren Eltern von Rechts wegen zustehen. Unter diesen Umständen steigen die Sozialausgaben unablässig, obwohl unsere alteingesessene Bevölkerung mittlerweile beinahe ein Nullwachstum zu verzeichnen hat.

Die Antwort auf den Schindluder, der hier mit der amerikanischen Verfassung getrieben wird, ist sehr einfach, erfordert jedoch ein gewisses Maß an Schneid seitens des Kongresses. Laut Art. 1 Abs. 8 der US-Verfassung sowie des vierzehnten Verfassungszusatzes obliegen sämtliche Entscheidungen in Fragen des Bürgerrechts und der Einbürgerung dem Kongreß, und nicht den Bundesgerichten. Deshalb stellt Phyllis Schlafly folgende Forderung auf: „Der Kongreß soll sein Schweigen brechen und ein Gesetz verabschieden, dem zufolge das Kind eines illegalen Einwanderers kein US-Bürger ist, weil seine Eltern nichts getan haben, um der amerikanischen Gesetzgebung zu unterstehen."[15]

Ein solches Gesetz würde der Vergewaltigung von Buchstabe und Geist der Verfassung ein Ende bereiten; für ausländische Frauen entfiele ein Hauptanreiz zur illegalen Einreise, und der amerikanische Steuerzahler könnte im Verlauf einiger Jahrzehnte Hunderte von Milliarden Dollar sparen.

„Kettenmigration"

Heutzutage dürfen Einwanderer folgende Familienmitglieder in die USA nachkommen lassen: Kinder, Ehepartner, Geschwister und Eltern. Diese Verwandten lassen dann ihrerseits ihre Verwandten nachziehen und setzen so einen endlosen Prozeß in Gang, der als „Kettenmigration" bekannt ist.

Diese Politik, die der Familienzusammenführung Priorität einräumt, macht jede vernünftige Einwanderungspolitik unmöglich, weil sie den letztlichen Entscheid darüber, wer nach Amerika kommen darf, den Immigranten und nicht Amerika überläßt. Dank der Kettenmigration leben ganze Dörfer aus El Salvador hier, während Bürger aus Ländern, deren Angehörige Amerika aufgebaut haben, auf der Warteliste stehen. Eine einfache Reform reicht aus, um dieser Absurdität ein Ende zu setzen.

Die Einwanderer sollten lediglich ihre Frauen und ihre minderjährigen Kinder mitbringen oder nachziehen lassen dürfen. Andere Verwandte sollten wie jeder andere einen Antrag stellen müssen und wie jeder andere behandelt werden. Wenn ein Immigrant die Green card erhält, sollte ihm diese lediglich das Recht gewähren, in unserem Land zu arbeiten und nach einer gewissen Zeit seine Gattin und seine minderjährigen Kinder nachkommen zu lassen, nicht jedoch eine möglicherweise aus Dutzenden von Angehörigen bestehende Großfamilie. Falls ein ausländischer Arbeiter unbedingt mit seinen Eltern und Geschwistern zusammenleben möchte, soll er in sein Land zurückkehren und sie so lange besuchen, wie er will.

Schluß mit der doppelten Staatsbürgerschaft!

Wie viele Länder gestatten es ihren Bürgern, eine zweite Staatsbürgerschaft zu erwerben, fremden Mächten Treue zu schwören, an fremden Wahlen teilzunehmen, sich in fremden Ländern um ein Amt zu bewerben und hohe Positionen zu bekleiden und in den Armeen fremder Nationen zu kämpfen, sogar solcher, die uns feindlich gesinnt sind?

Nur ein einziges Land erlaubt all dies: die Vereinigten Staaten von Amerika. Man lese hierzu Stanley Renshons Buch *The 50% American: Immigration and National Identity in an Age of Terror*.[16]

Weshalb sollten die Amerikaner, denen das Bürgerrecht der Vereinigten Staaten einst als Ehre und als heilige Verpflichtung galt, sich mit diesem Zustand abfinden? Die Bibel lehrt: „Niemand kann zwei Herren dienen." Ein Mann kann ebensowenig zwei Ländern gegenüber loyal sein, wie er zwei Frauen treu sein kann. Eines der beiden Länder, oder eine der beiden Frauen, wird stets den ersten Rang in seinem Herzen einnehmen.

Hierzu kommt, daß der Eid, den Neubürger ablegen müssen, eine doppelte Staatsbürgerschaft ausdrücklich ausschließt. Er lautet wie folgt: „Ich erkläre hiermit an Eides Statt, daß ich jeglicher Loyalität und Treue gegenüber jedwedem fremden Fürsten, Potentaten, Staat oder souveränen Staatswesen, dessen Untertan oder Bürger ich bisher gewesen bin, vollkommen und zur Gänze entsage und abschwöre … und daß ich diese Verpflichtung aus freiem Willen, ohne jeden inneren Vorbehalt oder Hintergedanken, eingehe, so wahr mir Gott helfe." Bedeutet dieser Eid niemandem mehr etwas?

„Eine Staatsbürgerschaft, die nicht verdient, hochgeschätzt und mit Verpflichtungen verbunden wird, ist gar keine echte Staatsbürgerschaft", meint Clyde Wilson; seiner Ansicht nach ist die US-Staatsbürgerschaft zu einer immer wertloseren Handelsware abgesunken.[17] In einem offenen Brief an seine Mitbürger führt der ehemalige Verleger William Dickinson diese Entwertung auf die „Geringschätzung der nationalen Souveränität und die Verherrlichung des Globalismus" zurück. Vor dem 11. September 2001, schreibt er, hätten College-Studenten „es für modisch erachtet, nationalistische Gefühle für verächtlich zu erklären und nach einer ausgreifenderen Definition ihrer Pflichten zu suchen. ‚Ich betrachte mich nicht als Bürger der Vereinigten Staaten', sagte ein Bürger zu mir, ‚ich betrachte mich als Bürger der Welt'".[18]

Eugene McCarthy sagte einst, es gebe drei Pflichten, die jeder Bürger erfüllen solle: Steuern zahlen, wählen und für sein Land Waffen tragen. Doch heute bezahlt ein Drittel unserer Bevölkerung keine oder nur sehr geringe Einkommenssteuern. Der Prozentsatz jener Bürger, die zu den Wahlurnen gehen, gehört zu den niedrigsten weltweit. Unter unseren Achtzehn- bis Einundzwanzigjährigen ist die Wahlbeteiligung beschämend gering.

In seinem offenen Brief an seine Mitbürger weist William Dickinson darauf hin, daß der Krieg im Irak „mit Geld geführt wird, das von künftigen Generationen geborgt wurde ... Inzwischen füllt man die Lücken in den Truppen notdürftig mit Freiwilligen auf, die oft aus armen oder zerrütteten Familien stammen und die man mit hohen Prämien und Vergünstigungen ködert. Ferner rekrutiert man Ausländer, denen man zur Belohnung den raschen Erwerb der Staatsbürgerschaft verspricht."[19]

Max Boot vom Rat für Auslandsbeziehungen spricht sich dafür aus, illegale Einwanderer und Ausländer anzuwerben, um Amerikas Kriege auszufechten – so wie das Britische Empire weiland Hessen und Gurkhas angeheuert hat. Die Zusicherung der US-Staatsbürgerschaft wäre „ein Teil der Entlohnung", meint Boot. Amerikanische Politiker, „die es (zu Recht) so ungern sehen, wenn es Verluste unter US-Bürgern gibt", würden vielleicht „eher bereit" sein, Soldaten in den Kampf und den Tod zu schicken, wenn es sich bei ihnen um Ausländer und nicht um Amerikaner handle.[20]

Den Amerikanern, die ihre Staatsbürgerschaft einst so hoch einschätzten, scheint es mittlerweile egal zu sein, daß Millionen ihrer Mitbürger fremden Staaten die Treue geschworen haben. Anhand einiger Beispiele zeigt Stanley Renshon, welches Ausmaß dieses Phänomen mittlerweile angenommen hat:

- Muhammed Sacirby, ein Amerikaner mit doppelter Staatsbürgerschaft, war 1995/96 Außenminister von Bosnien-Herzegowina;

- Alexander Einseln, Oberbefehlshaber der estnischen Armee von 1991 bis 1995, war Bürger der Vereinigten Staaten;
- Valdas Adamkas war EPA-Adminstrator in Chicago, ehe er Präsident von Litauen wurde;
- Hussein Mohamed Aidid, eingebürgerter Amerikaner und Veteran des US-Marine-Corps, wurde nach dem Tod seines Vaters Mohamed Farah Aidid zu Somalias mächtigstem Bandenführer. Nachdem ein US-Hubschrauber vom Typ „Black Hawk" in Somalia abgeschossen worden war und die an Bord befindlichen Soldaten von der Delta-Force den Tod gefunden hatten, stand Aidid ganz oben auf der amerikanischen Fahndungsliste in Somalia;
- John Walker Lindh begab sich nach Afghanistan, um für die Taliban zu kämpfen, und wurde in einer Schlacht gefangengenommen, bei der auch ein US-Offizier fiel;
- Rahm Emanuel, ein US-Kongreßabgeordneter, flog während des Golfkrieges gegen den Irak nach Israel, um in der israelischen Armee zu dienen.

Im Januar 2006 wurde eine mexikanische Unterhaltungsberühmtheit, die Popsängerin und Schauspielerin Thalia, zur Bürgerin der USA: Den Treueeid legte sie in New York ab. Als sie von Journalisten gefragt wurde, ob sie ihre mexikanische Staatsbürgerschaft beibehalten werde, machte Thalia keinen Hehl daraus, welchem Land ihre Loyalität auch weiterhin gehört: „Heute morgen habe ich die Bürgerschaft der Vereinigten Staaten erworben. Nichtsdestoweniger kann ich nach den Gesetzen meines Landes auch meine mexikanische Staatsbürgerschaft beibehalten … Wie manche meiner lateinamerikanischen Freunde, zum Beispiel Gloria und Emilio Estefan … bin ich der Ansicht, daß mir dieser Schritt die Möglichkeit bieten wird, die lateinamerikanische Gemeinschaft in den USA noch stärker zu unterstützen. Ich bin mexikanischer Nationalität und werde in Herz und Seele stets eine stolze Mexikanerin bleiben."[21]

Für Thalia ist die US-Staatsbürgerschaft also etwas, das sie eben „erworben" hat wie einen Führerschein oder einen neuen Mercedes. Obgleich sie soeben ihre Hand zum Schwur erhoben und einen Treueeid auf die USA abgelegt hatte, der sie dazu verpflichtet, „jeglicher Loyalität und Treue gegenüber jedwedem fremden … Staat oder souveränen Staatswesen" zu entsagen, gab sie zu verstehen, daß sie „mexikanischer Nationalität" sei und „in Herz und Seele stets eine stolze Mexikanerin bleiben" werde. Thalia mag die US-Staatsbürgerschaft erlangt haben, doch kann jemand, der ihre Antwort auf die Frage des Reporters gelesen hat, auch nur für einen Augenblick ernsthaft glauben, sie sei Amerikanerin?

Wie viele Amerikaner besitzen eine doppelte Staatsbürgerschaft? Niemand weiß es. Rund 150 Nationen erlauben sie, viele davon in der Hoffnung, daß jene ihrer Angehörigen, die in die Vereinigten Staaten auswandern, US-Bürger werden und die Interesse ihres Heimatlandes auf amerikanischem Boden verteidigen werden. Eine dieser Nationen ist Mexiko, aus dem 30 Prozent unserer Einwanderer und schätzungsweise 60 Prozent unserer illegalen Immigranten stammen und das US-Bürger mexikanischer Herkunft offen ermuntert, Mexiko über alles zu stellen.

Daß unser Land die doppelte Staatsbürgerschaft duldet, läßt sich auf den Entscheid zurückführen, den der Oberste Gerichtshof unter dem Vorsitz von Richter Warren 1967 im Fall Afroyim gegen Rusk gefällt hat. Der 1912 aus Polen gekommene Beys Afroyim hatte anno 1926 die amerikanische Staatsbürgerschaft erhalten. 1950 wanderte er nach Israel aus. Als er 1960 seinen amerikanischen Paß verlängern wollte, wurde ihm dies mit der Begründung verweigert, er habe an den israelischen Wahlen von 1951 teilgenommen und seine US-Staatsbürgerschaft hierdurch verwirkt. In der Tat hält das Einwanderungs- und Einbürgerungsgesetz von 1940 fest, daß US-Bürger ihre Staatsbürgerschaft „verlieren", wenn sie sich an Wahlen eines fremden Staates beteiligen.

Afroyim bezeichnete diese Klausel als verfassungswidrig, obgleich ihre rechtliche Gültigkeit 1958 durch das Gerichtsurteil im Fall Perez gegen Brownwell bestätigt worden war. Das US-Berufungsgericht hielt den Entscheid des Außenministeriums, Afroyim die Staatsbürgerschaft zu entziehen, aufrecht, doch der Oberste Gerichtshof unter Vorsitz von Richter Warren entschied mit 5 : 4 Stimmen, es stehe dem Kongreß nicht zu, Afroyim seine Staatsbürgerschaft abzuerkennen; ein US-Bürger könne seine Staatsangehörigkeit nur dann verlieren, wenn er freiwillig darauf verzichte. Des weiteren erklärte der Oberste Gerichtshof, nicht einmal aktiver Kriegsdienst in einer fremden Armee sei ein ausreichender Grund, einem Amerikaner die US-Staatsbürgerschaft zu entziehen. Laut dem Journalisten Arnaud de Borchgrave gibt es „mehr als eine halbe Million Israelis mit doppelter Staatsbürgerschaft".[22] Stanley Renshon schätzt die Zahl der US-Bürger, die die doppelte Staatsbürgerschaft besitzen oder beanspruchen können, auf rund vierzig Millionen.

Renshon berührt hier einen entscheidenden Punkt: Staatsbürgerschaft ist nicht gleich Nationalität. Man kann einen amerikanischen Paß besitzen und trotzdem kein richtiger Amerikaner sein. Während die Staatsbürgerschaft einem Menschen Rechte verleiht und Pflichten auferlegt, bedeutet die Nationalität laut Renshon „gefühlsmäßige Bande, tiefverwurzelte Vorstellungen von der Welt und eine gemeinsame Erfahrung, die die Angehörigen einer Gruppe miteinander verbindet". Für Renshon bildet die Nationalität „die Grundlage der Staatsbürgerschaft".[23]

Wenn der Treueeid gegenüber den Vereinigten Staaten mehr als ein bloßes Lippenbekenntnis sein soll, sollte der Kongreß ein Gesetz verabschieden, laut dem die Teilnahme an fremden Wahlen zum Delikt erklärt wird. Desgleichen sollte jeder, der einen Posten in einer fremden Regierung bekleidet oder in einem fremden Heer Militärdienst leistet, seiner amerikanischen Staatsbürgerschaft verlustig gehen und keinen Anspruch auf einen amerikanischen Paß sowie auf die amerikanischen Bürgern zustehenden Rechte mehr erheben dürfen. Staatsbürgerschaft ohne gefühlsmäßige Bindung an das betreffende Land sei „das politische Gegenstück zu einem One-night-stand", meint Renshon.[24]

Weg mit den Magneten!

Bei den Republikanern gilt es als Binsenwahrheit, daß etwas, was staatlich subventioniert wird, wächst und etwas, was besteuert wird, abnimmt. Amerika leidet unter dem weltweit größten Handelsdefizit, weil wir Importe nicht besteuern – sie werden zollfrei ins Land gelassen –, während unsere Exporte die ganze Steuerlast in sich bergen, die wir den in den USA verbliebenen Führungskräften, Arbeitern und Firmen auferlegen. Durch eine Umkehr dieser Formel, die derzeit ausländische Hersteller belohnt und inländische bestraft, könnten die Vereinigten Staaten ihr Handelsdefizit innerhalb eines Jahrzehnts zum Verschwinden bringen.

Auf dieselbe Weise könnten wir die Anzahl der in unserem Land lebenden illegalen und mittellosen Einwanderer immer mehr verringern, bis sie schließlich auf null absänke. Es würde hierzu ausreichen, die Anreize, die sie zum illegalen Überqueren unserer Grenzen verlocken, zu beseitigen und zugleich die Strafen für jene zu verschärfen, die sie beschäftigen und unterbringen.

Da illegale Immigranten für weniger Lohn arbeiten als Amerikaner, drücken sie die Löhne unserer arbeitenden Bevölkerung nach unten und tragen hierdurch dazu bei, daß unsere Armen noch ärmer und unsere Reichen noch reicher werden. Die Geschäftswelt profitiert von den niedrigen Lohnkosten, während die Ausgaben für Sozialhilfe, Mietzuschüsse, Notfallstationen, Kliniken, kostenlose Medikamente, Lebensmittelkarten, Einkommenssteuererleichterungen, Rechtshilfe, Gerichte und Gefängnisse – in denen ein unverhältnismäßig hoher Prozentsatz der illegalen Einwanderer landet – dem Steuerzahler aufgebürdet werden. Viele Illegale arbeiten ohne Lohnabrechnung, was ihre Beschäftigung für skrupellose Arbeitgeber noch attraktiver macht. Solange wir die Falschen bestrafen und die Falschen belohnen, wird die Invasion ihren Fortgang nehmen.

Welche Schritte drängen sich hier auf? Anstatt für ihr unsoziales Verhalten noch belohnt zu werden, gehören Geschäftsleute, die das Gesetz brechen, indem sie illegale Einwanderer zu niedrigeren Löhnen als US-Bürger beschäftigen, streng bestraft. Anstatt illegalen Immigranten allerlei soziale Vergünstigungen einschließlich kostenlosen Schulunterrichts von der Grundschule bis zur weiterführenden Schule zu gewähren, sollten die Bundesregierung sowie die Regierungen der einzelnen Bundesstaaten die Hilfe für sie auf Notfälle beschränken.

Warum sollte der Steuerzahler für die zwölfjährige Schulausbildung von Kindern aufkommen müssen, deren Eltern illegal nach Amerika gelangt sind oder ihr Visum überzogen haben und unsere Gesetze in beiden Fällen allein schon durch ihren Aufenthalt in den USA verletzen? Auch in diesem Fall liegt die Verantwortung beim Obersten Gerichtshof. Unter dem Vorsitz von Richter William J. Brennan – dessen Ernennung Eisenhower, der ihn 1956 ins Oberste Gericht berufen hatte, nachträglich als einen seiner schwersten Fehler bezeichnete – verpflichtete das Oberste Gericht den Staat Texas anno 1982 im Fall Plyler gegen Doe mit 5 : 4 Stimmen dazu, den Kindern illegaler Einwanderer dieselbe Schulbildung zukommen zu lassen wie denjenigen amerikanischer Bürger. Dieser Umstand erwies sich für zahlreiche Ausländer als Magnet: Selbst wenn sie illegal zu uns gekommen sind oder ihre Visen längst abgelaufen sind, besitzen ihre Kinder Anspruch auf kostenlosen Schulunterricht. Der Hauptgrund, ja oft der einzige Grund dafür, daß immer mehr neue Schulen gebaut werden müssen und die Grundpreise steigen, liegt in der immer größeren Zahl sowohl legaler als auch illegaler Immigranten.

Wie kann der Kongreß diese Magneten entfernen? Folgende Maßnahmen drängen sich auf:

- Auf unserem Territorium geborene Kinder illegaler Einwanderer sollten die amerikanische Staatsbürgerschaft nicht länger erhalten.
- Staaten, Bezirke und Gemeinden sollten selbst darüber entscheiden dürfen, ob sie die Schulausbildung der Kinder illegaler Immigranten finanzieren wollen. Bei der Einführung eines Bundesgesetzes, durch das der Gerichtsentscheid im Fall Plyler gegen Doe umgestoßen würde, könnte sich der Kongreß auf Art. 3 Abs. 2 der Verfassung stützen und sämtlichen Bundesgerichten einschließlich des Obersten Gerichtshofes jegliche Revision des Gesetzes untersagen.
- Jede Anstellung eines illegalen Einwanderers sollte mit einer Buße geahndet, Wiederholungstäter mit Gefängnis bestraft werden. Firmen, die Illegale anheuern, machen sich in dreifacher Hinsicht des Betruges schuldig: Erstens prellen sie die Regierung um die Steuern, die ehrliche Bürger bezahlen müssen. Zweitens bürden sie den Gemeinden die Kosten für die medizinische Betreuung und den Schulunterricht für il-

legale Einwanderer sowie die an diese zu entrichtende Sozialhilfe auf. Drittens hauen sie ihre Konkurrenten übers Ohr, die faire Löhne und die vorgeschriebenen Steuern bezahlen müssen und dadurch gegenüber ihnen im Nachteil sind.

- Wenn eine Firma der Einstellung illegaler Immigranten überführt ist, sollten sämtliche Steuerabzüge für die diesen gezahlten Löhne für ungültig erklärt werden, und zusätzlich zu der obligatorischen Buße sollte die betreffende Firma noch die geschuldeten Steuern entrichten müssen. Betriebe, die die US-Einwanderungsgesetze wiederholt verletzen, sollten ihren Status als Korporationen verlieren.
- Mittels einer landesweiten Kampagne sollten die Staaten dazu ermuntert werden, Gesetze zu verabschieden wie den Gesetzesvorschlag 187 in Kalifornien, der die Streichung der Sozialhilfe an illegale Einwanderer vorsah, oder den Gesetzesvorschlag 200 in Arizona, der den Erhalt von Sozialhilfe von der US-Staatsbürgerschaft oder zumindest dem legalen Aufenthalt in unserem Land abhängig gemacht hätte.
- Illegalen Immigranten sollten der Beitritt zur Sozialversicherung sowie Einkommenssteuererleichterungen verwehrt werden. Letztere sind schließlich dazu da, amerikanischen Arbeitern existenzsichernde Löhne zu garantieren, und sollten nicht als Bonus für Leute dienen, die unsere Gesetze brechen und die Löhne arbeitender Amerikaner nach unten drücken.

Es gibt noch zahlreiche weitere Schritte, die ergriffen werden könnten, um den seit der Verabschiedung des Einwanderungsgesetzes von 1965 krebsartig wuchernden Mißbräuchen ein Ende zu bereiten. Da der Kongreß in Fragen des Bürgerrechtes das letzte Wort hat, sollte er während des Ausnahmezustandes dieses Recht konsequent nutzen, um Gesetze der Bundesstaaten sowie lokale Gesetze, welche die Durchführung der notwendigen einwanderungspolitischen Reformen hemmen, für ungültig zu erklären. Zu diesen Reformen gehören folgende:

- Amerika sollte Verfolgten Zuflucht gewähren, doch nur unter gewissen Bedingungen. Wenn ein Flüchtling aus einem tyrannisch regierten Staat – beispielsweise Burma – den Boden eines freien Landes – beispielsweise Thailand – betritt, besitzt er keinen Anspruch mehr auf Asyl bei uns. Wir können ganz unmöglich alle politischen Flüchtlinge des Erdballs aufnehmen, denn Milliarden von Menschen leben in Ländern, die wir als unfrei einstufen.
- Die Diversity Lottery, die alljährlich fünfzigtausend Aufenthaltsgenehmigungen verlost, sollte abgeschafft werden.
- Staatliche und örtliche Beamte, insbesondere Polizisten, sollten von der US-Regierung dazu ermächtigt werden, jeden Verdächtigen nach seinem legalen Status zu fragen, und Personen, von denen bekannt ist,

daß sie in Amerika Verbrechen begangen haben, ausgewiesen worden und heimlich in unser Land zurückgekehrt sind, auf der Stelle zu verhaften.
- Städten, die eine Politik der Refugien beziehungsweise „Sanktuarien“ betreiben und es der Polizei verbieten, den legalen Status von Tatverdächtigen zu überprüfen und den Einwanderungsgesetzen somit Achtung zu verschaffen, sollten die Regierungssubventionen gekürzt werden.
- Hochschulen und Universitäten, die illegalen Immigranten dieselben Ermäßigungen ihrer Studiengebühren gewähren wie Amerikanern aus anderen Bundesstaaten, sollten ebenfalls mit einer Kürzung ihrer staatlichen Unterstützungsgelder bestraft werden.
- Die sogenannten „OTMs“ („Other than Mexicans“, das heißt an der mexikanischen Grenze festgenommene illegale Einwanderer aus anderen Ländern als Mexiko) sollten in den Internierungszentren des Innenministeriums, deren Zahl im Bedarfsfall zu erhöhen ist, untergebracht und anschließend so rasch wie möglich abgeschoben werden. Staatsangehörigen von Ländern, die sich weigern, ihre von uns wegen illegaler Grenzüberschreitung festgenommenen Bürger wieder aufzunehmen, sollten so lange keine Visen mehr ausgestellt werden, bis sich ihre Regierung zur Aufnahme ihrer bei uns unerwünschten Staatsbürger bereiterklärt. Nationen, die ihren wegen illegalen Aufenthaltes aus den USA ausgewiesenen Bürgern die Wiedereinreise verweigern, sollten nicht mehr in den Genuß von Entwicklungshilfe kommen.

Wie die Handelsgesetze sollten auch die Einwanderungsgesetze dazu dienen, die Löhne amerikanischer Bürger sowie den Lebensstandard ihrer Familien zu schützen. Dies bedeutet, daß der amerikanische Arbeitsmarkt nicht länger mit unqualifizierten oder nur unzureichend qualifizierten ausländischen Arbeitskräften überschwemmt werden darf.

Repatriierung

„Eine Massendeportation dieser Leute ist unrealistisch. Sie läßt sich einfach nicht durchsetzen“, schimpfte ein arg in Bedrängnis geratener Präsident Bush im April 2006 bei einer Ansprache in Irvine / Kalifornien, auf der er die Werbetrommel für sein Gastarbeiterprogramm rührte. „Die Leute da draußen [gemeint waren Demonstranten gegen die Einwanderungspolitik der Bush-Regierung] wollen uns einreden, eine solche Maßnahme sei durchführbar. Sie ist es nicht.“[25] Der republikanische Senator John McCain hat die Gegner des von ihm gemeinsam mit dem Demokraten Edward Kennedy eingebrachten Gesetzesvorschlages für eine De-facto-Amnestie mehrfach aufgefordert, zu erklären, wie sie es denn anstellen wollen, zwölf Millionen illegal hier lebende Ausländer aus den USA abzuschieben.

Bush betreibt Spiegelfechterei. Wir brauchen keine Stasi zu schaffen oder überall Polizisten ausschwärmen zu lassen, um Kindermädchen oder Gärtner zu verhaften und abzuschieben. Laut Mark Krikorian läßt sich McCains Frage mit einem einzigen Wort beantworten: Zermürbung. Eine konsequente Anwendung der amerikanischen Gesetze wird Millionen illegaler Einwanderer dazu bewegen, freiwillig in ihre Heimatländer zurückzukehren. Wenn sie keine Arbeitsplätze finden, ihnen Sozialhilfe, Lebensmittelkarten und Mietzuschüsse verweigert werden und ihre Kinder keinen kostenlosen Schulunterricht erhalten, werden sie nicht mehr kommen, und viele von ihnen werden heimkehren, genau wie Immigranten, die bei uns nicht fanden, was sie zu finden gehofft hatten, schon früher in ihre Heimat zurückgekehrt sind.

In einer Studie mit dem Titel „Zermürbung durch Anwendung der Gesetze" legt Jessica Vaughn vom Center for Immigration Studies dar, daß ein Programm zur konsequenteren Anwendung der Gesetze, dessen Durchführung weniger als zwei Milliarden Dollar kosten würde, rund die Hälfte der in unserem Lande lebenden illegalen Immigranten innerhalb von fünf Jahren zur freiwilligen Rückkehr veranlassen würde.[26]

Wer sollte sofort abgeschoben werden? Alle eines Verbrechens oder Vergehens oder der Trunkenheit am Steuer überführten illegalen Einwanderer sowie Angehörige krimineller Banden. Illegale Immigranten, denen Gewaltverbrechen zur Last gelegt werden, sollten nicht gegen Kaution freigelassen werden. *Salus populi, suprema lex* – „Das Wohl des Volkes ist oberstes Gesetz". Wenn sich Zeugen gewalttätiger Verbrechen in Immigrantenvierteln darauf verlassen könnten, daß die Kriminellen nicht schon innerhalb von Stunden wieder auf den Straßen auftauchen werden, wären sie viel eher bereit, gegen sie auszusagen.

Es kann getan werden. Wenn wir die Grenze dichtmachen, die Verbrecher abschieben, Arbeitgeber, die illegale Einwanderer anheuern, bestrafen und illegalen Immigranten den Erwerb unserer Staatsbürgerschaft, jede Sozialhilfe und – von Notfällen abgesehen – jede ärztliche Versorgung verweigern, wird unsere Krise in fünf bis zehn Jahren beendet sein. Treffen wir die erforderlichen Maßnahmen nicht, so wird die Krise unserem Amerika ein Ende bereiten.

Die Welt beobachtet uns nämlich aufmerksam. Unterlassen wir es, unsere Südgrenze zu sichern, und verkünden wir ein zweitesmal eine Amnestie für illegale Einwanderer, so wird ein Punkt erreicht, an dem es keine Rückkehr mehr gibt, und wir gehen der Chance verlustig, das Land, das wir ererbt haben, zurückzugewinnen.

„Optimismus ist Feigheit", sagte Oswald Spengler. Wer die Geschichte der abendländischen Menschheit seit 1914 kennt, versteht, was Spengler meinte. Doch ein Pessimismus, der Verzweiflung gebärt, kann sich ebenso lähmend auswirken wie der Schuldkomplex, der auf dem abendländischen Menschen lastet.

Wir müssen das Selbstvertrauen und den Mut unserer Ahnen zurückgewinnen, die sich niemals dafür zu entschuldigen pflegten, wer und was sie waren, weil sie mit Fug und Recht die Überzeugung hegten, ihre Zivilisation und Kultur sei die großartigste, die die Welt je hervorgebracht hat, und weil sie entschlossen waren, sie zu erhalten und zu beschützen.

Sagen wir es nochmals: Wenn wir die Krise unserer Kultur nicht in den Griff bekommen – eine zerfallende Zivilisation, eine unerbittlich schrumpfende Bevölkerung und eine Invasion, gegen die sich kein Widerstand mehr regt –, werden die im Jahre 2007 geborenen Kinder den Tod des Westens noch miterleben. In unserem Herzen wissen wir alle, was es zu tun gilt. Wir müssen der Invasion Einhalt gebieten.

Doch besitzen unsere Führer die Klarsicht und den Willen, dies zu tun?

Anmerkungen

Kapitel 1: Wie Zivilisationen zugrunde gehen

1 Thomas Cahill. *How the Irish Saved Civilization: The Untold Story of Ireland's Heroic Role from the Fall of Rome to the Rise of Medieval Europe.* New York: Doubleday, 1995. S. 18.

2 Arnold Toynbee, zit. nach: Mark Steyn. „It's the Demography, Stupid." In: *Opinion Journal,* 4. Januar 2006, WSJ.com; www.opionjournal.com.

3 Cahill, a.a.O., S. 16.

4 Peter Heather. *The Fall of the Roman Empire: A New History of Rome and the Barbarians.* New York: Oxford University Press, 2006. S. XIII.

5 Ebd., S. 158.

6 Zit. in ebd.

Kapitel 2: Die Invasion

1 Patrick J. Buchanan. *Der Tod des Westens: Geburtenschwund und Masseneinwanderung bedrohen unsere Zivilisation.* übers. v. Jochen Fürst. Selent: Bonus, 2002. S. 120.

2 Samuel Huntington, zit. nach: Yeh Ling-Ling. „Mexican Immigration and Its Potential Impact on the Political Future of the United States." In: *Journal of Social, Political and Economic Studies.* Bd. 29. Nr. 4 (Winter 2004), www.diversityalliance.org / docs / article / _2004winter.htm.

3 „Border Emergency Declared in New Mexico." In: CNN.com, 13. August 2005; www.cnn.com / 2005 / 2005 / US / 08 / 12 / newmexico.

4 Jacques Billeaud. „Ariz. Governor Orders Troops to Border." In: Associated Press, 8. März 2006.

5 Donald L. Barlett u. James B. Steele. „Who Left the Door Open?" In: *Time Magazine,* 20. September 2004; www.time-proxy.yaga.com / time / archive.

6 „President Discusses Border Security and Immigrant Reform in America." Tucson / Arizona, Office of the Press Secretary, The White House, 28. November 2005; www.whitehouse.gov / news / releases / 2005 / 11.

7 James R. Edwards jun. „Two Sides of the Same Coin: The Connection Between Legal and Illegal Immigration." Center for Immigration Studies; www.cis.org / articles / 2006 / back106.html.

8 John F. Kennedy. *Die Nation der vielen Völker.* übers. v. Horst Jordan. mit einer Einl. v. Robert F. Kennedy. Düsseldorf / Wien: Econ, 1965. S. 39, 43 ff. u. 55.

9 Ebd., S. 14.

10 Barlett u. Steele, a.a.O.

11 Robert Justich u. Betty Ng. „The Underground Labor Force is Rising to the Surface." In: Bear Stearns Asset Management, 3. Januar 2005.

12 John Judis. „Border War." In: *New Republic,* 16. Januar 2006. S. 15.

13 J.D. Hayworth u. Joseph J. Eule. *Whatever It Takes: Illegal Immigration, Border Security, and the War on Terror.* Washington / D.C.: Regnery Publishing, 2006. S. 1.

14 Glynn Custred. „Friends and Elites, Chickens and Coyotes." In: *American Spectator,* November 2005, S. 28.

15 „Violent Clashes at Mexican Border Double." In: *Newsmax.comWires*, 31. Oktober 2005.

16 D'Vera Cohn. „Area Soon to Be Mostly Minority." In: *Washington Post*, 25. März 2006. S. A1.

17 „President Discusses Border Security…", a.a.O.

18 Jerry Seper. „Senator Fears U.S. Border is ‚Gateway' for Terrorists." In: *Washington Times*, 3. Februar 2006.

19 John O'Sullivan. „Use ‚Attrition' Strategy to Control Immigration." In: *Chicago_Sun-Times.com*, 25. April 2006; www.suntimes.com/output/osullivan/cst-edt-osul25.html.

Kapitel 3: Die Folgen der Masseneinwanderung

1 Peggy Noonan. „The American Way." In: *OpinionJournal*, 8. Dezember 2005, WSJ.com; www.opinionjournal.com.

2 Robert J. Samuelson. „Candor on Immigration." In: *Washington Post*, 8. Juni 2005. S. A21; www.washingtonpost.com.

3 Mary Beth Sheridan. „In N. Va. Gang, a Brutal Sense of Belonging." In: *Washington Post*, 28. Juni 2004. S. A1; www.washingtonpost.com.

4 Arian Compo-Flores. „The Most Dangerous Gang in America." In: *Newsweek*, 28. März 2005, www.msnbc.msn.com; Nicolas Zimmerman. „On the Docket: MS-13: Los Angeles' Unwelcome Export to Virginia." In: *Medill News Service*, 31. August 2004; www.medill.northwestern.edu/archives.

5 Michelle Malkin. „M-13 Gang Activity Shows the Lethality of Immigration Schizophrenia." In: *Human Events Online*, 31. August 2005; www.humaneventsonline.com.

6 Compo-Flores, a.a.O.

7 Ned Martel. „Taking a Long Look at a Latino Gang Named for Fire Ants." In: *New York Times*, 11. Februar 2006.

8 D'Vera Cohn. „Area Soon to be Mostly Minority." In: *Washington Post*, 25. März 2006. S. A9.

9 Compo-Flores, a.a.O.

10 Zimmerman, a.a.O.

11 „MS-13's Growing Threat." In: *Pittsburgh Post-Tribune*, 10. Juli 2005; www.pittsburghlive.com.

12 Heather Mac Donald. „The Illegal Alien Crime Wave." In: *City Journal* (Winter 2004); www.cityjournal.org.

13 Ebd.

14 Ebd.

15 Roger McGrath. „End of the Rainbow." In: *The American Conservative*, 19. Dezember 2005. S. 9.

16 Jerry Seper. „Illegal Criminal Aliens Abound in U.S." In: *Washington Times*, 26. Januar 2004; www.washtimes.com.

17 *The Color of Crime: Race, Crime and Justice in America*. 2., erw. Aufl. Oakton/VA: New Century Foundation, 2005. S. 11.

18 „Criminal Aliens." Federation for American Immigration Reform, Oktober 2002; www.fairus.org.

19 Bill O'Reilly. „Another Troubling Situation Involving Illegal Aliens." In: *Talking Points Memo*, FOX News, 6. Januar 2003; www.foxnews.com.

20 Michelle Malkin. „Who Let Lee Malvo Loose?" In: *townhall.com*, 25. Oktober 2002; townhall.com/opinion/columns/michellemalkin/2002/10/25.

21 Patrick J. Buchanan. „Who Let in the Beltway Sniper?" In: *townhall.com*, 4. November 2002; townhall.com/opinion/columns/patbuchanan/2002/11/ 04; „Suspect Probed in Alien Smuggling: Antigua Official Aid in Sniper Case." *Washington Times*, 31. Oktober 2002.

22 „Crime: The Open Borders Lobby's Dirty Little Secret." In: *FRONTPAGE MAG.com*, 4. Oktober 2005. S. 2.

[23] John W. Whitehead. „A Ticking Time Bomb: Diseases That Cross American Borders." Rutherford Institute, 11. Dezember 2004; www.rutherford.org.

[24] Phyllis Schlafly. „American Citizenship is Precious." In: *Phyllis Schlafly Report*, November 2005. S. 4.

[25] Richard Pérez-Rena u. Marc Santora. „Hepatitis Risk For East Asians in New York." In: *New York Times*, 11. Mai 2006. S. A29.

[26] Zit. nach: Whitehead, a.a.O.

[27] „Illegal Aliens Threaten U.S. Medical System." [*World/Net Daily*,] 13. März 2005; www.worldnetdaily.com.

[28] Edwin S. Rubenstein. „Give Me Your Tired, Your Poor… Your Infectious Diseases." In: VDARE.com, 30. September 2004; www.vdare.com.

[29] Sam Francis. „WSJ Edit Page: ‚Cheap Domestic Servants Worth Disease, Terrorism Risk'." In: VDARE.com, 21. März 2002; www.vdare.com.

[30] Whitehead, a.a.O.

[31] Ebd.

[32] Rubenstein, a.a.O.

[33] „Illegal Aliens Threaten U.S. Medical System", a.a.O.

[34] Joe Guzzardi. „Who Would Honor Geraldo (‚There Would Not Be a Lawn Mowed or a Dish Washed but for Illegal Immigrants') Rivera?" In: VDARE.com, 9. Dezember 2005; www.vdare.com.

[35] Deborah Simmons. „El Presidente on Illegals: Loco as a Fox." In: *Washington Times*, 31. März 2006. S. A23.

[36] John Hostettler u. Lamar Smith. „Illegals Hurt Americans." In: *Washington Times*, 2. Dezember 2005; www.washtimes.com.

[37] Edwin S. Rubenstein. „Looking (in vain) for ‚Jobs Americans Won't Do'." In: VDARE.com, 23. Februar 2006, www.dare.com.

[38] Mark Krikorian. „Debating Immigration: An Analyst Defends Herself." In: *National Review*, 10. Oktober 2005; www.cis.org.

[39] Hostettler u. Smith, a.a.O.

[40] Paul Krugman. „North of the Border." In: *New York Times*, 27. März 2006. S. A23.

[41] Robert J. Samuelson. „We Don't Need ‚Guest Workers'." In: *Washington Post*, 22. März 2006, S. A21.

[42] Peter Brimelows Interview mit Milton Friedman. In: *Forbes*, 27. Dezember 1997.

[43] Donald Huddle. „The Net Cost of Immigration: The Facts, the Trends and the Critics." Rice University, 22. Oktober 1996; www.fairus.org. Siehe auch: Buchanan, *Der Tod des Westens*, a.a.O., S. 134 f.

Kapitel 4: Wie wird Amerika 2050 aussehen?

[1] Zit. nach: Otis Graham Junior. *Unguarded Gates: A History of America's Immigration Crisis.* Lanham: Rowman & Littlefield, 2005. S. 50.

[2] Zit. nach: Peter Brimelow. *Alien Nation: Common Sense About America's Immigration Disaster.* New York: Random House, 1995. S. 25.

[3] Samuel Huntington. „Migration Flows Are the Central Issue of Our Times." In: *International Harald Tribune*, 2. Februar 2001; www.iht.com.

[4] Edwin S. Rubenstein. „The Stupid American? Look Again." In: VDARE.com, 22. Dezember 2005; www.vdare.com/rubenstein/01522_nd.htm.

[5] Steven A. Camarota, „Immigrants at Mid-Decade: A Snapshot of America's Foreign-Born Population in 2005." In: *Backgrounder*, Center for Immigration Studies, Dezember 2005. S. 2.

[6] Rubenstein, a.a.O.

[7] Ebd.

8 Steve Sailer. „No Excuse for *No Excuses*." In: VDARE.com, 26. Oktober 2003; www.vdare.com/sailer/no_excuses.htm.

9 Zit. in ebd.

10 „16,344 Per Student, but Only 12 Percent Read Proficiently." *Human Events*, 20. März 2006, S. 3.

11 Joyce Howard Price. „Immigration, Poverty Linked." *Washington Times*, 6. November 2005; www.washtimes.com/functions.

12 Sailer, a.a.O.

13 Camarota, a.a.O., S. 9 u. 13.

14 „Dr. Martin Luther King, Jr., Quotes." Christian Association at the University of Pennsylvania, 2002; www.upennca.org/MLKquotes.html.

15 Camarota, a.a.O., S. 1 u. 2.

16 Steve Sailor. „Americans First: What's Best for the Citizens We Already Have." In: *The American Conservative*, 13. Februar 2006. S. 13.

17 Brimelow, a.a.O., S. 149.

18 „Counties Bordering Mexico Rank First in Federal Crime." Pressemitteilung der U.S./Mexico Border Counties Coalition, 8. März 2006; www.bordercounties.org.

19 Patrick J. Buchanan. „To Live and Die in L.A." In: *WorldNetDaily.com*, 17. Mai 2002; www.worldnetdaily.com.

20 Ebd.

21 Diana West. „Mexico North: Immigration Debate Ignores Reality." In: *Washington Times*, 31. März 2006. S. A23.

22 Buchanan, „To Live and Die in L.A.", a.a.O.

23 Buchanan, *Der Tod des Westens*, a.a.O., S. 135.

24 Ebd., S. 135.

25 „California Census Confirms Whites Are in Minority." In: *New York Times*, 30. März 2001. S. 1.

Kapitel 5: Der Selbstmord der Republikanischen Partei

1 John Stuart Mill, Brief an den Abgeordneten Sir John Parkington, März 1866; www.spartacus.schoolnet.co.uk/PRmill.htm.

2 Steve Sailer. „Bushcide of the GOP – And of America." In: VDARE.com, 30. Oktober 2005; www.vdare.com.

3 Jonathan Aitken. *Nixon: A Life*. Washington/D.C.: Regnery Publishing, 1993. S. 247 f.

4 Mike Allen. „RNC Chief to Say It Was ‚Wrong' to Exploit Racial Conflict for Votes." In: *Washington Post*, 4. Juli 2005, S. A04; www.washingtonpost.com.

5 Ralph Z. Hallow. „GOP to Focus on Hispanics in New Strategy." In: *Washington Times*, 14. Januar 2000; Anthony York. „The GPO's Latino Strategy." In: *Salon.com*, 14. Januar 2000; Sam Francis. *Ethnopolitics*. Raleigh/North Carolina: Representative Government Press, 2003. S. 31.

6 Peter Brimelow. „Time to Rethink Immigration." In: *National Review*, 22. Juni 1992. S. 32; George F. Will. „Blaming the Voters." In: *Washington Post*, 24. September 2000. S. B7. – Das Zitat stammt aus Brechts Gedicht „Die Lösung" und wurde erstmals in *Die Welt* vom 9. Dezember 1959 abgedruckt. – A. d. Ü.

7 William Frey. „The Silence Behind America's Immigration Impasse." In: *Financial Times*, 3. Mai 2006. S. 13.

8 Stephen Glover. „Are the Tories the Stupid Party Again?" In: *Daily Mail*, 5. Dezember 2000.

9 Sailer, a.a.O.

10 Zit. nach: Laura Parker. „U.S. Hispanics Youth Assure More Growth." In: *USA Today*, 10. Mai 2001. S. 3A; Buchanan, *Der Tod des Westens*, a.a.O., S. 136.

11 Walter V. Robinson. „Immigrant Voter Surge Seen Aiding Gore." In: *Boston Globe*, 4. November 2000. S. A1.

12 Ebd.

13 Zit. nach Robinson, a.a.O.

14 Francis, a.a.O., S. 15.

15 Ron Unz. „California and the End of White America." In: *Commentary*, 1. November 1999. S. 17; Buchanan, a.a.O., S. 138.

16 Steve Sailer. „Asian ‚Natural Republicans' Vote 75 Per Cent Democratic – Any More Bright Ideas?" In: VDARE.com, 22. Mai 2005; www.vdare.com.

17 Ebd.

18 William Kristol. „Y Is for Yahoo: Turning the GPO into an Anti-Immigration Party Could Dash Republican Hope of Becoming a Long-term Governing Party." In: *The Weekly Standard*, 10. April 2006; www.weeklystandard.com.

19 Steve Sailer, „Michael Barone, Call Your Office! Hispanic Vote Gets… Smaller." In: VDARE.com, 15. August 2004; www.vdare.com.

20 Steve Sailer. „NRO Debunks Bush's Hispanic Share Myth." In: VDARE.com, 9. Dezember 2004; www.vdare.com.

21 Steve Sailer. „Michael Barone, Call Your Office!", a.a.O.; Steve Sailer. „Cesar Chavez, Minuteman." In: *The American Conservative*, 27. Februar 2006. S. 13.

22 Mac Johnson. „A Major Victory Agains Illegal Immigration – In Massachusetts?" In: *Human Events Online*, 16. Januar 2006; www.humaneventsonline.com.

Kapitel 6: Die Wurzeln unserer Lähmung

1 Donald Rumsfeld, 29. November 2005; www.defenselink.mil/transcripts/2005.

2 „Zogby-Poll: Americans Fed Up with Illegal Aliens." In: *WorldNetDaily*, 6. Mai 2005; www.worldnetdaily.com.

3 „Poll: 3rd Party Scores with Border Backlash: Presidential Candidate Focused on Fence, Enforcement, Would Tie Dems, Beat GOP." In: *WorldNetDaily*, 27. April 2006; www.worldnetdaily.com.

4 Victor Davis Hanson. „Mi Casa es Su Casa: America's Porous Border Enables Mexico's Misrule." In: *Wall Street Journal*, 1. Januar 2006; www.opinionjournal.com.

5 Roy Beck u. Steve Camarota. „Elite vs. Public Opinion: An Examination of Divergent Views on Immigration." In: *Backgrounder*, Center for Immigration Studies, Dezember 2002; www.cis.org.; Steve Sailer. „Americans First: What's Best for the Citizens We Already Have?" In: *The American Conservative*, 13. Februar 2006, S. 12.

6 Theodore Roosevelt in: *Kansas City Star*, 1. Dezember 1917, zit. nach: *Phyllis Schlafly Report*, Bd. 39, Nr. 4, November 2005. S. 5.

7 Theodore Roosevelt, Brief an die American Defense Society, 13. Januar 1919, zit. nach: *Phyllis Schlafly Report*, ebd.; John Fonte, „Dual Allegiance: A Challenge to Immigration Reform and Patriotic Assimilation." In: *Backgrounder*, Center for Immigration Studies, November 2005. S. 5.

8 „President Bush Proposes New Temporary Worker Program." Das Weiße Haus, 7. Januar 2004; www.whitehouse.gov/news/releases/2004/01.

9 Peter Brimelow. *Alien Nation: Common Sense About America's Immigration Disaster*. New York: Random House, 1995. S. 211; Otis L. Graham jun. *Unguarded Gates: A History of America's Immigration Crisis*. Lanham: Rowman & Littlefield, 2004. S. 53.

[10] Thomas L. Friedman. „Port Controversy Could Widen Racial Chasm." In: *Deseret Morning News*, 25. Februar 2006; www.deseretnews.com/d.

[11] Roger Scruton. „The Dangers of Internationalism." In: *Intercollegiate Review*, Herbst/Winter 2005. S. 35.

[12] Robert J. Samuelson. „The Church of GDP." In: *Washington Post*, 12. Januar 2006. S. A21.

[13] John Judis. „Border War: The Fight Over Immigration Is a Fight Over Identity." In: *New Republic*, 10. Januar 2006. S. 16 f.

[14] John Attarian. *Economism and the National Prospect*. Monterey: American Immigration Control Foundation, 2001. S. 5.

[15] Ebd., S. 2.

[16] Richard Cobden, zit. nach: Alfred J. Eckes jun. *Opening America's Market: U.S. Foreign Trade Policy Since 1776*. Chapel Hill: University of North Carolina Press, 1995; Patrick J. Buchanan. *The Great Betrayal*. New York: Little, Brown, 1998. S. 188.

[17] Buchanan, *The Great Betrayal*, a.a.O., S. 188 f.; John Bright u. James E. Thorold Rogers (Hrsg.). *Speeches on Questions of Public Policy by Richard J. Cobden, M.P.* Bd. 1. London: Macmillan & Co., 1870. S. 362 f.

[18] Attarian, a.a.O., S. 26.

[19] Peter Brimelow. „Alien Nation: Round 2." In: *National Review*, 22. April 1996. S. 43–45. In: VDARE.com; www.vdare.com; Robert Bartley. „Open NAFTA Borders? Why Not?" In: *Wall Street Journal*, 2. Juli 2001; www.opinionjournal.com/columnists/bartley.

[20] Bartley, a.a.O.

[21] Dan Whitcom. „Ma 1 Immigrant Boycott Aims to ‚Close' US Cities." In: Reuters, 23. April 2006; http:reuters/myway.com. Lowell Ponte. „Uno de Mayo." In: *FrontPageMagazine.com*, 1. Mai 2006; www.frontpagemag.com.

[22] Clyde Wilson. „As a City Upon a Hill." In: *Chronicles*, Juni 1985, in: Tom Fleming (Hrsg.) *Immigration and the American Identity: Selections from Chronicles: A Magazine of American Culture, 1985–1995*. Rockford: Rockford Institute, 1995. S. 30.

[23] Jackson, zit. nach: Walter A. McDougall. *Promised Land, Crusader State: The American Encounter with the World Since 1776*. New York: Houghton Mifflin, 1997. S. 78; siehe auch: Patrick J. Buchanan. *A Republic, Not an Empire*. Washington/D.C.: Regnery Publishing, 1999. S. 100.

[24] Peter Brimelow. „Time to Rethink Immigration." In: *National Review*, 22. Juni 1992. S. 214.

[25] Andrew Roberts. *Eminent Churchillians*. New York: Simon & Schuster, 1994. S. 214.

[26] Leo McKinstry. „Dis-United Kingdom." In: *Weekly Standard*, 5. Dezember 2005. S. 14.

[27] John Derbyshire. „The Luckiest Generation." In: *National Review Online*, 23. November 2005.

[28] Clyde Wilson, a.a.O., S. 34.

[29] Chilton Williamson jun. „Promises to Keep." In: *Chronicles*, Juli 1991, in: Fleming (Hrsg.), *Immigration*, a.a.O., S. 111.

[30] James Antle III. „Of Borders and Ballots." In: *The American Conservative*, 30. Januar 2006. S. 20.

[31] Brimelow, *Alien Nation*, a.a.O., S. XV.

[32] James Burnham, *Begeht der Westen Selbstmord?: Ein Versuch über Bedeutung und Zukunft des Liberalismus*. übers. v. Thomas M. Höpfner. Düsseldorf/Wien: Econ, 1965. S. 26.

[33] Brimelow, a.a.O., S. 213 f.

Kapitel 7: Groll auf den Gringo

[1] James Buchanan, zit. nach: Thomas Bailey. *A Diplomatic History of the*

American People. 7. Aufl. New York: Appleton-Century-Croft, 1964. S. 250.

2 Porfirio Díaz, zit. nach: Herbert Mitgang. „War and the Tragic Mechanics of Manifest Destiny." In: *New York Times*, 5. April 1989 (eine Besprechung von John S.D. Eisenhowers Buch *So Far from God: The U.S. War with Mexico, 1846–1848*).

3 Bailey, a.a.O., S. 238.

4 Alexander de Conde. *A History of American Foreign Policy.* New York: Charles Scribner's Sons, 1963. S. 181.

5 Robert Leckie. *From Sea to Shining Sea: From the War of 1812 to the Mexico War – The Saga of American Expansion.* New York: Harper Perennial, 1995. S. 503.

6 Bailey, a.a.O., S. 239.

7 Jaime Suchlicki. *Mexico: From Montezuma to NAFTA, Chiapas, and Beyond.* Washington/D.C.: Brassey's, 1996. S. 67.

8 Bailey, a.a.O., S. 239.

9 Leckie, a.a.O., S. 477.

10 Ebd., S. 480.

11 Bailey, a.a.O., S. 225.

12 Robert Ferrell. *American Diplomacy: A History.* New York: W.W. Norton & Co., 1959. S. 100; de Conde, a.a.O., S. 199.

13 James D. Richardson. *A Compilation of the Messages and Papers of the President.* Bd. 5. New York Bureau of National Literature, 1897. S. 2292; Bailey, a.a.O., S. 256 f.; de Conde, a.a.O., S. 199; Leckie, a.a.O., S. 521.

14 Leckie, a.a.O., S. 528.

15 Peter Brimelow. „A Modest (?) Proposal." In: *Forbes*, 27. März 1995. S. 58.

16 Bailey, a.a.O., S. 350.

17 Ebd., S. 352.

18 Robert Ferrell. *American Diplomacy: A History*. korr. u. erw. Aufl.. New York: W.W. Norton & Co., 1969. S. 305.

19 Bailey, a.a.O., S. 351.

20 Ebd., S. 556; de Conde, a.a.O., S. 432.

21 Bailey, a.a.O., S. 555.

22 Ebd.

23 Ebd., S. 561.

24 Ebd., S. 557.

25 Ferrell, a.a.O. (Ausg. von 1959), S. 285.

26 „Mexicans Say Southwest Belongs to Them: Shouldn't Need Permission to Enter U.S." Presseverlautbarung der Vereinigung Americans for Immigration Control. Monterey/VA, 11. Juni 2002; Heather Mac Donald. „Mexico's Undiplomatic Diplomats." In: *City Journal*. Herbst 2005. S. 33.

27 William Frey u. Jonathan Tilove. „Immigrants In, Native Whites Out." In: *New York Times Magazine*, 20. August 1995. S. 50.

28 Carlos Loret de Mola. „The Great Invasion: Mexico Recovers Its Own." In: *Excelsior.* Mexiko-Stadt, 20. Juli 1982; www.law.cornell.edu/uscode/17/107. shtm/.

29 Ferrell, a.a.O. (Ausg. von 1959). S. 87 f.

30 El Plan Espiritual de Aztlan. http://www.panam.edu/orgs/MEChA/aztlan.html; Yeh Ling-Ling. „Mexican Immigration and Its Potential Impact on the Political Future of the United States, Appendix: El Plan de Aztlan." In: *Journal of Social, Political and Economic Studies.* Bd. 29. Nr. 4 (Winter 2004); www.diversityalliance.org/docs/article_2002winter.html.

31 Buchanan, a.a.O., S. 126. Siehe auch: Michelle Malkin. „Bustamante, MEChA and the Media." In: *townhall.com*, 20. August 2003; www.townhall.com/opinion/columns/michellemalkin/2003/08/20/16185.html.

32 Buchanan, *Der Tod des Westens*, a.a.O., S. 126; Ling-Ling, a.a.O.

33 Ebd., S. 127.

34 Ebd.

35 Malkin, a.a.O.

36 Buchanan, *Der Tod des Westens*, a.a.O., S. 127.

37 Hector Carreon. „Antonio Villaraigosa: Alcalde de Los Angeles?" In: *La*

Voz de Aztlan; www.aztlan.net/alcalde_de_los_angeles.htm.

38 Buchanan, *Der Tod des Westens*, a.a.O., S. 125.

39 Michelle Malkin. „Racism Gets Whitewash from the Press." In: *Conservative Chronicle*, 5. April 2006. S. 1.

40 Allan Wall. „Mexico Gloats While Washington Cowers." In: VDARE.com, 11. April 2006; www.vdare.com/awall/0641_gloat.htm.

41 Ebd.

42 Ernesto Cienfuegos. „Aztlan Arising: 700,000+ March in Los Angeles." In: *La Voz de Aztlan*, 26. März 2006; www.aztlan.net/la_gran_marcha.htm.

43 Ebd.

44 Buchanan, *Der Tod des Westens*, a.a.O., S. 126.

45 Herbert L. London. „Can Sovereignty Be Preserved if Illegal Immigration Is Rewarded?" In: *Knight Ridder/Tribune*, 7. September 2001; „Mexico Reconquering U.S. Territory?: Writer Says Emigration Imposing Hispanic Culture on North America." In: *WorldNetDaily.com*, 15. August 2001; „Leading Mexican Journalist: ‚Mexico Is Recovering Lost Territories Via Immigration'." In: *El Imparcial*, 4. Juli 2001; *FreeRepublic.com*, 8. November 2001.

46 „Remarks by the President to the Hispanic Chamber of Commerce." Albuquerque/NM, 15. August 2001; Presseverlautbarung des Weißen Hauses.

47 Kelly Whiteside. „Notebook: Mexican's Behavior Part of the Game." In: *USAToday*, 12. Februar 2004; www.usatoday.com/sports/soccer/2004-02-12notebook-mexicans-crowd_x.htm.

48 Stephen Dinan. „Americans View Mexicans Well; Reverse Not True." In: *Washington Times*, 21. März 2006. S. A10.

49 Buchanan, *Der Tod des Westens*, a.a.O., S. 125.

50 Ebd.

51 Jerry Seper. „Texas Sheriff Slams Lax Federal Border Security." In: *Washington Times*, 14. Oktober 2004. S. A11.

52 Ted Galen Carpenter. „Mexico Is Becoming the Next Colombia." In: *Foreign Policy Briefing*. Nr. 87. Cato-Institut. 15. November 2005. S. 3.

53 Dave Adams. „City's Crime Creeps to Twin." In: *St. Petersburg Times Online*, 9. Mai 2005; www.sptimes.com/2005/05/09/news_pf/Worldandnation/City_s_crime_creeps_t. shtml.

54 Jerry Seper. „Drug Cartels' Battle Keeps Tourists Out of Border City." In: *Washington Times*, 18. Oktober 2005; www.washtimes.com.

55 James C. McKinley jun. „A War in Mexico: Drug Runners Gun Down Journalists." In: *New York Times*, 10. Februar 2006; „Border Gunmen Storm Newspaper, Toss Grenade." In: Reuters, 7. Februar 2006.

56 Seper, a.a.O.

57 Carpenter, a.a.O., S. 1.

58 Jerry Seper. „Mexican Military Incursions Reported: U.S. Border Patrol Alerts Arizona Agents." In: *Washington Times*, 17. Januar 2006. S. A1; Jon Dougherty. „Border Patrol Fears Conflict with Mexican Military." *World-Net.Daily.com*, 19. Dezember 2005.

59 Seper, „Mexican Military Incursions", a.a.O., S. A16.

60 Alicia A. Caldwell. „Texas-Mexico Border Standoff Reported." In: Associated Press, 25. Januar 2006.

61 Stephen Dinan. „Sheriff Insists Mexican Military Crossed Border." In: *Washington Times*, 8. Februar 2006. S. 3.

62 Jerry Seper. „MS-13 Smugglers Deemed Threat to U.S. Field Agents." In: *Washington Times*, 13. Januar 2006; www.washingtontimes.com.

Kapitel 8: Der Aztlan-Plan

1 Pater Rigoni, zit. nach: Lawrence Auster. *The Path to National Suicide.* Monterey / VA: American Immigration Control Foundation, 1990. S. 5.

2 Márquez, zit. nach: Lawrence Auster. „America Is in Danger." In: *New York Newsday*, 12. Mai 1991. S. 26.

3 Appel, zit. nach: Yeh Ling-Ling. „Mexican Immigration and Its Potential Impact on the Political Future of the United States." In: *Journal of Science, Political and Economic Studies.* Bd. 29. Nr. 4 (Winter 2004); www.diversityalliance.org / docs / article / _2004winter.htm; Julie Weise. „Mexican Border Czar Ruffo: Economics Is Key to Solving Region's Woes – U.S. Firms Must Contribute More." In: *The News.* Mexiko-Stadt, 8. März 2001.

4 „Securing the North American Border Perimeter: Dismantling the U.S. Border, Bringing Canada and Mexico into Fortress America." In: CNN. 10. Juni 2005; www.globalresearch.ca, 16. Juni 2005; William F. Jasper. „Abolishing the USA." In: *The New American*, 3. Oktober 2005. S. 24.

5 Robert A. Pastor. „A North American Community Approach to Security." Stellungnahme vor dem Unterausschuß zu Fragen der westlichen Hemisphäre des Gremiums für Auslandsbeziehungen des US-Senats am 9. Juni 2005, veröffentlicht in *Free Republic* von Travis McGee, 13. Juni 2005.

6 Ebd.

7 John Fonte. „Dual Allegiance: A Challenge to Immigration Reform and Patriotic Alliance." In: *Backgrounder*, Center for Immigration Studies, November 2005. S. 11 f.; Allan Wall. „Does Dubya Know About Fox's Madrid Speech?" In: VDARE.com, 29. Mai 2002; www.dare.com / awall / fox_madrid.htm.

8 Wall, a.a.O.; Fonte, a.a.O., S. 12.

9 Jasper, a.a.O., S. 26.

10 Glynn Custred. „Friends and Elites, Chickens and Coyotes." In: *The American Spectator*, November 2005. S. 30.

11 Fonte, a.a.O., S. 12.

12 Custred, a.a.O., S. 30; Ling-Ling, a.a.O.

13 „In Mexico, Thousands Support Immigrants to U.S." In: *Washington Post*, 2. Mai 2006. S. A8.

14 Custred, a.a.O., S. 32; Fonte, a.a.O., S. 9.

15 Fonte, a.a.O., S. 10.

16 Ebd.

17 George Anne Geyer. „Orchestration from Mexico." In: *Washington Times*, 6. April 2006. S. A18.

18 Ling-Ling, a.a.O.

19 Heather Mac Donald. „Mexico's Undiplomatic Diplomats." In: *City Journal*, Herbst 2005. S. 36 f.

20 Ebd, S. 37.

21 Fonte, a.a.O., S. 10.

22 Ebd.

23 Stanley Renshon. „Reforming Dual Citizenship in the United States." In: *Center Paper 24*. Center for Immigration Studies, September 2005. S. 17; Fonte, a.a.O., S. 10 u. 14.

24 Bruce Fein. „Divided Loyalties." In: *Washington Times*, 13. Dezember 2005; Fonte, a.a.O., S. 14.

25 Fein, a.a.O.

26 Geyer, a.a.O., S. A18.

27 Mac Donald, a.a.O., S. 30.

28 Buchanan, *Der Tod des Westens*, a.a.O., S. 128; Robert Collier. „NAFTA Gives Mexicans New Reason to Leave Home." In: *San Francisco Chronicle*, 15. Oktober 1998. S. A 11.

29 Buchanan, *Der Tod des Westens*, a.a.O., S. 128; „An Unlikely Mexican Foreign Minister." In: *New York Times*, 12. Mai 2000. S. A26; Jorge Castañeda. „Ferocius Differences Between Mexico and the U.S." In: *Atlantic Monthly*, Juli 1995. S. 68; Custred, a.a.O., S. 30.

30 Custred, a.a.O., S. 30; Allan Wall. „Vicente Fox and the Braceros: Hypocrisy and Fraud." VDARE.com, 23. März 2004; www.vdare.com/awall/the_braceros.htm.

31 „Mexican Migrants to Get U.S. Maps." In: BBC News, 25. Januar 2006; www.newsvote.bbc.co.uk/go/pr/fr/-/2/hi/americas/4645782.stm.

32 Custred, a.a.O., S. 30.

33 Mac Donald, a.a.O., S. 32.

34 Lowell Ponte. „License to Kill." In: *FrontPageMagazine.com*, 10. September 2003; www.frontpagemag.com.

35 Frey, zit. nach: Peter Brimelow. *Alien Nation: Common Sense About America's Immigration Disaster*. New York: Random House, 1995. S. 68.

36 James Lubinskas. „Expressions of Ethnic Animosity." In: *FrontPageMag.com*, 24. November 1999; www.frontpagemag.com/archives/racerelations/lubinskas11-24-99.htm. Buchanan, *Der Tod des Westens*, a.a.O., S. 125.

37 Hal Rothman. „On How the Las Vegas Valley Will Inevitably Become a Predominantly Spanish-speaking Community." In: *Las Vegas Sun*, 25. Dezember 2005; www.lasvegassun.com/sunbin/stories/text/2005/dec/25;519871541. html.

38 Fonte, a.a.O., S. 5.

39 Fein, a.a.O.

40 Siehe Anmerkung 2 des 8. Kapitels.

41 Samuel P. Huntington. „Reconsiderung Immigration: Is Mexico a Special Case?" In: *Backgrounder*, Center for Immigration Studies, November 2000. S. 5; Buchanan, *Der Tod des Westens*, a.a.O., S. 123.

42 Huntington, a.a.O.

43 Glenn Garvin. „Loco, Completamente Loco: The Many Failures of Bilingual Education." In: *Reasononline*, Januar 1998. S. 19; Buchanan, *Der Tod des Westens*, S. 123.

44 Huntington, a.a.O.

Kapitel 9: Was ist eine Nation?

1 O'Sullivan, zit. nach: Peter Brimelow. *Alien Nation: Common Sense About America's Immigration Disaster*. New York: Random House, 1995. S. 202.

2 Ben Wattenberg. „Melt. Melting. Melted." In: *Jewish World Review*, 19. März 2001.

3 Strobe Talbott. „The Birth of the Global Nation." In: *Time*, 20. Juli 1992. S. 70.

4 Abraham Lincoln. „The Perpetuation of Our Political Institutions." [Rede vor dem Knabengymnasium von Springfield.] Illinois, 27. Januar 1838.

5 E. Christian Kopff. „The Future Belongs to Us." In: *Chronicles*, 5. Oktober 1995. S. 33; Patrick J. Buchanan. *The Great Betrayal*. New York: Little, Brown, 1998. S. 287.

6 Roger Scruton. „How I Became a Conservative." In: *The American Conservative*, 7. November 2005. S. 23.

7 Buchanan, *The Great Betrayal*, a.a.O., S. 286; Ernest Renan. *The Poetry of the Celtic Races and Other Studies.* Port Washington: Kenikat Press, 1970. S. 80 f. Siehe auch: Lawrence Auster. *The Path to National Suicide: An Essay on Immigration and Multiculturalism.* Monterey/VA: American Immigration Control Foundation, 1990. S. 34.

8 Buchanan, *The Great Betrayal*, a.a.O., S. 287; Renan, a.a.O., S. 79.

9 Peter Brimelow. „Time To Rethink Immigration." In: *National Review*, 22. Juni 1992. S. 34. [Hervorhebung bei Moynihan. – Bei dem Werk, auf das Brimelow in dem folgenden Zitat Bezug nimmt, handelt es sich um: Daniel Patrick Moynihan. *Pandaemonium: Ethnicity in International Politics.* Oxford: Oxford University Press, 1993. – A. d. Ü.]

[10] Wadim Borisow. „Personality and National Awareness." In: Ellen Myers. „The Place of the Nations in Biblical Creation." www.creationism.org; Wadim Borisow. „Die nationale Wiedergeburt." In: Alexander Solschenizyn (Hrsg.). *Stimmen aus dem Untergrund: Zur geistigen Situation in der UdSSR.* Darmstadt/Neuwied: Luchterhand, 1975. S. 207–223 (217 u. 219).

[11] Myrdal, zit. nach: Anatol Lieven. „Wolfish Wilsonians: Existential Dilemmas of the Liberal Internationalists." In: *Orbis*, Frühling 2006. S. 250.

[12] William J. Bennett u. Jack Kem. „A Statement on Immigration." Washington/D.C.: Empower America, 19. Oktober 1994.

[13] Peter Brimelow. „The National Question." In: *Chronicles*, Juni 1993. In: Tom Fleming (Hrsg.). *Immigration and the American Identity: Selections from Chronicles: A Magazine of American Culture, 1985–1995.* Rockford/IL: Rockford Institute, 1995. S. 66.

[14] Patrick Buchanan. *Where the Right Went Wrong: How Neoconservatives Subverted the Reagan Revolution and Highjacked the Bush Presidency*. New York: St. Martin's Press, 2004. S. 40.

[15] Claes G. Ryn. „Cultural Diversity and Unity." In: Tom Fleming (Hrsg.). *Immigration and the American Identity*, a.a.O., S. 175 f.

[16] Ebd., S. 174.

[17] Zit. in ebd., S. 176.

[18] Arthur M. Schlesinger jun. *The Disuniting of America: Reflexions on a Multicultural Society*. New York: W.W. Norton & Co, 1992. S. 37.

[19] Bill Clinton. „One America in the 21st Century." [Ansprache vor der Abschlußklasse der University of California in San Diego.] 14. Juni 1997. Siehe auch: Stanley Renshon. *The 50 Percent American: Immigration and Identity in an Age of Terror.* Washington/D.C.: Georgetown University Press, 2005. S. 39.

[20] Huntington, zit. nach: Lieven, a.a.O., S. 251.

[21] Schlesinger, a.a.O., S. 134, 137.

[22] „First Inaugural of George W. Bush." 20. Januar 2001; www.law.ou.edu/hist/gwbush-inaugural-2001.shtml.

[23] Sam Francis. „Tyranny Comes for Christmas." In: *Creators Syndicate*, 24. Dezember 2004; www.vdare.com/francis/041223_tyranny.html.

[24] Alexander Hamilton, James Madison u. John Jay. *Die „Federalist Papers".* übers., eingel. u. komm. v. Barbara Zehnpfennig. Darmstadt: Wiss. Buchges., 1993. S. 58.

[25] „Our Revolution: Reagan's Farewell Address." In: *National Review Online*, 5. Juni 2004; www.nationalreview.com/document/reagan200406052132.asp.

[26] James Pinkerton. „National Suicide: Jean Raspail Foretold the Breakdown Three Decades Ago." In: *The American Conservative*, 5. Dezember 2005; www.amconmag.com/2005.

[27] Sam Francis. „Inventing Fake New Holidays Won't Help." In: *Creators Syndicate*, 13. Mai 2003; www.vdare.com/francis/fake/_holidays.htm.

[28] Selwyn Duke. „Written by the Losers: Political Correctness Play with the Past." In: *The American Conservative*, 13. März 2006. S. 17.

[29] Fleming, a.a.O., S. 14.

[30] Schlesinger, a.a.O., S. 47 f.

[31] James R. Edwards jun. „Keeping Extremists Out: The History of Ideological Exclusion, and the Need for Its Revival." In: *Backgrounder*, Center for Immigration Studies, September 2005.

[32] Siehe: Timothy Keeser u. Mark Sidwell. *United States History for Christian Schools*. 2. Aufl. Greenville/SC: Bob Jones University Press, 1991. S. 108 f.

[33] Julian P. Boyd (Hrsg.). *The Papers of Thomas Jefferson*. Bd. 1: *1760–1776*. Princeton: Princeton University Press, 1950. S. 243–247; *The Writings of Thomas Jefferson*. Bd. 1. Washington/D.C.: Thomas Jefferson Memorial Association, 1903. S. 28–38; www.wsu.edu:8080/-dee/AMERICA/DECLAR.htm.

[34] Crèvecoeur, zit. nach: Schlesinger, a.a.O., S. 12.

[35] Washington, zit. nach: John Fonte. „Dual Allegiance: A Challenge to Immigration Reform and Patriotic Assimilation." In: *Backgrounder*, Center for Immigration Studies, November 2005. S. 5. Siehe auch: Bruce Fein. „Divided Loyalties." In: *Washington Times*, 13. Dezember 2005. S. A19.

[36] Fonte, a.a.O., S. 5; Fein, a.a.O.

[37] Zit. nach: Schlesinger, a.a.O., S. 25.

[38] Abraham Lincoln. Ansprache zur Eröffnung seiner ersten Amtszeit. Washington/D.C., 4. März 1861.

[39] Schlesinger, a.a.O., S. 35; Fonte, a.a.O., S. 5 f.

[40] Schlesinger, a.a.O., S. 35.

[41] Zangwill, zit. nach: Wattenberg, a.a.O.

[42] Renshon, a.a.O., S. XVII.

[43] Ebd., S. XVIII.

[44] Thomas Jefferson. *Autobiography*. 1821.

[45] Robert A. Rutland. *James Madison and the Search for Nationhood*. Washington/D.C.: Library of Congress, 1981. S. 128.

[46] Abraham Lincoln. „Eulogy of Henry Clay." 6. Juli 1852. In: Roy P. Basler (Hrsg.). *The Collected Works of Abraham Lincoln*. Bd. 2. New Brunswick/N.J.: Rutgers University Press, 1953. S. 132.

[47] John Adams, Brief an John Taylor, 15. April 1814; Charles Francis Adams (Hrsg.). *The Works of John Adams*. Bd. 6. Boston: Little, Brown, 1851. S. 484.

[48] Thomas Jefferson an Isaac H. Tiffany, 1816. ME 15:65.

[49] Hamilton, *Die „Federalist Papers"*, a.a.O., S. 97.

[50] Hamilton, *Works*, Bd. 2, 4.40, zit. nach: *The Great Quotations*. New York: Pocket Books, 1972. S. 265.

[51] Samuel Huntington. „The Erosion of American Interests." In: *Foreign Affairs*. Bd. 76. Nr. 5. September/Oktober 1997.

[52] Claes Ryn. „Leo Strauss and History: The Philosopher as Conspirator." In: *Humanitas*. Bd. 18. Nr. 1 u. 2, 2005. S. 31–58 (55).

[53] Huntington, „The Erosion of American Interests", a.a.O.

Kapitel 10: Die Rückkehr des Stammesdenkens

[1] Benjamin Disraeli. *Tancred oder Der neue Kreuzzug*. übers. v. Ingrid Rein. Manesse: Zürich, 2004. S. 264.

[2] Arthur M. Schlesinger jun. *The Disuniting of America*. New York: W.W. Norton & Co., 1992. S. 10.

[3] Hacker, zit. nach: Steven Goldberg. *„Fads and Fallacies in the Name of ‚Race Does Not Exist'."* In: VDARE.com, 21. Februar 2006; www.vdare.com/misc/060221_goldberg.htm.

[4] Sam Francis, zit. nach: Patrick J. Buchanan in: *Shots Fixed: Sam Francis on America's Culture War*. hg. v. Peter Gemma, Vienna/Virginia: Fran Griffin Foundation, 2006. S. XII.

[5] Samuel Francis. „The Return of the Repressed." In: *Occidental Quarterly*. Bd. 5. Nr. 3, Herbst 2005. S. 37.

[6] Schlesinger, a.a.O., S. 10.

[7] Steven Lee Myers. „Ethnic and Cultural Divisions Haunt Ukraine Before Vote." In: *New York Times*, 24. März 2006. S. A10.

[8] Renwick McLean. „Basque Nationalists See an Opening for Autonomy." In: *New York Times*, 24. März 2006. S. A8.

9 Martin van Creveld. *Aufstieg und Untergang des Staates.* übers. v. Klaus Fritz u. Norbert Juraschitz. München: Gerling-Akad.-Verl., 1999. S. 364.

10 Ebd., S. 365.

11 Peter Brimelow. *Alien Nation: Common Sense About America's Immigration Disaster*. New York: Random House, 1995. S. 126.

12 Martin van Creveld. „The Fate of the State." In: *Parameters*, Frühling 1996. S. 4; www.army.mil/usawc/Parameters/96spring/creveld.htm.

13 Richard McGregor. „China Bans Screening of ‚Memoirs of a Geisha'." In: *Financial Times*, 4. Februar 2006. S. 5.

14 Juan Forero u. Larry Rohter. „Bolivia Leader Tilting Region Further to Left." In: *New York Times*, 22. Januar 2006. S. 1.

15 Isabel Sanchez. „President Names ‚Cabinet of Change'." In: *The Australian*, 24. Januar 2006; www.theaustralian.news.com.au.; „New Bolivian President Vows Justice for Indigenous Peoples." In: *Agence France-Presse*, 23. Januar 2006.

16 Monte Reel. „Race is Wild Card in Peru Runoff." In: *The Washington Post*, 3. Juni 2006. S. A8.

17 Yeh Ling-Ling. „Mexican Immigration and Its Potential Impact on the Political Future of the United States." In: *Journal of Social, Political and Economic Studies*, Bd. 29. Nr. 4, Winter 2004; www.diversityalliance.org/docs/article_2004winter.html.

18 Ebd.

19 Shelby Steele. „Yo, Howard: Why Did Dean Have to Embrace the Confederate Flag?" In: *Wall Street Journal*, 13. November 2003; www.opinionjournal.com.

20 Nisbet, zit. nach: Francis, a.a.O., S. 43 f.

21 Zit. nach: Schlesinger, a.a.O., S. 110 f.

22 Theodore Roosevelt. „Speech to the Knights of Columbus." Carnegie Hall, 15. Oktober 1915; www.wikipedia.org/wiki/Hyphenated_American.

23 Steven Sailer. „The Color of Crime and the New Orleans Nightmare: George W. Bush vs. Jared Taylor." In: VDARE.com, 18. September 2005; www.vdare.com/sailer/050918_crime.htm.

24 *The Color of Crime: Race, Crime and Justice in America*. 2., erw. Aufl. Oakton/Virginia: New Century Foundation, 2005. [Innere Titelseite.]

25 Ebd.

26 Heather Mac Donald. „The Illegal-Alien Crime Wave: Why Can't Our Immigration Authorities Deport the Hordes of Illegal Felons in Our Cities?" In: *City Journal*, Winter 2004; www.city-journal.org.

27 John Pomfret. „Jail Riots Illustrate Racial Divide in California." In: *Washington Post*, 21. Februar 2006. S. A1.

28 Ebd.

29 Roger D. McGrath. „Race War Behind Bars: In Los Angeles Prisons, Mexican Gangs Target Black Inmates." In: *The American Conservative*, 27. März 2006. S. 20.

30 Randal C. Archibald. „More Injuries as Race Riots Disrupt Jails in Los Angeles." In: *New York Times*, 10. Februar 2006. S. A14; www.nytimes.com/2006/02/10/national/10prison.html.

31 McGrath, a.a.O., S. 20.

32 Pomfret, a.a.O., S. A1.

33 Ebd.

34 Roger Kimball. „Charles Péguy." In: *The New Criterion*. Bd. 20. Nr. 3, November 2001; www.newcriterion.com/archive/20/nov01/peguy.htm.

35 Schlesinger, a.a.O., S. 16.

36 Claes G. Ryn. „Cultural Diversity and Unity." In: *Chronicles*, Juni 1993. In: Tom Fleming (Hrsg.). *Immigration and the American Identity: Selections from Chronicles: A Magazine of American Culture, 1985–1995*. Rockford/Illinois: Rockford Institute, 1995. S. 173.

37 Patrick J. Buchanan. „The No-Whites-Need-Apply Caucus." In: *Creators Syndicate*, 24. Mai 2002; TownHall.com, 27. Mai 2002; www.townhall.com/opinion/columns/patbuchanan/2002/05/27/16338.8html; Lynette Clemetson. „Minority Caucus Seeks Capitol Hill Bond." In: *New York Times*, 19. Mai 2002.

38 Clemetson, a.a.O.

39 Ebd.

40 Goldberg, a.a.O.

Kapitel 11: Eurabien

1 J. Enoch Powell. „Speech to West Midland Conservatives, Apr. 20, 1968."; www.vdare.com/misc/Powell-Speech.htm.

2 Jean Raspail. „La patrie trahie par la république." In: *Le Figaro*, 17. Juni 2004.

3 Bruce Bawer. *While Europe Slept: How Radical Islam Is Destroying the West from Within*. New York: Doubleday, 2006; zit. nach: *Book World*, 26. März 2006. S. 5; Steven Simon. „Guess Who's Coming to Europe?"; www.washingtonpost.com.

4 Powell, a.a.O.

5 „Tory Leader Rules Powell Out of Shadow Cabinet." In: *Birmingham Post*, 22. April 1968; www.sterling-times.co.uk/powell_press.htm.

6 Tony Blankley. *The West's Last Chance: Will We Win the Battle of Civilizations?* Washington/D.C.: Regnery, 2005. S. 51 u. 55.

7 Leo McKinstry. „Dis-United Kingdom." In: *Weekly Standard*, 5. Dezember 2005. S. 12 f.

8 Jason Bennetto. „Gang Held Over Smuggling 100,000 Turks into Britain." In: *The Independent*, 12. Oktober 2005; www.news.independent.co.uk/uk/crime/article318866.ece; Daniel Pipes. „Europe Under Siege." In: *New York Sun*, 18. Oktober 2005; www.danielpipes.org/article/3043; 18. Oktober 2005; www.frontpagemag.com.

9 Offenbarung 20,7–9.

10 Paul Craig Roberts. „Truth Follows Fiction: Camp of the Saints Begins in France." In: VDARE.com, 20. Februar 2001; www.vdare.com/roberts/truth_follows_fiction.htm.

11 *Border Watch*, Nachrichtenbulletin der American Immigration Control Foundation, Mai 1991. S. 8.

12 Sam Francis. „When the State Is the Enemy of the Nation." In: VDARE.com, 19. Juli 2004; www.vdare.com/francis/enemy_state.htm.

13 Francis; Raspail, a.a.O.

14 Raspail, a.a.O.

15 Ebd.

16 Ebd.

17 Jonathan Laurence. „U.S.-France Analysis, 2001." Harvard: Center for European Studies, Dezember 2001; www.brookings.eu/fp/cusf/analysis/islam.htm.

18 Ebd.

19 Christopher Caldwell. „Allah Mode: France's Islam Problem." In: *Weekly Standard*, 15. Juli 2002; www.weeklystandard.com.

20 Peggy Hollinger. „Sarkozy Unveils Initiative to Stop Urban Discontent That Fuelled Riots." In: *Financial Times*, 29. November 2005.

21 David Pryce-Jones. „The Fear in France." In: *National Review/Digital*, 24. April 2006; David Pryce-Jones. „David Pryce-Jones on the French: Ouch." In: *National Review*, 24. April 2006. S. 25; theaugeanstables.com. 9. April 2006.

22 Matthew Campbell. „Barbarians of Suburbs Target French Jews." In: *Sunday Times*, 2. April 2006. S. 26; TimesOnline.

23 Molly Moore. „For the French Joie de Vivre Fades into Fear." In: *Washington Post*, 25. März 2006. S. 1 u. 13.

[24] Elaine Gainley. „Historians Upset as France Burnishes its Colonial Past." In: *Washington Times*, 23. Oktober 2005. S. A7; Jon Henley. „The Empire Strikes Back." In: *Guardian*, 16. Dezember 2005; www.guardian.co.uk/elsewhere/journalist/story.

[25] John Ward Anderson. „Law on Teaching Rosy View of Past Dividing France." In: *Washington Post*, 17. Dezember 2005. S. A18.

[26] Ebd.

[27] Ganley, a.a.O.; Anderson, a.a.O.

[28] Anderson, a.a.O.

[29] Ganley, a.a.O.; Anderson, a.a.O.

[30] Anderson, a.a.O.

[31] Ganley, a.a.O.

[32] John Derbyshire. „The Luckiest Generation." In: *National Review Online*, 23. November 2005; www.national/review/com/script.

[33] Mark Burleigh. „Gang Terrorizes Train in France." In: *Washington Times*, 5. Januar 2006. S. A1.

[34] Craig S. Smith. „Party of Right Gains Support After Rioting Upsets France." In: *New York Times*, 23. April 2006. S. A6.

[35] Leslie Crawford. „Spaniards Want More Action on Moroccan Migrants." In: *Financial Times*, 18. Oktober 2005. S. 6.

[36] Al Goodman. „Suspected Madrid Bombing Leader Killed." In: CNN.com, 4. April 2004.

[37] Crawford, a.a.O., S. 6.

[38] Pipes, a.a.O.

[39] Mark Mulligan u. Raphael Minder. „Spain and Morocco Call for Joint Action Over Tide of Immigrants." In: *Financial Times*, 12. Oktober 2005. S. 3.

[40] Pipes, a.a.O.

[41] Leslie Crawford. „African Migrants Risk All to Reach the Canaries." In: *Financial Times*, 18./19. März 2006. S. 2.

[42] Ebd.

[43] Die folgende Darstellung stützt sich auf: Patrick J. Buchanan. „The Culture War Comes to Holland." In: *Creators Syndicate*, 26. November 2004; www.worldnetdaily.com

[44] Blankley, a.a.O., S. 44.

[45] James Bemis. „Europe: The Cost of Apostasy." In: *Latin Mass* (Frühling 2006). S. 17.

[46] Zit. nach: Buchanan, „The Culture War Comes to Holland", a.a.O.

[47] Francis Fukuyama. „A Year of Living Dangerously." In: *Wall Street Journal*, 2. November 2005. Titelseite.

[48] Ebd.

[49] Francis Fukuyama. „Europe vs. Radical Islam." In: *Slate*, 27. Februar 2006.

[50] Ebd.

[51] Robert Collier. „Germany Grapples with Turkish Immigration." In: *Washington Times*, 4. Dezember 2005. S. A8.

[52] Peter Schneider. „The New Berlin Wall." In: *New York Times Magazine*, 4. Dezember 2005. S. 68.

[53] Ebd., S. 71.

[54] Collier, a.a.O., S. A8.

[55] Schneider, a.a.O., S. 70.

[56] Robert Nisbet. *Prejudices: A Philosophical Dictionary*. Cambridge/Massachusetts: Harvard University Press, 1982. S. 24.

[57] Corbell-Essones u. Evry. „An Underclass Rebellion." In: *Economist*, 10. November 2005. S. 26.

[58] Schneider, a.a.O., S. 70.

[59] Ebd., S. 71.

[60] Ebd.

[61] Collier, a.a.O., S. A8.

[62] Tony Paterson. „American and Jews Villains in Blockbuster." In: *Washington Times*, 1. März 2006. S. 1.

[63] Ebd.

[64] „Party Off Ballot for Racist Add." In: *Washington Times*, 27. November 2005. S. 6.

[65] Derek Turner. „The Empire Strikes Back: Reverse Colonization in Europe." In: *Occidental Quarterly*. Bd. 5. Nr. 4 (Winter 2005–2006). S. 48.

66 Tom Parfitt. „Population Gloom." In: *Guardian*, 29. Dezember 2005; www.guardian.co.uk.

67 John Donne. „Devotions upon Emergent Occasions." Meditation XVII, 1624, in: John Bartlett. *Familiar Quotations*. Boston: Little, Brown, 1955. S. 218.

68 *World Population 2004*. Department of Economic and Social Affairs: Population Division, United Nations, August 2005, www.unpopulation.org.

69 Bemis, a.a.O., S. 17.

70 Blankely, a.a.O., S. 25.

71 Mike Corder. „Racial Violence Shocks Australian City." In: Associated Press; Breitbart.com, 11. Dezember 2005; www.breitbart.com / news / 2005 / 12 / 11 / D8EEF3JO0.html.

72 James Fulford. „Diversity vs. Freedom (contd.): Australians Fight on the Beaches." In: VDARE.com; www.vdare.com / misc / 051221_fraser.htm.

73 Steyn, zit. in ebd.

74 Caldwell, a.a.O.

75 Corder, a.a.O.

76 „Australian PM Condemns Race Riots." United Press International, 12. Dezember 2005; www.washingtontimes.com / newstrack / 20051212-041252-9690r.htm.

77 Doug Struck. „Canada Thriving as New Leader Steps." In: *Washington Post*, 6. Februar 2006. S. A12.

Kapitel 12: Eine Nation von Einwanderern?

1 Aldrich, zit. nach: Otis J. Graham jun. *Unguarded Gates: A History of America's Immigration Crisis*. Lanham / MD: Rowman & Littlefield, 2004. S. XVI.

2 Kennedy, a.a.O., S. 12–16 u. 66 f.

3 „That's Hospitality." In: *New Republic*, 17. April 2006. S. 7.

4 Graham, a.a.O., S. XVI.

5 Ebd., S. 68.

6 Ebd., S. 69.

7 Arthur M. Schlesinger. *The Disuniting of America: Reflexions on a Multicultural Society*. New York: W.W. Norton & Co., 1992. S. 32.

8 Kennedy, a.a.O., S. 15; James A. Fulford. „Immigration Myths (A Series): FDE Never Addressed the DAR als ‚Fellow Immigrants'." In: VDARE.com, 21. März 2001; www.vdare.com / fulford / fdr_dar.htm.

9 James R. Edwards jun. „Keeping Extremists Out: The History of Ideological Exclusion, and the Need of Its Revival." In: *Backgrounder*, Center for Immigration Studies, September 2005. S. 2.

10 Ebd., S. 3.

11 Kennedy, a.a.O., S. 36.

12 Ebd., S. 64; Peter Brimelow. *Alien Nation: Common Sense About America's Immigration Disaster*. New York: Random House, 1995. S. 16.

13 Kennedy, a.a.O., S. 76 f.

14 Ebd., S. 40 u. 45.

15 Ebd., S. 77.

16 Peter Brimelow, Nachwort in: Tom Fleming (Hrsg.). *Immigration and the American Identity: Selections from Chronicles: A Magazine of American Culture, 1985–1995*. Rockford: Rockford Institute, 1995. S. 225 f.

17 Kennedy, a.a.O., S. 78.

18 Brimelow, *Alien Nation*, a.a.O., S. 13.

19 Kennedy, a.a.O., S. 81.

20 Ebd., S. 84.

21 Louis R. Harlan (Hrsg.). *The Booker T. Washington Papers*. Bd. 1. Urbana: University of Illinois Press, 1972. S. 331; Patrick J. Buchanan. *The Great Betrayal: How American Sovereignty and Social Justice Are Being Sacrificed to the Gods of the Global Economy*. New York: Little, Brown, 1998. S. 290.

22 Buchanan, *The Great Betrayal*, a.a.O., S. 291.

23 Graham, a.a.O., S. 46.

[24] Frederick W. Marks III. *Wind Over Sand: The Diplomacy of Franklin Roosevelt*. Athens / GA: University of Georgia Press, 1988. S. 8.
[25] Graham, a.a.O., S. 47.
[26] Ebd., S. 50.
[27] Ebd., S. 49.
[28] Wayne Lutton. „The Silent Invasion." In: *Immigration and the American Identity*. hg. v. Tom Fleming, a.a.O., S. 97.
[29] Mae M. Ngai. „The Unlovely Residue of Outworn Prejudices." In: Michael Kazin u. Joseph A. McCartin (Hrsg.). *Americanism: New Perspectives on the History of an Ideal*. Chapel Hill: University of North Carolina, 2006. S. 109.
[30] Kennedy, a.a.O., S. 85.
[31] Ebd., S. 82.
[32] Ngai, a.a.O., S. 117.
[33] Kennedy, a.a.O., S. 91.
[34] Brimelow, *Alien Nation*, a.a.O., S. 34; „Operation Wetback." In: The Handbook of Texas Online; www.tshavtex.edu / handbook / online / articles; „Today's Letter: A Reader Remembers Operation Wetback…" In: VDARE.com; www.vdare.com / letters / +1072701.
[35] Graham, a.a.O., S. 81.
[36] Kennedy, a.a.O., S. 94.
[37] Ebd., S. 94 f.
[38] Ebd., S. 95.
[39] Ebd.
[40] Ebd., S. 98
[41] Ebd., S. 10.
[42] Lawren, Auster. *The Path to National Suicide: An Essay on Immigration and Multiculturalism*. Monterey / VA: American Immigration Control Foundation, 1990. S. 12. Siehe auch Peter Brimelow. „Time to Rethink Immigration." In: *National Review*, 22. Juni 1990. S. 31; Brimelow, *Alien Nation*, a.a.O., S. 76 f.; Graham, a.a.O., S. 93.
[43] Auster, a.a.O., S. 12 f.
[44] Georgie Anne Geyer. „Immigration: The Elephant in America's Room." In: Universal Press Syndicate, Oktober 2005; www.uexpress.com.
[45] Lutton, a.a.O., S. 84.
[46] Graham, a.a.O., S. 96.
[47] Auster, a.a.O., S. 19.
[48] Steve Sailer, „Cesar Chavez, Minuteman." In: *The American Conservative*, 27. Februar 2006. S. 11–13.
[49] Ebd., S. 12.
[50] Ebd.
[51] Ebd.
[52] Kennedy, a.a.O., S. 101–103.
[53] Brimelow, „Time to Rethink Immigration", a.a.O., S. 31.

Kapitel 13: Die letzte Chance

[1] Sam Gompers. „Letter to J.H. Reiters, Haverford College." In: *The Social Contract Press*, 28. April 1921; www.thesocialcontract.com.
[2] Peter Brimelow. „Im Memoriam: Ronald Reagan." In: VDARE.com, 5. Juni 2004; www.vdare.com / pb.rwr_memoriam.htm.
[3] Sam Gompers. „Letter to Congress." In: NumbersUSA, 19. März 1924; www.numbersusa.com.
[4] Lawrence Auster. *The Path to National Suicide: An Essay on Immigration and Multiculturalism*. Monterey / VA: American Immigration Control Foundation, 1990. S. 5.
[5] George W. Bush. „President Discusses Border Security and Immigration Reform in Arizona." Presseverlautbarung des Weißen Hauses, 28. November 2005.
[6] Amanda Carpenter. „(Duncan) Hunter Promotes Fence, (George) Allen Sits on It." In: *Human Events*, 16. Dezember 2005; Freerepublic.com.
[7] Victor Davis Hanson. „Mi Casa Es Su Casa." In: *Wall Street Journal*, 30. Dezember 2005; www.victorhanson.com.
[8] Allan Wall. „Newsflash: HR 4437 Rejected! – By Mexico's Meddling Go-

vernment." In: *Memo from Mexico.* VDARE.com, 25. Januar 2006; www.vdare.com/awall/060125_newsflash.htm.

[9] Ebd.

[10] Ebd.

[11] Heather Mac Donald. „Mexico's Undiplomatic Diplomats." In: *City Journal*, Herbst 2005. S. 40 f.

[12] Mark Stevenson. „Few Protections for Migrants to Mexico." In: Associated Press, 19. April 2006; www.hosted.ap.org.

[13] Phyllis Schlafly. „American Citizenship is Precious." In: *Phyllis Schlafly Report*. Bd. 39. Nr. 4, November 2005.

[14] Phyllis Schlafly. „Congress Needs to Exercise Its Authority Over U.S. Citizenship." In: Copley News Service, 10. Oktober 2005; www.townhall.com. „Congress Must Control U.S. Citizenship." In: *Middle American News*, November 2005. S. 21.

[15] Ebd.

[16] Stanley Renshon. „Reforming Dual Citizenship in the United States." In: *Center Paper 25*, Center for Immigration Studies, September 2005. S. 5.

[17] Clyde Wilson. „As a City Upon a Hill." In: *Immigration and the American Identity*, a.a.O., S. 35.

[18] William B. Dickinson. „A Letter to Fellow Citizens, Dec. 1, 2005." Warrenton, VA: Biocentric Institute, International Academy for Preventive Medicine; wdicki2@LSU.edu.

[19] Ebd.

[20] Max Boot. „Uncle Sam Wants Tu." In: *Los Angeles Times*, 24. Februar 2005.

[21] Allan Wall. „Your Fellow Citizen – Thalia!" In: VDARE.com, 1. März 2006; www.vdare.com/awall/060301_thalia.htm.

[22] Arnaud de Borchgrave. „Touching the Third Rail." In: *Washington Times*, 29. April 2006. Kommentarseite.

[23] Renshon, a.a.O., S. 7.

[24] Ebd.

[25] Jim VandeHei u. Jonathan Weisman. „Bush Begins Push for Immigration Deal with Congress." In: *Washington Post*, 25. April 2006. S. A4.

[26] Jessica Vaughn. „Attrition Through Enforcement: A Cost-Effective Strategy to Shrink the Illegal Population." In: Center for Immigration Studies, April 2006; www.cis.org/articles/2006/back406.html.

Register

Inhaltsverzeichnis